ちくま新書

大正史講義

筒井清忠 編
Tsutsui Kiyotada

1589

JN042594

大正史講義【目次】

編・執筆者紹介

凡例

＊各講末の「さらに詳しく知るための参考文献」に掲載されている文献については、本文中では（著者名　発表年）という形で略記した。
＊固有名詞（地名・人名等）の旧字は原則として新字に改めた。
＊法律の条文など引用資料のカタカナ文はひらがな文に改めた。

はじめに

筒井清忠

†日比谷焼打ち事件と大衆の登場

大正時代というのは一言で言えば、大衆の登場が始まった時代である。そしてその大衆が現れたのは、明治末期の日比谷焼打ち事件においてであった。

日比谷焼打ち事件とは一九〇五(明治三八)年九月五日、日露戦争の講和条約に反対する国民大会が暴動化したものである。吉野作造は言う。「民衆が政治上に於て一つの勢力として動くという傾向の流行するに至った初めは、矢張り三十八年九月からと見なければならぬ」(吉野作造「民衆示威運動を論ず」『中央公論』一九一四年四月号)。

警視庁はあらかじめ講和反対国民大会の禁止を決定し、会場の日比谷公園を封鎖していたが、大量の参加者が警官隊を突破。その後、二重橋・京橋新富座・内相官邸等で群衆と警官隊が激しく衝突し、政府寄りの国民新聞社も攻撃した。さらに夜には、市内各所の警察署、派出所・

交番を焼打ち。七日まで騒動は続き、キリスト教会や路面電車も焼打ちされた。

結局、軍隊が出動し、六日深夜に東京市と周辺の府下五郡に戒厳令を施行。その後、神戸・横浜など全国で騒擾《そうじょう》が続き、死者一七人、負傷者数千人、検束者約二〇〇〇人、起訴者三〇八人、兇徒聚衆罪（現在の騒擾罪）一〇一人という事態となった。

マスメディアでは日本軍の圧倒的勝利ばかりが伝えられ、国民は限界に来た国力を知らされていなかったため民間から出される過大な賠償等の要求が当然のように受け取られ、多くの戦死者（当時一〇万人と言われた）・重税等の桎梏下、それを獲得できなかった小村寿太郎《こむらじゅたろう》全権らに対して怒りが爆発したのである。

この事件をめぐるマスメディアと大衆の関係について「調査しえた各種の地方新聞によるかぎり、まず注目すべきは運動の組織には必ずといってよいほど、地方新聞社、ないしはその記者が関係していることである。新聞は政府反対の論陣を張り、あるいは各地の運動の状況を報ずることで運動の気勢を高めただけではなく、運動そのものの組織にあたったのである」（松尾尊兊）ということが指摘されている。

すなわち、こうした運動の形成にあたっては、新聞社もしくは新聞記者グループが中軸になり、そこに政党人・実業団体員・弁護士が加わって中核体が構成されていたのである。後の護憲運動・普選運動も同様の形成方式になっており、その起源はこの日比谷焼打ち事件に象徴されるポーツマス講和条約反対運動にあったのだ。

また、日露戦争中に『万朝報《よろずちょうほう》』(一九〇五年四月一一日・一九日)は「民権拡張の好機」という論説を掲載、「時局は挙国一致の義務を要求すると同時に、又民権拡張の権利を与えつつあり、即ち義務のある所又必ず権利あり」と戦争にともなう民権拡張＝普選論を主張していた。戦争以前には選挙権拡張に反対していた政治家島田三郎は「国家の安危を分担する者は国政に参与する権利あるべし」、したがって戦後は大いに「選挙権拡張を主張せん」と説を改めている(毎日新聞、一九〇五年三月二四日)。

講和条約に反対した陸羯南《くがかつなん》の『日本』が行った「兵役を負担する国民、豈《あに》戦争を議するの権なしと謂わんや」(一九〇五年七月四日)という、負担と戦争について議論する権利をイコールで結ぶ論理は普選運動に直結するものであった。

こうして組織の形成と思想の両面で新聞によって支えられた講和条約反対運動は、日比谷焼打ち事件のような暴力的大衆を登場させ、また後の護憲運動・普選運動を準備したのである。両者は最初から表裏一体の形でぴったりと結びついており、切り離すのは難しいものなのであった(以上は拙著『戦前日本のポピュリズム』中公新書、二〇一八による)。

その後、第一次護憲運動・大隈ブーム・対中国強硬政策要求運動・米騒動・普選運動・排日移民法抗議運動・第二次護憲運動・護憲三派内閣等を経て普選法成立・二大政党政治・一九二

八年普選実施と事態は進んでいくが、その背後にあってそれらの事態の駆動力となっていたのは日比谷焼打ち事件で登場した大衆（とマスメディア）なのであった。そしてそれは、見られるように対外強硬運動と平等主義運動という二つの流れを含む両義性を帯びたものなのであった。大正時代を理解する基軸はここにある。

†大隈ブーム

さて、この大衆の登場について、読者にさらに理解してもらうためにここでは、本書に現れる内閣の盛衰に関わる事例を二つ採り上げておくことにしたい。いずれも、それまでになかったメディアを駆使した大衆政治の先駆けとなるものであった。一つはヴォイスメディア（レコード等音声）を駆使した大隈ブームであり、今一つは写真というビジュアルメディアを駆使した朴烈怪写真事件である。

まず、大正初期の大隈ブームである。大正初期に一時は政界を引退した形であった大隈重信の内閣が誕生した背景には大隈に対する国民的な人気が前提としてあった。では、なぜ大隈には人気があったのか。

大隈は政界引退期に「文明運動」というものを始めたのであった。大隈は、「東西文明の調和」という理念を掲げ、『開国五十年史』の編纂者、日印協会会長、『日本百科大辞典』編纂総裁などを務め、自らが創設した早稲田大学の総長に就任。以後さらに、大日本文明協会、南極探検後援会、日本自動車倶楽部、帝国飛行協会、日蘭協会など多くの協会等のトップに就任した。

さらに、『国民読本』『国民教育青年講習録』『実業講習録』などの教育・出版活動、早稲田大学の全国巡回講演、経営する雑誌『新日本』『報知新聞』等、早稲田大学出身者の多い各新聞・雑誌メディアに多く出るなど、活発な言論活動を展開していたのである。

他方、大隈は、人間は本来一二五歳まで生きられるという「人生一二五歳説」を提唱、未来志向の明るい精神を持つことを推奨。この年齢論で国民的な人気を得ていた。首相に推挙された際七七歳の高齢だったが、一二五歳説のため「老害」などと言われなかったのである。

また、メディア操作も巧みで、首相官邸内に記者クラブ（永田倶楽部）用の部屋を作り、そこに書籍購入費一〇〇円を寄付して図書館を設置するなどしている。

こうして衆議院が解散され選挙戦が始まると、それは「イメージ選挙」の嚆矢となる画期的なものとなったのであった。

一九一五年一月、大隈伯後援会主催の大講演会が開かれ、首相以下現職閣僚がそれぞれ政見演説を行い大々的に報道され、さらにその後、各大臣は全国各地を遊説して回る。閣僚がこうした講演・遊説活動を大規模に行うのは前例のないことであった。

大隈伯後援会は内閣成立後ほどない時期に、早稲田大学関係者によって創立され、早大出身の代議士やジャーナリスト、さらに早大に縁の深い実業家などの協力を得て、この選挙の直前までに全国一道三府四三県に合計一一八ヵ所、また海外にも北米一三ヵ所の支部を設置していた。選挙戦が始まると同会は多数の候補を推薦候補として擁立し、各支部でそれぞれ選挙の応援活動を行うとともに、中央では早稲田大学雄弁会六〇名が中心となって大隈伯後援会遊説部を組織、また都下各大学の出身者よりなる丁未《てぃび》倶楽部もまた政友会打破を決議し、両者提携して全国に大挙遊説活動が行われた。

さらに選挙運動の目玉は大隈首相本人であった。大隈は列車に乗り込み、列車が駅に停車するごとにホームに集う群衆に向け列車から身を乗り出して演説する「車窓演説」を行った。また大隈は「憲政に於ける輿論の勢力」と題する演説レコードを吹き込み、新聞各紙に大々的な広告を掲載して売り込んだ。

こうした選挙手法の結果、夥しい数の演説が行われ、たとえば愛知県では前回の総選挙の五倍に当たる五〇〇〇回の演説が行われた。

ところが、これらの遊説においては、議会解散の原因であり、本来是非が争われるはずの二個師団増設の問題について、ほとんど争点としてクローズアップされなかった。その言論の中身についてはほとんど注目されず、争点がはっきりしないまま内閣側が清新なイメージを獲得したという意味では、それは「イメージ選挙」の極致であり先駆けなのであった。

三月二五日の選挙戦の結果は、与党が前回に比べ八〇議席以上延ばし合計二〇〇議席を超えたのに対し、政友会は逆に八〇議席以上減の一〇八議席となり、それまで長らく維持してきた議会第一党の座を下りることになった。誰も予想していなかった政党の組織力ではなく大隈の個人的人気による与党の大勝利であった（以上は「第2講　大隈内閣成立と大隈ブーム」による。さらに詳しくはそちらを参照されたい）。

内容ではなくイメージで選挙が行われる時代が、こうして日本には大正初期に訪れたのである。

†朴烈怪写真事件

次が朴烈《ぼくれつ》〔パクヨル〕怪写真事件である。一九二六年七月二九日、東京市内各所に「大逆犯人」朴烈・金子文子《ふみこ》二人が予審調室で抱き合った写真付きの怪文書が配布された。これを翌三〇日、報知新聞朝刊が報道した。各紙も後追い報道し、金子文子の自殺と同時報道となったのでインパクトは大きかった。「鉄棒に麻糸かけて　朝の光の下で縊死」、「怪文書犯人　大捜査を開始す」（朝日、七月三一日夕刊）。

怪文書の冒頭部は次のようなものである。

「単なる一片の写真である。

此の一写真に万人唖然として驚き呆るゝ現代司法権の腐敗堕落と、皇室に対する無視無関心なる現代政府者流の心事を見ることが出来る。

此れは大逆犯人朴烈と文子の獄中写真である。此の足袋と此の草履とは監獄だけに存する刑務所の支給品である。日本の東京の真中で、監獄の中で、人も有ろうに皇室に対する大逆罪の重大犯人が、雌雄相抱いて一種の欲感を味いつゝ斯んな写真を写せる世の中になつたのだ。」

怪文書は、当局の二人への優遇を批判し、司法大臣江木翼《えぎたすく》を攻撃していた。

八月二七日、朴烈怪写真事件の首謀者として北一輝《きたいっき》が検挙された。証拠不十分で無罪となっているが、獄中から持ち出されてきた写真を見た北は、これが即座に若槻内閣倒閣運動に利用できると思いつき怪文書作成を政友会筆頭幹事長森恪《つとむ》に相談したといわれている。

九月一日、司法省が怪写真事件についての真相声明を発表した。それによると、一九二五年五月二日、東京地裁予審第五調室において、立松判事が朴に大逆罪に該当を告げ朴がそれを認めたので「回想の資として」写真を撮影することにしたところ、脇にいた金子が「突如……併座」したもので、その写真を後日朴が判事から「巧に入手」、それを某が保釈の際持ち出した、というのが事実経緯である、という。

この釈然としないものの残る発表に対し、「政府が特に減刑の恩典を奏請したる事は……天下の等しく疑問とするところ（政友会緊急幹部会）」（朝日、九月二日）という形で批判がさらに巻き起こった。

さて、この事件がさらに大きな政治性を帯びることになったのは九月一九日からであった。この日、政友本党は幹部会を開き政府問責を決議し、床次竹二郎《とこなみたけじろう》総裁は「恩赦大権の発動に関する輔ひつの責任について論議するに至らば世論は益々激甚を加え国史上未曾有の憂うべき事態を引起す」という声明を発表したのである（朝日、九月二〇日）。

政友会もこの日議員総会を開き「皇道政治の絶対精神は、固よりきつ然として人情政略の権道を超越す」という宣言を可決した（朝日、九月二〇日）。二大野党による攻勢で事件は政治的方向に大きく動いたのである。

続いて九月二〇日には、朴烈怪写真事件に関し政府問責のための野党連合大会が青山で開催された。

これに対し、九月二八日、政府は一〇知事の休職を含む地方官大異動を行い断固たる態度を示すという報道がなされた（東京日日）。そして、九月三〇日には若槻首相が憲政会両院議員・評議員連合会で衆議院解散を示唆して野党に決意を示したが、床次も政友本党懇親会で解散示唆の演説をしており、野党は強気であった（東京日日、一〇月一日）。

一〇月二四日、若槻は演説し「立憲政治は政策の争いだ　朴烈問題など介意の要なし」と

「正論」を吐いたが、それが虚ろに響くのは、「政策の争い」だけではすまない事態に立ち至っていることを多くの人が感じていたということであろう。すなわち、近づいている第一回の普通選挙では、こうした政治シンボルをめぐる大衆動員の力量の方が決定的に重要であり、若槻にはその認識が十分でないように感じられるということなのである。

新聞にはこの事件が倒閣につながることを明言する政府批判が出だした。「朴烈問題にしてからがあんな不始末をやったのはたれが見ても政府の大失態たるだけは間違いない……若槻も……結局は総辞職さ……既成政党の腐敗堕落も久しい」(大石正巳、朝日、一一月五日)。

一九二七年一月一六日、政友会・政友本党両党は党大会を開き、政府に正面から対抗する決意を表明。憲政会も不信任案には解散で対抗することを明示、党内に「戦意満つ」と報道された。

一月一八日、衆議院本会議では野党が、朴烈問題等を激しく追及した。

その後、一旦は選挙回避のため三党首会談による密約が交わされるなどのこともあったが、議会は荒れに荒れ、粕谷義三《かすやぎぞう》議長・小泉又次郎副議長は辞表を提出した(三月二五日辞職)。

こうした状況の中の三月一四日、片岡直温《なおはる》蔵相の衆議院での東京渡辺銀行の破綻失言から金融恐慌が発生し第五二議会は閉会となり結局、若槻内閣は金融恐慌のため倒れる。

しかし、内閣崩壊の実相は、朴烈怪写真事件で追い詰められていたところに金融恐慌が発生して最後のKOパンチをくらったというにある。すなわち、問題は、若槻首相が普通選挙を控え、政策的マターよりも大衆シンボル的マターの重要性が高まっていたことを十分理解していなかったことの方にあったといえよう。「劇場型政治」への無理解が問題なのであった。

朴烈問題で「天皇」の政治シンボルとしての絶大な有効性を悟った政党人は、以後これを度々駆使した「劇場型政治」を意図的に展開することになる。これを我々は次の田中義《ぎ》一《いち》内閣に、さらに統帥権干犯問題・天皇機関説問題等に見ることになる。

この問題をここまで拡大させた根源は、一枚の写真の視覚効果（ヴィジュアルな要素）が政権の打倒にまで結びつき得ることを洞察した北一輝であったが、彼ら超国家主義者こそむしろ、大衆デモクラシー状況に対する明敏な洞察からネイティヴな大衆の広範な感情・意識を拾い上げ、それを政治的に動員することに以後成功していくのである。大正から昭和前期の政治を「劇場型政治」の視点から見ていくことの必要性が痛感される所以である（以上につき、さらに詳しくは「第23講　若槻礼次郎内閣と「劇場型政治」の開始」参照）。

以上、大正の初期と掉尾《ちょうび》を飾る二つの出来事が大衆の時代としての大正時代というものを象徴していることが理解されよう。イメージ選挙と「劇場型政治」はさらに昭和という時代に発展・拡大していき、今日にまで続いている。昭和は大正の決算であり、大正はその原点であった。大正の理解なくして昭和は理解できない、という視点から本書を読んでいただきたい。

第1講

大正政変——第一次護憲運動

村瀬信一

†用語としての「大正政変」

「大正政変」という歴史用語は特異である。日本近現代史上、類似の例として「明治一四年の政変」のように、起こった年をピンポイントで指すものはある。幕末期の「八月一八日の政変」はさらに狭く限定している。ところが、「大正政変」はある年の事象にもかかわらず、短いとはいえ一五年続いた年号のみで表現されている。大正期に匹敵する政変が他になかったかといえばそれまでだが、それ以上の意義を主張している印象も与える。

少なくとも、この政変で何かが壊れ、政治構造が大きく変わり、元に戻らなかったのは事実である。結論からいえば、戦前の日本における二大政党制がおぼつかない足どりながら一歩を踏み出し、その定着を予見させて終わる、起承転結が明確な筋立ての映画のごとき大正という時代の、まさにプロローグにあたる政変だったのである。

†何が壊れたのか

大正政変で変わったのは政権担当者だけではない。旧来型の政治構造——桂園《けいえん》体制が崩壊したのである。一貫して衆議院の多数党であった立憲政友会の総裁・西園寺《さいおんじ》公望《きんもち》と官僚閥の総帥・桂太郎が権力を二分し、協調しつつ交互に政権を担当する桂園体制が機能していた時代を桂園時代という。政友会と官僚閥の権力分有自体は、一九〇〇（明治三三）年に伊藤博文が政友会を結成し、官僚閥の頂点にいた山県有朋《やまがたありとも》と対峙した時に成立している。しかし、それが即桂園体制の原型となったのではない。

桂と西園寺は、ほぼ同年（西暦換算なら一歳違い）であるだけでなく、相似形の経歴をたどっている。両者とも幕末・維新期に若年であったため立身の基盤となる功績をあげられず、維新後の近代化の中で自らの才覚により上昇を遂げていった点で共通していたのである。明治新政府の中枢を占めた、伊藤・山県ら維新の第一世代に対して複雑な感情を抱き、微妙な関係に立つ第二世代の同志であった。

この両者が日露戦争開始の時点で官僚閥と政友会のリーダーであったことが、桂・西園寺による政権交代方式を胚胎させる。桂は、日露戦争中の一九〇四年暮れの段階で、困難が予想される講和問題での協力を条件に、戦後における西園寺への政権譲渡の言質を政友会幹部・原敬《たかし》に与え、その後二回の桂・原会談を経て、一九〇五年暮れの議会開会前の桂退陣、西園寺による政権継承という筋書きが決まった。一九〇五年九月、ポーツマス条約が調印され、桂は政権初担当で日露戦争を勝利に導いたものの、講和条件で国民の期待にこたえられず、日比谷焼打ち事件を招いてしまう。しかし、政友会は講和問題での桂内閣攻撃に加担せず、局面鎮静化に貢献した。桂も元老間に根回しして西園寺組閣への布石を打っていた。かくして密約が実行され、一九〇六年一月成立の第一次西園寺内閣以後、桂官僚内閣と西園寺政友会内閣との交代方式が定着した。その間、山県ら元老は、桂・西園寺の操縦の対象となっていったのである。

この交代方式は、単に順番を守ることを意味しない。交代は政策的転換点において合理的になされている。第一次西園寺内閣は二年半後の一九〇八年七月、戦後不況到来による財政の行き詰まりにより倒れたが、桂は自分なら不況収拾可能と元老を説得して政権を継承し、第二次内閣を率いた。この政権は条約改正完遂・韓国併合・日英同盟更新などを実行し、花道を退くかたちで第二次西園寺内閣に政権を委ねた。合理性は政権交代にとどまらない。重要政策の一つで官僚閥・政友会間で利害の一致していた鉄道拡張は、政権交代と無関係に一貫性を保つよう暗黙の合意がなされていた。

こうした政治運営は時代の要請であった。日露戦後の財政難の中、外はロシアの復讐戦への備えと満州経営、内は、本来日露戦争時の臨時措置である増税を戦後も継続しなければならないことで鬱積する、国民の不満への配慮が課題となる環境下にあって、最大限に慎重かつ堅実な政治運営が追求されたのである。桂園体制の安定は、そこに基盤があった。

†なぜ壊れたのか

この安定していた体制が壊れたのは、一方の担い手である桂の周囲の状況の変化が大きい。それは、第一に西園寺に対する彼の評価が下落したこと、第二に、元老にして陸軍の大御所であり、庇護者でもあった山県との関係が冷却したことである。

西園寺の力量に桂が懐疑的になった理由は、中国情勢の激変と、それに対応すべき大陸政策の展開にあった。一九一一（明治四四）年一〇月の武昌《ぶしょう》蜂起に端を発し、翌一二年二月の清朝滅亡に至る辛亥《しんがい》革命の勃発である。しかし、中国に権益を有する列強相互の関係にも甚大な影響を及ぼしかねないこの事態への第二次西薗寺内閣の対応に、桂は強い不満を持った。西園寺内閣がめざした、日英協調により中国の立憲君主制への移行を実現し、清朝と革命派との妥協をはかる方針は、イギリスが単独で推進した、北洋軍閥の実力者・袁世凱《えんせいがい》と提携しての共和制樹立路線に弾き飛ばされる。また、満州権益を守るために出兵が必要との陸軍首脳の判断は、西園寺内閣に共有されなかった。この一連の展開は、桂に西園寺と政友会への不信感を抱かせた。

山県との関係が冷却化したのは、一つにはいわば宿命的なものであった。権力者は、周囲に有能な人材が多く集まり、競い合って自分を助けてくれることを望むが、その忠誠競争を勝ち抜いた誰かが突出し、自分の座を脅かしたり、自分の比重を低下させることは好まない。山県も、自分の傘下からはみ出す傾向を見せた桂を警戒するようになった。西園寺との間に強固なパートナーシップを築いた桂が、いつしかシニカルな視線を自分に向け始めたことを、山県が気づかなかったわけではなかろう。

しかし、冷却化の原因は宿命だけではなく、西園寺との関係同様、辛亥革命にもあった。桂は、山県が大御所として影響力を持ち続けることで、陸軍が中国情勢その他に対応しきれなくなるのを憂いた。特に、山県主導の一九一二年一・四月の参謀本部の人事異動を、桂は対中国シフトの観点から危ぶまざるを得なかった。

桂が中国情勢を原因として桂園体制からの離脱を考え始めたのは、ある意味象徴的である。日露戦争後に桂園体制が定着したのは、その前半期に対外関係が安定していたことが要因として大きかった。ポーツマス講和条約締結後、復讐戦に備える必要はあったとはいえ、ロシアとの関係は好転し、満州を南北に二分する、いわば勢力範囲のすみ分けが成立した。日英同盟は依然として日本外交の軸であり、一九〇五年八月の二次同盟では同盟の適用範囲をインドまで拡大するかわり、日本による韓国の保護国化をイギリスが認めた。ほぼ同時期（一九〇五年七月）に締結された桂・タフト協定により、日本は韓国に対する指導的地位をアメリカにも認めさせた。こうした環境が、官僚閥・政友会の二大勢力をして内政問題の調整に専念することを可能にさせた。

だが、ここから対英・米関係が暗転してゆく。日ロ関係の安定化とともに日英同盟の存在意義は薄れていった。また、一九一一年七月の第三次同盟では、仮想敵国から実質的にアメリカが除外された。日本人移民問題、さらには一九〇九年の国務長官ノックスによる、日ロの満州における優位を揺さぶる狙いの満鉄中立化案提起に示されるように、対日態度を硬化させていたアメリカの要望によるものであった。辛亥革命以降の中国情勢をめぐる日英の疎隔は、そのような流れの延長線上にあった。それでもなお日英同盟を軸とした枠組みに安住しようとする諸勢力、すなわち西園寺率いる政友会、山県の影響下にあった陸軍、さらには海軍などと、第一次日英同盟締結時（一九〇二年）の首相であった桂との間には、相当な温度差が生じていたのである。

このような経過をたどり、桂は、西園寺・山県両者から離れた位置に立ち、独自の勢力基盤を背景に自らの大陸政策を展開する必要を感ずるに至った。その問題に対して桂の出した回答が、自ら新しい政党をつくり、率いることだったのである。

†どう壊れたのか

大正政変――桂園体制崩壊の序曲は、よく知られているように二個師団増設問題である。一九一二（明治四五）年秋、第二次西園寺内閣は次年度予算編成作業に入ったが、そこで浮上したのが陸軍の二個師団増設要求であった。ただし、これは決して過大な要求であったわけではない。既定継続費繰り延べと、陸軍自らの身を切る行政整理による果実を充当する見通しが立っていたからである。二個師団増設自体は前年度予算編成時にも陸軍の要求するところではあったが、その際には財政上の懸念に加え、海軍の軍備の状況が、陸軍の増強分に対応する作戦を展開するレベルになかったことなどから棚上げになった経緯があった。法外でもなく、しかも予告編つきの増師要求が政変の導火線になったのは、西園寺内閣が海軍の拡張計画の方に好意的で、増師要求が抑制される見通しが濃厚となったためである。陸軍の要求が「量」だったのに対し、超弩級戦艦という、「質」の面で世界の趨勢に後れをとっていた海軍の要請の方が説得力に富んでいた。こうした問題で陸海の競合が発生すれば、主導権は内閣が握ることになり、現に内閣が海軍寄りである以上、陸軍は窮地に立たざるを得ない。そして、実際に西園寺内閣は二個師団増設を拒絶した。

そこで陸軍は反撃に出る。上原勇作陸相が一二月二日、帷幄上奏《いあくじょうそう》により単独での辞職に踏み切った。本来、帷幄上奏とは、陸軍参謀本部・海軍軍令部という、軍の作戦面を担当する機関の長が軍令事項、つまり軍の作戦行動に関する事項を、大元帥たる天皇に直接上奏するものである。この時の上原のそれは、軍政の長たる陸相が作戦とは無関係の辞職報告を行った、いわば非公式の帷幄上奏であるが、デモンストレーション効果は充分あった。西園寺内閣は後任陸相を得られず、同月五日、総辞職に踏み切る。これは山県ら陸軍首脳にとっては不測の事態であった。彼らは西園寺が最終的に妥協するとみていたのである。

ここで勇躍登場したのが桂であった。彼は、第二次西園寺内閣に政権を渡したあと外遊に出たが、明治天皇崩御(一九一二年七月三〇日)により急遽呼び戻され、内大臣兼侍従長という、政治活動をするには不自由な職に就かされた(八月一三日)。山県からすれば新天皇即位間もない宮中をおさえるとともに桂を封じ込める、一石二鳥の妙手であるが、桂にとっては自ら活路を開く強い意志を抱かせる展開であった。その桂にとって、二個師団増設問題が紛糾したのは絶好の機会であり、自身は何ら思い入れのなかった増師について、上原や陸軍省軍務局長・田中義一を、妥協しないよう密かにたきつけたのである。

局面は桂のもくろみどおり動き、一二月二一日、第三次桂内閣が成立する。桂が組閣する運びになったのは、人材難というよりは増師をめぐる生々しい経緯から彼だけが距離を置いていたからであったろう。主要閣僚には加藤高明《たかあき》(外相)・若槻礼次郎(蔵相)・後藤新平(逓相)ら、翌年に桂新党の中核をなす人々が名を連ねていた。

三度目の政権担当にあたり、桂が抱いていた政見は驚くほど革新的なもので、行財政整理推進、「国防会議」開催による新国防方針決定、積極的満州経営に加え、陸海軍大臣文官制まで構想していた。ここまで桂の立ち回りは完璧であったといえよう。小林道彦氏によれば、前年八月に明治天皇から「元勲優遇」の詔勅を下されたことにより元老の地位を得ていた桂は、近い将来の新党結成によって、政友会総裁当時の伊藤博文と同等の、元老にして政党リーダーという高みに昇る野望を抱いていたという（小林二〇一五）。仮にこの見解が正しいとすれば、第一次内閣を率いていた一九〇六年春、その伊藤を枢密院議長に祭り上げ、政友会と絶縁させる工作の中心にいた桂は、自分なら伊藤の轍は踏まないと考えていたのかもしれない。

だが、蹉跌は思わぬところから生じた。政権の出発とともに、山県以下の元老、政友会、陸海軍などとは全く違う、外の世界にいた強敵と遭遇するのである。

†異形の運動

世論は政治についても単純な善玉・悪玉の対立図式を好む。そこに怪しい陰謀の匂いがあればなおさらのことである。問題は真相より、どう映るかである。生活への国民の満足度が高ければまだしも、日露戦争時の増税に依然苦しめられていれば、簡単にはすまない。噴出口を求める閉塞感みなぎる時、怒りをぶつける対象が突然浮上すればどうなるか。

第二次西園寺内閣総辞職から何かが動き始めた。政治過程を一定程度長いスパンで見ることをせず、諸勢力間の微妙な交渉も知らない国民の目には、自分らの窮境をよそに、陸軍が二個師団増設で突っ張って西園寺内閣を倒したという単線的な事実しか見えない。日露戦後の慢性的な課題であった行財政整理を西園寺内閣も掲げていた以上、重税に耐えていた国民にとって、陸軍の行動は横暴そのものに映ったのである。

後継首班銓衡《せんこう》中、東京では新聞記者・弁護士らが憲政振作会をつくり、二個師団増設反対を決議した。続いて交詢社《こうじゅんしゃ》(慶応系を中心とする実業家の社交クラブ)を中心として憲政擁護会がつくられ、多様な人々が結集する気配が見え始めた。それは一二月一九日、歌舞伎座での憲政擁護第一回大会で明確なかたちをとる。そこには代議士たちの顔もあった。

その翌々日の桂の組閣が火に油を注ぐ。内大臣兼侍従長が宮中から出て組閣するのは前例がない。大日本帝国憲法に「天皇は神聖にして侵すへからす」(第三条)とあるように、天皇とは、生臭い政治的なるものから最も遠い存在でなければならない。その天皇に最も近い位置で仕える内大臣兼侍従長・桂が、次の政権を担うという。そのため宮中・府中(行政府)の別を乱すという批判を浴びたこの組閣が、山県を総帥とする陸軍の横車の真の狙い、隠謀の完成形かと、国民の脳内(そこでは、桂はまだ山県の忠実な子分である)では、一連の展開が見事に完結してしま

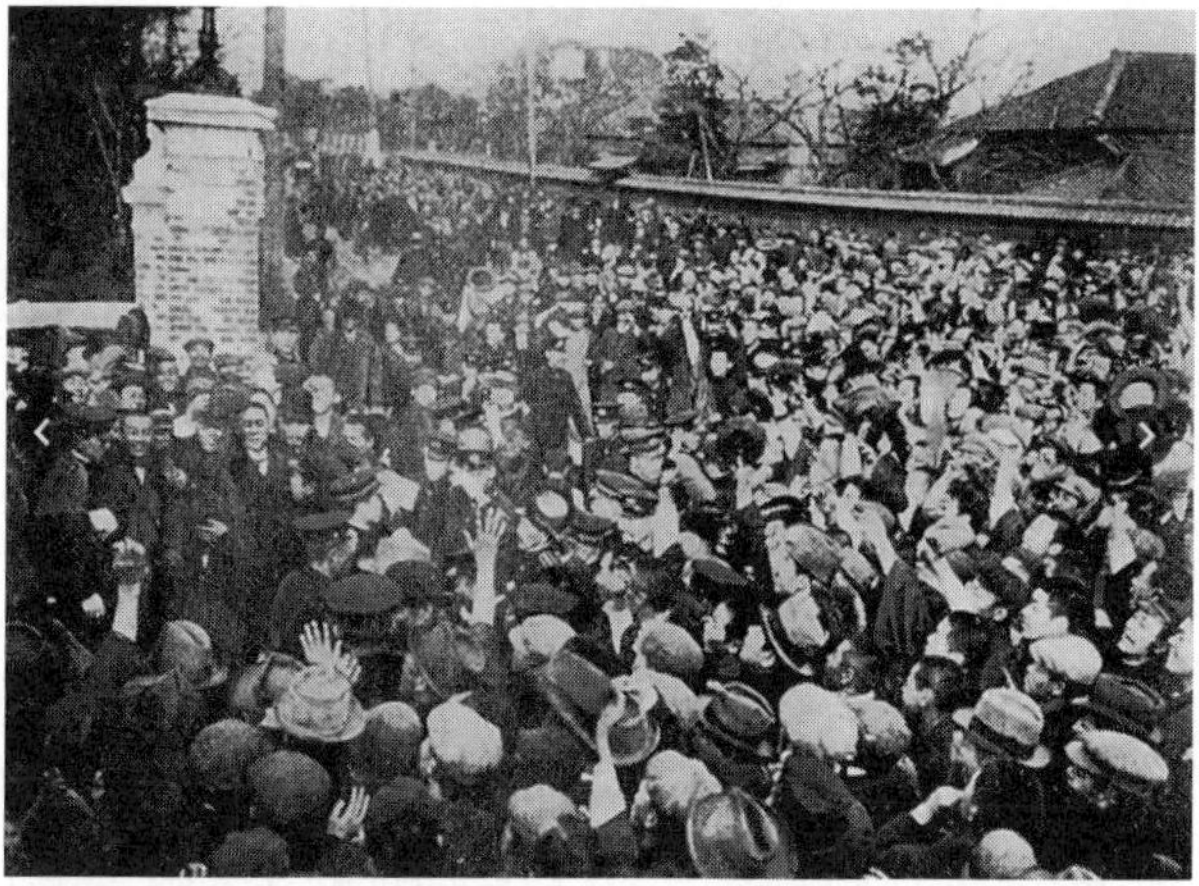
桂内閣成立後に憲政擁護派の政治家を応援すべく衆院前に集まった群衆（1913年2月5日）

ったのである。
以後、運動は急速な拡大を見せる。年末から年明けにかけて、運動は東京から全国に広がり、また参加者も政党・実業家・ジャーナリズムだけではなく、学生や一般の民衆をも巻込んでいった。そこでのスローガンは、閥族打破・憲政擁護である。運動が「第一次護憲運動」と呼ばれた所以であるが、この場合の「閥族」とは、官僚閥あるいは軍閥といった、政党とは違い、直接国民に基盤を持たない統治機構内の集団をさすと考えられる。そういった集団が密かに政治を左右することへ怒りの矛先が向けられたのである。
近代日本において民衆運動的なものはこれ以前にもあった。自由民権運動はその嚆矢であり、政府と国家目標を共有しつつ政治参加を要求する運動であった。条約改正交渉の弱腰を衝き、三国干渉の責任を問うた対外硬運動、さらに日比谷焼打ち事件は、外交政策に対する明確な不満であった。ところが、第一次護憲運動はそのどれとも異質である。政治参加要求などではない。政策への不満は無視し得ないが、それ以上に権力のありかたへの強い批判という色彩が濃厚であった。対象は漠然としているが、だから拡散的で弱体とは限らないのが運動というものである。漠然としているからこそ広範な層を動員し、それがとりあえず一致し得る目標へ集中した場合、短期的に大きな破壊力を発揮することはある。第一次護憲運動がまさにそれであった。一致し得る攻撃目標となってしまったのが桂、さらにその背後にいる山県以下の陸軍という図式（実際には幻影であったのだが）である。

桂内閣は、この先例のない運動に対し、天皇にすがっての詔勅の乱発以外に対抗手段を持てなかった。それは新たな反感をかき立てたばかりか、後に尾崎行雄《ゆきお》の「玉座を以て胸壁とし、詔勅を以て弾丸に代へて」という、有名な弾劾演説を浴びる原因となる。一九一三（大正二）年一月下旬、桂は新党計画を明らかにしたが、本格的な運動への参加が遅れて及び腰であった政友会も、国民党と連係して桂内閣への対決色を強めていった。対抗すべく衆議院解散を考えた桂も、帝国議会を取り囲む数万の民衆を前に政権継続を断念、二月一一日に総辞職を決行する。わざわざ「大正政変」と命名される価値は充分にある、原因といい経緯といい、まったく異例の政変であった。

何が残ったか

政変のあと組閣したのは、薩派及び海軍の巨頭・山本権兵衛《ごんべえ》である。護憲運動では受け身が目立った政友会は、原敬の卓抜した交渉能力により山本と結びつき、薩派との連立政権をつくることに成功した。大正政変で傷つかなかった勢力の組み合わせによる、唯一統治能力を期待し得る政権と総括することができるであろう。

一方、大正政変で政治家・桂太郎は傷つき、退陣から八カ月後に亡くなった。しかし、桂が残した新党、立憲同志会は加藤高明を総裁として一九一三(大正二)年一二月に結成される。その時点の所属代議士数は政友会に遠く及ばなかったが、桂系の有力な官僚出身者を多く抱え、また三菱資本がバックについたこともあって潜在的な成長力は侮りがたく、のち憲政会・立憲民政党と名称を改めつつ、政友会に対抗し得る存在となってゆく。

しかし、大正政変の最大の遺産は、異形の運動をおこした異形の国民かもしれない。大正政変の結果として生まれた第一次山本内閣は、行財政整理と軍部大臣現役武官制廃止などの成果をあげたが、海軍を舞台とした贈収賄事件——シーメンス事件が暴露されたことにより、世論の攻撃を受けて退陣した。スキャンダルが原因となって倒れた政権は史上初で、異形の運動の余熱はまだ高かった。後継首班に担ぎ出された大隈重信は、まだ少数党の立憲同志会を与党として組閣し、演説を録音したレコード盤の配布などの斬新な選挙戦術を駆使して第一二回総選挙(一九一五〔大正四〕年三月二五日)に大勝した。

つい二年前には、あれほどの熱気をもって桂内閣を倒し、その翌年には贈収賄事件を突破口として山本内閣を退け、さらにその翌年には、かつての攻撃目標である桂のつくった新党を第一党に押し上げたばかりか、それまで一貫して衆議院の多数を占め続けた政友会を、よりによって結党一五周年の年、辛うじて一〇〇議席を保つ少数党に叩き落とした。かくも振幅の大きな国民の動きに、当時の為政者たちは驚愕したのではなかろうか。その強烈な印象が、以後の政治史に無視し得ぬ影響を与えたとは考えられないであろうか。

さらに詳しく知るための参考文献

坂野潤治『大正政変――1900年体制の崩壊』(ミネルヴァ書房、一九八二)……一九八〇年代以降の大正政変研究に新展開をもたらした画期的な書。当時の新出史料であった「財部彪日記」や「大石正巳政治日誌」などから得られる情報も駆使し、従来明らかにされてこなかった薩派・海軍などの動向にも充分な目配りをしつつ、予算問題として噴出した大正政変の像を、先行研究をはるかに凌駕するレベルで立体的に描き出すことに成功している。研究が進展した現在の眼でみると、短期的な利害に基づく財源の争奪戦にいささか力点を置きすぎているきらいもあるのだが、それでも、史料のさりげない一節から各政治集団の利害関心をイメージ豊かに剔抉し、それをもとに鮮やかな対立図式を展開する坂野政局史の世界を知ることは、今なお後進の日本近代政治史研究者にとっての義務であり続ける（本書は、のちに加筆改訂の上、『明治国家の終焉――1900年体制の崩壊』ちくま学芸文庫、二〇一〇として再刊されている）。

季武嘉也『大正期の政治構造』（吉川弘文館、一九九八）……異なるタイプの挙国一致志向の競合を軸に大正期の政治構造の全体像を描き出し、併せて昭和期への展望も開こうとする野心的な書。大正政変自体を対象としたものではないが、「桂園体制」を、山本権兵衛も加えた「桂園権体制」ととらえるべきだとする指摘などは、大正政変の後に出現したのが山本内閣であったこととの関連で示唆的であり、大正政変を違う角度からとらえる可能性を広げる。

櫻井良樹『大正政治史の出発――立憲同志会の成立とその周辺』（山川出版社、一九九七）……大正政変の遺産として最も重要な立憲同志会の成立を、日露戦後に源流を持つ非政友勢力の再編過程の上にとらえる。本書の骨格をなす論文「立憲同志会の創設と辛亥革命後の対中政策」（『史学雑誌』第一〇三編二号、一九九四）において、桂の新党構想の動機が辛亥革命時の第二次西園寺内閣の対中政策への不満にあったことを指摘したのは、何といっても櫻井氏の功績である。

小林道彦『大正政変――国家経営構想の分裂』（千倉書房、二〇一五）……著者の旧著『日本の大陸政策1895-1914――桂太郎と後藤新平』（南窓社、一九九六）に、未収録であった二論文を加えて新装版とし、問題意識を明確に示すべくタイトルも改めたもの。大陸政策という包括的な枠組みと、精緻な政治過程分析とを破綻なく融合させた、大正政変研究の現時点での到達点を示す研究書である。

第2講

大隈内閣成立と大隈ブーム

真辺将之

†シーメンス事件と山本内閣の退陣

大正政変後に成立した山本権兵衛内閣は、与党政友会の協力の下、行政整理や陸・海軍省官制改正（大臣次官を予備・後備役に拡張）、枢密院官制改正を発表し、また文官任用令を改正して政党員就官の門を拡げるなど、次々と改革を行っていった（山本一九八二）。しかし順調かに思われたこの内閣も、思わぬところから躓くことになる。外国からの艦船購入をめぐる海軍の収賄事件、いわゆるシーメンス事件の発覚である。

シーメンスは一八四七年に創業されたドイツ総合電気機器メーカー（ドイツ語では「ジーメンス」と発音するが、現在も同社日本法人は「シーメンス」の表記を採用）である。この事件は、細かく見れば、シーメンス・シュッケルト社東京支社社員と日本海軍高官の贈収賄事件であるシーメンス・リヒテル事件と、その捜査の過程で明らかになった軍艦金剛の入札とヴィッカーズ社受注にまつわる贈収賄事件＝ヴィッカーズ・金剛事件の二つの事件からなる。本事件については花井卓蔵『訟廷論草』（無軒書屋、一九二九）、同じく弁護を担当した今村力三郎の元に残された訴訟記録である専修大学今村法律研究室『金剛事件』一〜三（同研究室、一九七七〜一九七九）、盛善吉『シーメンス事件』（徳間書店、一九七六）などの資料集があり、また最新の研究として奈倉文二・横井勝彦・小野塚知二『日英兵器産業とジーメンス事件——武器移転の国際経済史』（日本経済評論社、二〇〇三）があるので、詳しく知りたい方はこれらの書物を参看願いたい。

　ここではその政治史的過程のみについて触れるが、一九一四（大正三）年一月二一日の外電で、公判の判決文の中に、書類中に日本海軍将校に会社側がリベートを送った記述があるとの報道があり、それを受け、同月二三日の衆議院予算委員会で、立憲同志会の島田三郎がこの件を厳しく追及した。折しも議会に海軍拡張案と、その財源として営業税・織物消費税・通行税増税を含む予算案が提出されていたこともあり、海軍に対する攻撃の世論が高まった。一月末から二月初めにかけて、関係者の喚問や家宅捜索が開始され、二月七日藤井光五《てるご》郎《ろう》機関少将と沢崎寛猛《ひろたけ》大佐が検挙され、海軍軍法会議に付された。二月一〇日に野党の立憲同志会・立憲国民党・中正会は衆議院に内閣弾劾決議案を上程するが、この決議案が衆議院で否決されると、日比谷公園での内閣弾劾国民大会に集まっていた群衆は憤激して議事堂を包囲、構内に乱入しようとして官憲と衝突した。こうしたなか、貴族院は海軍予算七千万円削減を可決、予算案は両院協議会の議整わず不成立となり、山本内閣は総辞職したのである。

†次期内閣は誰に

新聞紙上では次期内閣について種々の声が掲載されたが、奇異とすべきは七年前に一旦政界を引退していた大隈重信を次期首相にと待望する声が多方面に挙がったことであった。政友会が与党の山本内閣が失政によって倒れた以上、次は政友会と反対の立場に立つ者が与党となるべきだが、立憲同志会総裁の加藤高明はこの難局に処するには荷が重く、大正政変・シーメンス事件と、内閣が相次いで民衆の批判の中で倒れるという状況において事態を収めるには、国民に人気のある大隈が首相になるのがふさわしいとの意見であった。

こうしたなか、元老の井上馨《かおる》もまた大隈重信推挙の考えを持つようになるが、しかし二八日の元老会議では貴族院議長の徳川家達《いえさと》が推挙されることに決まった（二九日大命降下）。しかし徳川はこれを固く辞して受けず（山本内閣期から大命拝辞に至る徳川家達の動向については原口大輔『貴族院議長徳川家達と明治立憲制』吉田書店、二〇一八、第三章が詳しい）、再び元老会議が開かれる。この時、山県有朋は大隈を筆頭に四名の名前を提示した。しかし松隈《しょうわい》内閣以来大隈に強い不信感を抱いている松方正義《まさよし》は清浦奎吾《きようらけいご》を推薦し、大山巌《いわお》も賛同したため、三一日に清浦に大命が降下した。ところが清浦は政友会の援助を得られなかった上に、海軍大臣に擬された加藤友三郎も海軍補充計画への予算支出に確約を得られないと見るや入閣を辞退、結局代替の海軍大臣候補を得ることができず、清浦は組閣を断念する（山本四郎「清浦流産内閣の研究」『史窓』四三、一九八六）。

以上の結果、四月一〇日の元老会議で井上と山県が推す大隈の推薦が決まる。こうした経緯から明らかなように、大隈内閣の誕生には二つの要素があった。第一に、大隈に対する国民的な人気が前提としてあり、第二に、政友会の勢力を掣肘してこの難局を乗り切りたいという元老（特に井上・山県）の思惑が大隈推挙につながったのである。こうしたことから、古くから大隈内閣の評価は割れてきた。例えば山本四郎は、第二次大隈内閣は「ぬるま湯」的な元老政治の復活に過ぎず、寺内内閣までの中継ぎであり、二個師団増設の実現のために民衆に人気のあった大隈を起用したにすぎないとしたが（山本四郎「大隈内閣の危機と留任事情の研究」『日本歴史』三一七、一九七四）、他方、坂野潤治は官僚との癒着によって成立していた政友会内閣と異なり、民衆の輿望を担って誕生した進歩的内閣であると評価している（坂野潤治『大正政変』ミネルヴァ書房、一九八二）。民衆の人気を背景に、在野の政治勢力から元老まで、政見においては本来相容れないはずの諸勢力が、政友会との対抗という一点において一致し、大隈内閣の誕生に至ったのであった。

†大隈人気の背景――文明運動と人生一二五歳説

それにしても、なぜ大隈はそれほどの人気を得ていたのか。この七年前の一九〇七(明治四〇)年、大隈は、憲政本党の総理(党首)の座を追われ、政界引退を余儀なくされていた。長らく政権を獲得できないことに苛立った憲政本党内の改革派が、藩閥との接近と軍拡容認・積極主義路線への転換を図り、藩閥批判・非積極路線を主張する大隈を引退へと追い込んだのである(木下恵太「日露戦後の憲政本党と「旗幟変更」」『年報政治学』四九、一九九八、および木下恵太「日露戦後における大隈重信と憲政本党」『早稲田大学史記要』三六、二〇〇四年一二月)。一八九〇年の議会開設から、一九〇七年の引退までの一七年間、大隈が率いていた政党が総選挙で第一党の座を勝ち得たのは、自由党と合同して憲政党を組織していた時期を除いては、ただの一度もなかった。

しかしこの政界引退が、大隈に新たな活動の境地を開拓させることにつながる。その新しい活動の一つの軸になったのは「文明運動」であった。大隈自身の立ち上げた「東西文明の調和」という理念、すなわち、西洋文明の導入によって近代化をなしとげた日本は、今後、東洋文明の代表者として西洋文明を広く東洋に紹介しつつ、「東西両洋の文明を融和綜合して、一層世界の文明を向上」(大隈重信『開国五十年史』下、開国五十年史発行所、一九〇八)させる使命を有しているという考えに基づいて、大隈は種々の文化的活動を行っていた。大隈は、日露戦中に始めた『開国五十年史』の編纂以降、こうした活動を開始し、同仁会、国書刊行会、文芸協会、日印協会などの会長や、『日本百科大辞典』編纂総裁などに就任していた。しかしながら、もし一九〇七年の政界引退がなかったならば、あくまでその文明運動は政治活動の余暇に行われるに過ぎないものであり、かつ政党党首としての立場からの制約も大きかったに違いない。憲政本党から追われたことは、結果的に大隈の自由な活動を可能にした。

その最大の例は、自らが創設した学校でありながらそれまで政治との関係を気兼ねして一切の役職に就任していなかった早稲田大学の総長に大隈が就任したことであろう。以後大隈は、「東西文明の調和」の旗印の下、大日本文明協会、南極探検後援会、大日本平和会、帝国軍人後援会、日本自動車倶楽部、帝国飛行協会、日蘭協会など、おびただしい数の学協会のトップに就任、また『国民読本』や講義録『国民教育青年講習録』『実業講習録』などの教育・出版活動を行ったほか、早稲田大学の全国巡回講演をはじめとして精力的な講演活動を行い、さらに自ら経営する雑誌『新日本』や『報知新聞』をはじめ、早稲田大学出身者の多い各新聞・雑誌メディアの取材にも気さくに応じて、旺盛な言論活動を展開したのである。他方で、大隈は、人間は本来一二五歳まで生きられるという「人生一二五歳説」を提唱、未来志向の明るい精神を持つことを推奨し、そしてそれを裏付けるようなエネルギッシュな言論活動を行うことで、国民的な人気を確保するに至った。大隈は首相に推挙された際にすでに七七歳の高齢であったが、評論家の横山健堂《けんどう》は「世人が、伯大隈の出廬に関して、多く、「年寄の冷水」の感を為さゞるものは、彼がかねて意気の盈満《えいまん》して、一二五歳説を唱道せるに由らずんばあらず。彼が新首相たるの人気の一半は、其の一二五歳の説に存するなり」(『伯大隈』実業之日本社、一九一五)と評している。

†大隈内閣の組閣と政綱

四月一三日、大隈は参内し、組閣の大命を受けた。清浦内閣流産の原因となった海軍大臣には加藤高明の同郷の友人・八代六郎海軍中将の就任がすんなり決まった。八代は清廉潔白の人物とされ、世間から大いに歓迎された。また陸軍大臣には、山県の推薦により岡市之助が就任した。岡は陸軍大学校卒業生として初の陸軍大臣となった。軍部大臣がすんなり決まったのに対し、政党人である尾崎行雄(中正会)と犬養毅《いぬかいつよし》(立憲国民党)の入閣交渉は難航した。「憲政の神様」と呼ばれたこの二人が入閣するか否かは、内閣の性格付けにも大きく関わるものであったが、交渉の結果、尾崎行雄は、山県系と目される大浦兼武《かねたけ》を内務大臣から外すことを条件に司法大臣に就任した(その結果大浦は農商務大臣に就任、内務大臣は大隈が兼任)。しかし犬養との交渉は結局まとまらず、国民党は閣外協力という立場を取ることとなる。このほか閣僚としては、大蔵大臣に若槻礼次郎(同志会)、文部大臣に一木喜徳郎《いつききとくろう》(貴族院・幸倶楽部)、逓信大臣に武富時《たけとみとき》敏《とし》（同志会）が就任した。

内閣成立に対して「天下の新聞雑誌は、政友会一派を除けば、殆ど皆な彼を歓迎」した（徳富猪一郎『大正政局史論』民友社、一九一六）。大隈もそれを意識し、内閣親任式の直後に宮内省の高等官控室で起立のまま会見するなど、気さくな態度で記者に接した。九月には首相官邸内にも記者クラブ（永田倶楽部）用の部屋を用意し、同倶楽部に書籍購入費一〇〇円を寄付して図書館を設置するなど、メディアを巧みに懐柔した。

五月一五日、首相官邸における地方官会議において、大隈は訓示演説を行い、内閣の政綱を発表した。目玉とされた具体的施策は行財政整理・公債整理であり、それは、日露戦後政友会が採ってきた積極主義による利益誘導＝党弊への批判とも結びついていた。日露戦争以来累積された外債の利払いは、当時の貿易収支の赤字とあいまって、正貨準備の著しい減少をもたらしており、「大正四年度中には全然正貨準備を喪失し尽して絶体に正貨支払不能」に陥ると大蔵省が予測するほどの危機的状況になっていた（「本邦正貨の将来に就て」国立国会図書館所蔵『勝田家文書』）。こうしたなかで大隈内閣は、「絶対的非募債」、すなわち短期債務を含む一切の公債の非募集を掲げたのである。

しかしこの実現には、相当な緊縮財政が必要となる。元老が要望していた陸海軍拡張との両立は難題であった。また従来立憲同志会や中正会は廃減税を主張してきており、大隈内閣にはそれに対する世論の期待もかけられていた。だが、こうした状況での廃減税の実現は難しく、内閣は政綱において廃減税を明言せず、「民力休養」の言葉でお茶を濁さざるをえなかった。いずれその矛盾が争点化し、内閣が弱体化することが危惧された。

こうしたなかで第一次世界大戦が勃発する。井上馨が評したようにまさに「天佑」であった。大戦の主戦場はヨーロッパであり、仮に日本が参戦したとしても莫大な負担を負う心配はなく、他方で戦時下であることを理由に廃減税を中止することが可能であり、さらに陸海軍の拡張についても大義名分が立つからである。

†選挙での圧勝

一二月、通常会である第三五議会が召集されると、陸軍の二個師団増設ならびに海軍の駆逐艦八隻・潜航艇二隻の建造を盛り込んだ陸海軍拡張予算に対して、政友会は内閣と徹底的に対峙、また国民党も二個師団増設反対の立場を取るに至った。予算案から二個師団増設案が削除されると、衆議院は解散され、選挙戦が始まる。この第二次大隈内閣下での選挙戦は、周知の通り大隈与党が圧勝する結果に終わるのだが、この結果を選挙干渉によるものだとして強く非難する者もいれば、画期的な「言論選挙」であったと称賛する者もおり、当時からその評価は大きく分かれていた。歴史的評価としても、従来の運動手法からの大きな変化が強調される一方、中身のない「イメージ選挙」の嚆矢であったと論じられたり、特に政友会系の人物の評伝などでは選挙干渉について強調されることも多い。はたしてどの評価が正しいのか。

結論から言えば、すべての評価が正しい、ということになる。与党は従来の選挙が金の力によって動かされる選挙であったことを激しく批判し、この選挙では政権を争い言論をもって戦う選挙だと強調した。一九一五年一月一七日にはその嚆矢として大隈伯後援会（後述）主催の大講演会が開かれ、首相以下現職閣僚がそれぞれ政見演説を行い、「日本憲政史上に新例を拓く」（「首相閣僚の政見発表」『読売新聞』一月一八日）と大々的に報道された。さらにその後、各大臣は全国各地を遊説して回る。閣僚がこうした講演・遊説活動を大規模に行うのは前例のないことであった。

さらに内閣は、選挙の腐敗を一掃すると謳い、選挙取締りにも力を入れた。その結果、選挙違反の検挙者数は前回選挙の六八〇〇人から一万一二人へと倍近く増加した。しかし他方で選挙前に内務大臣に就任した大浦兼武が一部地方官や警察を動員して選挙干渉を行った。また末端においては従来同様に買収も行われていた。その結果、たとえば大阪府で起訴された違反事件についての党派別人員は、政友会九一、同志会二六三、中正会四一、無所属一二〇と、政友会よりも与党同志会の方が圧倒的に多くなるという状況が生じた（平田奈良太郎『選挙犯罪の研究特に買収犯罪に就て』司法省調査課、一九三五）。従来の選挙では、与党が警察を動かし、野党のみを厳しく取り締まるのが干渉の常套手段であったので、それに比べれば公平かつ厳格な取締りであったということも可能である。しかし他方で、内閣・与党の人員がそれぞれバラバラに動いており、たとえば石川県では、知事が大浦内相の意を受けて選挙干渉を行ったところ、即座に司法部の問うところとなり、警察官が逮捕されるに至った。大隈側近の市島謙吉《いちしまけんきち》は「今度司法は選挙の公正を特に内閣より命ぜられたるに付左なきだに非常識の司法官は一面警察の穴をほじり出すと共に敵味方に拘らず微罪を摘発して選挙を妨ぐること各地頻々」「余りに苛察に失し折角築き上げたるものを政府の内輪にて遠慮なく崩す気味あり結局これか為め或は敗を全局に来すことなきやと懸念し」たと述べている（市島謙吉『双魚堂日載』早稲田大学図書館所蔵）。

†「言論選挙」の内実

この選挙において大きな役割を果たした組織としては、市島が会長を務めた大隈伯後援会が特筆される。同会は、内閣成立後ほどない時期に、早稲田大学関係者によって創立され、早大出身の代議士やジャーナリスト、さらに早大に縁の深い実業家などの協力を得て、この選挙の直前までに全国一道三府四三県に合計一一八カ所、また海外にも北米一三カ所の支部を設置していた。選挙戦が始まると同会は多数の候補を推薦候補として擁立し、各支部でそれぞれ選挙の応援活動を行うとともに、中央では早稲田大学雄弁会六〇名が中心となって大隈伯後援会遊

1915年3月、大阪にて、こぶしを振り上げて演説をする大隈重信（『図録大隈重信』早稲田大学出版部、1988）

説部を組織、また都下各大学の出身者よりなる丁未倶楽部も政友会打破を決議し、両者提携して二月二〇日より三月一四日まで、全国に大挙遊説活動が行われた。さらに選挙運動の目玉となったのは大隈首相本人であった。大隈はいわゆる「車窓演説」、すなわち列車に乗り込み、列車が駅に停車するごとにホームに集う群衆に向け、列車から身を乗り出して演説するという遊説活動を行った。また大隈は「憲政に於ける輿論の勢力」と題する演説レコードを吹き込み、新聞各紙に大々的な広告を掲載して売り込んだ。

こうした選挙手法の結果、夥しい数の演説が行われ、たとえば愛知県では前回の総選挙の五倍に当たる五〇〇回の演説が行われたという（市島謙吉『双魚堂日載』）。これには敵である政友会陣営でも「選挙運動の方法全く従来の方式と違ひ演舌会も流行等、寧ろ政治思想の発展として新記録を作り政界の進歩と被存候」と評価するものもいた（一九一五年三月二七日付永江純一宛戸川直書翰、九州歴史資料館所蔵永江文書）。

ところが、これらの遊説において、議会解散の原因であり、本来是非が争われるはずの二個師団増設の問題については、ほとんど争点としてクローズアップされなかった。第一次世界大戦の状況下において世論も変化しており、野党政友会が正面から反対して争点化させることができなかったという事情もあった。言論によって戦うことが標榜されながら、その言論の中身についてはほとんど注目されず、争点がはっきりしないまま内閣側が清新なイメージを獲得していたという意味では、まさにこの選挙は「言論戦」という「イメージ選挙」なのであった。

三月二五日の選挙戦の結果は、報道によって数値の異同があるが、与党が前回に比べ八〇議席以上延ばし合計二〇〇議席を超えたのに対し、政友会は逆に八〇議席以上減の一〇八議席となり、それまで長らく維持してきた議会第一党の座を下りることになった。政友会の苦境は予想されてはいたものの、まさかここまでとは誰も予想しない与党大勝利であった。

†内閣のその後と評価

しかしこの大勝利が大隈内閣のピークであった。総選挙後の第三六特別議会で二個師団増設が可決され、元老らが大隈に求めていた一つの要求が通るが、しかし、その後いわゆる「大浦事件」の発覚によって内閣は窮地に陥る。もともとは一九一五年五月、政友会の代議士村野常《つね》右衛《え》門《もん》が、大浦を選挙違反・収賄容疑で告発したことに始まる。その後調査が進むなかで、解散となった前議会の会期中に、大浦が政友会内の多数代議士に金銭を贈与し、二個師団増設に賛成させようとしたことが明るみに出たのである。すでに見たように、大隈内閣はこれまで政友会による「党弊」を洗除することを謳い、選挙においても従来の選挙の腐敗を厳しく批判してきた。この事件はそうした大隈内閣の清新なイメージを崩壊させるものであった。結局七月二九日、大浦は辞表を提出、翌日残りの全閣僚も辞表を提出した。

しかし、大正天皇の即位大礼が近いこともあり、元老は内閣の続投の意向を持っていた。加藤高明外相、若槻礼次郎蔵相、八代六郎海相の三人は辞職の決意固く、それ以外の閣僚が留任するという形で改造内閣がつくられた。海相には加藤友三郎が就任、外相は当面大隈が兼任し、一〇月に至り前駐仏公使石井菊次郎が就任、内相には一木喜徳郎文相が転任し、代わりの文相に早大総長の高田《たかた》早《さ》苗《なえ》が就任した。蔵相には武富時敏逓相が横滑りし、代わりの逓相には箕浦《みのうら》勝人《かつんど》が就任した。内閣改造の結果、官僚出身者が減り、党人色の濃い内閣となった。また副首相格として内閣に重きをなしていた加藤が去ったことで、閣内での尾崎行雄法相の存在感が高まる結果となった。

他方で元老との強力なパイプ役であった大浦兼武が去り、また同年九月には内閣の産婆役であった元老井上馨が没した。一二月に議会が開会すると予算案を巡って貴族院との対立も激化、退陣は時間の問題となる。それでも大隈は大正天皇の信頼も利用しながらのらりくらりと内閣の寿命を伸ばし、その間に寺内正毅と加藤高明の連立内閣を作ろうと画策するが、寺内自身の反対でこの目論見は潰える。大隈は土壇場の逆転を狙い、一九一六年一〇月四日、自らの辞表奉呈の際に、直接天皇に対し立憲同志会総裁加藤高明を後継に奏薦するという挙に出た。しかしこの挙は実を結ばず、同九日元老会議の奏薦した寺内正毅《まさたけ》内閣が成立した。

大正期の政治構造を「挙国一致」論の類型から分析した季武嘉也は、地方名望家を介して国民を掌握しようとする政友会や内務省の伝統的方式「介在型挙国一致」に対して、大隈らの手法を、より直接的に国民を掌握しようとする「直結型挙国一致」として位置づけている（『大正期の政治構造』）。大隈内閣の勝利した総選挙はまさにその「直結」の成功事例であったといえるが、それを可能にしたのは政党の組織力ではなく大隈の個人的人気であった。第一次世界大戦の勃発という背景はあったにせよ、かつてであれば議会や民衆の憤激を招いたであろう海軍拡張や二個師団増設を主張しながら選挙で大勝するというのは、良し悪しは別として、大隈以外の者が首相であれば成しえなかったことであろう。しかし逆に言えば、こうした「大隈人気」を超える武器を、大隈系勢力は獲得しえなかった。寺内内閣成立の翌日、大隈系政党が合同し、代議士二〇〇名を数える憲政会が加藤高明を党首として組織される。しかし大隈という顔を失った同党が、以後大きな地盤を有する政友会を相手に大勝利を収めることは難しく、以後野党として「苦節十年」を経験しなくてはならなくなるのである。

さらに詳しく知るための参考文献

季武嘉也『大正期の政治構造』(吉川弘文館、一九九八)……大正期の政治構造とその変動を挙国一致論の類型をもとに明らかにしたもの。第一次大隈内閣期についても大隈の周辺にいた諸政治勢力のさまざまな動きを詳細に検討している。

山本四郎『山本内閣の基礎的研究』(京都女子大学、一九八二)……第一次山本内閣の行政整理を検討した実証的研究。古典的研究ながら極めて詳しく、史料の引用も豊富で、今なお中心文献としての地位を失っていない。

真辺将之『大隈重信——民意と統治の相克』(中公叢書、二〇一七)……「文明運動」によって大隈が人気を獲得していく過程について詳細に触れる。本講で詳しく触れていない改造後の大隈と元老との交渉についても詳述している。

伊藤之雄『大隈重信』上・下(中公新書、二〇一九)……大隈に関する最新の評伝。第二次内閣期については、大隈がイギリス風政党政治をめざして山県閥・薩摩閥・政友会と戦ったものとして描く。

奈良岡聰智『加藤高明と政党政治――二大政党制への道』(山川出版社、二〇〇六)……内閣において外相を務め、大隈が自らの後継者と考えていた加藤を扱った研究書。第二次大隈内閣期については本講で触れられなかった参政官設置などの官制改革にも触れている。

伊東久智『「院外青年」運動の研究――日露戦後〜第一次大戦期における若者と政治の関係史』(晃洋書房、二〇一九)……帝国議会周辺に集った「院外青年」(当初大隈を支持した者も多かった)の政治運動を扱う。大隈内閣期の経験が、彼らにデモクラシーとナショナリズムの融合的な内面化をもたらす過程を明らかにする。

水谷悟『雑誌『第三帝国』の思想運動――茅原華山と大正地方青年』(ぺりかん社、二〇一五)……ジャーナリスト茅原華山率いる益進会同人の思想・政治運動を検討する。営業税廃止や山本内閣打倒運動を推進した彼ら青年の姿は、大隈内閣成立初期に大隈に期待を込めた国民の一角と重なる。大隈内閣下で茅原が惨敗した「模範選挙」にも触れる。

五百旗頭薫『大隈重信と政党政治』(東京大学出版会、二〇〇三)……本講が扱う前の時代の大隈および大隈系政党の動向を扱う。特に日露戦後の大隈が「消極論者」として減税の主張などを軸に藩閥・政友会に対抗する勢力を結集しようとする動きを明らかにする。

奈倉文二・横井勝彦・小野塚知二『日英兵器産業とジーメンス事件――武器移転の国際経済史』(日本経済評論社、二〇〇三)……日本海軍とイギリス兵器産業との長期に渡る関係から、武器移転の経済史ならびに日英の企業関係史のなかに事件を位置づける。特に第Ⅱ部では、軍艦金剛をめぐる収賄のルートを詳細に検討している。

第3講

第一次南京事件から対中強硬政策要求運動へ

武田知己

†転換期の内と外

大正期を論じた岡義武の名著のタイトルが示唆するように、大正期は転換期と位置づけられる（岡義武『転換期の大正』岩波文庫、二〇一九）。筒井清忠『戦前日本のポピュリズム』（二〇一八）も、「政治的大衆」の動向が戦前日本の政治の行方を左右したと考える視点から、彼らの登場の起点を日比谷焼打ち事件におき、日米戦争への突入までを描きながら、大正期を転換期と位置づける。こうした「大衆」への「人気に基づく政治」こそが日米戦争を導いたとする同書は、国民意識（ナショナリズム）を強固にし、対外脅威に対抗してきた日本が、大正期に本格化する民主化（平準化）の中、「政治的大衆」の制御に苦しんでゆく様子を描く。

また、大正期を外交面での転換期ととらえる視点も、栗原健編『対満蒙政策史の一面』（一九六六）、入江昭『日本の外交』（中公新書、一九六六）など古くから存在する。大正期は内外にわたる転換期だったのであるが、一体なぜ、このころに外交の転換が必要だったのか。そこには、二〇世紀初頭の国際政治の変化が複雑な影を落としている。

第一に、明治後半からの日本外交の基軸となった日英同盟が、多角的協商・同盟網へと再編されることが注目される。一九〇二年に日本と同盟を結んだイギリスは、実際は一九世紀末から覇権国の地位を滑り落ち始めていた。そして、日本との二国間同盟よりもさらに確固たる外交環境を望みはじめる。一方の日本は、そもそもから、イギリスとの同盟を、一九世紀末からの中国分割の進行で日本が締め出されかねない「清国通商上の門戸開放」(小村寿太郎)の手段と考え、日露戦争後に本格的に中国大陸内部への経済進出を目指しはじめていた。日英同盟はこうして揺らぎ始め、ヨーロッパでもイギリスの覇権の揺らぎに付け入るドイツが台頭する中、ヨーロッパとアジアの双方をにらんだ勢力均衡の組み換えがおき、一九〇七年のうちに日仏、日露、英露の間で三つの協定が結ばれ、日英同盟は、極東における日英仏露の「四国協商」とでもいうべき多角的同盟・協商網の一つとなったのである(千葉功『旧外交の形成』勁草書房、二〇〇八)。

第二に、アメリカがイギリスに替わる覇権国として台頭しはじめ、極東政治のアクターとしても重要な役回りを演じ始めたことがある。しかも、日米関係はむしろ不安定化していく。満蒙を安定化しておきたい日本は、日露戦争まで緊密であったアメリカと、満州諸鉄道中立化問題（これは満州に、ドル外交実施中のアメリカが主張する「門戸開放政策」を敷くことを意味した）をめぐって対立し、またアメリカ本国では、すでに日本人移民の増大と台頭がアメリカ人の警戒心を募らせていった。日米関係は、特に一九二〇年代に緊張を増していくが、すでに大正初期には日本人が世界の「被害者」となっているという感情がアメリカの移民問題を通じて抱かれていた（筒井二〇一八）。

こうしたことは、大正期の日本政府に、従来にも増して「国際協調」や国民感情を重視した外交を重視しなければならないことに気づかせた。にもかかわらず、第三に、一九一〇年に英米独仏による（旧）四国借款団が結成されたとき、日本はそれに参加しなかった。一九〇五年の英仏シンジケートを嚆矢《こうし》とし、（旧）四国借款団にいたる初期の国際借款団は個別の案件を扱うものが主体で包括性は低かったものの、中国への開発投資を各国が共同して行うということの試みは中国大陸への遅れての進出をもくろんでいた日本外交の障害とみなされたのである。そして、日本は、同年に結ばれた第二次日露協商で、鉄道事業や北満州・南満州の特殊権益擁護に対するロシアとの相互協力を定め、中国大陸をめぐる国際協調に距離を置いたのである。日本の借款団への参加にはもう少し時間が必要だった（久保田裕次『対中借款の政治経済史』名古屋大学出版会、二〇一六）。

さらに、以上のような国際関係の再編とともに重要な第四の点は、トルコ、メキシコ、イランなどで起きていた「西欧以外の国で新しい国家作り」が本格化したことである。一九一一（明治四四）年に起きた辛亥革命は、そうした世界史的な出来事の一つであった（入江昭「現代世界史の中の辛亥革命」『辛亥革命とアジア』御茶の水書房、二〇一三）。こうして、「東側」の一員でありながら、列強の一員ともなっていた当時の日本は、二〇世紀初頭から、いわば東西の狭間におかれることとなるのだが、辛亥革命への対応において、日本は、以上のべてきた国際政治上の変化すべてへの対応を、しかも同時に行うことを迫られたのであった。しかも、国内では「政治的大衆」が急速に同時期の日本政治を揺るがせ始めていたのである。

†辛亥革命の勃発と日本外交

狭義の辛亥革命は、一九一一年一〇月一〇日夜、武漢三鎮の一つである武昌で、清末につくられた新軍の一部が清朝に反旗を翻した蜂起に端を発し、翌一二年二月一二日の清朝皇帝（宣統帝溥儀《ふぎ》）が退位詔書を渙発するまでの武装闘争を意味する。清朝が湖広鉄道を国有化し、その資金を（旧）四国借款団からの六〇〇〇万ポンドの借款で賄うことが公表されたことに対し、四川で大きな暴動が発生した。その鎮圧のため、清朝が武漢駐屯軍を割いて四川に派遣した際、すでに同軍を同志として取り込んでいた革命派が蜂起し、黎元洪《れいげんこう》を都督となして湖北軍政府を組織する。こうした類似の各省独立が瞬く間に中国各地で続き、一ヵ月の間に清朝の権力は地に落ちるに至ったのである。一二年一月には、事態の急変を聞きつけ、アメリカ・デンバーから帰国した孫文が、南京に樹立されていた臨時政府の臨時大総統となって革命政府が樹立され、国号は中華民国と定められた。

ところで、隣国・中国の一連の事態への日本政府の反応は、かなり控えめで緩慢であった。革命勃発当初の日本は、清朝が瓦解し、反帝国主義主張を持つ革命派が政権を握ることは望まなかった。一九一一年一〇月下旬に清朝から革命軍鎮圧のための支援要請をうけると、日本はそれに応えて武器援助も行った。ただ、政府が直接それに関与せず、民間会社を通じた援助形式を採った。それは、日本の内政干渉を列強が嫌っていたこと以上に、清朝側と革命軍とのどちらが勝利を収めるのかわからなかったという理由からであった。

一方、陸軍には様々な志向があった。山県有朋や寺内正毅ら陸軍中枢は安定政権の確立とその政権との協調を望んでいたが、上海にいた陸軍の本庄繁少佐は革命軍を支援し、武器調達の便宜を図っていた(櫻井二〇〇九、筒井二〇一五)。

結局のところ、一〇月下旬の閣議において、第二次西園寺内閣は、満州に関しては現状維持を図り、中国東部に勢力を扶植する機会をうかがう方針を決定するが、これは、第二次日露協商と日英同盟の趣旨を追求することを意味するものであり、それ以前の日本の対中政策方針と大きな差はなかったといえた(臼井勝美『日本と中国――大正時代』原書房、一九七二)。

しかし、一一月になると、西園寺内閣は清朝の反乱鎮圧を絶望視するに至り、まずは列国協調によって反乱を鎮圧し、清朝に立憲君主制を導入して混乱の収拾を目指した介入政策への転換を試みる。この方針は、近代中国に一貫して存在している「憲政」導入の試み(それは日本の近代化の成功から強い影響を受けていた)を支援すると同時に、それをイギリスと協同して支援するという戦略であった。だが、イギリスは、すでに袁を通じて独自に官軍と革命派との仲介を図っていた。イギリスは、政体の如何を問わず、袁のように北洋軍閥を掌握する強力な政治家(ストロングマン)による中国政情の安定を望んでいたのであり、革命をめぐる日英協調はもろくも崩れるに至る。それならば、と日本は革命政権に借款を提案し接近するが、日本の単独干渉を列強はやはり嫌ったため、借款は成立しなかった。こう見ると革命初期の日本政府の干渉は限定的だったようだが(中村元哉『対立と共存の日中関係史』講談社、二〇一七)、他方で孫文は南京政府の経済的行き詰まりを打破するため、三井物産の森恪と交渉し、一〇〇〇万円の援助の代わりに満州を租借地とすることを井上馨・山県有朋ら日本の要人との間で約していた(横山宏章『素顔の孫文』岩波書店、二〇一四)。日中の政治的関係は錯綜していた。

†第二革命の勃発

ところで、革命初期から、山県有朋などは、国内に中国の共和主義思想の国内への伝播に対する強い警戒心を持っていた。明治の藩閥政治の延長という性格もあった桂園体制に飽き足らぬものを感じていた当時の日本の政治家やメディアの中には、中国における革命の機運を日本に逆輸入し、第二の維新を起こそうと考える者も確かに存在した。辛亥革命と日本の政局との連動を警戒する観点からすれば、中華民国が成立した直後、革命派の孫文が臨時大総統を辞職し、清朝の忠臣であった袁世凱大総統が誕生したことは次善の結果ではあった。

しかし、それは、革命が半ば成功し、半ば挫折している状態であって、日本の対応は、余計に中途半端で複雑になった。革命勃発当初のある新聞が予言していたように、袁政権が樹立されたら、日本はいつまでも指をくわえてはいられまいし、「さりとて四億の革命同情者に反感を買うような行動は無論日本国将来の得策でない」ことは確かだった。日本外交は、辛亥革命への対応をめぐり、深刻なジレンマに陥る危険があった（『国民新聞』一九一一年一一月七日付）。

こうした中、中国の政情もさらなる変化を見せる。辛亥革命は、清朝瓦解を含めた三つの革命の総体としても把握できるものであり、広義の辛亥革命は、ここからその複雑な性格を更に増してゆくことになる。

そもそも、中華民国成立時にいまだ北京に命脈を保っていた清朝にとどめを刺したのは一九一二年二月、宣統帝《せんとうてい》を退位させることを条件に、孫文に臨時大総統の地位の移譲を迫った袁であった。孫文はそれを承諾し、三月に袁世凱が中華民国政府の大総統に就任したのである。また政府の所在地もこの時南京から北京に移っている。列国の承認も得られなかったため、中華民国政府の実権をしばしば袁に渡した革命派が、それで満足しているはずはない。彼らはあらためて運動の組織化に着手し、八月には、それまでの中国同盟会などの政治団体を統合して国民党を結成した。彼らは政党を通じ、議会を利用して、袁と対抗しようというのである。一二年三月、暫定憲法として制定された臨時約法（宋教仁ら革命派を中心に作成されたもの）は、議会の強い権限を規定していた。この憲法下では、袁は議会に責任を負わざるを得ない。つまり、選挙で革命派が参議院の多数を握れば、北京政府の実権は彼等革命派に移行することになるのである。一九一三年に初めての選挙が実施されると、国民党は袁の組織した共和党に競り勝ち、第一党となった（前掲『対立と共存の日中関係史』）。

しかし、自らの専制的な権力の弱体化を恐れた袁は国民党弾圧に乗り出し、指導者・宋教仁《そうきょうじん》を暗殺し、国民党を解散させた。そして、小政党を集めて進歩党を結成させ、広東の胡漢民《こかんみん》らを左遷した。極めて深刻な打撃を受けた国民党及び革命派は、残された手段として、黄興《こうこう》、李《り》烈鈞《れつきん》らが再び挙兵する。第二革命の始まりであった。

†中立方針の維持と国際協調・内政不干渉への変化

日本政府は、第二革命に対し、結果的に中立方針を採用した格好となった。改めて中華民国政府の政権の実権を握った袁は、まず、(旧)四国借款団に対し、二五〇〇万ポンドの外債引き受けを要望した。この際、日本は、ロシアとともに借款団に参加し、四月の共同調印に臨んでいることが注目される(なお、調印直前の三月には、資金が革命派弾圧に使用されることを嫌ったアメリカが脱退し、五カ国で調印されている)。それは、中国に対する債権者の立場にたち、かつ列国と共同で管理者の立場に立つことが権益を確保する唯一の方法だと考えたからである。日本は国際協調に細心の注意を払ったと評価できる。

他方で、日本は、袁政権を承認する事にも慎重であった。借款団を直前に脱退したアメリカが日本に袁政権の承認を求めた際も、それは革命派を刺激するとして同意しなかった。こうした日本の態度は一見場当たり的とも見えるが、中国に対し、特定の一国が突出することを防止する事を主眼としていると考えれば、いまだ日露戦後の財政難に苦しみ中国への十分な借款ができなかった当時の日本の国力から見て合理的であった。こういった対中政策を推し進めたのが、内田康哉《こうさい》、牧野伸顕《のぶあき》外相と、当時の外務省の筆頭局であった政務局長・倉知《くらち》鉄吉《てつきち》や阿部守《もり》太《た》郎《ろう》であった(田村幸策『最近支那外交史』外交時報社、一九三八)。

また、興味深いのは、外務省が、一九一三年六月一九日付の東京朝日新聞に「政府の対清政策」という記事を掲載したことである。そこでは、政府が南北いずれかの勢力に加担することは政策的には誤りであり、政府が北方に与して革命派を抑圧しているというのも誤解である、大切なのは中国情勢の鎮静化であるとする趣旨が述べられていた。しかも、共和政府は中国人自身が樹立したものであって、好むと好まざるとにかかわらず、これを外交の相手とせざるを得ないとする「内政不干渉」への言及があった。日本も参加した借款が革命派の弾圧資金に流れているという憶測（おそらく事実であったろう）に対し、日本がそれを意図したわけではないという弁明もしている。記事は、資金援助は派閥を問わず中国人の望みであり、それが中国の保全という日本の年来の希望を実現する手段だと論考を締めくくっている。外務省の方針をよく表しているこの記事は、おそらく阿部政務局長を中心に書かれたものと推測できる。

†対外硬運動の予兆

以上のように、辛亥革命期の日本外交は、中国における利益を最大限確保する事を目指しつつも、その方針は、日露戦争後の財政状況を前提にすれば合理的であり、国際協調にも細心の注意を払ったものであった。そして、そうした方針で、沸騰しやすい国論の啓蒙も図っていた。

だが、こうした政府の方針に対し、軍や政治家・政客の中には、革命派に対するより多くの同情を示す者や中国現地で彼らが結成する南方軍に身を投じる者がいた。また、当時大陸浪人と言われたやや過激な言動を行う人物も少なくなかったのである。また、近年の研究では、軍も一枚岩ではなく、参謀本部内にも、南方軍への同情者や南北分割論者などが存在していたことが明らかになっている。それは政変すら呼び起こす政治的な爆発力を持っていた（櫻井二〇〇九）。

政府は、内部対立を封じ込めて穏健外交を推進していた。これに対し、革命への同情を政府批判と絡めて、政府に圧力をかける民間団体も現れた。特に、内田良平らを中心として「対支研究会」が組織され、外務省の方針とは異なる対中強硬論が主張されるようになっていくことは重要であった。彼らは満蒙独立論者や清朝復辟派などを広く糾合し、「対支連合会」を組織した。呉越同舟であった彼らの共通する目的は、袁世凱の打倒であったが、やがて、外務省の方針を軟弱と糾弾し、北京公使で牧野外相の義兄でもある伊集院彦吉《ひこきち》と、政務局長であった阿部守太郎を標的とするに至った。

一九一三年七月になると、政府は伊集院にかえて、より対中強硬派とみられていた山座《やまざ》円次《えんじ》郎《ろう》を後任公使に任命した。伊集院はこれより先に、すでに本国への召還を内田外相に求めていたのであるが、内田はそれを承諾しなかった。任命の時期は、以下述べるように、あたかも対中強硬論（明治以降のこうした主張は「対外硬」と呼ばれていた）が盛り上がろうとするころであり、世論に屈した形の人事となってしまった感があった。

†阿部守太郎暗殺と暴動

この頃、現地中国では、北方軍と南方軍との激突が繰り返され、各地で虐殺、掠奪が繰り返されていた。そして、およそ一カ月の間に、兗州《えんしゅう》事件（八月五～九日）、漢口事件（八月一一日）、南京事件（九月一日。なお、この講の名称にある第一次南京事件とはこの事件を指す）が連続して起きた。

兗州事件は、山東省で軍事偵察中の日本陸軍・川崎亨一大尉が、兗州から済南に向かう列車内で逮捕され、南軍支援の疑いで北軍兵営内に四日間監禁された事件である。日本側は厳しい処分・陳謝を要求し、中国は謝罪し、責任者を処分した。

漢口事件は、陸軍の西村彦馬少尉ら二名が、北軍の厳重な警戒下にあった中で漢口近辺の軍事偵察に行き、漢口の停車場で取り押さえられ、殴打された事件であった。これも中国は謝罪し責任者を処分した。

以上二つの事件は、日本軍人がかかわっていたこともあり、政府に対する軍の突き上げの格好の理由となったし、輿論も激昂させた。

南京事件は、張勲《ちょうくん》率いる北方軍が、南京の都督府を攻め落とした際、国旗を掲げて日本領事館に避難中の八人の日本人のうち三人の民間人を殺害し、三四軒の商品・家財が略奪された事件であった。これも最終的に、中国は謝罪し責任者を処分した上、六四万ドルの賠償を支払った。北方軍がそもそも日本人を狙っていたかどうかは不明であったが、北方軍が革命派（南方軍）に与していた日本人へ反感を持っていたことは事実であった上に、一行が、日章旗を掲げながら日本領事館に避難しようとした途中で襲われた経緯が、日本人一般を強く刺激することは避けられなかった（清原芳治『外務政務局長　阿部守太郎』大分合同新聞社、二〇〇三、藤野裕子『都市と暴動の民衆史』有志舎、二〇一五、霍二〇一七）。

南京事件の第一報は、一九一三年九月三日の新聞で、国内に伝えられた。相次ぐ事件を受けた世論はまさに沸騰し、一般読者からの政府批判も新聞に多数寄せられた。これを受け、東亜同文会のほか、前述の対支同志会も緊急集会を開催することを予告している。強硬な意見が提示されることを予期した外務省は、九月五日に「当局者の見解」を掲載し、感情に任せた出兵論などを諫めた。

しかし、その日の夕方に悲劇が起きた。前月の八月中旬、帰国のために中国を出発した伊集院を東京新橋駅に出迎えに行った阿部守太郎政務局長が、赤坂霊南坂の自宅に帰る途中で若い暴漢二人に襲われたのである。下腹部と大腿部を刺された阿部は、翌六日に死去した（享年四二）。九日には、犯人の一人、岡田満《みつる》が広げた中国の地図の上で割腹自殺を遂げた。一二日には、満州に逃亡しようとしたもう一人の犯人、宮本千代吉が逮捕され、一五日には二人に阿部暗殺を示唆した大陸浪人・岩田愛之助が自首した。犯人の一人によれば刺殺の動機は、南京事件で日本国旗が侮辱されたにもかかわらず阿部が「要するに国旗は一つの器具に過ぎぬ」と言ったからであった。

この間、七日には、対支連合会が対支国民大会を日比谷公園で開催し、数万の群衆を集めた。群衆の一部は、勢いに任せて、外務省まで示威行進を行った。二日前に阿部が刺殺されたばかりの外務省は厳戒態勢でこれを迎えた。また、神田の青年会館では同日に東京 魁《さきがけ》 新聞社が「対支問題大演説会」を開いていた。同日夜八時ごろに終了した演説会の余韻が冷めやらぬ間に、その群衆もまた外務省と、そして一部は牧野外相邸へと向かった。彼らは焼打ちも企図していたという。さらに日付が八日に変わったころ、勢い余った群衆は首相官邸へと向かったが事なきを得た。

しかし、阿部の葬儀が行われた一一日には、日本橋浜町明治座で第二次対支問題大演説会が、神田青年館で報知倶楽部主催の対支演説会が開かれ、今度は電車や自動車などが、荒れ狂った群衆の餌食になった。こうした集会に集まった群衆は、政府攻撃を絶叫し、牧野外相の辞任を要求し、政府に中国への出兵を要求した。つまり、外務省の穏健な方針を排撃し、新聞の強硬論に賛同し、それを鼓舞したのである。日露戦争後の日比谷焼打ち事件、同時期の大正政変と比較して知られることは少ない。しかし、政治的大衆の爆発が、辛亥革命の進展にあわせて見られた。その後の政治史を見ると、やはりこの時期が日本のポピュリズムの大きな曲がり角であったことは間違いないといえよう（山本四郎『山本内閣の基礎的研究』京都女子大学、一九八二、筒井二〇一六）。

†日本は転換に適応できたのか

最後に、大正期日本は外交の転換に成功したのかどうかを考えてみよう。一面において、政府の中には経済中心、内政不干渉、国際協調を原則とする外交への転換を模索する動きがあった。その意味では、転換に半ば成功しつつあったと言えよう。しかし、そのような転換は、結局「政治的大衆」には受け入れられなかったといえる。こうした経緯をみて、歴史家はしばしば暴走する大衆、そして彼らを煽った軍や団体などを非難しがちである。大衆は国際情勢に無知であった、彼らは右翼的であったなどというのが、そうした非難の典型である。

しかし、辛亥革命期の日本政府の外交方針が如何に合理的であり、内政不干渉・国際協調重視であったからと言って、中国大陸における死活の利権の行方は不透明であった。この時期にはこうした穏健な方針の正統性を政府が世論に訴える啓蒙的な試みもみられたものの、「日露戦争一〇万の死者」により得たものを心より誇りにしていた明治人が、不確かな保障しかできないそうした説得に、簡単に納得するはずはなかった。また、多角的な協調・同盟網はその運営が難しいことも以上みてきた通りである。専門家ですらハンドリングに苦労する多国間協調は、目に見える成果や利益を求めがちな世論の不満の種になりがちであった。こうした不満が、同時に大正政変に象徴される政府批判と絡み合い、対外政策に強い影響力を持ち始めたのである。しかも、そうした強硬論は、新しい国際潮流としての革命アジアへの同情を、エネルギーとして燃え上がった。政府と民間のある種の乖離にどう対応するかは、この後の日本政治にも一貫する難問でありつづける。

さらに詳しく知るための参考文献

栗原健編『対満蒙政策史の一面――日露戦後より大正期にいたる』（原書房、一九六六）……この時期の日本の対中外交を描いた古典的名著。本講も同書の問題関心から多くを学んでいる。

櫻井良樹『辛亥革命と日本政治の変動』（岩波書店、二〇〇九）／同「辛亥革命と日本政府の対応」王柯編『辛亥革命と日本』（藤原書店、二〇一一）……辛亥革命と日本との相互連関を、新史料も駆使して読み込む労作。

霍輝林「漢口・袞州・南京事件についての一考察」（*ICCS Journal of Modern Chinese Studies*, Vol. 10 (1), 2017）……この時期の日中関係史の中で、本講で触れた三事件の経緯に詳しく触れている。

筒井清忠『戦前日本のポピュリズム』（中公新書、二〇一八）／同『満州事変はなぜ起きたのか』（中公選書、二〇一五）……同時代の国内外の動きについては、本書の関連する論考とともに、同書を参照されたい。

第4講

第一次世界大戦と対華二十一カ条要求

奈良岡聰智

†第一次世界大戦と日本

日本では、日清・日露戦争と第二次世界大戦（アジア・太平洋戦争）の間に挟まれ、第一次世界大戦の影が薄い。主戦場がヨーロッパだったため、経済面では大戦景気に沸き、多くの「成金」が生まれたとしても、日本の政治や外交への影響は限定的であったというのが一般的なイメージであろう。

しかし、第一次世界大戦が日本の政治や外交に与えた影響は、決して小さくはない。同大戦中、日本はドイツと交戦したのみならず、中国、アメリカと外交戦、情報戦を繰り広げ、一九一八年からはシベリア出兵も行った。日本は連合国の一員として勝利に貢献し、戦後はパリ講和会議で「五大国」の一つとして遇されるに至ったが、同盟国イギリスとの関係は必ずしも良好ではなかったし、この間、中国との関係は著しく悪化した。また、大正政変を契機とした民主化の動きが加速し、大戦末期に本格的政党内閣が樹立されるに至ること、大戦による「総力戦」を直接経験しなかったことが、戦後に戦争、領土拡張や植民地をめぐるスタンスで次第に欧米諸国との懸隔が拡大するきっかけになったことなどを考えると、この大戦が日本に与えた影響はきわめて甚大かつ多様だったと言える。

本講ではこうした理解を念頭に置きつつ、第一に、この大戦に日本が参戦するに至った経緯について分析する。第二に、参戦の翌年に日本が提出した対華二十一ヵ条要求（以下、二十一ヵ条要求）について検討し、同要求がその後の外交に及ぼした影響についても考察する。

†日本の参戦

一九一四年七月二八日、前月のサラエボ事件をきっかけとして、オーストリア＝ハンガリーがセルビアに宣戦布告した。この段階では、まだバルカン半島の局地紛争と言うべき状態であったが、八月四日にかけて、ドイツ、ロシア、フランス、ベルギー、イギリスが次々と参戦するに及び、この紛争はヨーロッパ全土を巻き込む大戦争へと発展した。

八月四日にイギリスが参戦すると、日英同盟を締結していた日本では、次第に参戦論が高まった。時の第二次大隈重信内閣は、七日に閣議を開催し、日英同盟の情誼《じょうぎ》と日本の地位向上を理由として、参戦を決定した。一〇日に大隈内閣に意見書を送った元老井上馨《かおる》は、欧州の大禍乱は「大正新時代の天佑」であり、日本はこの天佑を享受しなければならないという有名な言葉を記した。大戦勃発を奇貨として、東アジアで権益を確保すべきだという声は、井上のみならず日本全土で高まっており、メディアでも開戦ムードが盛り上がった（図参照）。このような声の後押しも受けながら、大隈内閣の加藤高明外相は、ドイツに山東半島の武装解除を迫るとともに、その中国への返還を求める最後通牒をまとめ、一五日にドイツの駐日大使に手交した。期限が来てもドイツが回答しなかったため、二三日に日本はドイツに宣戦布告を発した。こうして日本は、イギリス、フランス、ロシアを中心とする連合国（協商国）側に立って、第一次世界大戦に参戦することになった。

図　『東京パック』10巻24号（1914年8月20日）
日本がドイツに宣戦布告を発した8月23日以前の発行だが、「戦争号」と題され、開戦ムードが高まっていたことが分かる。

日本政府による参戦の決定は、きわめて迅速であった。当時ドイツは、中国の山東半島の膠州《こうしゅう》湾周辺に租借地を持ち、南太平洋（ミクロネシア）の島々も領有していた。膠州湾租借地の中心都市・青島は要塞化されていたが、日本に攻撃されれば持ち堪えられない可能性も高かったため、ドイツ政府内には、中国に自主的に返還し、何らかの形で実質的に同租借地を維持しようという構想が存在していた。中国側にも、ドイツの苦境につけ込む形で、この機会に膠州湾租借地を回収するという案があった。中国には、列強の賛同を得て東アジアを中立化することで、日本の動きを抑止しようという構想もあり、アメリカにはこれに呼応すべきだという声が存在した。しかし、こうした構想は、日本の迅速な参戦によって封じ込められた。日英同盟が存在していたこと、膠州湾租借地の攻撃は日本の領土的野心によるものではなく、あくまでドイツの脅威を取り除き、戦後中国に返還するためであると日本政府が説明したことから、他国が日本の参戦に正面から反対するのは難しかった。

大隈内閣は首相の個人的人気に依存した政権で、創立後日が浅い与党立憲同志会では、閣僚人事、連立を組む小政党との合同、党首加藤高明の地位などをめぐって、内紛が続いていた。参戦が遅れた場合、大戦への対応をめぐって与党内部で対立や混乱が生じ、政権が窮地に追い込まれた可能性もあるが、早期参戦はこうした動きも封じ込めた。また、八月一二日には、台湾に駐留する日本陸軍の部隊が福建省に独断出兵する動きを見せたが、これを察知した加藤外相は、素早く陸軍上層部に働きかけて阻止している。このように、日本が中国の抵抗や列強の介入を排しつつ、大きな混乱なしに早期参戦を実現したのは、加藤外相の果断な政治指導によるところが大きかったと言えるだろう。

†参戦の波紋

もっとも、元来紛争の当事国でない日本が参戦したプロセスには強引なところがあったのは否めず、外交上の問題も少なくなかったと言わざるを得ない。そもそも、日英同盟の規定上、日本に参戦義務はなかったし、イギリスも日本の参戦を強く望んでいたわけではなかった。イギリスは八月七日に、ドイツ極東艦隊の駆逐を日本に要請したが、日本側はイギリスの支配下にある香港、威海衛《いかいえい》の防衛やイギリス商船の保護などで、より積極的な役割を果たす姿勢を示した。これを見たイギリスは、日本が権益拡張に乗り出しかねないと危惧し、一〇日に参戦依頼を取り消した。しかし加藤外相は、すでに天皇の裁可を得た参戦方針を覆すことはできないと突っぱね、参戦論でイギリス側を押し切った。日本の勢力拡大は望まないが、その協力は得たいというのがイギリスの抱えていたジレンマで、加藤外相はそこにつけ込む形で参戦を実現した。日本の勢力拡大に対するイギリスの懸念は、大戦中続くことになる。

アメリカも、日本の権益拡張を危惧していた。アメリカ政府は、日本の対ドイツ最後通牒発出に際して、日本が領土拡張の野心を有さず、中国における行動は高平・ルート協定（中国の独立、領土保全や機会均等を約束した一九〇八年締結の日米協定）に基づいて行うものと諒解する旨の覚書を日本政府に送付し、牽制した。アメリカの世論は、政府よりも強い危機感を持っていた。

例えば有力紙『ワシントン・ポスト』は、八月三日以降、日本が参戦に至った過程を詳細に報じ続けたが、この間「なぜ日本は急ぐか」(一六日)、「大戦における日本の役割」(二一日)といった社説を掲げ、日本の参戦目的に疑念を呈した。参戦直前には、日本がハワイを攻撃するかもしれない(二二日)、アメリカ西海岸が日本の脅威にさらされる(二三日)といった記事を掲載し、参戦直後には、日本が青島を砲撃した(二五日)、アドリア海に艦艇を派遣する(二七日)という誤報まで繰り返した。アメリカでは、中国問題のみならず日本の南太平洋進出に対する懸念も強く、その懸念は一〇月に日本がドイツ領ミクロネシアを占領すると、より大きなものとなった。日露戦後、日米関係は次第に緊張感をはらんだものになっていたが、日本の大戦参戦を機に、両国の軋轢は一挙に増した感がある。

中国は、八月六日に局外中立を宣言した。中国領土への戦闘の波及を防止するのが狙いであったが、日本の参戦によってそれは不可能となった。しかし、日本軍が九月に山東半島に先遣隊を上陸させると、中国は日本軍の行動範囲や戦闘区域をできるだけ制限しようとし、中国の中立国としての地位を侵犯しないよう日本に働きかけた。また、一一月に青島が陥落すると、中国では膠州湾租借地の即時返還を求める世論が沸き起こった。以後、日本が占領した膠州湾租借地の帰属をどうするかという問題(山東問題)が、日中間の大きな懸案となる。

日本の参戦や大戦を利用した権益拡張は、世論に強く支持されていた。日本政府が参戦方針を決定して以降、主要メディアは参戦論、権益拡張論一色と言ってよい状況であったし、政財界の有力者や知識人も、多くが参戦、権益拡張を支持していた。当時参戦に強く反対していたのは、石橋湛山《たんざん》が寄稿していた『東洋経済新報』などごくわずかであった。

もっとも、政界中枢には慎重論を唱える有力者もいた。その代表格が元老山県有朋で、彼は参戦する以前に、対中政策の根本を確立すべきだという考えであった。衆議院第一党政友会の党首・原敬も、対中政策の見通しを欠く参戦は拙速だと考えており、にもかかわらず大隈内閣が参戦したのは、政権維持のために人びとの関心を外に向けるのが目的だと見ていた。しかし、大隈内閣の積極方針と世論の熱狂の前に、こうした慎重論はかき消されていった。

†二十一カ条要求の策定

日本は、宣戦布告や開戦の詔書の中で、ドイツの軍事的脅威の除去を参戦目的として掲げた。また、ドイツから奪った山東半島やミクロネシアで権益を獲得することも、目的であった。しかし、参戦を主導した加藤外相がより重視していたのは、この機会に当時日本外交にとって最大の懸案であった満州問題を解決することだった。

日本は日露戦争によってロシアの満州権益を継承し、遼東半島《りようとう》(旅順・大連)の租借権、南満州鉄道の経営権を獲得していたが、その返還期限は最も早いもので九年後(一九二三年)に迫り、維持が危ぶまれていた。そのため加藤は駐英大使時代に、イギリスのエドワード・グレイ外相に満州権益の租借期限延長への理解を求め、一応の合意を取り付けていた。また、一九一三年春には中国に赴いて、袁世凱、孫文らと会見するなど、中国情勢の把握にも努めていた。このようにすでにいくつかの布石を打っていた加藤にとって、大戦勃発はまさに好機であった。陸軍上層部も基本的には同様の認識を持っていたし、参戦に消極的だった元老山県も、満州問題を解決すべきだという点では同意見であった。こうして加藤外相は、参戦のいわば必然的帰結として、翌年に中国に二十一ヵ条要求を提出し、満州問題の決着を目指すことになる。

一一月に青島が陥落すると、加藤・外務省は両問題を解決するための日中交渉の準備を本格化させた。日本の希望は、満州権益の租借期限延長を中国に認めさせることにあったが、それを実現するには、見返りとなる利益を中国に与えなければならない。加藤はそのための「取引材料」として、膠州湾租借地の返還を想定していた。膠州湾租借地は、宣教師殺害事件をきっかけにドイツが一八九八年に獲得したもので、九九年間の租借期限が設定されていた。中国が自力で回復できないこの地を、日本は多額の軍事費を費やし、犠牲（戦死者は二七三名）を払って占領した。大戦が終結した暁にこの租借地を中国に返還することとし、それを代償として満州問題における譲歩を迫るというのが、加藤の構想であった。もちろん加藤も無償で返還するつもりはなく、返還の条件として、青島の自由港化、鉄道・鉱山の合弁化、専管居留地の設定などを考えていた。

しかし、この交渉は大変難しい問題を孕んでいた。まず、大戦の帰趨が明らかではない以上、膠州湾租借地の帰属は日中両国だけで決定するわけにはいかず、最終決定を行うには、講和会議を待たなければならなかった。また中国では、日本が対ドイツ最後通牒で謳った以上、同租借地を直ちに返還すべきだという声が強く、中国政府がそれを代償とする満州問題での譲歩に応じるかは不透明であった。

一方日本では、青島陥落以降、膠州湾租借地は返還すべきでないという声が高まっていた。そのため加藤外相も返還の可否について、議会で曖昧な答弁を余儀なくされた。それに加えて、日本国内の各方面からは、この機会に中国との諸懸案の解決や権益拡張を求める声が澎湃として沸き起こっていた。このように対中強硬論で世論が沸騰する事態は、明治末期からたびたび発生していた。辛亥革命勃発後の混乱期には、中国への出兵論が朝野を問わず盛り上がった。一九一三年夏、中国で第二革命（孫文らが袁世凱打倒のため挙兵）が勃発し、争乱の中で日本人三名が殺害される事件（南京事件）が起きると、武力干渉論が広がった。この時の世論の激高ぶりがいかにすさまじいものだったかは、「軟弱外交」の責任者と見なされた阿部守太郎外務省政務局長が暗殺されたことからもわかる。

こうした動きの背景として、辛亥革命後流動的な政治情勢が続く中で、日露戦争で確保した地域の維持に対する危機感が高まっていたこと、強硬姿勢を取れば中国は屈服するという見方が広がっていたこと、民間の国粋主義的団体の活動が活発化していたこと、日露戦後の日比谷焼打ち事件以来、都市の中下層民衆が生活の不満へのはけ口をぶつけて騒擾を起こすことが増えていたことを指摘できる。特に満州に関しては、「一〇万の英霊、二〇億の国帑」と引き換えに獲得された、日本人にとって特別な地だと見なされるようになっており、それへの同情的な議論が行われがちであった。

加藤・外務省へは、各方面から様々な対中要求案が持ち込まれた。加藤・外務省は、実現可能性がないものを切り捨てる一方で、各方面が一致して求めるものを緩和、整理して要求事項としてまとめていった。その結果、大隈内閣が一二月三日に決定した要求事項は、全部で二一カ条にもなった。中国に提出する要求事項は、最終的に一九一五年一月一五日に決定され、一八日に中国政府に示された。

この要求事項は、第一号から四号までの「要求条項」(全一四ヵ条)と第五号の「希望条項」(全七ヵ条)に大別されていた。第一号は山東省に関するもので、ドイツが持っていた山東省の権益を日本が継承することを要求していた。第二号は満州に関するもので、遼東半島や南満州鉄道の租借期限を九九カ年に延長することなどを要求していた。第三号は漢冶萍公司《かんやひょうコンス》(中国最大の製鉄会社。明治末期から日本が経営参加を求めていた)の日中合弁化などを、第四号は中国沿岸部の不割譲を求めていた。以上の「要求事項」は、全部で一四カ条あった。

第一号から四号までの要求は、強圧的なものではあったが、当時欧米列強が行っていた外交と比べて、際立っていたとは言えない。実際日本は、これらの要求を中国に提出した後、イギリス、ロシア、フランス、アメリカに第五号を除いた要求内容を内示するが、各国は異議を唱えなかった。二十一カ条要求は、第一号から四号までだけであれば、当時の外交慣行で是認される枠内にとどまり、中国からの激しい抵抗は不可避だったものの、欧米列強からは異議なく承認されたのではないかと思われる。

しかし実際は、日本の要求には第五号も含まれていた。これは、第四号までとは別に中国に「勧告」する事項とされ、中国政府への日本人顧問の招聘（一）、日中警察の一部合同（三）、日本への華中・華南のいくつかの鉄道敷設権の供与（五）、中国における日本人の布教権の承認（七）など、雑多な七項目から成っていた。各方面から出された多様な要求が苦し紛れに盛り込まれたものであったが、第四号までと異なり、中国への内政干渉に近く、欧米の既得権とも抵触するという点で問題であった。「希望条項」とされたのは、加藤外相自身が「要求事項」との質的相違を認識し、中国や欧米列強に認めさせるのが相当困難だと認識していたからだと推定される。欧米四カ国に要求内容を内示した際、第五号の存在を秘匿したのも、そのためであろう（この他第三号第二条も秘匿されている）。もっとも加藤は、中国との交渉が始まると、第五号を一部でも認めさせることにかなり固執することになる。

†二十一カ条要求をめぐる外交交渉

二十一ヵ条要求は、北京で日置益駐華公使から袁世凱大総統に手渡された。加藤外相は、外交部を通さず、トップを直接交渉相手とすることによって、交渉を秘密裡に進め、早期に決着させることを目指した。しかし、その目論見は外れ、袁世凱は日本に徹底的に抵抗した。

まず袁世凱は、様々な理由をつけて交渉を遷延させる一方で、中国国内の反日世論を醸成すべく、要求内容を新聞にリークした。そのため、一月末までには中国の新聞で、日本の要求が二十一ヵ条から成るという報道が相次いだ。二十一ヵ条要求という呼称は、この後こうした報道が繰り返される中で定着していったものである。梁啓超《りょうけいちょう》ら知識人も激しい日本批判を展開し、それはやがて中国全土の反日運動に発展した。

袁世凱政権は、海外においても反日世論を醸成した。中国が特に期待を寄せたのは、アメリカであった。同国の駐華公使ポール・ラインシュらを通して要求内容がリークされ、アメリカの新聞でも一月末までに、日本が二十一ヵ条から成る強圧的な要求を中国に強要しているという報道がなされた。日本側がこれに有効な反論を行わないうちに、誤報を含む様々な報道が続き、日本は中国で大々的な権益拡張を図っているという噂が拡散していった。

このように対日不信感を煽って、欧米諸国からの介入を招来することこそが、袁世凱の狙いであった。加藤外相はやむなく、二月一〇日にイギリスに第五号の存在を明かした。同国のグレイ外相は、日本の背信的行為を知り、失望を隠さなかった。二月下旬以降、イギリスでも『マンチェスター・ガーディアン』などリベラル系新聞が日本を批判するようになり、議会では二十一カ条要求に対する質問が相次ぐ事態となった。日本は、中国の強い抵抗と欧米からの批判に包囲されるという苦しい立場に追い込まれていった。

もっともグレイ外相は、三月八日の日本外交官との会談で、日中交渉を決裂させないよう釘を刺したものの、イギリスが強い関心を持つのは第五号のうち一項目のみであることを示唆した。加藤外相は、二月下旬にロシア、フランス、アメリカにも第五号の存在を明かしたが、これら諸国が示した反発も大きなものではなかった。アメリカは三月一五日に、ウィリアム・ブライアン国務長官の名前で覚書（第一次ブライアン・ノート）を提示したが、これは第五号中四項目に対する異議を表明したに過ぎず、宥和的とも取れる内容であった。そのため加藤外相は、交渉が難航しているにもかかわらず、中国側に大きく譲歩することはなかった。むしろ三月中旬から下旬にかけて、軍事的威圧をかけるため、中国駐留の日本の陸軍兵力を一時的に増強する措置を取っている。

加藤がこのように強気の姿勢を堅持した背景には、国内の政治状況があった。日本では、前年一二月に衆議院が解散され、三月二五日に総選挙が行われることになっていた。加藤は与党立憲同志会の党首であり、総選挙での勝利を目指すため、日中交渉で大幅な譲歩を行い難かった。

この頃日本のメディアでは、対中批判が盛り上がっていた。例えば『大阪朝日新聞』は、要求内容が第四号までしかわからなかった時期も、第五号の存在が明らかになってからも、終始要求貫徹を主張していた。野党政友会の機関紙『中央新聞』は、大隈内閣・立憲同志会を批判する立場であったが、二十一カ条要求に関しては、同内閣が「軟弱」なために要求を貫徹できないという見方をしていた。

日本の新聞各紙は、海外メディアによる日本批判もよく紹介したが、これによって日本の世論はむしろ硬化し、「不誠実」な中国政府やそれに「無理解」な各国政府を批判する論調が大勢となっていった。交渉が長引き、様々な情報が錯綜していたためでもあるが、二十一カ条要求を冷静に分析、批判していたのは、原敬やごく少数の知識人にとどまった。東京帝国大学教授で、「民本主義」を唱えていた良心的な政治学者・吉野作造でさえ、第五号を含めて、日本の要求が「最低限度」のものだと支持していたところからも、当時の世論の沸騰ぶりが窺われる。

日中交渉は、四月には完全に膠着状態となった。行き詰まった交渉を、最終的に妥結させたのは、外にあってはイギリス、内にあっては元老の圧力であった。五月三日、大隈内閣は、第五号のいくつかの条項を残した最後通牒案を決定したが、翌日の元老を加えた会議の場で、山県有朋らは加藤外相を叱責し、日中開戦を回避するため、第五号の削除を求めた。同日深夜には、イギリスのグレイ外相からも、第五号の削除を求める電報が日本に届けられた。その結果大隈内閣は、第五号を事実上撤回して（他日の交渉に留保するという文言を付して）、中国に最後通牒を発することに決した。最後通牒は五月七日に、四八時間の期限付きで提出された。中国側には、拒絶すべしという意見もあったが、イギリス、アメリカが妥協を働きかけたこともあり、九日に要求を受諾するに至った。両国は五月二五日に条約を締結し、ここに約五カ月続いた日中交渉は、ようやく終結した。

†合意内容とその後

しばしば誤解されるが、二十一カ条要求をめぐる外交交渉の結果は、単一の条約に結実したわけではない。日中両国が締結したのは、「山東省に関する条約」、「南満州・東部内蒙古に関する条約」という二つの条約と一三の交換公文で、この他に大総統の名前で一つ声明が出されている。日中交渉は多岐にわたり、非常に入り組んでいたため、合意の内容や形式も大変複雑であった。

交渉を難航させた第五号のうち、日中警察の一部合同を求める条項（三）は、日本側が四月二六日に提出した修正案ですでに撤回していた。また、福建において外国資本の鉄道などへの投資に関して事前に日本と協議すべきだとする条項（四）については、中国が五月一日に日本の要求を一部認める修正案を示しており、それを基礎として交換公文（「福建省に関する交換公文」）を結ぶことになっていた。日本が最後通牒で撤回した第五号というのは、実は上記二つの条項を除いた五カ条であった。最終的には、全七カ条のうち一カ条（四）のごく一部に関してのみ、交換公文（中国政府が福建省沿岸に外国の軍事施設を許可しないことを声明）締結に至ったことになる。大隈内閣はこの公文を、福建省の対岸に位置する台湾の防備を増すものと評価した。

漢冶萍公司に関する第三号も、最終的に一つの交換公文（「漢冶萍公司に関する交換公文」）締結に至った（第一条を基礎として成立。第二条は撤回）。日本はこの交換公文を結ぶことで、中国政府による同公司の国有化を阻止し、将来における日中合弁化を目指した。これは一定の効果を持ったものと思われるが、その後も日中両政府と漢冶萍公司の相互牽制が続き、結局将来においても日中合弁が実現することはなかった。

中国沿岸部の不割譲を求めた第四号は、条約・交換公文に先立って、五月一三日に大総統声明（中国の沿岸不割譲を陸海軍などに命令）という形に結実した。大隈内閣はこの声明を、中国の領土保全を保証する意義があると評価した。

こうして見ると第三〜五号は、日本にとって、それほど大きな具体的成果に結びついたわけではなかった。これに対して、山東問題に関する第一号、満州問題に関する第二号の結果は、非常に重要であった。

山東問題に関しては、「山東省に関する条約」において、中国が日本・ドイツ間の協定一切を承認すると規定されたが、日本・ドイツ間の協定締結は大戦が終わらなければ不可能だったため、その処分は事実上戦後に持ち越された。ただし、これに加えて「膠州湾租借地に関する交換公文」も結ばれ、膠州湾全部の開放、専管居留地の設定などを条件として、戦後日本が同租借地を中国に還付すると規定された。すなわち膠州湾租借地は、日本が対ドイツ宣戦布告で謳った通り、中国に還附する方向性が示されたものの、その時期や方法については不透明で、最終的帰属は大戦後の交渉に委ねられたことになる（この他、山東省の不割譲や都市開放について二つの交換公文を締結）。

満州問題に関しては、「南満州・東部内蒙古に関する条約」によって、遼東半島（旅順・大連）の租借権、南満州鉄道の経営権の延長が、九九年間認められた。これこそが、日本が最も強く求めていたものであり、本条約の締結により、日本は所期の目的を達成したと言い得る。さらに日本は、八つの交換公文によって、満蒙の内地（日本の租借地・鉄道附属地・商埠地《しょうふち》〔一九〇五年の満州善後条約により外国人居留地として開放された地域〕以外の土地）における日本人の居住権、商租権なども獲得した。以上により、南満州、東部内蒙古での日本人の活動範囲は著しく拡大することになった。

欧米列強は、交渉の妥結を歓迎した。もっともイギリスは、日本の権益拡張追求の動きを、同盟国としての信義を裏切るものと受け止め、警戒感を深めた。日本の動きをより警戒していたのはアメリカで、五月一一日に、中国の領土保全や門戸開放の原則に反する日中協定を否認する旨の第二次ブライアン・ノートを発表した。宥和的とも解釈できた三月の第一次ブライアン・ノートに比べ、この声明は中国への同情と厳しい対日姿勢を鮮明にしていた。

二十一カ条要求は中国ナショナリズムを大いに刺激し、日貨排斥運動や中国人留学生の日本からの大量帰国を引き起こした。こうした動きは、第一次世界大戦終結後にパリ講和会議が開催された際、再び大きく盛り上がる。中国(一九一七年に参戦)はこの会議に戦勝国の一員として参加したが、膠州湾租借地の中国への即時返還は認められなかった。そのため、中国では五・四運動が発生し、中国全権はヴェルサイユ条約への調印を拒絶した。五・四運動の際、北京で曹汝霖《そうじょりん》元外交次長(二十一カ条要求の外交交渉を担当)の自宅が放火・襲撃されたという事実一つをとっても、二十一カ条要求の残した禍根の大きさがわかる。山東問題は、一九二二年のワシントン会議で日中両国が「山東懸案解決に関する条約」を締結し、同年末に日本軍が山東省から撤退することによって、ようやく落着することになる。

さらに詳しく知るための参考文献

第一次世界大戦

小林啓治『総力戦とデモクラシー――第一次世界大戦・シベリア干渉戦争』(吉川弘文館、二〇〇八)……第一次世界大戦期の日本の政治・外交について考察した概説書。

山室信一『複合戦争と総力戦の断層――日本にとっての第一次世界大戦』(人文書院、二〇一一)……日本にとっての第一次世界大戦を、いくつかの戦争が組み合わさった「複合戦争」であったと捉え、開戦から終戦までを概観した著作。

和田春樹他編『岩波講座 東アジア近現代通史3――世界戦争と改造 1910年代』(岩波書店、二〇一〇)

山室信一他編『現代の起点 第一次世界大戦――1 世界戦争』(岩波書店、二〇一四)……いずれも第一次世界大戦期の外交や国際関係に関する重要論文を収録した論文集。

対華二十一カ条要求

松本忠雄『大正四年日支交渉録』(清水書店、一九一五)……外交文書、議会議事録、新聞報道などをもとにして、二十一カ条要求提出の背景や外交交渉の経緯をまとめた著作。著者の松本忠雄は、加藤高明の秘書。加藤も序文を寄せており、彼が交渉を総括した半公式記録であったと見なし得る。

堀川武夫『極東国際政治史序説』(有斐閣、一九五八)……日米関係を軸として、二十一カ条要求に関わる全般を検討した研究書。史料水準や細部に問題はあるものの、今日でも同要求に関する最もまとまった重要文献の一つ。

奈良岡聰智『対華二十一ヵ条要求とは何だったのか――第一次世界大戦と日中対立の原点』（名古屋大学出版会、二〇一五）……日本の第一次世界大戦への参戦過程、加藤高明外相の外交指導、日英関係、世論の影響などを軸に、二十一ヵ条要求について検討した研究書。同要求のうち、特に第五号の問題について立ち入った分析を行っている。序章で、二〇一五年以前の研究状況について詳しく紹介している。

奈良岡聰智「第一次世界大戦初期の日本における政党系新聞の外交論――大戦勃発から青島占領まで」（『法学論叢』一八二巻四・五・六号、二〇一八年三月）……第一次世界大戦勃発当初の日本の世論動向を分析した論文。

奈良岡聰智「諷刺画から見た日本メディアの対華二十一ヵ条要求批判――『東京パック』を中心とした分析」（『法学論叢』一八八巻三・四・五号、二〇二一年三月）……諷刺画の分析を通して、二十一ヵ条要求の時期の日本の世論動向を読み解いた論文。

川島真編『近代中国をめぐる国際政治』（中央公論新社、二〇一四）……同書第三章の川島真「二十一箇条要求と日中関係・再考」は、中国の二十一ヵ条要求に対する対応を分析した重要論文。

北野剛『明治・大正期の日本の満蒙政策史研究』（芙蓉書房出版、二〇一二）……二十一ヵ条要求の第二号に含まれていた、日本人の満蒙における内地居住問題について詳細に分析している。

久保田裕次『対中借款の政治経済史――「開発」から二十一ヵ条要求へ』（名古屋大学出版会、二〇一六）……二十一ヵ条要求の第三号に含まれていた、漢冶萍公司の問題について詳細に分析している。

筒井清忠『満州事変はなぜ起きたのか』（中公選書、二〇一五）……二十一ヵ条要求問題の意味を、日露戦争から満州事変に至る長いスパンの中で考察している。

武藤秀太郎『「抗日」中国の起源――五四運動と日本』（筑摩選書、二〇一九）……五四運動について、日本との関わりを視野に入れて分析した著作。

第5講

大戦ブームと『貧乏物語』

牧野邦昭

†「天祐」としての第一次世界大戦と大戦ブーム

日露戦争後の日本は引き続き軍備拡張と産業開発を続けるが、そのために輸入が増加して貿易赤字が続き、金（正貨）保有量は減少して金本位制の維持が難しくなっていた。さらに日露戦争のために発行された外債の償還は日本にとって重い負担となった。政府債務額の対GNP比は日露戦争以降は六割から七割に達していた。

国際収支の危機に直面していた日本にとって、第一次世界大戦の勃発（一九一四〔大正三〕年）はまさに「天祐」（天の助け）であった。大戦勃発当初は金融システムが混乱し、さらに貿易と海運の途絶によって生糸輸出や原綿輸入が激減し、株式暴落や銀行取付が起きたが、一九一五年後半に入ってからは、多くの軍需物資を必要とするヨーロッパ連合国向け輸出や、中立を保ちながらも連合国への輸出を激増させていたアメリカへの輸出が急増した。

大幅な輸出超過により日本の対外債務が減少する一方で対外債権は急増し、日本は債務国から債権国へと転換した。さらに日本の正貨保有高も急増して国際収支の危機は解消される。一九一七年九月にアメリカの金輸出禁止（金本位制からの離脱）に合わせて日本も金輸出を禁止したが、政府や日銀は正貨を買い取って金準備を増やし、その分通貨供給量が増大して金融は緩慢化した。輸出急増という実需の増大と金融の緩慢化により日本は「大戦ブーム」を迎えることになる。

第一次世界大戦により、まず船舶への需要が急増した。連合国の海上封鎖により当時世界第三位の保有量であったドイツの船舶が利用できなくなり、連合国が軍事輸送のため大量の船舶徴用を行い、さらにドイツのUボートなどによる連合国商船への攻撃で船舶喪失も大きくなり、世界的な船舶不足が生じた。すでに大戦前の一九一四年には世界第六位の船舶保有国となっていた日本は国内外の船舶需要が急増し、造船所には船舶の発注が殺到した。一九一九年には民間造船所の汽船建造量は戦前の一〇倍に達した。この結果日本の船舶保有量は急増し、一九二〇年にはイギリス、アメリカに次ぐ世界第三位の船舶保有国となった。

それまでヨーロッパ諸国からの輸入に頼ることの多かった機械工業や化学工業では、輸入が困難になったことから国産化が進んだ。特にドイツやイギリスに依存していた合成染料や肥料となる硫安（硫酸アンモニウム）などが国産化されたことはよく知られている。鉄鋼業も金属素材の急騰に加えてイギリスやアメリカの輸出禁輸によって国内での増産が進み、重化学工業部門では輸入代替化が進んだ。また、すでに発展していた紡績業や製糸業など繊維産業も、ヨーロッパから国際市場への輸出が急減したことによりその穴を埋める形で輸出が急増した。

こうした輸出の急増に加えて、金融緩和が続いたことにより企業の投資や新規企業の設立も盛んになり、企業の事業資金は一九一四年と一九一九年とを比べると一六倍に増加した（山崎志郎『新訂 日本経済史』放送大学教育振興会、二〇〇三）。

近年の経済史研究におけるマクロ経済推計をみても、名目GDPに占める鉱工業GDPの割合は一九一三年の二一％から一九一八年には三〇％に急上昇したとされている。第一次世界大戦は日本経済の工業化を大きく促進することになった。工業化の進展により成立した京浜、京阪神の工業地帯には労働者とそれを相手とする小売商などが集まるようになり、第一次世界大戦により日本の都市化も加速することになった。

†経営者の活発な活動と「成金時代」

未曾有の好景気により既存の経営者が急激に事業を拡張したり、新たな経営者が参入したりして派手な活動を行った。特に、事業を通じてにわかに資産を築き「成金」と呼ばれる資産家が注目を集めた。なお急に資産を築いた人物を「成金」（将棋で「歩」が敵陣に入ると「金」に成ることから来た言葉）と呼ぶのは明治時代（特に日露戦争後の一九〇七年の株式ブーム）から一般に広まった慣習である。

大戦ブームではまず船舶需要の拡大に伴い「船成金」が生まれた。内田信也は第一次大戦開戦当初の運賃暴落を逆に利用して定期傭船契約を結び、それを元手に船のチャーター、そして所有と事業を拡大していった。内田の経営する内田汽船は一九一六年には配当六〇割という新記録を達成し、所有船は一七隻六万二〇〇〇トンに達した。内田は神戸・須磨に敷地五〇〇〇坪、屋敷延べ五〇〇畳の通称・須磨御殿を建て、そこで政治家・実業家を接待した。内田から船をチャーターして巨利を得た山本唯三郎《ただざぶろう》は一九一七年に総勢二〇〇名で朝鮮に渡って虎狩を行い、帰国後には政財界の名士を数多く招待して帝国ホテルで虎肉試食会を行い、「虎大尽」と呼ばれた。明治の元勲・松方正義《まつかたまさよし》の三男で川崎造船所（現・川崎重工業）社長となった松方幸次郎は貨物船を大量に建造して同社を発展させた。

大戦ブームに伴い既存の会社の増資や新会社による株発行が相次ぎ、株価は急騰する。野村徳七《とくしち》（二代目）は野村商店に調査部を設置して会社の経営状態に基づき株式取引を行う近代的な証券取引を開始して、すでに第一次世界大戦の前から経営を拡大していたが、大戦ブームによる株式取引の急拡大により多額の利益を得た。

鈴木商店の金子直吉は大戦が始まった直後の一九一四年一一月、「すべての商品船舶」を買いつけることを指示し、その後の銑鉄・鋼材・船舶などの価格暴騰によって多額の利益を得た。その後も鈴木商店の貿易取扱高は急増し、三井物産を超えたともいわれる。日立鉱山を拠点として久原鉱業を経営していた久原房之助《くはらふさのすけ》は第一次大戦の銅需要の急増により多くの利益を得て事業を拡大し、兵庫県住吉（現・神戸市）に敷地三万五〇〇〇坪の豪邸を築いた。

大戦ブーム時に活躍した経営者には豪勢な屋敷を建てたり派手な芸者遊びをしたりする人物も多かったが、鈴木商店の金子直吉が非常に質素な生活を送っていたように「成金趣味」と無縁だった経営者も少なからずおり、また世間からは「成金」と言われつつ教育機関に多額の寄付を行うなど社会貢献も行っていた経営者もいた。

大戦後の恐慌（バブルの崩壊）により、大戦ブームで生まれた「成金」の多くは山本唯三郎のように没落したが、内田信也のように景気の先行きをいち早く見通して事業を縮小して没落を免れた者もいた。野村徳七は大戦ブームで得た利益を使って一九一八年に大阪野村銀行（後の大和銀行、現・りそな銀行）を設立し、一九二五年には野村證券を設立するなどブームをうまく利用して事業を拡大した。鈴木商店は大戦後は不振が続いて台湾銀行への依存を強め、一九二七（昭和二）年の昭和金融恐慌を契機に解体するが、そこからは神戸製鋼所や日商（現・双日）などの企業が生まれた。また内田信也がブームで得た利益を元手に政界入りし、久原房之助も大戦後の恐慌や関東大震災により苦境に陥り政治家に転じる（事業は義兄の鮎川義介《あいかわよしすけ》に継承され日産コンツェルンの基礎となる）など、大戦ブーム後に実業家出身の政治家が多く誕生した。

さらに、大戦ブームによる利益を経営者が豪勢な建物や庭園の造成、美術品収集に向けたことにより、現在でも残されている名建築や庭園、美術品コレクションも生まれた。現在、静岡県熱海市で公開されている起雲閣の和館は内田信也が実母のために一九一九年に建てたものである。松方幸次郎は日本における本格的な西洋美術館の建設を目指して膨大な数の絵画や彫刻（ロダン、セザンヌ、ゴーギャン、ゴッホ、モネなど）を第一次大戦中から大戦後にかけて蒐集した（松方コレクション）。松方コレクションは昭和金融恐慌で川崎造船所が経営破綻して散逸し、パリに保管されていたものは第二次世界大戦中にフランス政府に敵国人財産として接収されたりするなど紆余曲折を経て、一九五九年にフランスから寄贈返還され、その受け入れ機関として建設された東京・上野の国立西洋美術館に収められた。野村徳七は一九一七年に京都・南禅寺に別荘（碧雲荘）の建造を開始し、また茶人として多くの茶道具・美術品を収集し、その収集品は現在は碧雲荘に隣接する野村美術館で展示されている。久原房之助が渋沢喜作（渋沢栄一の従兄）から一九一五年に購入して整備した東京・白金台の邸宅と庭園は、現在は結婚式場の八芳園（久原が命名）となっている。

なお大戦ブームに沸いたのは経営者だけではない。膨大な需要に応じるために工場に勤める労働者には高い賃金が払われたり、都市部の住民が増加したことにより木炭価格が上昇したり、書画や骨董とともに飾られる盆栽の価格が急騰したりして、「職工成金」「炭成金」「盆栽成金」も登場するなど、多くの国民が「成金時代」に浮かれた。大戦ブーム時の「成金」という言葉には、成り上がり者という侮蔑の意味と、「庶民の夢を実現してくれた」「庶民の代弁者」「ロマンに満ちた英雄」という憧れの意味とがともに含まれていた（梅津一九七八）。

†『貧乏物語』の衝撃

このように大戦ブームに沸いていた日本に衝撃を与えたのが、京都帝国大学経済学部教授であった河上肇《はじめ》による『貧乏物語』（大阪朝日新聞での連載一九一六年九〜一二月、単行本一九一七年）であった。「驚くべきは現時の文明国における多数人の貧乏である」と始まる『貧乏物語』は、「英米独仏その他の諸邦、国は著しく富めるも、民ははなはだしく貧し。げに驚くべきはこれら文明国における多数人の貧乏である」と、経済的に発展しているはずの欧米において巨大な貧富の格差が存在することを当時の欧米の最新の統計を用いてわかりやすく説明した。例えば、ドイツ、フランス、イギリス、アメリカでは、人口の六五％を占める最貧困層はそれぞれの国で数％の富しか保有していないにもかかわらず、人口の二％しかいない最富裕層が一国の富の六〇〜七〇％を保有しているという極端な富の偏在が示されている。

欧米を目標に経済発展を目指してきた日本人にとって、経済発展が必ずしも貧富の格差是正

河上肇（国立国会図書館）

につながらないことを明確に示した『貧乏物語』は衝撃的であった。また、日本国内での貧困問題については松原岩五郎《いわごろう》の『最暗黒之東京』（一八九三）や横山源之助の『日本之下層社会』（一八九九）などのルポルタージュで知られていたが、『貧乏物語』は統計や図表（現在でも富の偏在を表すのによく使われるローレンツ曲線など）などの社会科学の手法を用いて貧富の格差の存在をわかりやすく説明し、それも新鮮なものとして受け止められた。『貧乏物語』を読んで社会問題に目覚めたとする回想は数多く、大内兵衛《ひょうえ》が一九四七年の岩波文庫版の解題で「今日初老を過ぎたインテリ」のうち、「いわゆる社会問題について多少の見識を有すると自負するほどの者ならば、必ずやこの書によって開眼せられたことを告白するであろう」と書いているのは決して誇張ではない。

河上は欧米諸国の貧富の格差の存在を示した後で、貧困が存在する理由を説明しているが、それは富者が奢侈品を消費するためであるというものであった。現在の経済学用語を使えば、富者が限界効用逓減によって必需品に飽き足らなくなって奢侈品を需要するために社会の生産が奢侈品に向けられ、必需品が生産されなくなり、社会の貧困をもたらしているというのが河上の主張であった。これは貧困の原因の説明になっていない（最初に富者と貧乏人の所得格差が前提とされている）として多くの経済学者から批判を浴びたが、ともかく河上はこうした主張から貧困を解決する手段として、儒教や仏教の教えを引用しつつ「富者による自発的な奢侈の廃止」を提案した。河上が大学生時代に足尾鉱毒事件についての講演を聴いて自分の持つ衣類をすべて寄付したり、修養団体である無我苑に入信したりするといった行動をそれまでに取っていたことはよく知られていたため、『貧乏物語』は人道主義による社会問題の解決を図ったものと解釈された。

†「日本の貧乏」と「貧乏な日本」

ただし、同時期の河上の他の主張を見ると『貧乏物語』は別な読み方もできる。『貧乏物語』執筆前の河上は繰り返し国内における貧富の格差と国際間の「貧富の懸隔」を論じていた。例えば一九一一年の『時勢之変』で河上は日本の富力を一〇〇とすれば諸国の富力はイタリア二六九、オーストリア三八四、ロシア五五一、ドイツ六八三、フランス七四三、イギリス一〇〇八、アメリカ一三九七という数字を挙げて、日本経済がいかに欧米に比べて劣位にあるかを強調している。翌一九一二年の「吾人の悲観」において河上は「吾人は何故日本の前途に就いて悲観する乎、曰く貧乏だから悲観する。貧乏では何をしやうにも仕様がない、だから悲観せざるを得ぬ」と日本が貧乏であることを問題としている。河上は『貧乏物語』連載直前に行われた講演「貧困」（一九一六年）において、イギリスの軍人志願者の体格の悪化が食物公給条例に至ったことを紹介し、「多数の者が貧乏線以下に落ちて居ると云ふこと」が「様々の方面に於て、国力の発展を妨げて居る」「日本でも多数の者が段々貧乏に落ちて来ると云ふやうな事では、何うしても将来立派な軍人を得ると云ふことが出来なくなるに相違ない」と、直接的に貧困が国力の発展を妨げると主張している。

つまり、河上が『貧乏物語』連載当時に問題にしていた「貧乏」には二重の意味が込められていた。一つは「日本の貧乏」（日本社会において欧米のように貧困層が拡大しつつあること）であり、もう一つは「貧乏な日本」（日本経済が欧米と比べて相対的に劣位にあること）である。もし「日本の貧乏」を解消できれば、貧困層の生活水準の上昇は国力の増大につながり、「貧乏な日本」をも解消できる。そのためには資本が必要であるが、奢侈品需要を削減することによって富裕層の資金や奢侈品生産に向けられていた資本が使われなくなり、それを利用すれば「いくら資本の欠乏を訴えて居る日本でも、優に諸般の事業を経営するに足るだけの資本が出て来る筈である」（『貧乏物語』）というのが河上の主張であった。

ポーランド出身の経済学者ミハウ・カレツキは、供給力の不足した後進資本主義経済を成長させるためには、富裕層の消費のための奢侈品を生産することに希少な資本や中間財、熟練労働者が吸収されないように投資を許可制にし、さらに高級消費財の消費を制限するための租税を課す必要があるとした。また近年の経済史研究では、所得分布が改善されると富裕階級による奢侈品（多くは輸入品）に対する需要が減少し、中産階級と下層階級による労働集約的商品（主に国産品）に対する需要が拡大することで輸入代替と輸出が促進され成長が刺激される（逆に言えば、所得格差が非常に大きいと奢侈品輸入が多くなる一方で国産品の生産が阻害され経済成長しない）とされる（南一九九六）。

『貧乏物語』は、欧米における貧困の例・古典を引用しながらも、後進資本主義経済であった日本経済が希少な資本を用いて経済成長を実現していくために必要な条件を提示し、奢侈に浮かれる日本に警鐘を鳴らした独創的な作品とも解釈できる。ただ、カレツキも指摘するように、後進資本主義国における非インフレ的成長は実際には極めて大きな政治的困難に直面する。河上は『貧乏物語』への社会主義者からの批判を受けてマルクス主義の研究を開始し、最終的に社会主義革命の道に進んでいき、日本共産党員となって一九三三（昭和八）年に治安維持法違反容疑で検挙される。

米価高騰と米騒動

河上肇は『貧乏物語』において、肉体を最低限維持していく食事もとれない「絶対的貧乏」（経済上の不足《エコノミック・インサフィシエンシィ》）を問題とした。当時の日本は内地だけでは米穀の自給ができない状態であったが、内地米と代替性のある朝鮮米およびインディカ米である台湾米の移入を促進するとともに、やはりインディカ米である外米（フランス領インドシナ産のサイゴン米、イギリス領ビルマ産のラングーン米）を内地米保護の観点から輸入税をかけて輸入することで米穀需要を賄っていた。第一次世界大戦勃発後も国内産米量や朝鮮からの移入量が増加したこと、大戦によりサイゴン米やラングーン米の対ヨーロッパ輸出が激減して対日供給余力が生まれたことで米価は低位で安定した。他の物品の値段が高騰する中、米価が安定していたため賃金上昇の圧力は小さく、これが企業利益の拡大や起業環境の整備に貢献した。逆に言えば『貧乏物語』連載の時点ではそこで取り上げられた「絶対的貧乏」は日本では深刻な問題ではなかった。

しかし大戦ブームにより米穀消費が急速に増加していくと米穀は不足気味になり、台湾米や朝鮮米の供給にも限界があったことで米価は一九一七年以降上昇していく。一九一八年に入ると米価急騰につられて、食料品価格も一九一八年にかけて二倍以上に騰貴した。それに伴い「細民」と呼ばれた貧困層の生活難が深刻化し「絶対的貧乏」が生じてきたことから、政府は外米の輸入税を撤廃しようとしたものの地主を基盤とする政友会は難色を示した。このため政府は直接外米を買い付けて供給する「外米管理」を一九一八年四月から実施したが、政府の外米供給能力には限界があったため米価抑止機能は一時的なものであった。内地米価格は依然として上昇を続け、八月には米騒動が勃発して全国に広がり、米穀商には民衆が押しかけて米の安売りを要求した。鈴木商店は一九一八年初めに小麦粉を買い占めて連合国に輸出し、それが新聞で報道されていたことから食料品価格高騰の元凶とみなされ、神戸の本店が民衆により焼き打ちされた。政府は警察のほか軍隊を出動させて米騒動を鎮圧した。

†昭和に持ち越された経済問題

第一次世界大戦終結（一九一八年一一月）後、しばらくは戦後復興への期待から依然としてブームが続くが、一九二〇年には反動恐慌が起きてバブルは崩壊し、「成金」の多くは没落した。不良債権処理が長引いたことに加えて、大戦中に上昇した物価が高止まりしたことにより実質為替レートが高位になり、大戦中に成長した重化学工業や軽工業は大戦後に国際市場に復帰したヨーロッパ企業との間で不利な競争を強いられた。事後的に見れば一九二〇年代の日本は緩やかな経済成長が続いており国際的にも日本経済の成長率は高い方であったが、特に外国企業との競争が激しくなったことが財やサービスの価格低下をもたらし、それにより「慢性不況」

という意識が広まった。こうした中で一九二三年には関東大震災が起きて経済はダメージを受け、企業の手形の支払は猶予されるがそれが不良債権化して銀行の経営を圧迫し、それが昭和金融恐慌を引き起こすことになる。

また、ロシア革命（一九一七年）と米騒動を契機として都市部の労働者・住民の生活が重視されるようになり、米穀を低価格で供給することが目指される。それまで米穀供給に重要な役割を果していた外米には大戦後のヨーロッパの食糧需要急増や凶作のため依存できなくなり、そのために朝鮮・台湾における米穀の増産と移入が進められた。これにより日本は一九三〇年代には米穀を「自給」できるようになったが、それは朝鮮や台湾が日本にとって不可欠な存在となったことを意味した。さらにこのように朝鮮や台湾から安価な植民地米が移入されるようになったこと、世界的な農産物価格低下と前述した実質為替レートの高位により日本内地の農産物価格は低下し、農家収入は低迷して農村は苦境に陥るようになった。

大戦ブームの中で河上肇が問題とした「日本の貧乏」と「貧乏な日本」はむしろブーム終結後に強く意識されるようになった。それはやがて、国内を改造して農村の苦境を救い貧富の格差を解消すると同時に、豊かな「持てる国」である英米中心の国際秩序に貧しい「持たざる国」日本が挑戦していこうという機運を高めていくことになる。

さらに詳しく知るための参考文献

深尾京司・中村尚史・中林真幸編『岩波講座　日本経済の歴史　四　近代二　第一次世界大戦期から日中戦争前（一九一四―一九三六）』（岩波書店、二〇一七）……数量経済史の立場から中世から現代までの日本経済史を分析したシリーズの一冊。やや専門的だが、第一次世界大戦が日本経済に与えたインパクトを多面的に理解する上で役に立つ。

梅津和郎『成金時代　第一次世界大戦と日本・一』（教育社歴史新書、一九七八）……大戦ブーム期の「成金時代」を、様々な「成金」のエピソードのほか、社会の「成金」文化の様相も紹介し、なぜ大正デモクラシーが定着しなかったのかを経済の側面から分析する。

南亮進『日本の経済発展と所得分布』（岩波書店、一九九六）……戦前から戦後に至る日本の地域、都市、農村、全国の所得分布を分析してその格差の拡大・縮小の要因を分析している。特に第八章「所得分布の社会的・政治的衝撃：試論」は所得格差がなぜ政治的不安定を引き起こすのかを経済学ほか社会学・政治学を用いて分析しようという試みであり興味深い。

大豆生田稔『近代日本の食糧政策――対外依存米穀供給構造の変容』（ミネルヴァ書房、一九九三）……明治から戦時期に至る日本の米穀を中心とする食糧政策を分析している。戦前の日本の米穀供給では内地（日本本土）での米作だけでなく、朝鮮・台湾からの植民地米の移入のほかサイゴン米・ラングーン米といった外米の輸入が重要な役割を果していたことがよく理解できる。

河上肇『貧乏物語』（岩波文庫、一九四七）／河上肇『西欧紀行　祖国を顧みて』（岩波文庫、二〇〇二）……河上肇の『貧乏物語』はそれだけなら人道主義的に社会問題の解決を図った本として読めるが、その前に河上が刊行した『祖国を顧みて』を読むと、河上が熱烈な愛国者だったことと、ドイツ留学中に遭遇した第一次世界大戦勃発による総力戦体制への移行が強い印象を与えていたことがわかる。『祖国を顧みて』を読んでから『貧乏物語』を読むと印象がかなり変わるはずである。

牧野邦昭「『貧乏物語』再考――「ナショナリスト・河上肇」からの解釈」（『思想』第一〇一三号、二〇〇八）／牧野邦昭『新版　戦時下の経済学者――経済学と総力戦』（中公選書、二〇二〇）……ともに河上の『貧乏物語』は一種の開発経済学として解釈できることを示している。特に本講より詳しい説明を知りたい読者の方は『思想』の論文を参照していただきたい。

第6講

寺内内閣と米騒動

渡辺　滋

寺内内閣は、大正政変から原政党内閣までの間に登場したあだ花とされ、「評判」の悪い内閣の一つである。そのため、かつては「超然」「非立憲」などのキーワードだけを強調し、十分な検討もないままの恣意的な叙述も横行していた。近年、ようやく基本史料の調査が本格化してきたので、本講ではそうした最新の研究成果も踏まえ、従来あまり注目されていない側面を中心に検討していきたい。

†首相就任までの履歴

寺内正毅《まさたけ》（一八五二～一九一九）は、長州藩の下級武士の家に生まれた人物である。西南戦争で右腕を戦傷し、以降は陸軍士官学校校長・教育総監・参謀本部次長など後方勤務を経て、陸軍大臣・朝鮮総督に至っている。性格は正直で几帳面、取っつきにくいこともあり、交友範囲はそれほど広くない。

彼の立ち位置については、一般に長州閥の巨頭というイメージが強い。しかし実際には、組閣の際、上原勇作が支援工作を進めているように、反長州閥からも支持されていた。一方、山県系官僚の多く（たとえば平田東助《とうすけ》）は組閣に積極的な協力をしていない。このように、寺内をめぐっては実態とイメージの乖離が大きい。

†組閣までの経緯

寺内内閣の組閣までは、紆余曲折の連続である。元老山県有朋の辞任圧力をうけた大隈重信首相の要請から一九一六年七月六日に行われた会談で、大隈は禅譲の条件として加藤高明との連立内閣を求めたのに対し、融通の利かない寺内は「閣僚選定は大命拝受の後に考えること」と拒否する。最終的に交渉は決裂し、とりあえず大隈は居座りを決め込む。その後、大隈が辞職に追い込まれ、一〇月五日に組閣の大命を受けた寺内は閣僚選考を始めるが、九日の内閣親任式における外相欠（寺内が実務を担当）、蔵相兼任という状況は組閣作業の不手際を象徴している。

この間、軍部大臣（陸軍：大島健一・海軍：加藤友三郎）の留任や、内務（後藤新平）・逓信（田健《でんけん》治郎《じろう》）・農商務（仲小路廉《なかしょうじれん》）、書記官長（児玉秀雄、寺内の娘婿）、法制局長官（有松英義）などはスムーズに決まった。しかし外相は石井菊次郎・牧野伸顕などに辞退され、本野《もとの》一郎（ロシア大使）を召還。蔵相は三島弥太郎（日銀総裁）に辞退され、朝鮮時代からつきあいのあった勝田主計《しょうだかずえ》を採用（当初は次官）。文相は平田東助・山川健次郎（東大総長）らに辞退され、岡田良平が就任。法相は清浦奎吾《けいご》・平沼騏一郎《きいちろう》（検事総長）の辞退をうけ、松室致《いたす》が就任する。なお水野錬太郎を内務次官とするなど政友会への配慮が見える点は、のちの提携の伏線として注目される。

このような政党関係者が大臣クラスに含まれない組閣の結果、寺内のあだ名（ビリケン将軍・総督）と掛けた「非立憲内閣」という呼称が広まった。また「超然内閣」という評価も与えられた。「超然」には全党排除型と全党参加型があり、この場合は後者を指向しつつ前者の形態を取った事例である。のち臨時教育会議に平田東助を取り込んだり、臨時外交調査委員会へ各党首を網羅しようとした計画も、全党参加型への指向性の反映と考えられる。

†議会の状況

貴族院では、寺内の組閣時期、旧来の中心だった山県有朋系の官僚勢力は崩壊しつつあった（季武一九九八、内藤一成『貴族院と立憲政治』思文閣出版、二〇〇五）。そのため、複数の閣僚を輩出した幸倶楽部の一部を除き、全体として寺内内閣を積極的に支持する気運には乏しかった。

衆議院における支持も、当初は不安定だった。前内閣の与党憲政会は、後藤新平・仲小路廉《なかしょうじれん》らが入閣したことで、以後は反対党と化す。ただし同党は、犬養毅らの策略にはまって内閣不信任案を提出したのち、総選挙で大敗を喫し、長い低迷期に入ってしまう。

一方、選挙に大勝して、地位を固めたのが政友会である。同党は、政権に好意的な中立戦略をとっていた。表だって与党化しなかったのは、当初、原敬総裁が寺内内閣は長続きしないと想定したことや、元老山県の政友会アレルギーを考慮した結果である。また、党内の反対勢力への配慮という側面もある（伊藤之雄『原敬』上・下、講談社選書メチエ、二〇一四ほか）。

このほか、第三党として政界のキャスティングボートを目指す犬養毅の国民党は、入閣した後藤新平や、閣外から内閣を支える伊東巳代治《みよじ》らと近いこともあり、当初から好意的な姿勢を示していた。

†総選挙への対応

組閣早々の第三八回通常国会で、憲政会などから不信任案が提出され、総選挙に踏み切った寺内内閣だが、実は前々から政友会の原は寺内に対して、選挙は早く行うべきこと、前政権下の地方官を更迭したうえで行うこと、政友会への資金援助は止めてほしいこと、などを要望している（『原日記』）。当時、政権側の選挙対策は、寺内が直接差配する部分と、田遁相の管轄する部分、後藤内相の判断で行う部分に三分していた。このうち党首レベルへの融通は、寺内直轄で児玉書記官長が実務に当たり、国民党の犬養も寺内の斡旋で選挙資金を受け取っている（『原日記』一九一七年三月七日）。

田逓相のもとへも、多くの候補者が選挙資金を求めに来ており、田は政府系の実業家を紹介する形で要望に対応している。たとえば総選挙後、政友会幹事長に就任する横田千之助《せんのすけ》は、田の斡旋で内田信也（造船業）から二万円の献金を受け、配下の政友関東会に分配していた（『田日記』一九一七年三月九日）。

後藤内相に対して資金提供を求める候補者も、少なくなかった。興味深いのは、反寺内内閣を標榜して総選挙に打って出た憲政会の議員が、後藤のもとに出入りしている点である。たとえば党内で非主流派の斎藤隆夫・木下謙次郎らは、党からよりも多額の運動費を後藤に貰っている（『斎藤隆夫日記』一九一七年三月六日）。

結局、一九一七年四月二〇日に行われた第一三回総選挙では、前回選挙と比べ政府による干渉は少なかったにもかかわらず（川人貞史『日本の政党政治』東京大学出版会、一九九二）、野党憲政会が大敗する。当選者は、政友会一六五（プラス五四）、憲政会一二一（マイナス七八）、国民党三五（プラス七）であった。

†各種の委員会・会議の設置

総選挙後、設置された臨時外交調査委員会（一九一七年六月設置）は、政界のフィクサー三浦梧楼《ごろう》が犬養の政権側への抱き込みをはかって働きかけ、後藤内相や伊東巳代治の後押しもあって成立した委員会である。天皇に直属し、首相を総裁とするその権限は、元老に匹敵する強大なものとされた。各党党首のうち、加藤高明（憲政会）は違憲の疑いがあるという名目で参加を辞退したが、原（政友会）・犬養（国民党）が同会に参加した。こうして国民党も与党化した結果、寺内内閣は約七割の衆議院議員の支持を受ける安定政権となった。

同時期に設置された臨時教育会議（一九一七年九月設置）も、首相直属の高度な影響力をもつ諮問機関である。大戦景気による進学熱や、産業界からの人材供給要請も背景に、平田東助総裁らの委員が教育改革を精力的に検討した（『資料 臨時教育会議』文部省、一九七九年ほか）。設置の直接の契機は、教育改革の必要性を訴える文教族の働きかけだが、組閣時に充分な協力を得られなかった平田の取り込み策としても期待されていた。

答申のうちとくに重視されるのは、義務教育費への国庫支出の本格化である。当時、その負担から財政危機に陥る地方自治体が後を絶たず、また教員の待遇の悪さも問題となっていたからである。また公立・私立大学の設置を正式に認可したり、単科制の大学を認めた点も注目される。このほか多くの答申が寺内〜原内閣に実施され、その後の教育制度の基礎を築いた。以上の施策が、総力戦体制の構築（後述）の一環として、人的な資源の充実のために行われた側面もあることは言うまでもない。

なお、寺内自身も士官学校校長や教育総監を歴任する教育畑の出身で、会議が成功裏に終了した要因として彼の熱意も重視される（倉沢剛『学校令の研究 続』講談社、一九八〇）。ただし彼の興味は、当時、東大工科大学の大拡張を始めたことも含め、実学偏重だった。会議に対し「寺内首相学校系統案」で、高等学校の実業教育機関化などを提案しているのも、そうした認識の現れである。

†政策

以下、総選挙勝利以降の施策（対外関係を除く）を見ていくが、そのうち寺内自身の積極的な政策は、三浦梧楼が原敬に対し「寺内は政策問題に付ては全くの素人」（『原日記』一九一六年一二月三一日）などと注意している通り、多くない。寺内自身も、自分の見識は「軍国の事」に限られると自認していた（勝田主計『ところてん』日本通信大学出版部、一九二七）。教育・福祉など一定の興味を持つ分野では能動性を発揮することもあったが、財政・物流などに関する政策の多くは各閣僚の差配に任されていた。

†軍事救護令

軍事救護法（一九一七年七月公布）は、当時、社会問題化していた傷病兵や戦死者の遺族の困窮を改善するための法律で、我が国の社会福祉政策の展開のなかで画期的な意義を認められている。

制定経緯について、先行研究では主導者の武藤山治《さんじ》の伝記（金太仁作『軍事救護法と武藤山治』大阪宝文館、一九三五）から、寺内の無関心や、後藤内相や大島陸相の「勇断」「断行」が強調される傾向にある。しかし、内務省で法律起案に当たった田子一民《たこいちみん》は、後藤は寺内の指示で動いていたと回想しており（『田子一民』熊谷辰治郎、一九七〇）、寺内は新設部署の名称にまで口を出すほどの入れ込みようだった。実は彼自身も傷病軍人で、その保護をライフワークとしていた（『元帥寺内伯爵伝』の長岡外史証言）のである。

†軍事関係の施策

軍事関係の施策のうち、特に重視されるのは国防方針の改定である（一九一八年六月）。寺内の意向を受けた陸軍改革の主眼は、①戦時兵力の二割削減、②「装備を高めて体質を改善」の二点からなる（『戦史叢書 大本営陸軍部 一』朝雲新聞社、一九六九）。体質改善には火砲の増強など複数の要素を含むが、中核は機械化（自動車・飛行機の本格導入）といってよい。同時期の軍事予算で、飛行大隊の新設・飛行機研究費の増額・自動車奨励費などが特記されるのも（大蔵大臣官房編『寺内内閣成立後二箇年ニ於ケル財政経済方策並施設概要』）、以上の方針の反映である。この間、山県が「軍備問題に付、大に憤りて詰責」し、対する寺内が「決して不都合をなし居らず」（『原日記』一九一八年一〇月一三日）と反論するような事態が生じたのも、山県の主張する要塞整備などが旧態依然の施策と見なされたからだろう。

これと関連するのが、軍用自動車補助法（一九一八年三月公布）である。自動車産業がほぼ存在しなかった状況の改善を目指す施策で（一九二〇年段階の自動車数はアメリカの〇・一％）、製造・保有を奨励するため、条件を満たした自動車に補助金を交付する規定である。その背景には、第一次大戦の欧州戦線における自動車・戦車の活躍もあるが、直接には中国青島（ドイツ領）の要塞攻略の際、かつて寺内陸相のもとで進められたプロジェクトの成果である自動貨車（トラック）が大活躍したことによっている。

なお寺内は、陸相在任中に部内の反対を押し切り、日本航空の礎を作った臨時軍用気球研究会の設立を主導し、また首相在任中は民間航空の発展にも尽力したことなどで、長岡外史《がいし》（陸軍航空の草創者）から「日本航空界の大先覚者」と称えられている（『長岡外史関係文書』吉川弘文館、一九八九）。航空研究所の設置も（後述）、気球研究会の開会会場で、寺内が「金はいくらでも出しますから、いゝものを作って貰ひたい」と述べたことの総決算といえる。

このほか軍事関係では、陸軍への支出を抑制する一方、海軍の拡張を重視した点も注目される。これは彼が陸軍出身故に可能となった施策である（北岡一九七八）。寺内は勝田蔵相に対して「今日の急務は主として海軍の整備に在る」と述べ、山県らの反発を抑えて予算を押し通しているが（勝田前掲書）、当時の陸・海相が国力の限界まで投じたと認めるほどの大建艦計画は、アメリカの存在が仮想敵国としてクローズアップされつつある状況下、好景気も前提として、議会では大きな反対も受けずに承認されていく。

†科学研究の体制整備

第一次大戦のインパクトは、科学研究の分野にも及んでいた。我が国の研究機関設置は寺内〜原内閣期に集中するが、前者の主要事例を取り上げておこう。

理化学研究所の設立(一九一七年三月)は、科学史上の一大エポックである。当時、設立計画は資金難で頓挫していたが、寺内による皇室下賜金や政府支援金の支出処置、首相自らの再三にわたる財界への資金要請などの結果、開設が実現した(『寺内正毅日記』)。

また宇宙航空研究開発機構や東京大学先端科学技術研究センターの母体に当たる航空研究所が開設された(一九一七年四月)のも、この時期である。当初、大隈内閣が開設に消極的な態度に終始した結果、一九一五年度予算の審議で通らず、翌年度、貴族院から内閣への圧力で追加申請が認められ、議会最終日に敷地買収費の計上のみ実現するという状況だった(『男爵山川先生伝』故男爵山川先生記念会、一九三九)。それが寺内内閣期には、大規模な研究所として開設にこぎ着けたのである。

なお、現在の科学研究費補助金の淵源にあたる科学研究奨励費(文部省)などの制度が始まったのも同時期であることは、偶然でない。

重工業の育成策

第一次大戦中、鉄鋼輸入が急減し、国内生産力の増大が急務となった。これは、急激に建造能力を高めつつあった造船業界にとっても危機だった。そこで寺内内閣は製鉄業奨励法（一九一七年七月公布）を制定し、業者への税制優遇策などを打ち出した。そうした政策の効果もあって、一九一九年には国内の工業生産高が、はじめて農業生産高を上回る。

こののち参戦によりアメリカが戦略物資の輸出管理を開始すると、政権は暴利禁止令・金輸出禁止のほか、日米船鉄交換の前提として戦時船舶管理令（一九一七年九月）を立法する。船鉄交換は、アメリカの鋼鉄禁輸に対する緩和要請で、日本側が完成船を提供する代替に、アメリカ側が鋼鉄を輸出する取り決めである。政府の助言を受けながら民間会社がアメリカと交渉を進め、二回にわたる交換契約（一九一八年）を締結し、二七万トンの鉄鋼を輸入することに成功した。

このほか軍需工業動員法（一九一八年四月公布）は、将来の総力戦に備え、軍需品に関する統制権を政府に与える法律である。一九一七年末、上原参謀総長は総力戦の前提としての重工業や資源を重視する観点から、大島陸軍大臣に対し「軍需品管理ニ関スル法律」制定方要望を提出し、これを受けて陸軍省で作成された原案に対し、閣議や第四〇議会（一九一七年一二月〜一八年三月）

で大幅な修正を加えたのが同法である。修正の骨子は、戦時における徴発権の確保を重視する陸軍案に対し、生産体制の調査・拡充や文民統制の重視などにあった。つまり政権の意図は、陸軍案を換骨奪胎し、政府の統制下で工業力の増強を進める法案の制定ということになる。

省庁の枠組みを超えて政策調整を行う軍需局の設置や、「国勢調査施行令」の公布（一九一八年九月）などは、こうした動向に連動している。

†財政政策

一九一五年以降、欧米向け輸出やアジアでの市場拡大による大戦景気で、空前の好況が生じる。それによる税収の自然増に加え、政府は戦時利得税法（一九一八年三月公布）の実施など各種の増税も進める。その結果、大幅に増加した歳入を利用して、各種施策が積極的に進められていった。

ただし表面的な好循環の一方、急激なインフレが進行しつつあった。日本銀行は早くから問題視していたが、勝田外相は脅威を軽視し、経済成長を鈍化させる可能性が高いことからインフレ抑制策にも消極的だった（『日本銀行百年史　二』日本銀行、一九八三）。物価上昇に対して、政権が物流・物価管理など対処療法に終始したのは経済成長を優先したからだが、これは将来に禍根を生じさせた。

この他、金輸出禁止（一九一七年九月）は、アメリカの金輸出禁止に対応して、金の国外流出を抑える目的から採られた処置である。寺内内閣下では正貨（金塊）の補充が積極的に進められ、一五億円相当（開戦前の五倍）まで増大しており、必ずしも緊急性の高い処置ではない。兌換券の大量発行による国内産業育成や、「戦後経営」（欧米との総力戦の前提となる、円を基軸通貨とする東アジア経済圏の構築）に備えた正貨蓄積を重視する観点から、減少要因を排除するための対策と考えられる。

†言論統制

寺内内閣の成立当初から強く攻撃していたマスコミは、東京では大隈前内閣を支持していた万朝報・報知新聞・やまと新聞などで、これらを上回る強い政権批判を続けたのが大阪朝日新聞である。その結果、とくに米騒動最中の同紙の記事（一九一八年八月二六日付夕刊）のなかの「白虹《はっこう》日を貫けり」（反乱の予兆を意味）という表現が摘発の対象とされる。社長辞任と編集部総退陣のうえ、新社長が原新首相に対して方針転換を誓い解決にこぎ着けた、いわゆる「白虹事件」である。

この事件の際、大阪はもとより東京の各新聞社も同社を援護せず、また社内でも編集部を守ろうとする姿勢が弱かったことを問題視する論者もあるが（有山輝雄『近代日本ジャーナリズムの構造』東京出版、一九九五)、以前から「寺内と確執」があった編集局長鳥居素川《そせん》が(『朝日新聞社史』朝日新聞社、一九九一)、「寺内を無用に刺戟」(『村山龍平伝』朝日新聞社、一九五三)した結果という側面も強い。不当なマスコミ弾圧であることはいうまでもないが、同時期のマスコミ人の視点からも、極端な政権批判を続けた結果の自業自得という風に見えたのではなかろうか。

†米騒動

米騒動(一九一八年七月〜)を引き起こした最大の要因は、インフレである。つまり価格統制を志向する「暴利取締令」(一九一七年九月)、指定商人に外米を安く販売させ、仕入額と販売額の差を政府が補填する「外国米管理令」(一九一八年四月)、あるいは臨時米穀管理部を設置して米価の操作や穀類の強制収用を目指す「穀類収用令」(一九一八年八月)など、物流・価格統制で事態を解決しようとする仲小路農商務相の姿勢は対症療法の域を出ず、事態の解決には至らなかった。

ところで米騒動の背景について、旧来は貧困層の生活難を強調する見解も多かった。しかし近年では、大戦景気による生活水準の向上から米消費量が急増するなどの社会変化も重視されている。実際、一九一四〜一八年の間だけで、一人あたりの米消費量は八・九%増加している(『戦前における歴代内閣の米穀・食糧行政 三』日本食糧協会、一九七九)。また、この時期の人口増も急激なものがあった。このような需要増大に生産量が追いつかなくなり、折からの不作や、大戦で外米輸入が不安定になったことなどから一時的に需要と供給のバランスが崩れたのである。なお激しいインフレで米価上昇は翌年末まで続くのに、この後、目立った騒動は発生しないのは、収入上昇が物価上昇をカバーしたからと考えられる（『農林水産省百年史』農林水産省、一九八〇）。

また騒動について、かつては国民一丸となった政権打倒運動のように描写する論者もあった。しかし、騒動参加者とマスコミの主張は乖離が大きい。マスコミの政権非難の論調は、必ずしも蜂起者の意識を代弁したものではない。近年では、蜂起者たちの政治性の欠如から、米騒動と近世の百姓一揆との連続面を重視する研究成果も目立つ（牧原憲夫『客分と国民の間』吉川弘文館、一九九八年ほか）。これと関係して、政党（とくにその指導者層）に蜂起への共感の念が弱い点も注目される。それは、騒動で攻撃された富裕層こそが制限選挙下の選挙民だったためでもあろうし、都会で多発した米価と直接には無関係な対象（車・遊郭など階級格差の象徴）への暴動を危険視した結果とも考えられる。

こうした暴動と、直近のロシア革命との表面的な類似性から疑心暗鬼になった寺内内閣は、後藤外相（本野外相の辞職で転任）の主導で、戒厳令施行の可否を検討するほどだった。結局、水野内相らの反対で実施には至らなかったが、政権内部における危惧の高さを示している。以上の事態を体調不良の寺内はほとんどコントロールできず、そのことも状況悪化の一因となった。

なお、寺内が原に対して「騒擾中に責任を負ふて辞せよと反対者も論もある様なれども、自分は之を鎮撫せずしては進退すべきものに非らずと思ひたり」（『原日記』一九一八年九月四日）と述べている点は重要である。米騒動の責任を取って辞職するという発想が見えないこの発言は、真面目な寺内の性格も念頭に置くと本音であろう。この時期、内心では寺内の留任を危惧する原敬も、表面上は支持姿勢を崩していない。犬養毅も、辞意を漏らす寺内に対し、「此の時局に当りては万難を排して留任し、当初内閣組織の素志を貫ぬかるへきは其本分ならん」（『伊東巳代治日記』一九一八年九月八日）と強く主張している。つまり憲政会を除く諸政党は、留任を支持する発言を繰り返していた。「米騒動で、寺内は不本意な辞職に追い込まれ、政党内閣が誕生した」という言説は、騒動の歴史的意義を強調するあまり、事態の展開を単純化しすぎであろう。

†総辞職へ

総辞職への機運が本格化するのは、一九一八年八月以降である。まず四日の寺内・原会談で、寺内は自身の進退についていろいろと言及している。慎重な原は「何か考中の様にも見ゆ」（『原日記』）と総括するに止まったが、寺内とつきあいの長い野田卯太郎《うたろう》は「内閣授受事、隠黙ノ間ニ成立ス」（『野田日記』）、つまり寺内の原への挂冠示唆と理解している。この点、確信を持てない原は、二〇日、「野田をして寺内の真意を慥かめしむべし」（『原日記』）との指示を下す。野田は二三日、「内閣授受の事、寺内伯と相談纏《まとま》る」（『野田日記』）と寺内の意志を再確認し、とりあえず原へは寺内が早期の会談を求めていることだけを報告した。

九月四日、原は首相官邸を訪問し、寺内と会談する。そこで寺内は、「自己の進退の事に関し、先日会見の際……も内話せし通り」で、「後継者の事は……元老に話し置く」と述べた（『原日記』）。その後、一五日に野田と面会した寺内は、今後の政局について「山県は一応西園寺を勧誘する事ならんも、同侯諾せざれば結局原君とならん。他には往かず」（『原日記』）と断定している。そして事態は寺内の予想通りに進み、二九日の原内閣成立へと至る。

前首相寺内正毅（左）から業務を引き継ぐ新首相原敬（右、1918年9月30日）

寺内内閣は、とりたてて注目すべき人材を集めた内閣ではなかったが、大戦景気による経済発展などに支えられ、とくに総選挙以後は比較的安定した政権運営を実現していた。末期には寺内の体調不良による統制力の低下もあって迷走が続くとはいえ、以上見てきたように、後世まで影響を与え続けた施策も少なくない。今後は、より実態に即した分析が求められよう。
辞職後、寺内は大磯（神奈川県）に新築した小さな別荘に引っ越し、体調の許す際に原内閣の臨時外交調査会へ出席する程度で、病の治療に専念していく。体調は小康状態のまま一進一退をたどり、翌年一一月に死去する。享年六八。政治家としては、まだまだという年齢であった。

†後継者問題

寺内の後継には、元老や山県系官僚が就任する可能性も存在した。米騒動によって政党内閣誕生の目も生じたとはいえ、候補となる政党は複数あった。当時の政友会は比較第一党にすぎず、憲政会を中心とする加藤内閣の成立や、いわゆる「三角同盟」を軸に政府系小政党と犬養国民党で新党結成という選択肢もあり得た。政友会が単独政権を確保した背景は、それ自体が重要な検討課題である。

この時期、寺内自身は誰が後継者に望ましいと考えていたのか。総辞職公言の後、彼は野田卯太郎に対し「自分の考にては原総裁に引継ぎたし」（『原日記』一九一八年九月一五日）と述べている。こうした寺内の希望は、広範囲で共通認識となっていた。たとえば三浦梧楼は「寺内は原君に譲る考なり」（『原日記』一九一八年八月三〇日）と述べ、山県系の官僚大浦兼武も「寺内伯の意中を考へて見ても、原氏を措いて他適任者は無い」（『松本剛吉日記』一九一八年九月八日）と指摘していた。田中義一（参謀次長）も、寺内が山県に対して「原に譲りたし」（『原日記』一九一八年九月一七日）と主張したことを確認している。

総辞職直前、寺内は「愈々《いよいよ》辞職と決すれば山県や平田などにも言ふ必要は更に無いが、原は野党として自分を援けて呉れた人ゆゑ早く話す」（『松本剛吉日記』一九一八年八月一七日）と述べている。米騒動の発生後も、「余は出来得る限りに、君の在職中は援助すべし」（『原日記』一九一八年八月四日）と励ましてくれた原に対する感謝の気持ちこそ、おそらく後継内閣の首班に原を推した最大の原動力である。

退陣時の寺内が異例なほどに上機嫌だったことは、当時のマスコミの報道からも確認できるが（たとえば『朝日新聞』一九一八年九月二二日朝刊）、これはかなり早い段階から提出していた辞表（後述）がようやく受理されたことに加え、意中の後継者に引き継ぐかたちで退陣できることへの喜びによるものであろう。

キングメーカー山県が、最終的に原の組閣を認めたのは、直接には寺内が希望したからではない。しかし、山県が原への印象を好転させる過程で、寺内の役割は小さくなかった。そうした意味で、本格的な政党内閣の成立に、寺内が一定の役割を担ったことは間違いあるまい。

こうして後継内閣を組織するに至った原だが、実は『原日記』に見える寺内評は、初期には強い悪意が認められる。とくに第一次西園寺内閣の頃は最低で、朝鮮総督期にも突き放した評価が続いている。ところが一九一六年頃から、寺内に対する悪評価や不信感が示されなくなる。とくに寺内が辞職を希望するようになった一九一八年初頭以降は、同情の心境が明瞭となる。政権末期にも、原は側近に対して「今日までも彼等に好意を表し居たる事なれば、彼等をして終を善くせしむべし。……最後の手段を好まず」(『原日記』一九一八年八月二〇日)、「今日まで寺内とは好意的交際をなし来りたれば、今内閣の将に倒れんとする際に、弾劾的処置を取りて之を排擠すること本意にあら」(同一九一九年八月三〇日) ず、などと述べている。

原が寺内内閣に協力姿勢を示した背景は、もちろん単純ではない。しかし『原日記』の地文にみえる「友誼」・「友情」・「知友」などの表現の少なからぬ部分が晩年の寺内に用いられていることもふまえれば、最終的に寺内は親近感を覚える存在となっていた可能性が高い。

†寺内と山県有朋

寺内が首相にまで昇ったのは、元老山県有朋の支持によっている。しかし両者の関係は、晩年には悪化しつつあり、組閣の過程では、寺内が山県に対し「自分も年は六十以上となり子供ではありませぬから、何でも彼でも閣下の仰せらるゝ事を一々聴くことは出来ませぬ」(『松本

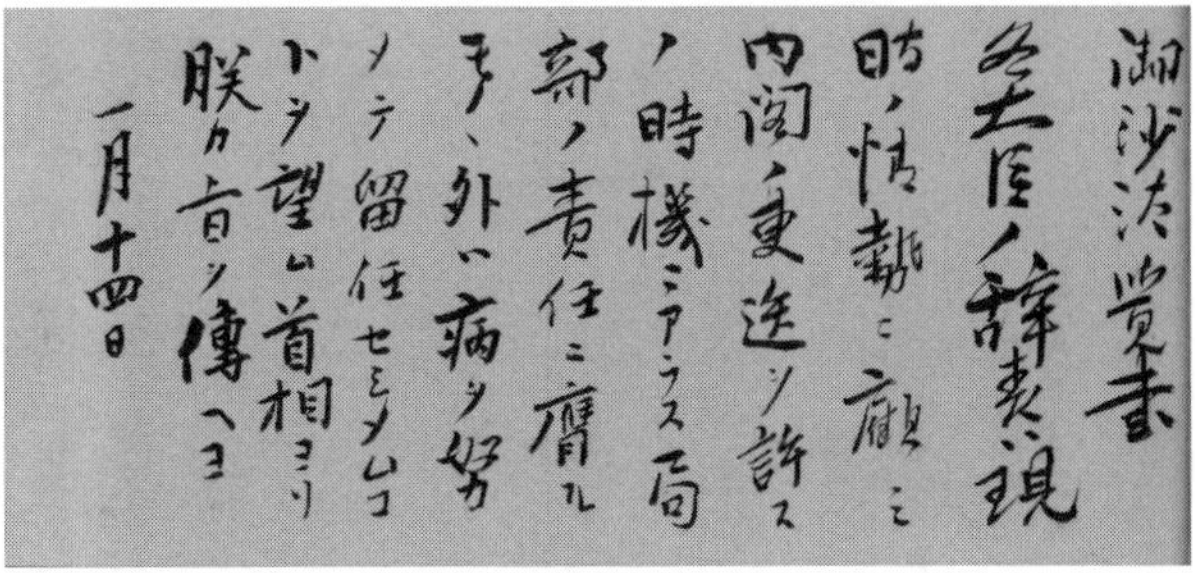

御沙汰書（山口県立大学・桜圃寺内文庫蔵）

剛吉日記』一九一六年七月一九日）と言い放つ有様だった。一九一八年の後半ともなると関係はさらに悪化し、山県周辺の人々は寺内への不満を延々と聞かされ続けているし、総辞職の頃には山県が寺内のことを「実に愛想を尽したりとまで罵倒」（『伊東巳代治日記』一九一八年九月二〇日）するに至っていた。寺内自身、原に対して「山県、近来自分に対し非常に悪し」と述べるなど（『原日記』一九一八年一〇月一三日）、関係は最悪の状況だった。

両者の関係悪化は、寺内の病による再三にわたる辞意表明とそれに対する山県の拒否が、双方の不信感を増幅させた結果という側面もある。寺内は以前から糖尿病を患っていたが、この時期は重度の心臓病も併発していた。そのため一九一七年末頃からは閣議への出席も断続的となり、出席の場合でも看護婦を同行させるような状態だった。こうした状況を踏まえ、寺内は一九一八年一月、正式に辞意を上奏するが、「病ヲ努メテ留任セシメムコトヲ望ム」という「一月一四日　御沙汰書」（寺内文庫、図版参照）によって退けられてしまう。しかしこの後も体調悪化は進み、七月までに三度の辞意を表明している（『原日記』一九一八年七月三一日）。危機感を覚えた寺内の主治医も、政界要人の間をめぐって辞職の必要性を説いて回るほどだった。これに対し、山県は繰り返し拒否し続けているが、明らかに寺内の病状を軽視した判断と言わざるをえない。山県が寺内の辞職を認めざるをえないのは米騒動以降だが、騒動は寺内にとってではなく、山県にとって内閣総辞職を認める心境を生み出した側面が強いと考えるべきだろう。

なお首相退任後も一向に病状が改善しない寺内を見て、ようやく事態の深刻さを悟った山県は、老軀を押して見舞いに赴くなど謝罪の行動を起こすが、寺内は本復しないまま一九一九年一一月に死去する。こうした経緯から、晩年の山県は寺内の死をトラウマ化させており、自分の判断ミスで死に追いやってしまった責任を感じ続けていたようだが、もはや後の祭りだった。

さらに詳しく知るための参考文献

＊首相・閣僚らの日記が複数残る寺内内閣期は、この種の一次史料に即した分析がとくに有効な時期として注目される。

基本的史料

山本四郎編『寺内正毅日記――一九〇〇～一九一八』（京都女子大学、一九八〇）……一八七〇年頃から、

ほぼ現存する（翻刻は参謀次長就任後から首相退任期まで）。自身の心覚えとして書かれており、記載は簡略で解釈しにくい部分も少なくない。また多忙な時期や体調不良の間は、記事の欠落が目立つ（後日まとめてつけている箇所もある）。とくに体調不良が慢性化する首相退任後は記事が断続的となり、死の八カ月前をもって記録を終える。

原奎一郎編『原日記』（福村出版、一九六一～六七）……外務省入省後の一八八四年頃から、連続して残る。簡潔な寺内日記とは異なり記事は詳細だが、事実の記録に終始し、内心の記録は避ける傾向にある。また「余の遺物中、此日記は最も大切なるものとして、永く保存すべし」（遺言書）とあるように、後世に読まれる前提で書かれており、分析の際は留意すべきである。なお、別に影印も出版済。

『野田卯太郎日記』（未活字化、九州歴史資料館蔵）……政党側から見た寺内政権の実態は、これまで原日記を中心に分析されてきたが、原・寺内間の連絡役を務めていた野田の持つ情報も重視される。各所に、原の視点からは見えない事実が記録されているからである。未活字化であるが早期の翻刻が望まれよう。

山本四郎編『寺内正毅内閣関係史料』（京都女子大学、一九八五）……寺内をめぐる研究の遅れ、レベルの低さを改善しようとの使命感から校刊された史料集。史料原文ではなく取意文を挙げる箇所が少なくない点は残念だが、本書によって本格研究の基礎は築かれたといってよい。

寺内正毅関係文書研究会編『寺内正毅関係文書』（東京大学出版会、二〇一九～）……千葉功氏を中心とする研究会が、国立国会図書館などに所在する寺内関係の書簡を翻刻・分析するプロジェクトの成果。本プロジェクトが完結すれば、寺内研究は新たな段階に移行するであろう（全五巻の予定）。

文献・論文

黒田甲子郎編『元帥寺内伯爵伝』（元帥寺内伯爵伝記編纂所、一九二〇）……長く寺内の秘書を務めていた黒田甲子郎が、関係者からの聞き取りなどを精力的にまとめた伝記。目下のところ、これ以外に本格的な伝記が存在しないため寺内研究の基本文献とされるが、一周忌に間に合わせようと急いで編纂したためか、訂正が必要な箇所も少なくない。

北岡伸一『日本陸軍と大陸政策——一九〇六—一九一八年』(東京大学出版会、一九七八)……明治末から大正期にかけての情勢を、おもに陸軍の視点から分析した成果。全体に堅実な分析がなされているが、寺内を長州閥の論理に縛られた存在として描く点や、彼の軍事思想の守旧性を強調する点は再考の余地がある。

季武嘉也『大正期の政治構造』(吉川弘文館、一九九八)……大正期の政治情勢を、さまざまな視点から分析した成果。寺内内閣期の政治情勢に関しても、山県—寺内側の視点だけでなく、いわゆる「三角同盟」(伊東巳代治・後藤新平・犬養毅)や、政党側の視点などから複眼的な検討がなされている。

伊藤幸司編『寺内正毅ゆかりの図書館桜圃寺内文庫の研究——文庫解題・資料目録・朝鮮古文書解題』(勉誠出版、二〇一三)/同編『寺内正毅と帝国日本——桜圃寺内文庫が語る新たな歴史像』(勉誠出版、二〇一五)……寺内旧蔵の古文書・古典籍・古写真などを対象に、長年、整理・分析を進めてきた伊藤幸司氏を中心とするグループによる研究成果。このうち山口県立大学の所蔵分については、デジタルデータ化が進捗中で、今後、逐次公開が進められる予定である。

渡辺滋『寺内正毅とその周辺——寺内正毅に関する総合的研究』(山口県立大学、二〇二〇)……寺内をめぐる主要な論点について、本講で取り上げた首相期における施策を除き、概略的に検討したもの。千葉編著(前掲)の完結や、寺内日記の未翻刻部分の活字化作業などをへて、いずれ本格的な寺内の伝記が刊行されるはずだが、それまでのつなぎの役割は果たせるだろう。

第7講

原敬政党内閣から普選運動へ

季武嘉也

†はじめに――「デモクラシー」と「改造」

一九一八(大正七)年九月、日本初の本格的な政党内閣の成立をめぐる攻防は、いよいよ最終段階を迎えていた。国家の維持・発展を何よりも重視する軍閥・官僚閥の総帥であり元老の山県有朋は、何としてもそれを阻止しようと、前立憲政友会総裁の西園寺公望に組閣するよう迫った。山県としては、西園寺であれば純粋な政党内閣ではなく、憲政会員や官僚系政治家も含めた人材本位の閣僚構成にするであろうと期待したのである。西園寺がこの山県の意向を現政友会総裁である原敬に伝えると、原は西園寺に山県提案を拒絶するよう忠告するとともに、逆に西園寺から山県に別の提案をするよう依頼した。それを受け、西園寺は同月二五日に山県を訪問し原の案を伝えた。

憲政会は大隈と共に政府に立ちて失敗したれば、今度原が政友会を率て立つて失敗せば再び超然内閣を生ずる場合もあらんが、今日政党を失望せしめ彼等相提携して政局を打破せば超然内閣再起の望なく、原の次は加藤、加藤の次は某と云ふ様に遂に政党の天下ならん

これに対し山県が、政友会は「憲政会と一処になる様の事なかるべきや」と危惧すると、西園寺は「早く内閣を組織すれば左様なる事なかるべ」し（原奎一郎編『原敬日記　第五巻』福村出版、一九六五）と回答した。そして、この言葉に安堵した山県は、ついに原政党内閣を容認した。

この一連の折衝をみれば、彼らが最も重要な判断要素と考えていたのが民衆の動向であることは明らかであろう。いくら政党嫌いの山県であっても、政友会と憲政会という二大政党が提携して護憲運動を起こした場合、それに立ち向かう勇気は持ち合わせていなかった。そこで、軍閥・官僚閥の消滅という最悪のシナリオを避けるためにも、彼は妥協策として政党内閣を認めたのである（升味準之輔『日本政党史論　第四巻』東京大学出版会、一九六八）。

言うまでもなく、民衆の力がここまで高く評価されるまでには、さまざまな動きが存在した。それらについては触れない。ただ、ここで言いたいのは「デモクラシー」がそれだけ強く政治社会の中に根付いたということである。さらに言えば、この時より以前の原敬は、どちらかと言えば、軍閥・官僚閥と妥協的な政治家とみなされ、民衆的人気という点では犬養毅などに見

劣りしていた。そのため、今回新たに誕生するかもしれない原敬内閣もきっと妥協的な内閣だろうという見方が強かったのだが、原は閣僚を政党員で占め（陸・海・外相を除く）、しかも政党が主導権を持って、国家の発展と国民の幸福の実現をめざす政策を展開する内閣を打ち立てたのである。言論界や国民は、予想を上回る原のこの「デモクラシー」的行動に驚くと同時に、「デモクラシー」への期待もいっそう膨らませた。そして、この期待は社会のさまざまな分野における「改造」運動を誘発することになった。

多様な「改造」運動の中でも、最大公約数的な位置にあったのが普選運動であった。政党内閣の下で普通選挙が実現すれば、民衆の声はかならずや議会に反映されるはずであり、そうなれば多くの「改造」案が実行に移されるであろう、と考えたことは自然であろう。そのため、普選は種々の「改造」運動の象徴的な存在となったのである。しかし、これに立ちはだかったのも原敬であった。こうして原内閣期（一九一八〜一九二一）は、それまでの軍閥・官僚閥と政党が対峙した時代から、国家中心主義と「デモクラシー」と「改造」の思想が絡み合う時代への転換点となったのである。以下、本講ではその実相をみていこう。

†原内閣の積極政策――目標から体制へ

まずは、原内閣が展開した政策の内容をみてみたい。政友会は一九〇〇（明治三三）年の結党以来、多少の財政負担は覚悟してでも積極的に国利民福を図ろうという、いわゆる「積極主義」を主張してきた。特に、大正時代に入ってからはそれを具体化し、交通機関の充実、教育機関の充実、国防の充実、産業発展のための施策、という「四大政綱」としてまとめた。

第一の交通機関の充実とは、主として鉄道の建設であり、「積極主義」政策の目玉でもあった。一八七二年以来、鉄道は文明開化の象徴として急速に普及したが、一九〇六年になると鉄道国有法が制定され、国家による全国的な主要幹線鉄道網の完成をめざすことになった。政友会は、その一刻も早い完成を求めて政府に迫ると同時に、官設および私鉄の軽便鉄道が担当することになっていた地方的鉄道の建設の面でも精力的に活動し、地元企業家、資金を提供する大小財閥、許認可を与える官僚の間のパイプ役を務める形で多くの建設に関わった。こうしたなか、原内閣が成立した頃には、当初予定されていた全国的主要幹線網はほぼ完成する段階に達していた。そこで、原内閣は全国から噴出していた要求をほぼ網羅する形で、合計一四九路線、約一万キロメートルの新線建設計画を作り上げた。すなわち、それまで軽便鉄道等が担っていたローカル線も国家が担うことになったのである。

第二の教育機関の充実とは、具体的には高等教育機関の拡大を意味した。やはり一八七二年の学制以来、日本の初等教育（小学校レベル）の発展は目覚ましく、日露戦争頃にはほぼ国民皆学という状態に達したが、それに伴って進学熱も高まり中等教育機関（中学・高校レベル）も拡充した。そして、原内閣成立の頃には、さらに上の高等教育機関（旧制高校・大学レベル）への進学熱も高まっていたが、その収容定員数は志願者に対しわずか一八％であったという。そこで、原内閣はこの課題に取り組み、最終的には志願者をほぼ全員収容することが可能な程度にまで拡大することに成功した。

第三の国防の充実とは、「八・八艦隊」建設のことであった。これは艦齢八年未満の戦艦八隻、巡洋戦艦八隻を中核とする艦隊のことで、日露戦後の一九〇七年の帝国国防方針以来、その実現がめざされたが、原内閣下の一九二〇（大正九）年度予算において、やっとそのための財源が認められることになった。ただしその一方で、原内閣は軍縮にも熱心であった。技術革新によって年々肥大化する軍艦の製造費には、各国とも大いに頭を悩ましていたため、一九二一年に米ハーディング大統領が海軍軍縮のための会議開催を呼び掛けると、日本を含む主要列強もそれに応じ、原敬没後ではあるが、ワシントン海軍軍縮条約が締結され、軍縮・安定を志向する協調外交の流れが生まれた。こうして、最終的な形こそ違うが、原内閣は国防の充実という点でも大きな成果を収めたのであった。

第四の産業発展のための施策とは、各種産業分野における生産や通商の拡大を支援しようとするものであった（成沢光「原内閣と第一次世界大戦後の状況　一・二」〈『法学志林』、六六巻二・三号、一九六九〉）。

以上の原内閣の政策内容を簡単に要約すれば、全国各地各層の、そして多様な産業分野に従事する国民が、あまねく文明の恩恵に浴して生活を向上させることをめざしたものであったと言うことができよう。ひるがえってみれば、この発想は明治初期から存在する伝統的なものであるが、第一次世界大戦直後という豊かな財政状況に支えられ、原内閣はそれまでのどの内閣よりも大きな成果を上げることに成功した。しかも、外交・安全保障面でも、これまでにないほどの安定を得た。とすれば原内閣は、政党内閣の実現（立憲主義・デモクラシー）、国民の幸福（文明化・「積極主義」）、国家の安全（「列強の仲間入り」・ワシントン体制）という、近代日本が半世紀にわたって追い求めてきた目標を一挙に実現したと言ってよいであろう。そして、この時点においてそれまで目標であったものが、今度は体制へと転換したのである。

†普選への道のり――時期尚早か、即時断行か

しかし、体制に対しては、いつも反体制が生まれる。新たに体制に対する最初の大きな反発が普選運動であった。まずは、普選運動のそれまでの道のりを紹介しよう。

普通選挙とは納税要件を撤廃し、平等に選挙権を与えることを意味するので、本来ならば女性も含む必要があるが、歴史的には男性のみに適用される場合でも普選と言うことがあり、本講でもこの意味で使用する。その普選が初めて実現したのはフランス革命の時であったといわ

れ、その背景には天賦人権思想があったものと思われる。もっとも、国民皆兵、国民皆学を導入して国民国家をめざそうとする国家では、普選論も常に一定の説得力を持っていた。しかし、明治時代の自由民権運動家でさえも、普選の即時導入に賛成する者は少なかった。いまだ十分に教育を受けていない民衆に選挙権を与えた場合には、彼らの甘心を買おうと過激な言動をする扇動的な者が当選し、そんな者たちが国家を重大な危機に陥れる可能性がある、というのがその理由であった。このことを説明するために、しばしば利用されたのが『孟子』の「恒産無くして恒心なし」（安定した財産がなければ、安定した道徳心が育たない）という言葉であった。

このように、原則的には賛成であるが、現実的には無理という考え方の下、普選に関する議論は、いつになったら国民の政治的知識が普選に耐えうるほどに高まるのかが常に焦点となり、それをめぐって「時期尚早」論と「即時断行」論が対立する状況が続いていた。

明治中期の初期議会でほとんど唯一、普選を主張したのが大井憲太郎らの東洋自由党であった。彼らは労働者問題、小作人問題とともに普選実現にも取り組んだが、その意図は国民の総力を結集して対外膨張に打って出ようとするものであった。一八九八（明治三一）年以降では、中村太八郎《たはちろう》らの普通選挙期成同盟会が運動の中心となった。彼らは請願書の提出、演説会の開催などを展開するとともに、社会主義者や労働組合運動家とも接近して勢力を伸ばし、一九一一年には超党派議員たちの支持で衆議院を通過するまでにいたった。ただし、貴族院の反対で普選法案が成立することはなく、しかも大逆事件の影響などで同会は一度解体に追い込まれてしまった。しかし、教育水準も上がった大正時代に入ると、地方のインテリ青年層や労働者層から選挙権拡張を求める声が高まり、言論界でもそれを支持する意見が増加した。こうした状況のなかで、原敬内閣の成立を迎えたのである（松尾尊兊『普通選挙制度成立史の研究』岩波書店、一九八九）。

†原内閣の選挙法改正――世界の大勢か、社会の秩序か

では、このような状況について、原敬はどのようにみていたのであろうか。一九二〇（大正九）年一月二〇日、原は政友会員を前にしてつぎのように述べた。

> 今日世界の形勢は全く一変致して居ります。此世界の形勢一変致したることが事実である以上には、此大勢に順応致さなければならぬ。此大勢に順応致すと云ふことは、外来の雑然たる思想に雷同すると云ふことではないのであります。此大勢に順応するためには、秩序を立て秩序ある変遷に依つて国運の進捗を図りたいのであります。（『原敬全集　下』原敬全集刊行会、一九二九）

前述のように、一つの体制を築くことに成功しつつあった原にとって、普選に象徴される「改造」思想は、世界の大勢であり、いずれ順応しなければならないのだが、現状はいまだ「雑然」たるものなので、決して慌てて付和雷同するのではなく、よく見きわめた上で秩序を維持しながら採り入れるべきものであった。すなわち、普選を明確に否定し、漸進主義を主張したのである。この点を強調するため原ら政友会は、ロシア革命を念頭に置き、社会主義運動・労働運動・普選運動を結び付けて攻撃した。つまり、日本でも「恐るべき思想」(社会主義革命)が無意識のうちに国民精神に影響を与え、それが一九一九年頃からの小作争議、労働争議件数の急増に現れている、そして普選論者もまた普選の実現によって「階級制度」(従来は納税資格要件によって一部の階級のみが政治に参加するため、社会制度も事実上階級間で差別が存在しているとの意味)の打破を訴えている、したがってこの三者は連関しているのであるから、普選論も「恐るべき思想」と同じく社会の脅威である、と主張したのである(玉井清『原敬と立憲政友会』慶應義塾大学出版会、一九九九)。

この方針にしたがって原は、別の形の選挙法を提案し成立させた。その改正選挙法では、まず納税資格はそれまでの一〇円から三円に引き下げられた。これによって有権者は約一五〇万人から倍増したが、その恩恵にあずかった多くは「小地主」たちであった。また選挙区制では小選挙区制度が採用された。それは、寄生地主化や「改造」思想の流入によって動揺しつつある従来の地方名望家秩序を再編し強化するためであった。あくまでも「恒産」のある穏健な有権者にこだわったのである。そして、小選挙区制度の下で多数の議席を獲得し、政権をより安定したものにしようとしたのであった（三谷太一郎『日本政党政治の形成　増補』東京大学出版会、一九九五）。

†一九二〇年二月一一日――対決の日

話を再び普選運動に戻そう。普選論者の意図するところは前述のように社会の「改造」にあったが、労働争議・小作争議の急増を目の当たりにした者たちからも普選の実施を求める声が起こった。すなわち、争議をこのまま放置したり弾圧を強めれば、逆に「恐るべき思想」が拡大する可能性も高まるので、むしろ普選の実施によって大衆の意向を汲み取り、社会の安定を取り戻すべきである、と彼らは主張した。こうして、普選論は一挙に高まりをみせたのである。

このような中で運動の先頭に躍り出たのが学生であった。一九一九（大正八）年二月一一日、都下の学生二〇〇〇名は日比谷公園から議事堂に向けてデモを計画した。これに対し警視庁はさまざまな厳しい条件を付したが、主催者側がそれを拒否すると最終的には許可を与えた。そして、この時のデモは「東京市内で初めて公然と許可された民衆の政治デモ」であり、しかも「警官隊の待機の中を整然と行なわれたことは、官憲に今後の民衆デモに対する干渉の口実を失わしめ」たため、「その後の民衆運動に新しい道を開」くことになったという。つまり、安保闘争など戦後の左翼運動につながる魁《さきがけ》だったのである。また、これと同時に全国でも多くの普選演説会が開かれ、それも従来の請願署名を求めたり啓蒙を目的とするのではなく、宣言・決議を行う大衆集会と化し、デモ行進も伴うものであった（松尾前掲書）。

このような盛り上がりをうけて野党の憲政会と国民党もついに普選論支持に転換し、一九一九年末からの第四二帝国議会では普選が最大の争点となった。そして、運動側が最大のヤマ場と位置付けたのが、普選案提出を間近に控えた一九二〇年二月一一日であった。二月一一日といえば現在でこそ建国記念日となっているが、この日は同時に大日本帝国憲法の発布日でもあり、運動側としては一年前の成功もあって、普選こそが明治維新やそれを具現化した大日本帝国憲法の精神に沿っている、として大規模な大衆動員を試みたのである。

当日の昼頃、東京・上野公園では普選を要求する二つの集会が開かれた。一つは普選期成同盟会が主催するもので、労働者・学生・市民など約二万人が集まると、楽隊が賑やかな演奏を始め、それに続いて政治家・言論人・知識人が演説を行った。もう一つは一千余人を集めた右翼的な労働組合関係のものであった。この両グループは反発しあいながらも、午後一時から議事堂に面する日比谷公園に向けてデモ行進を始めた。これとは別に芝公園では、やはり関東労働連盟主催の普選集会が午前一〇時から開催された。このグループは鈴木文治《ぶんじ》率いる友愛会系のもので、会場に立てられた各組合の旗の下に集まった約二万人の労働者は、午後二時から鈴木を先頭に楽隊の演奏に合わせて普選歌を歌いながら、日比谷公園をめざして行進を始めた。

こうして、三つのグループが日比谷公園に集結すると、各グループは五万人に膨れ上がった群衆を前に、我先を争って音楽堂の堂上で演説しようとしたが、それが乱闘に発展したため、午後四時には警察が解散命令を発し堂上の演説者を引き下ろした。しかし、運動側は承服せずに頑強に抵抗したため、結局警察も演説を許さざるを得なかった。その後、彼らは皇居まで行進し万歳を三唱して解散したが、さらにその一部は、芝公園にある政友会本部に向かい談判に及んだ。ここでもやはり乱闘事件が発生し、運動側は同じ芝公園内にある原敬私邸にも押しかけようとしたが、警察が解散命令を発して何とか騒ぎを抑え、やっとこの長い騒擾が鎮まった。時に午後七時であったという。

†おわりに――普選の受容

この日、原自身は鎌倉腰越の別荘にいた。そのため、彼はこの騒動をみていないが、「新聞には五万人又は十万人など称するも、実際は五千人計りなりしと云ふ。去四日並に八日には予の宅に多数来り其総代に面会せしが、今回は来らざりき。但し、この運動は一向に熱なく、只新聞に大袈裟に吹聴するに過ぎざるがごとし」(『原敬日記　第五巻』)と余裕をみせていた。この背景には、衆議院を解散して総選挙になれば、かならず勝てるという自信があったからである。逆にいえば、運動側は選挙で勝てないからこそ、第一次護憲運動のような騒擾によって内閣を倒そうと考え、このような過激な行動に走ったのである。

この混乱を乗り切った原内閣は、約二週間後には議会を解散し、自信をもって臨んだ総選挙で圧倒的勝利を収めた。その結果、とりあえず今後四年間は「時期尚早」である普選の実施を引き延ばすことに成功し、逆に運動側は大きな苦汁を味わうことになった。しかし、もう少し中期的にみれば、原のこのような力ずくの手法は「デモクラシー」の旗手であったはずの彼に対する独裁政治批判を生んだ。そして、約二〇カ月後、原は残念ながら凶刃に倒れた。一方普選論は、むしろより多くの政治家・官僚がその必要性を認めるようになって再び力を盛り返し、ついに一九二五年には普選法案が成立した。

さいごに、原内閣の成立と普選の関係をまとめておこう。興味深いことは、普選が実現すれば無産政党が台頭するであろうという多くの知識人の予想に反し、実際には政友会や民政党など既成政党が逆に議席数を増加させた。さらにいえば、一九四二(昭和一七)年の翼賛選挙においても既成政党は強い基盤を持っていた。このことは、原もその中心となって作り上げた体制が、単なる政治体制ではなく、たとえ政治体制が変わっても崩れないほどの根の深さを持つ社会体制であったことを示している。とすれば、原首相の普選に対する強い拒絶反応は、ある意味では取り越し苦労であり、逆に強い反体制運動を生み出す契機にもなったのかもしれない（坂野潤治「平民宰相原敬一九二〇年の誤算」『中央公論』一九八五年七月）。

さらに詳しく知るための参考文献

伊藤之雄『真実の原敬——維新を超えた宰相』（講談社現代新書、二〇二〇）……原敬は個人としても非常に興味深い人物であり、詳細な日記があることから従来数々の研究がなされてきたが、本書はその最新版であり、著者の研究スタイルが凝縮されている。

清水唯一朗『政党と官僚の近代——日本における立憲統治構造の相克』（藤原書店、二〇〇七）……本書は近代全体にわたる政党と官僚の関係を取り扱っているが、特に原敬と加藤高明の政党政治に対する考え方の差異を明らかにしている。

村井良太『政党内閣制の成立　一九一八〜二七年』（有斐閣、二〇〇五）……本書は政党内閣成立までの首相選定過程を詳細に論じたものであるが、その第一章は原内閣に当てられ、特に本講では取り扱えなかった憲政会との関係に触れている。

季武嘉也『大正期の政治構造』（吉川弘文館、一九九八）……大正期の政界構造全体に触れており、原内閣の成立過程、原政友会の内部構造、政友会と他勢力の関係など多彩な観点から論じている。

安田浩『大正デモクラシー史論——大衆民主主義体制への転形と限界』（校倉書房、一九九四）……本講でも示したように労働争議の急増は当時の最大の社会問題であったが、本書は特に原内閣の労働政策の特徴とその「限界」が実証的に論じられている。

第8講
パリ講和会議、ヴェルサイユ条約、国際連盟

篠原初枝

†パリ講和会議

一九一八（大正七）年一一月連合国とドイツとの間に休戦協定が結ばれると、一九一九（大正八）年一月一八日から連合国による講和会議が開かれた。この会議では、戦後処理としての領土問題や賠償問題を協議するという一面と、戦後の国際組織である国際連盟を組織するという二つの面があった。大国の利害が錯綜しその調整を行うという点で一九世紀から続く伝統的会議の様相を有していた一方で、新しい国際秩序の樹立を試みるという方向性もあり、多義的な意味を持った会議であった。参加国は全体で三二カ国であったが、指導権を握ったのは、イギリス、フランス、アメリカの三カ国であり、会議の立役者は、イギリスのロイド・ジョージ首相、フランスのクレマンソー首相、アメリカのウィルソン大統領であった。この三人は、講和会議が開始された一月から七月までの間、二月中旬と三月中旬にウィルソンとロイド・ジョー

ジが一時帰国した時を除いて、ほぼ毎日のように顔を合わせていたといわれている。

ウィルソンは、一九一七(大正六)年四月のアメリカの参戦後、一九一八(大正七)年一月に「一四カ条原則」を打ち出した。その内容は、公開外交、貿易障壁の除去、戦後の軍縮、民族自決、国際組織の設立といった一般原則に関するものと、オーストリア・ハプスブルク帝国の解体後にどのような新しい国家を誕生させるかといった個別的課題を含むものであった。さらに、ウィルソンは、同年二月「勝利なき平和」を宣言し、無賠償・無併合原則をも打ち出していた。

フランスは第一次世界大戦での犠牲が大きく、一八歳から三〇歳までの成人男性の四分の一が戦死し、戦前四〇〇〇万人といわれた全人口のうち一三〇万人余りを戦争で失った。それゆえ、フランス国内にではドイツに対する復讐の念と恐怖心が高かった。クレマンソーはフランスのドイツに対する敵愾心を理解し、またフランス再建のためにもドイツからの賠償金が必要だと考えていた。イギリスのロイド・ジョージにとっての重要課題は、大英帝国とイギリス海軍力の維持であった。イギリスもドイツに警戒心を抱いていたが、ヨーロッパの勢力均衡を維持するためドイツを過度に弱小化することには反対であった。これら三国に続き、四番目の大国がイタリアであり、イタリアは、フィウメ割譲の領土要求を持っていた。

日本は、日英同盟を理由にドイツに宣戦布告し、実際、地中海に海軍を派遣し、イギリス艦船の護衛業務を遂行していた。日本は講和会議に臨み三方針を有していた。第一には、日本が直接利益を有する山東半島と旧ドイツ領南洋諸島問題についてはその権益を守る。第二には、日本が直接的利害を持たない問題については注意深く議論を聞き、必要であれば発言する。第三には、連合国が関心を有する問題については、大勢順応の態度をとることとした。こうして牧野伸顕を代表とする日本の講和会議代表団総勢一〇六名ほどが一九一九（大正八）年一月にパリに到着した。正式の講和会議首席全権代表の西園寺公望が到着したのは三月になってからであった。

戦後処理の場としてのパリ講和会議で一番問題となったのは、ドイツ問題であった。ドイツに対してどのような懲罰的な措置をとるか、賠償金の額をどれほどにするか、ドイツに対する今後の安全をいかに確保するかが、大きな課題であった。この三つの問題は複雑に絡んでおり、たとえばドイツの領土を縮小した場合、ドイツは賠償金の支払いが可能であろうかという問題につながったのである。

また、ドイツ側であったオーストリアが敗戦し、オーストリア・ハンガリー帝国が崩壊した結果、パリ講和会議において、中央ヨーロッパ、東ヨーロッパに新たな国境線をどのように策定するかが議論され、ポーランド、ユーゴスラヴィア、ルーマニア、チェコ・スロバキアといった新しい諸国が生まれることになった。

東ヨーロッパ・中央ヨーロッパ地域ではウィルソンが一四ヵ条原則で述べた民族自決原則が適用されたが、この原則はアジア・アフリカ地域においても植民地下にあった人々の独立要求に期待を与えていた。このような期待から朝鮮半島では三・一運動が起こり、中国では日本への山東半島割譲が認められたことに反発し五・四運動が起き、インドやエジプトでも、植民地支配から脱却し独立を求める運動につながった。ウィルソン自身は、民族自決原則の適用はヨーロッパを対象に考えていたといわれるが、結果として、この民族自決主義がグローバルなインパクトを与えたことは興味深い。

†国際連盟の設立

当初、パリ講和会議とは別個に、国際連盟を議論すべきという考えもあったが、イギリスが国際連盟は戦後世界に必要だと主張し、講和問題と並行して国際連盟の設立を正式に議論することが決められ、一月二五日、国際連盟の規約を起草する委員会が公式に発足した。この委員会に、アメリカ、イギリス、フランス、イタリア、日本の五大国は代表二名を出席させることとなり、当初の出席者は、アメリカ代表はウィルソンとハウス、イギリスはセシルとスマッツ、フランスはブルジョアとラルノード、イタリアはオーランドとシアロジャで、日本の代表は牧野伸顕、珍田《ちんだ》捨巳《すてみ》であった。加えて、大国中心だという批判が中小国からあがり、ベルギー、

国際連盟規約起草委員会。前列左から珍田捨巳（駐英大使）、牧野伸顕（元外相）、ブルジョア（フランス元首相）、セシル（イギリス元封鎖相）、オルランド（イタリア首相）、ペソア（ブラジル上院議員、後に大統領）、ヴェニゼロス（ギリシャ首相）。後列にはハウス（米、左から３人目）、ドモフスキ（ポーランド、左から５人目）、スマッツ（南アフリカ連邦国防相、左から８人目）、ウィルソン（米大統領、左から９人目）、クラマーシュ（チェコスロバキア首相、左から10人目）、顧維鈞（中華民国駐米公使、左から12人目）など。

ブラジル、中国、ポルトガル、セルビアが選ばれ一名ずつ代表を送ることになった。

二月三日に最初の会合が開かれ、英米による規約案が提出された。第一回会合では、ウィルソンが会話の口火を切り「国際連盟はもはやオプションではない。絶対に必要なものである」と演説し、一五回の会合で国際連盟規約の起草がなされた。

国際連盟は、中心組織として、理事会・総会・事務局を設置した。ウィルソンは、大国が常任理事国となりそのメンバーのみで構成する理事会を考えていたが、中小国、特に中国やベルギーの反対があり、非常任理事国を設け、理事会メンバーとすることが決められた。また国際連盟総会では、加盟国が一国一票を有することとなり、主権の法的平等が制度的に国際連盟規約に明文化された。事務局は、ジュネーヴに置かれることになった。

国際連盟規約の内容として重要な点は以下である。

・加盟国はお互いにその領土保全を保障する。
・紛争の解決にあたっては平和的手段を用いる。
・国際連盟規約に違反して戦争を遂行したと判断された場合には、理事会で議論の結果、制裁を課すことができる。
・条約は登録することが約され、常設国際司法裁判所を設置する。
・旧植民地については、委任統治地域を三段階にわけて定める。旧トルコ領は自治の度合いが高いA式とし、中央アフリカの旧ドイツ領はB式、南西アフリカおよび太平洋地域の旧ドイツ領はC式と認定し、国際連盟がその統治を各国に委任するとされた。
・経済・社会・人道面において、労働条件、原住民の保護、女性と子供の人身売買、アヘン貿易、疾病の予防に努める。

国際連盟規約には、その公用語についての記載はないが、規約起草会議段階から英語とフランス語で議論が進められていたので、その慣例に従って、以後、会議の言語や公式の文書は、英語とフランス語が用いられた。ジュネーヴにある国際連盟史料館には、英語とフランス語の一次史料が混在していることから、国際連盟総会や理事会で発言した各国代表や国際連盟で働く人々は、英仏二カ国語に精通していたと推測される。

この規約起草会議の場で、日本はほとんど発言することはなかった。中国代表顧維鈞《こいきん》が自国のみならず、中小国の立場を擁護する説得力に満ちたスピーチをおこない印象を残したことに比して、日本は静観することが多く「サイレント・パートナー」というような評判もあった。日本が規約作成について発言したのは、各国の軍備削減問題と人種平等条項の挿入に関する二つの問題だけであった。

†ヴェルサイユ条約

一九一九（大正八）年五月七日に、ヴェルサイユ講和条約案がドイツに手渡され、その受諾期限についても伝えられた。ドイツ国内で講和条約受諾をめぐって論争が起きたが、受諾を拒否した場合休戦協定が無効となり戦闘の再開は困難であるという判断がなされ、ドイツは条約の受諾を決定し、六月二八日ヴェルサイユ宮殿鏡の間で条約の調印がなされた。

ヴェルサイユ条約は講和条約としては極めて長文の四四〇条からなる条約であるが、その主たる内容は以下である。

・国際機関の設立。ヴェルサイユ条約第一編は国際連盟規約であり、第一三編は国際労働機関についての規定となっている。

・ドイツの領土問題。ドイツの東部国境はポーランドに多くの領土割譲をしたことで以前よりも西寄りになった。また、オーストリアの独立は国際連盟の承認なしに変更することは許されなくなった(独墺合併の禁止)。第五一条では、アルザス・ロレーヌ地方のフランス返還が規定された。

・ドイツの非武装化。ドイツ陸軍は一〇万人までとされ、潜水艦を含む一定の兵器保持が禁止された。また、フランスに近いドイツの工業地帯ラインラントの非武装化が規定された。

・ドイツの旧海外植民地の放棄。ドイツの旧海外植民地は、戦勝国に移譲されるか、国際連盟の委任統治下に置かれることとなった。第一五六条では、ドイツは山東半島に有していた利権を日本に移譲することが定められた。

・賠償問題。第二三一条でドイツに戦争責任があることが規定されたが、ヴェルサイユ条約には具体的な金額は盛り込まれず、後の賠償委員会で決められることとなった。

他の敗戦国、オーストリアとはサンジェルマン条約、ハンガリーとはトリアノン条約が締結された。ヴェルサイユ条約に対する批判は、連合国内にも存在し、イギリスの経済学者ケインズは『講和の経済的帰結』においてドイツの賠償額の策定とその金額について疑問を呈した。ドイツに対して過酷な条約であったがために、ナチスの台頭を招いたという歴史学上の論争も後になされるようになった。アメリカ国内でも、ウィルソンの民族自決、無併合・無賠償政策に賛同したリベラルな知識人の中には、ヴェルサイユ条約は懲罰的過ぎると幻滅を感じた者もいたのだった。

アメリカ国内では、条約の批准にあたって議会上院の三分の二の票数が必要とされたが、上院には「非妥協派」と呼ばれる反対派が存在した。反対派は、領土保全が全加盟国の義務とされる国際連盟規約草案の第一〇条について、この条項によってアメリカが直接利害を有さない地域にたいしても責任を負うのではないかと危惧し、反対したのであった。反対派の代表ボラー上院議員は、第一〇条に対する修正案を提出したが、ウィルソンは妥協することはなかった。ウィルソンにとって第一〇条は国際連盟の根幹をなすもので、これに修正を加えることは、国際連盟の存立基盤を損なうと考えたからである。ウィルソンは世論に国際連盟の必要性を伝えようと、アメリカ国内で遊説を開始するが、途中で病に倒れ、結局アメリカ上院がヴェルサイユ条約を批准することはなかった。皮肉にも、ウィルソンは自国の議会から拒否されることになったのである。

†国際連盟の発足と初期の活動

提唱国であったアメリカの不参加にもかかわらず、国際連盟は活動を開始した。イギリスのセシル卿を始めとする有力で熱心な支持者が存在し、また有能な事務総長ドラモンドがいたこともあり、徐々に制度的基盤を整えていった。たとえば、国際連盟に勤務する人々を国際公務員と規定し、その待遇や義務も定められたのである。

加盟国は独立を認められた主権国家であったが、例外的にイギリスの自治領であったカナダ、オーストラリア、ニュージーランド、南アフリカ連合とイギリスの植民地インドが、加盟メンバーとして認められた。同じく、一九二一(大正一〇)年に英連邦の自治領となったアイルランド自由国も加盟を申請し、一九二三(大正一二)年三月に加盟国となった。第一次世界大戦の敗戦国であったオーストリアとブルガリアは一九二〇(大正九)年一〇月、ハンガリーは一九二二(大正一一)年九月に加盟国となったが、ドイツの加盟は一九二六(大正一五)年まで実現しなかった。アジアからの加盟国は、中国、シャム(タイ)、日本の三カ国であった。

第一次世界大戦で疲弊した諸国の経済問題は、創設当初の国際連盟にとって大きな課題であり、なかでもオーストリアの状況は深刻であった。第一次世界大戦後慢性的な経済的危機に苦しみ、戦争が終わってからも餓死者が出ていた。このため、直接的な資金供与もなされ、一九一九（大正八）年から二一（大正一〇）年にかけて、アメリカ、フランス、イギリス、イタリアおよびその他旧中立国が借款を供与したが、根本的な解決とはならず、その経済再建問題が国際連盟財政委員会に持ちこまれた。財政委員会の委員は、オーストリアを訪問し経済状況の調査を行い、一九二二（大正一一）年九月、オーストリア政府は国際連盟理事会に国際連盟の統制受け入れを条件として援助を要請する。国際連盟は、委員会を結成し、監督官を派遣した。監督官の派遣による経済再建策を経て、一九二五年には、オーストリア通貨の下落もおさまり、一九二六（大正一五）年一月、国際連盟による統制が外された。

また、第一次世界大戦やロシア革命や飢饉によって、多くの難民が生まれ、その多くはドイツ、ポーランド、バルカン諸国、ルーマニア、チェコスロヴァキア、ユーゴスラヴィア、オーストリア、ベルギー、トルコ、中国などへ流入した。難民が流入した諸国も戦争によって疲弊していたことで、混乱に拍車がかかった。まず活動を開始したのは、国際赤十字委員会を中心とする民間団体（NGO）であったが、一九二一（大正一〇）年二月、同委員会は国際連盟が難民問題に積極的に活動すべきだと主張し、ノルウェーのナンセンが難民問題高等弁務官に就任した。国際連盟は、ナンセンの指導力のもと、国籍を失った難民の問題にもとりくみ、難民に発行される代替パスポート（「ナンセン・パスポート」と呼ばれた）問題に対処した。こうして、一九二九（昭和四）年末までには五一の政府がナンセン・パスポートを認めたのである。この難民問題は、国際連盟、政府、民間団体の協力関係が進み、国際連盟が一国では解決できない問題に的確に対応した一例といえる。

また、国際連盟はヨーロッパの国境問題にかかわる各国の係争を解決したが、常任理事国イタリアが関わっていた点で、一九二三（大正一二）年のコルフ島事件は困難な問題であった。この事件はギリシャ領土内でイタリアの将校が殺害されたことに端を発し、イタリアは戦略的に重要なコルフ島の占拠を計画し、ギリシャに賠償支払いを求めた。しかし、ギリシャがこれを拒絶したので、イタリアは艦船を派遣し、同年八月末ギリシャ領コルフ島を占拠した。ギリシャ代表は理事会でこの問題をとりあげることを要求し、理事会議長石井菊次郎が事態の収拾を計ったが、イタリアはこの問題を国際連盟理事会ではなく、英仏日伊からなる大使会議で扱うことを要求した。大使会議は、パリ講和会議の残務処理をするための大国間合議機関として当時依然として機能していた。しかし同年九月四日に開かれた理事会では、国際連盟がこの問題を扱うことができないのは国際連盟の威信にかかわると懸念が表明された。妥協案として、大使会議が解決策を示しそれを国際連盟理事会に提示することとなった。すなわち、国際連盟初期には、紛争の解決について伝統的な大国間枠組が依然として有効とみなされた事例であった。

一九二五（大正一四）年一〇月から一一月にかけて起きたギリシャ・ブルガリア紛争は、国際連盟が解決を導いた例である。ギリシャとブルガリアの間には国境紛争が多発していたが、一〇月一九日に始まった紛争では、ギリシャ軍が国境を超え、国境から一〇キロ内部の街まで進攻してきた。ブルガリアは二三日付の電報で理事会の開催を要求した。緊急に理事会が招集され、連盟理事会はただちに両国に軍事行動の停止と、軍隊を自国領土内に撤退することを要求した。そして、イギリス、フランス、イタリアから軍事使節が独自に派遣され、撤退がなされているか見定めた。理事会ではこの事件の原因を定め解決案を提示するため調査団の派遣が決定された。ギリシャはブルガリアに賠償金を支払うことが命じられ、両国は国境線に監視のための将校を派遣することが提議された。この紛争は、国際連盟規約にもとづき紛争が速やかに解決された事例である。

†日本と国際連盟

欧米諸国では、第一次世界大戦中から民間のなかでも戦後の国際組織を作ろうとする運動が英米を中心に広まっていたが、日本はそのような動きについて情報もなく、日本政府内でも関心は低かった。また、当時貴族院議員であった近衛文麿《このえふみまろ》は、一九一八（大正七）年一二月発行の雑誌『日本及日本人』に「英米本位の平和主義を排す」という論文を投稿し、国際連盟の大義は英米という大国中心のものに過ぎないと批判を展開していた。

しかしながら、国際連盟が設立されると日本は、国際連盟の常任理事国となったことで「世界の大国入り」を果たしたと誇りに思っていた。しかし、国際連盟がヨーロッパ問題に対処することが多かったので、外務省は国際連盟を重視せず、アジアの問題（特に中国問題）に国際連盟が関与することを望まなかった。他方、国際連盟側としては、常任理事国として応分の責務を果たすことを日本に期待した。

常任理事国になったことで、国際連盟事務局に日本人の存在が必要だと日本政府が考えたこともあり、新渡戸《にとべ》稲造《いなぞう》が国際連盟事務次長兼情報部長に就任した。新渡戸が国際連盟に残した功績のひとつは、知的協力国際委員会を立ち上げ軌道に乗せたことである。この委員会の目的は、知識人や学生の交流を通じてお互いの相互理解を深めることであった。新渡戸は、この委員会に当代一流の知識人を依頼しようと、パリまで出向き、キュリー夫人に委員の要請を依頼した。また、新渡戸はヨーロッパの各地を回って、当時新しい組織であった国際連盟について一般聴衆向けの講演会をも行っている。アジアの一国、日本からの事務次長が国際連盟の根幹たる「国際主義」について一般の人々に語り掛けたことは、国際連盟にとっても大きな功績であった。

当時、日本の国際連盟理事会代表であった石井菊次郎や安達峰一郎《みねいちろう》は、常任理事国として日本が国際連盟で役割を果たさなければならないことを認識していた。石井は、ヨーロッパ問題のなかでも難題であったドイツ・ポーランド間にまたがるシレジア地方の国境画定に関与し、一九二三（大正一二）年にイタリアがギリシャ領であったコルフ島を占拠した事件に際しても「石井の茶会」といわれる会合を招集し、その解決に尽力した。他にも、佐藤尚武《なおたけ》や杉村陽太郎が、国際連盟の場で活躍し、当時の加盟国の代表団や国際連盟職員の間で信頼を得ていた。

また、パリ講和会議後、日本は国際連盟の委任統治にあたる地域として南洋群島を統治していた。国際連盟では、委任統治委員会が定期的に開かれ、委任統治受託国は年に一度報告書を提出することが義務とされた。

他方で、日本は国際連盟による戦争の規制を強化しようとする動きには消極的であり、一九二四（大正一三）年にジュネーヴ平和議定書（紛争の平和的解決をめぐる取り決め）が議論されていた時も積極的支持をすることなく、むしろ巧妙な反対意見を表明し、一時議論を紛糾させたこともあった。ジュネーヴに滞在した日本の外交官は、国際連盟に協力すれば、日中問題が将来、国際連盟で取り上げられる場合にも日本の立場を理解してもらえるのではと考えていたが、外務省は、国際連盟に派遣された日本外交官には国際連盟に協力してもらうが、日本の外交政策において国際連盟の重要性は低いという見解が大勢を占めていた。

欧米では、国際連盟設立後、世論の中から国際連盟を支持する運動が盛り上がり、「国際連盟協会」が各国に設立され、各国の国際連盟協会が集まって国際会議を開くこともあった。日本も、このような動きに取り残されないように、日本国際連盟協会を設立したが、日本の国際連盟協会は、民間が主体ではなく、外務省の主導によるものだった。欧米のように第一次世界大戦の悲惨さを経験しなかった日本人の間に、国際連盟の理想が広く普及することはなかったが、それでも知識人や大学生の間では一定の理解が広まった。

さらに詳しく知るための参考文献

井上寿一『第一次世界大戦と日本』（講談社現代新書、二〇一四）……第一次世界大戦と日本を、外交や軍事面のみならず、成金の出現など社会・経済・文化的な視点からも描く。

帯谷俊輔『国際連盟』（東京大学出版会、二〇一九）……普遍的組織としての国際連盟が、その初期の活動において、「地域」という問題にいかに対応したかを制度的に論じ、また中国問題などの事例を通じて分析する。

篠原初枝『国際連盟――世界平和への夢と挫折』（中公新書、二〇一〇）……国際連盟の概説書。国際連盟創設に至る英米の思想や運動、および国際連盟創設期にどのような日本人が活躍したかを記す。

牧野雅彦『ヴェルサイユ条約――マックス・ウェーバーとドイツの講和』（中公新書、二〇〇九）……ヴェルサイユ条約作成の過程においては、大国間の駆け引きに加えて、敗戦国ドイツではどのような動きや考えが持たれていたかを論じる。

マーガレット・マクミラン著(稲村美貴子訳)『ピースメーカー』上・下(芙蓉書房出版、二〇〇七)

……講和会議の背景、米英仏の動き、その指導者像、また講和会議で取り上げられた個々の問題点などをとりあげ、パリ講和会議が行われていた時代の雰囲気を再現する。

第9講

人種差別撤廃提案

廣部　泉

†人種差別への懸念

パリ講和会議において、「サイレントパートナー」と揶揄された日本代表が積極的に取り組んだ数少ない問題の一つが人種差別撤廃提案である。

日本は当初、講和会議が大国の利害調整を主目的とした伝統的会議となるだろうと予測し、山東省の旧ドイツ権益と南洋の旧ドイツ領諸島の獲得のみを求める考えであった。ところが、アメリカのウィルソン大統領が発表した一四カ条原則を基礎とした講和がなされるとの情報が伝わり対応を迫られることになる。一九一八（大正七）年一一月一三日に臨時外交調査会が開かれると、その席上、内田康哉外相は、「ウィルソン十四箇条に対する意見案」と題する、いわば国際連盟問題に対する外務省原案を読み上げた。そこには日本が国際連盟において白人国から差別的扱いを受けるのではないかという懸念が書かれていた。すなわち、国際社会が「国

牧野伸顕

際間に於ける人種的偏見の猶未た全然除去せられさる現状」にあるとする認識が示され、「国際連盟の組織せらるる場合に於ては……前顕人種的偏見より生することあるへき帝国の不利を除去せんか為め、事情の許す限り適当なる保障の方法を講するに努むへし」とされていた。この時点では、日本が、講和会議において、白人国のみからなる欧米列強の中にあって、人種の故に不利な扱いを受けるのではないかという懸念が強く持たれていたのである。

この時期、外交調査会内部でも、そもそも国際連盟設立に賛成すべきか否かについて意見が分かれていた。講和会議で高齢の西園寺公望首席全権に代わって実質的に日本代表団を率いることになる牧野伸顕は、パリへ出発する直前に提出した意見書の中で、国際連盟設立に対して積極的賛同を示すことがまずもって重要であると、英米協調の意見を表していた。

これに対して、欧米の人種差別的姿勢を警戒する伊東巳代治《みよじ》枢密顧問官は、国際連盟設立に日本が賛同することに強い懸念をもっていた。国際連盟は、欧米列強、中でも「『アングロサクソン』人種の現状維持を目的とする一種の政治的同盟の成立して其の以外の列国は将来の発展を掣肘《せいちゅう》せらるるの結果を見るに至るやも亦知るへからす」と考えられ、人種も違い現状維持が得策とも思わない日本が、進んで参加すべきようなものではないとの意見を表明した。そして黄禍論的大同盟になりかねないような国際連盟に参加する場合は、人種差別撤廃提案が採択されることがなんとしても必要であると主張したのである。

当時の国内世論が人種差別撤廃に対して大きな期待をしていたことを新聞から見て取ることができる。旧ドイツ権益の確保が重要なことは言うまでもなかったが、それに加えて、「我全権が最も注意と努力とを要するものを問はゞ、何人も其所謂国際連盟問題と人種的均等待遇とに在るを答ふるならん」とされた。そして、「国際平和を害し、四海兄弟主義を打破する重大なる要素は、人種の不均衡待遇」であるから、「白人国以外の強国たる我国の全権は、便宜上世界人口十四億五千万中九億即ち六割二分を占むる有色人種の為めにも」人種平等を唱えなければならないと、人種差別撤廃を求める主張が各紙紙面に溢れていた。

†日本代表動く

一九一九(大正八)年一月一四日、牧野一行はパリに到着する。この時点ですでに国際連盟の設立は実現するという見通しが日本代表団の目にも明らかであった。先の原案を基にした日本政府の方針には、国際連盟設立の趨勢が明らかな場合には、人種偏見から生じる不利を取り除くために「適当なる保障の方法を講するに務むるへし」と記されていた。早速、代表団は人種問題に関して具体的な行動に出ることを迫られたのである。

時あたかも、北米やオーストラリアなどでは日本人排斥運動が盛り上がりを見せており、日本政府にとって頭の痛い問題となっていた。そのため外務省内では幣原喜重郎《しではらきじゅうろう》次官など、これを好機として排日問題を解決しようと考える者も多かったのである。

国際連盟案を最も積極的に推進していたのはアメリカのウィルソン大統領であったため、牧野は、珍田捨巳と共に、最初、ランシング国務長官と、ついで大統領の腹心であるハウス大佐と面談した。ハウスには、以前から人種問題に関する日本の考えをワシントンの駐米大使が伝えてあり、日本の立場に理解を示していた。牧野と珍田は、ハウスの助言に従い、甲乙二種類の案文を携えて往訪した。甲案は、「各国民均等の主義は連盟の基本的綱領なるに依り締約国は其の領域内に在る外国人に附与すへき待遇及権利に関しては法律上並事実上何人に対しても人種或は国籍如何に依り差別を設けさることを約す」となっており、日本が望ましいと考える案であった。一方、乙案は、「各国民均等の主義は国際連盟の基本的綱領なるに依り締約国は各自其の領域に於ける外国人に対し法律上並事実上正当権力内に於て為し得る限り均等の待遇及権利を与へ人種或は国籍の如何に依り差別を設けさることを約す」とあり、日本として何とか受諾可能という内容であった。翌日、ハウスがそれらを大統領に見せると、甲案は即座に却下されたものの、ウィルソンは、乙案の方はよいのではないかとの感触で、「正当権力内に於て為し得る限り」とある部分を「成る可く速に且つ出来得る限り」と自ら少しだけ直しを入れた。

最重要とみられていたウィルソンが意外にも好感を示したことで、日本側の説得相手は次にイギリスに移った。その間、日本全権の積極的な活動によって、日本が人種差別撤廃提案を考えていることが各国代表たちの間で広まっていく。二月八日午前、ハウスに対し、イギリス代表団のロバート・セシルは、オーストラリアのヒューズ首相が頑強に反対していることを理由にあげ、イギリスがこの提案に賛同することはないとの見通しを伝えた。翌九日夕方には、ハウスは英全権のバルフォア外相とこの問題について話している。ハウスは、「すべての人間は平等に創られている」という米独立宣言の一節から始まる鉛筆書きの提案を見せたり、発展しつつあるにもかかわらず世界の様々な場所への進出を禁じられている日本の窮状を説明するなどして、日本のための説得を試みたが、英全権の考えを変えるには至らなかった。

†連盟規約第二一条廃案となる

二月一三日、国際連盟の規約を起草する委員会（以下、国際連盟委員会。一五一頁写真参照）では、連盟規約起草の第一段階が終わりを迎えようとしていた。午前中から委員長を務めたウィルソンは途中で退席し、セシルがそれに代わっていた。宗教の自由を定めた第二一条のところで牧野は発言を求め、人種や宗教にまつわる怨恨が国際紛争や戦争の原因となったと演説し、同条に「各国民均等の主義は国際連盟の基本的綱領なるに依り締約国は成るへく速に連盟員たる国家に於ける一切の外国人に対し如何なる点に付ても均等公正の待遇を与へ人種或は国籍如何に依り法律上或は事実上何等差別を設けさることを約す」という一項を加えることを求めた。これは先の乙案を微調整したものであった。これに対してブラジル、ルーマニア、チェコスロバキアは賛成したものの、中国は共感を示しつつも意見を留保した。結局、英代表の強い反対によって、第二一条ごと削除となってしまう。牧野は仕方なく、翌一四日総会議の席上、規約案成立に祝意を示しつつも、人種差別撤廃提案を再度提出する用意があるので好意的に検討してほしいと演説し、日本が諦めたわけではないことを示した。

この間、日本国内では、人種差別撤廃に対する世論が大いに高まっていった。二月五日には、東京で、国家主義団体や国会議員、マスコミや学会関係者などが超党派的に参加して人種差別撤廃期成同盟会第一回大会が開催されている。大会は、人種差別が撤廃されなければいくら盟約を重ねても世界平和などは達成できないので、人種差別待遇を撤廃すべしとの決議をパリのクレマンソー宛に打電した。

このような日本国内の世論は、二月一三日の人種差別撤廃案否決によってさらに燃え上がった。『東京朝日新聞』は社説で、連盟規約が人種差別撤廃を含まないことを「不公正千万」と嘆き、その原因の一つとして日本全権の「努力不十分」を挙げた。『東京日日新聞』もパリの日本全権はさらに努力すべきと主張したのである。

†頑ななヒューズ豪首相

牧野らは、イギリスの反対の背後には、オーストラリアのヒューズ首相の存在があることがわかっていたため、ヒューズに働きかける機会を待った。三月一四日、終に牧野と珍田はヒューズと面談する機会を得る。二人はヒューズに、日本案は平等の原則を述べているだけであって、法的拘束力を持たせて現行の法律を変えさせようという意図はないと説明した。それに対してヒューズは、主義として異論はないが、国内事情があるとして即答を避け、その後は旅行や病気を口実に日本全権と会おうとはしなかった。

牧野と珍田は、再度ハウスを頼り、三月一八日に会談した。人種差別撤廃提案に対してウィルソンは引き続き肯定的であるかを問うたところ、変化はないはずとの軽い返答に、二人は変化があったのではないかとかえって疑念を抱いた。それには理由があった。実は、大統領は二月一四日の総会出席の翌日、米国に一時帰国し、三月一四日に再びパリ入りしていたのである。大統領はこの一時帰国中、共和党の重鎮ロッジ上院議員の連盟反対演説など米国内で連盟反対の様々な圧力にさらされ、上院で条約批准にたるだけの票を集められるか危機感を持つに至っていた。ウィルソンに変化があったかもしれないと報告する三月二〇日付の日本政府宛の電文の最後で、日本全権は提案が不首尾に終わった場合の対応について指示を仰がざるをえなかった。

その間、日本政府も手をこまねいていたわけではなく、石井菊次郎駐米大使宛に、一時帰国中の大統領に人種差別撤廃提案への援助を申し入れるようにと訓令していた。石井大使は、大統領説得のための覚書を作成し、また、ニューヨークでアメリカ人に対して演説するなど対応する。しかし、覚書は大統領の再渡仏に間に合わず、また、演説も、石井の意図とは異なり脅しと受け取られ、却って火に油を注ぐ結果となってしまった。

ヒューズ首相の頑なな態度に追い詰められた日本代表は、三月二五日、セシルの斡旋のもと、英自治領首脳たちと会談する機会を得る。自治領の首相たちからは、この提案が通過すると、日本人だけでなく、他の有色人にも適用されるので難しいとの意見が出された。なんとか、カナダのボーデン首相の妥協案でまとまりかけたが、やはりヒューズが一人頑として譲らずまとまらなかった。

†日本政府の変化

提案否決の場合の対応を問うパリからの電報を接受した日本政府は三月三〇日の外交調査会でこの問題を協議した。このころ国内では人種差別撤廃への世論はさらに盛り上がっていた。二三日には人種差別撤廃期成同盟会の第二回大会が開催され、人種差別撤廃案が採用されない国際連盟に日本は加盟すべきでないと唱えていた。ただ、この段階では国際連盟をめぐる外交調査会の主たる議論の多くは、加盟を前提とした他の問題に割かれていた。以前は、人種差別撤廃案なしには国際連盟への参加はあり得ないと強硬な立場をとっていた伊東巳代治も、人種差別撤廃案が入れられないという「一事を以て国際連盟より脱退すへしと云ふの激論は予の採らさる所なり」と結論するなど以前とは打って変わった態度であった。もともと英米協調に重きを置いていた原はもちろん同意見で、その夜の日記に「これがため国際連盟を脱退する程の問題にも非ず」と記している。

その日のうちに日本政府からパリには早速、三つの場合を挙げて、その実施を図るようにという訓令が打電された。その三案は、①人種差別撤廃の宣言、もしくはこれを各国が了承したという旨を連盟規約の付属文書に明記すること、②単に宣言を規約の付属に明記すること、③この宣言を議事録に記載させること、であった。そして、いずれも達成されない場合は、連盟規約への調印を見合わせるようにと記されていた。この三つのケースをよく読んでみると、最低条件が、議事録に残すという極めてハードルの低いものであることがわかる。この内容に驚いたパリの日本代表からは、早速、一案と二案は成功の見込みがないが、三案の議事録に残すことは容易にできるが、それには何の拘束力もない旨、念のためとして連絡があったほどであった。

その後も牧野と珍田は、南アフリカのスマッツなどを通じて、なんとかヒューズの説得を試みたが、いずれの努力もヒューズの考えを変えるには至らなかった。その間、国際連盟委員会の議事は進行し、四月一一日に規約について議了することとなったため、ヒューズの如何を問わず、日本は提案を提出することになった。

†前文への挿入失敗する

四月一一日、国際連盟委員会は規約を検討する最終日を迎える。規約各条文に関する討議終了後、前文に関する議論が始まると、牧野は再度人種問題を持ち出した。今回は、「各国民の平等及び其の所属各人に対する公正待遇の主義を是認し」との一節を前文に挿入することを提案する。そして、これは原則を示すもので、加盟国の国内のことを侵害するものではないと強調した。これに対して、セシルはイギリス全権として認めることは出来ないと取りつく島がなかった。ところが、大国の一角であるイタリアのオルランド首相が日本案に賛成し、それに続いてフランスのブルジョア代表までが賛意を示した。議長のウィルソンは、軽々しく扱う問題ではないので、規約の前文はそのままとするとして打ち切ろうとする。そこで牧野はすかさず評決を求めた。賛成は日本、フランス、イタリアが各二名、中国、ギリシャ、セルビア、ポルトガル、チェコスロバキアが各一名で計一一名であった。挙手しなかったのが、イギリス、アメリカ、ポーランド、ブラジル、ルーマニアの五委員、議長のウィルソンは評決には参加しなかった。一一対五で日本の提案は通ったかに見えた。ところが、ウィルソンは「全会一致でないので不成立」と宣言する。仏代表は、過半数が賛成したことに改めて注意を向け、牧野はこれまで本委員会は多数決で決してきたではないかと問うた。しかし、セシルはウィルソンの肩を持つ発言をし、ウィルソンはこのような重要案件に反対があってはならないと押し切ったのである。牧野は、今後機会あるごとに本問題を提起することを述べ、今回の評決結果を議事録に残すことを求め、認められた。

人種差別撤廃提案否決が日本国内に伝わると、米英の対応を批判する向きもあったが、何より政府の対応に対する批判が噴出する。提案の否決は、「慎重の研究を遂げる事なく漫然本舞台に提出」したからではないかと政府を批判し、パリの日本代表の活動も「緩慢なる駆引」で溜息をつくしかないとされた。そして、人種差別撤廃案が採択されないなか「厭や厭や連盟の仲間入」しても日本の面目は果たしてどうなるかと嘆くのであった。

†山東問題と人種差別撤廃提案

人種差別撤廃提案が国際連盟規約に組み入れられる見込みは潰えた。しかし、人種差別撤廃問題は、日本代表にとっての別の重要案件である旧ドイツの山東省権益の帰属問題を巡って現れることになる。

山東問題については、戦中英仏伊から同意を取り付けており、日中条約でも認められていたので、当初日本代表は楽観的であった。ところが、一月二七日の十人会議で牧野が主張を正式に提出した翌日、中国代表の顧維鈞がその日本の立場を完全に否定する演説を行い、また、ウィルソンが中国に同情的であったため楽観的でもいられなくなっていた。その後、十人会議は他の重要事項に忙殺され、山東問題がとり上げられたのはようやく四月半ばになってからであった。四月二一日の外交調査会では、山東に関する要求が認められない場合には、連盟規約に調印をしないようにとの決定がなされ牧野らに打電されている。

四月二二日午前、牧野と珍田は、三巨頭会議に呼ばれた。会議冒頭、英仏は日本との密約の存在を認めたが、中国寄りのウィルソンは譲らなかった。四月二六日、牧野はバルフォアと面談し、日本の山東問題に関する要求はあくまで経済的なものであると強調した。翌二七日にも牧野は再度バルフォアを訪問し、国際連盟規約には人種差別撤廃が明記されておらず、しかも、山東問題もどうなるかわからないと述べ、翌日の総会までに山東問題について確約が欲しいと繰り返し述べるのであった。

四月二八日月曜、午後には講和会議総会が予定されており、予定通り運べば、国際連盟設立が宣言されることになっていた。その日の午前中、英米仏三巨頭は米代表団宿舎に集まり、総会の打ち合わせを行っていた。英首相が、日本の山東要求は経済的権益のみとするバルフォア外相に対する牧野の発言を報告する。そこにバルフォア本人が姿を現し、前日の牧野の最後通告ともとれる発言を知らせてきた。日本が山東問題について総会までに確約が得られた場合、日本は総会で人種平等については一般論を述べるに止めるだろうというのが彼らの見立てであった。一方、確約を得られなかった場合、日本がどのような挙に出るのか、三大国の首脳たちには自信をもって言うことは出来なかった。この少し前、フィウメ問題が思い通りにならずイタリア代表は帰国しており、日本まで連盟規約に署名しないとなると五大国のうち二つまでが欠けることになりそれは避けたかった。

タイムリミットは迫っていた。日本代表と面談したランシングとの電話でウィルソンは日本代表の固い決意を知らされる。最後にウィルソンが妥協した。日本は経済的権益だけでは満足しないだろうという分析を手にしていたものの、日本は軍事的な野心を捨て経済的な利権だけで満足するだろうし、日本の政府も二十一カ条要求当時とは変わっているから信頼できるだろういうバルフォアの楽観的見方を受け入れたのである。すぐさま、バルフォアの牧野宛書簡が、日本代表団に届けられた。日中条約を認めるというまさに牧野が望んだ内容であった。

†四月二八日の総会

午後三時、仏外務省「時計の間」において総会は始まった。議長のクレマンソーが開会を告げ、ウィルソンが連盟規約案を説明した。その後、最初の発言者に議長が指名したのは牧野であった。その時の模様を目の当たりにした近衛文麿は次のように書いている。

次に議長は我が牧野男［爵］を呼べり……男はまず国際連盟規約中に人種の相異に基づく差別的待遇を撤廃すべしとの条項を包含せしめんとする日本の修正案が……ついにその承認を得ること能わざりし顚末につき縷述《るじゅつ》せり……ついに男の口より「吾人はこの提案［人種差別撤廃提案］が今日ここにて、ただちに採用せらるべきことを強いて求めざるべし」の語を聞くに及び、始めて安堵の胸をさすりしごとかりき……男はなお最後に左のごとく言えり「吾人はこの際において次のごとく宣言するをもって吾人の義務なりと思考す。すなわち日本の政府及び人民は彼らの正当なる要求がついに委員会の容るるところとならざりしことをもって深く遺憾とし、今後なおこの提案が国際連盟によりて採用せらるるに至るまでこれを

近衛が目撃した牧野の演説が行われたフランス外務省「時計の間」

主張してやまざるべし」と。（近衛文麿『戦後欧米見聞録』）

牧野は、人種差別撤廃提案の採択を求めず、連盟規約を承認したのだった。

†振り返って

日本全権は最初から、人種差別撤廃提案を山東省や南洋の権益を獲得するための取引材料とするつもりであったという見方が根強くある。ただ、全体の流れをみると、当初は、国際連盟が白人中心の組織となり、非白人国の日本はその人種の故に不利な立場に立たされるのではないかとの恐怖が強くあり、そのような事態に陥るのを防ぎつつ、もし可能ならば、懸案の移民問題の解決も同時に果たせればというものであった。その後の展開によって人種差別撤廃提案の採択の可能性が潰えたのち、他の重要項目である領土問題のために人種案を利用しようという考えが出てきたとみる方が自然ではないだろうか。本問題については、英米関係者の記録にはあるものの、日本側の記録にない会合や書簡などもあり、解明すべき点もいまだにある。

日本政府は人種差別撤廃提案を日本本位に考えていた。国内世論にしても大勢は同様であり、近衛文麿の「英米本位の平和主義を排す」に見られたように、国際正義を唱えるウィルソンが、自国のためにモンロー主義のための条項の採用を迫るなどダブルスタンダードを用いているとしてその偽善性を非難していた。一方、他のアジアの人々を差別しつつ人種平等を訴えるといったように日本自体がダブルスタンダードを用いていることを指摘する石橋湛山や吉野作造などの論者もあった。差別しつつ平等を訴えても説得力はないという指摘である。ただ、世界では日本の提案が一般的人種平等を意味するととらえる向きがあったのも事実である。日本代表によるパリでの人種差別撤廃の試み自体が世界中で、特に非白人の間で大いなる反響を巻き起こした。人種差別撤廃案を日本が提出したことが知れ渡ると、パリやワシントンで、リベリア人やアイルランド人などから挨拶されたり褒められたりした体験を牧野や幣原らが後に語っている。

その後、国際連盟が発足したのち、牧野が述べたような、連盟において日本が人種差別撤廃提案の採択を執拗に求めるということはなかった。ただ、その否決の事実は容易に忘却されず、その五年後のアメリカのいわゆる排日移民法制定と合わせて、日本国内の親米派の影響力を削ぐことになった。その後、一九四一年八月、あらゆる人間の渡航の自由を認めるという規定が含まれた大西洋憲章が、パリ講和会議で日本案に反対した米英によって出される。そして、一九四八年には国際連合によって人種平等を規定した世界人権宣言が反対ゼロで採択された。

さらに詳しく知るための参考文献

基本資料

『日本外交文書　巴里講和会議経過概要』……パリ講和会議の経過について外務省がまとめた日本側の公式記録。

「巴里講和会議ニ於ケル人種差別撤廃問題一件」(『日本外交文書』大正八年第三冊上巻)……外務省と日本代表をはじめ世界各地の在外公館との間でやり取りされた本問題に関する電文が収められている。

小林龍夫編『翠雨荘日記――臨時外交調査委員会会議筆記等』(原書房、一九六六)……伊東巳代治による外交調査会の詳細な記録。

Edward Mandell House, *The Intimate Papers of Colonel House* (Boston, 1926-1928)……ウィルソン大統領の側近ハウス大佐の記録。日本側に記録が残っていない牧野や珍田との会談の記録が記載されている。

Paul Mantoux, *Les délibérations du Conseil des Quatre* (Paris, 1955)……クレマンソーの通訳による四大国会議の記録。日本全権が参加しているにもかかわらず日本側の記録にない部分もあり参考になる。

David Hunter Miller, *My Diary at the Conference of Paris, with Documents* (New York, 1924-1926)……米国代表随員による記録。米国代表のみならず英国代表とも緊密に連絡をとりあっており、その実際のやりとりが記録されていて大変役に立つ。

研究書・論文

池井優「パリ平和会議と人種差別撤廃問題」(『国際政治』第二三号、一九六二)……人種差別撤廃提案研究の出発点となる論文。本提案における排日移民問題の解決策としての役割を重視する。

大沼保昭「遥かなる人種平等の理想——国際連盟規約への人種平等条項提案と日本の国際法観」(大沼保昭編『国際法、国際連合と日本』弘文堂、一九八七)……国際法学の立場から本提案に迫った論考で示唆に富む。

鳥海靖「パリ講和会議における日本の立場——人種差別撤廃問題を中心に」(『法政史学』四六巻、一九九四)……日本側の視点や社会的背景を明らかにする。

ポール・ゴードン・ローレン(大蔵雄之助訳)『国家と人種偏見』(TBSブリタニカ、一九九五)……人種をめぐる国際関係史における本問題の位置づけが示されている。

Naoko Shimazu, *Japan, race and equality: the racial equality proposal of 1919* (Routledge, 1998)……本問題を研究した唯一の単行書。人種差別撤廃提案は、人種差別撤廃を求める利他的なものとして出されたのではなく、日本国内の国際連盟反対派をなだめるための妥協案的なものであったという視点を提示する。

第10講　三・一独立万歳運動と朝鮮統治

永島広紀

†寺内元総督の憂鬱

首相を退任後、神奈川県の大磯にて療養を続けていた元朝鮮総督の寺内正毅《まさたけ》（一八五二〜一九一九）は朝鮮で大規模な「騒擾《そうじょう》」が発生したとの報に接してのち、いったんは安定していた病状が亢進し、精神的にすこぶる不安定な状態に陥っていたと『元帥寺内伯爵伝』は伝えている。一九一九（大正八）年の春のことである。

一九一〇年五月に第三代目の統監に親補された寺内は、陸相を兼任したままで同年の七月に任地たる韓国に赴き、八月二二日午後には「韓国皇帝陛下は韓国全部に関する一切の統治権を完全且永久に日本国皇帝陛下に譲与す」との条文から始まる「韓国併合に関する条約」の調印に漕ぎつけた。そして、同年九月末日に官制が公布され、翌十月一日付で開庁する総督府において初代の朝鮮総督に横滑りの形で就任していたのであった。

朝日新聞記者の中野正剛《せいごう》（当時）はことある事に寺内、およびその後任である長谷川好道《よしみち》の施政内容をこき下ろす論評を行い、文官警察に武官（憲兵）をもって充てる治安維持のあり方を「武断」と切って捨て、かつ「善意の悪政」と痛罵したことはよく知られている。しかし、寺内を間近で見ていた側近の官吏たちは、執務態度におけるその謹厳実直さを高く評価し、また寺内が逝きしのちは、朝鮮統治の基礎を築いた功績を口々に語って已《や》まなかった。

もちろん、一定以上の身贔屓はあったに違いない。それでも、併合の直前から開始された土地調査事業により細密な地籍図が作成され、河川の改修・道路改良・鉄道敷設・港湾建設・砂防植林といった各様のインフラ整備が進み、また実業系の各種学校が整備され、僻地医療の充実も図られ、さらには古蹟調査をはじめとする文化財の保護にも尽力し……。などと書くと何やら良いこと尽くめに聞こえるが、そうした目に見えやすい部分とはまた別に、統治される側にとってはやはり鬱屈し、やるせない気分が横溢する空間でもあった。ことに既得権に汲々とする朝鮮在住の日本人たちの方がむしろ何かにつけて融通の利かない朝鮮総督府を呪詛していたほどであった。

併合からしばしの時も経過して人心も倦《う》んできた頃、米大統領トーマス・ウィルソンによる「一四カ条の平和原則」がアメリカ連邦議会で打ち出された。これが一九一九年一月のパリ講和条約において高らかに提唱されるや、朝鮮の内外においてもにわかに「民族自決」の機運が醸成されていった、というのはいかにも教科書的な書き方ではあるが、それでも〝ガス〟的な何かしらが韓土の巷間には充満していた。それが一定の密度を超えて引火したのは確かであった。

✝李太王の国葬

一九一九年一月二一日、徳寿宮李太王《とくじゅきゅうりたいおう》が享年にして六七歳をもって薨去《こうきょ》した。李太王とは、李氏朝鮮王朝第二六代の国王にして初代の大韓皇帝、のちに「高宗太皇帝」と追諡《ついし》されたことから通常は「高宗《こうそう》〔コジョン〕」の呼び名で知られる人物である。一九〇七年六月に発生した「ハーグ密使事件」の責任をとる形で譲位し、韓国併合後は「王族」として「太王」に冊立され、その礼遇と歳費を受けていた。なお、「徳寿宮」とは晩年の高宗が起居していた別宮（現在のソウル特別市庁舎前）の名称であり、日本の皇族における宮号の如く「徳寿宮殿下」と呼ばれることも多かった。

亡国の憂き目を招いた君主ではあったが、それでも朝鮮の民たちにとっては畏敬すべき存在であり、また追慕の対象であったには違いなかった。そして、その国葬の日取りが三月三日と四日の両日と定められたことにより、朝鮮全土から弔問者の群れが陸続とかつての王都たる京城を目指していった。その数は二〇万人を超えるものであったとも言う。

一方、天道教（元は「東学」を名乗った新興宗教団体）は崔南善の起草とされる「独立宣言書」を教主である孫秉煕《ソンビョンヒ》の指令の下、教団の印刷所にて大量に印刷し、朝鮮の各地に向けてひそかに運び込んでいた。崔南善《チェナムソン》（一八九〇～一九五七）はかつて大韓皇室特派留学生として東京の府立一中に学び、また早稲田大学の高等師範部にも籍を置いたこともある書肆経営者である。後年においては該博なる知識を有する書誌学者・民俗学者として名を馳せることとなる一方、朝鮮総督府の中枢院参議を経て、満州国の建国大学教授にも就任する人物である。

高宗の国葬の前々日である一九一九年三月一日は土曜日であった。その昼下がり、天道教・キリスト教をはじめとする「朝鮮民族代表」を名乗る宗教人たちの連名による独立宣言書が、京城府内の仁寺洞にあった料理店内にて読み上げられた。そして、祝杯を挙げようとしたその刹那、踏み込んできた警官に逮捕され、そのまま身柄を拘束されてしまった。

この宗教人たちは必ずしもゲリラ的な大衆煽動を目論んだわけではなかった。しかし、目抜き通りである鍾路《しょうろ》《〔チョンノ〕》に面したパゴダ（タプコル）公園に集った学生たちの一群は、やがて通りに出て「独立万歳」を叫びながら大規模な示威行動を開始したのであった。後年、「三・一独立運動」と呼ばれていくことになるこの事件がそもそも「万歳事件」「万歳騒擾」と呼ばれていたのはこうした一連の動きによる。

三月三日とその翌日には李太王の葬儀も滞りなく執り行われ、いったんは示威活動も鳴りを潜めたかのようであった。しかし、朝鮮総督府は公的には初日の葬儀を日本風の「神式」に則った形式に拘ったゆえ、これまた朝鮮人側に大きな不満をもたらすことにもなっていた。

†燎原の火

朝鮮憲兵隊司令部が一九一九年六月に開催した警務部長会議の資料として作成した『大正八年　朝鮮騒擾事件概況』によれば、まず国葬が終了した直後である三月五日に平壌から合流した学生を含めた五〇〇人規模のデモが発生していた。また、三月九日あたりから鍾路にある朝鮮人経営の商店が軒並み門を閉ざしていた。かつての王朝時代、鍾路には特権的な御用商人たちが一種の同業組合《ギルド》（六矣廛《ろくいてん》）を結成して盤踞しており、時の秕政に対しては一斉休業をもってする無言の批判を行うことが常であったという。そうした伝統が当時もいまだ濃厚に残っていたのであった。

そして、まさに燎原の火の如く朝鮮全土に示威行動が拡散していくことになった。四月に入るまでにはさらにデモは過激化し、官公署や日本人の店舗・住宅への投石や放火などの破壊行為が頻発していった。また、学校での同盟休校や工場での罷業も常態化していったのであった。

特に四月一五日に京畿道水原郡で起こった「提岩里《チエアムニ》教会事件」においては、暴力的なデモを煽ったとされる二十数名の天道教徒とキリスト教徒が鎮圧の軍部隊によって射殺され、教会も

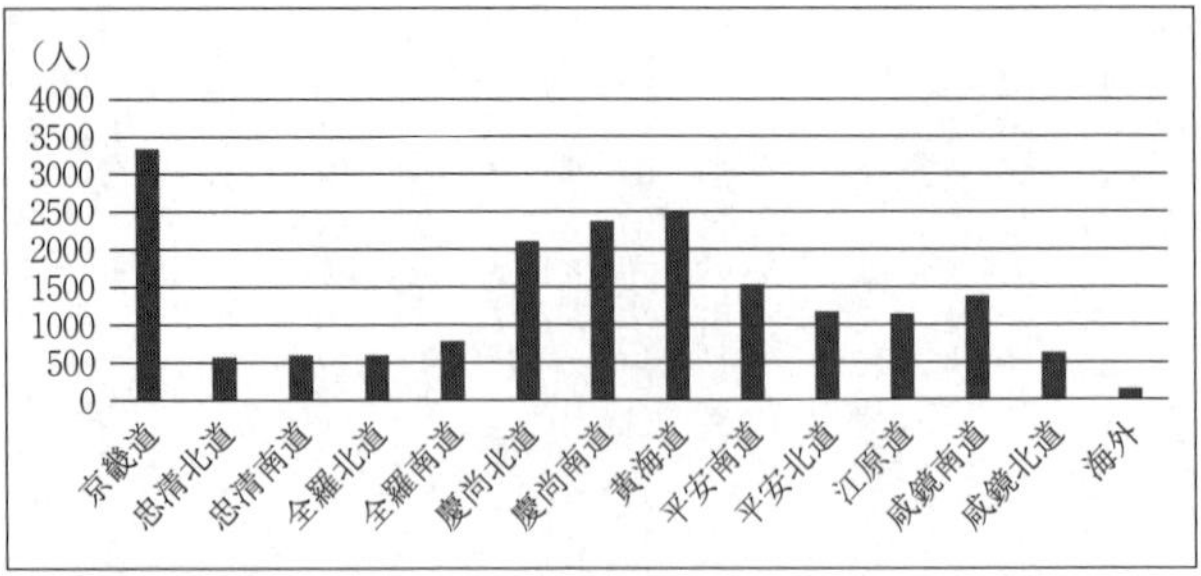

1919 年の検挙者数（道別）
朝鮮総督府官房庶務部調査課『朝鮮騒擾事件ノ思想及運動』より

焼き打ちに遭うという惨事が発生した。この欧米のメディアからも強く非難されることになった事件の伏線には、水原警察署管内において日本人警察官が殺害され、遺体を陵辱されたという事件もあった。まさに相互の不信と反目が新たな憎悪を生むという状態にあったと言わざるを得ない。それでも五月に入ると、終熄の気配が顕著となり、治安も急速に回復していったのであった。

なお、朝鮮総督府側の調査では三・一独立運動への参加者数は一〇〇万人を超えたとされ、検挙者の数字も約二万に上ったという（図参照）。京城府を含む京畿道や、日本との連絡も容易な慶尚道の多さもさることながら、北部の各道には天道教徒とキリスト教徒が多かったことから、検挙者の数は北の方がむしろ南のそれを凌駕していたのである。

✝斎藤実と内務官僚たち

こうしたよもやの「万歳騒擾」事件によって最も動揺して

いたのは、もしかすると朝鮮総督府よりも本国政府と与党（原敬内閣・政友会）の方であったかもしれない。とともに、政府与党とすれば、野党の攻撃をかわしつつ、なおも流動的な政情を引き締めるという面においてはむしろ一つの好機でもあったろう。そして、旧朝敵側の盛岡藩出身にして「平民宰相」と呼ばれた原の脳裏に、非長州・非陸軍・非政党などという絞り込み条件がかすめたとすれば、それを満たしうるのは斎藤実を措いて他にはなかった。

第三代と第五代の総督を重任した斎藤実《まこと》（一八五八〜一九三六）は、奥州水沢（留守）藩出身、海上勤務歴も豊富な生粋の海軍軍人であり、桂園時代には長らく海相を務めて政局にも明るかった。しかも、米国に長期滞留した経験から妻の春子とともに揃って流暢な英語の使い手でもあった。そして、その在任期が通算で前後約一〇年に及び、また唯一の海軍大将であったことから、歴代の朝鮮総督ではひときわ異彩を放つ存在であったと言えよう。さらに後任である山梨半造《はんぞう》が疑獄によって失脚した後には再度の登板を果たすが、朝鮮総督に二度就任したのも斎藤ただ一人である。

また、朝鮮総督府の警察機構から憲兵を一掃し、あくまで「文官の主導」で刷新するという面からすれば、実は総督の更迭よりも喫緊であったのが幹部の総入れ替えであった。特に、水野錬太郎（一八六七〜一九四九）の朝鮮赴任こそは斎藤とともに、原敬肝煎りの目玉人事であった。

第一次の斎藤総督期の政務総監であり、秋田藩士の子として江戸の佐竹藩邸に出生した水野は、大学予備門（第一高等中学校・英法）から帝国大学法科を経て農商務省に試補として採用されるが、まもなく内務省に転じ、神社局長・土木局長・地方局長を歴任後に貴族院議員に勅選されるという経歴を有した。また、著作権法の整備に尽力するなど実務的な法学者としても知られていた。さらに内務次官から寺内内閣の内相を経ての朝鮮赴任であり、傍目には降格人事のようにも見える。しかし、掛け値なしの「重量級」内務官僚出身者を朝鮮総督府の政務総監に補したことのインパクトは強烈であった。

なお、その時の主だった人事配置を見ると以下の通りである（かっこ内、氏名下の数字は一九一九年時点での満年齢）。

総督官房秘書課長　前内務省監察官兼参事官（守屋栄夫《えいふ》 35）
内務局長　前静岡県知事（赤池濃《あつし》 40）
警務局長　前警視庁警務部長（野口淳吉 39、未着任のままでまもなく赤池に交代）
殖産局長　前埼玉県知事（西村保吉《やすよし》 54）
学務局長　前大阪府内務部長（柴田善三郎 42）
忠清南道知事　前茨城県内務部長（時実秋穂《ときざねあきほ》 38）

京畿道第三〔警察〕部長　前秋田県知事（千葉了35）
全羅北道第三〔警察〕部長　前福岡県学務課長（松村松盛33）

こうして朝鮮に乗り込んで生え抜き組を圧倒した内務官僚は総勢で三〇名を超える規模となった。そして、水野以降も有吉忠一《ちゅういち》・下岡忠治《ちゅうじ》・湯浅倉平《くらへい》・児玉秀雄といった地方勤務の経験が豊富な内務省出身者が第二次斎藤総督期までの歴代政務総監としてその名を連ね、総督を下支えていたのである。

†大正デモクラシーの申し子

ここでさらにもう一人の内務官僚に登場を願おう。彼の名は丸山鶴吉（一八八三〜一九五六）。丸山は広島に生まれ、第一高等学校（英法）から東京帝大政治学科を経て一九〇九年に高文合格を果たした、当時としてはいまだ少壮の部類に入る官吏であった。香川県警察部を振り出しに、警視庁警視（第一方面監察官）・特高課長・保安部長から地方局救護課長を務め、さらに静岡県内務部長在職中であった一九一九年八月、警務局事務官として三・一運動後の朝鮮に赴任した。そして、内閣拓殖局長官に転出する赤池濃の後任として一九二二年六月から朝鮮総督府の警務局長に昇任している。警察畑の内務官僚として着々とそのキャリアを重ねていた丸山であるが、朝鮮を去ったのちも「中央朝鮮協会」を発起して財政界へのロビーを行い、かつ、内地居住の朝鮮人向けの隣保事業を長らく支援することにもなった。

さて、東京帝大法学部教授から朝日新聞社に移り「大正デモクラシー」の旗手と目された吉野作造（一八七八～一九三三）は、海老名弾正《えびなだんじょう》の影響下にキリスト教主義に基づく社会改良運動を展開していたことは周知のことである。また、彼が指導した学生グループは「新人会」を組織し、また吉野自身も福田徳三とともに「黎明会《れいめいかい》」を組織するとともに朝鮮人留学生を手篤く援助していた。そしてその批判の矛先を朝鮮総督府に向け、その施政内容を痛烈に批判する論文を論壇誌を中心にしばしば発表していた。

その当時はいまだ警務局付の事務官であった丸山は、『新人』一九二〇年二月号に載った吉野の「朝鮮青年会問題――朝鮮統治策の覚醒を促す」なる文章に対して、同誌の翌月号において「朝鮮統治策に関し吉野博士に質す」と論駁を試みた。さらに、同誌四月号では吉野が「朝鮮統治策に関して丸山君に答う」と題する論文にてさらに反論を行っている。

こうした誌上バトルの内容は措《お》くとして、外地勤務の一警察官僚が当代きっての評論家に堂々と論争を挑んだという出来事は、斎藤総督期の朝鮮総督府が、現代風に言えばマスコミを通じて一種の説明責任を果たそうとしていたということにもなろうか。これもまた一つの大正デモクラシーの風景なのかもしれない。

†寺内の「武断」と斎藤の「文化」

さて、寺内時代の統治内容が「武断政治」と酷評されるのに対して、一定の範囲で言論の自由を認め、憲兵の警官兼任を解き、文官の制服と帯刀を廃止し、なにより官民の風通しをよくしたということで、斎藤実の施政は「文化政治」としてすこぶる前向きに評価される。

その一方、韓国・北朝鮮ではその「内鮮融和」策こそが民族性抹殺の同化政策であるとして「いわゆる文化政治」と、あたかも枕詞のように「いわゆる」の語とセットとなって批判されることが多い。ひいては「文化」の皮を被った「武断」の延長であるとの見方も根強い。

ともあれ、斎藤の執政ぶりとは、それを批判的に捉える側からしても寺内の時期のものを踏まえてのものであるということにおいては共通していることになろう。もしも、寺内のそれが斎藤を先取りした「文化政治」そのものであるということが立証できるとすれば、また今後の史述のあり方も大きく変わっていくのかもしれない。

「カミナリ」と綽名され周囲から畏怖された寺内に比べ、確かに斎藤は物腰も柔らかく、欧米の宣教師たちとも気さくに接し、また日本留学帰りの朝鮮人青年の就職斡旋もこまめに行っていたなど、世評はすこぶる高かった。

とすれば、斎藤と寺内、おのおのの施政方針に違いがあったとすれば、それは「高等教育」

に対する態度に温度差があったことが挙げられよう。初等教育の普及には非常に熱心であった反面、いたずらに高等遊民を増やしかねないとして、寺内は非実学系の教育機関を作る事にはひたすら消極的であった。

他方、斎藤は関東大震災の直後、東京帝大教授（支那哲学）の服部宇之吉と直接の面談を行い、朝鮮での大学設置についての諮問を行っていた。結果、法文学部と医学部という最小規模ではあるものの、第六番目の帝大として京城帝国大学が一九二四年に誕生したのであった。

また、斎藤は朝鮮におけるあまたの旧慣の中でも「儒道／儒林」の活用に注目していた。李朝時代は朱子学の殿堂であり官立の官僚養成機関でもあった成均館《せいきんかん》は、併合後には「経学院」と名称を変えて主に春と秋に執行される儒式の祭典を主催するだけの存在となっていた。それを「明倫学院」なる儒生の教育組織を併置する形に改めたのであった。さらに、李朝の廃仏政策によって減退し、わずかに命脈を保っていた朝鮮仏教界に対しても学務局による「社会教化」業務の一端を担わせるとともに、専門学校の設立を許可して布教者の養成を後押ししたのであった。

ちなみに、斎藤時代には普成・延禧・セブランス連合医学・梨花女子といった民族系私学の学校も「専門学校令」に基づいて設置認可を受けている。今日の韓国ではおのおの老舗の名門大学として発展を遂げている。まさしくこれらもまた「文化政治」の落とし子に他ならない。

そして、右に見た儒教系・仏教系の専門学校もそれぞれ今では同じく大規模な総合大学に成長しており、これらもまた「民族系私学」そのもののはずであるが、一般にそのイメージは薄い。

ともあれ、斎藤総督期には寺内時代に施行された「朝鮮教育令」が大幅に改正され、日本内地に準拠した学制となる一方、内地の高等学校令・専門学校令との接続が図られた結果、朝鮮人向けの高等普通学校（旧制中学校相当）から内地の上級学校への直接の進学も可能となり、毎年三月には大量の朝鮮人受験生が玄界灘を渡っていくことになった。

†朝鮮重工業化への布石

寺内は「農工併進」をモットーとして蚕業や綿作を基礎とする製糸・紡績といった軽工業を奨励し、技能伝習所を数多く作らせていた。その傍ら、平壌近郊をはじめとする平安南道では良質の無煙炭が産出されたことから一九一一年より本格的な鉱床調査を朝鮮全土で開始していた。

朝鮮総督府はそうした調査結果を踏まえ、一九一八年五月には「地質調査所」を設置し、続いて石炭などの有用鉱物の調査と研究を行う「燃料選鉱研究所」を一九二二年一〇月に別途に設けた。こうした一連の動きは一九二一年九月に開催された産業調査委員会での決議と答申によるものであった。

この委員会は、学界・産業界からのご意見拝聴を行う典型的な官製審議会ではあった。しかし、その内容は決してお手盛のものではなかった。やがて「科学動員」「高度国防国家建設」が叫ばれていく総動員体制期において、宇垣一成《かずしげ》総督期の「朝鮮産業経済調査会」(一九三六年)から南次郎総督期の「時局対策調査会」(一九三八年)に引き継がれていった。そして、半島北部における超大型の水力発電に支えられた各種の重化学工業が次々に朝鮮に進出していくお膳立てをなしたのであった。

実のところ、斎藤実による「文化政治」なるものに裏ミッションがあったとすれば、それはまさしくこうした軍産学が結合しての朝鮮の重工業化であったと言えるのである。

†李垠・方子夫妻の訪欧

李王家の王世子たる垠《ぎん》と皇族梨本宮家の女王である方子《まさこ》との婚儀は当初の予定としては一九一九年一月に執り行われるはずであった。しかし、それが高宗の薨去に伴い延期となっていたのであった。そして、「万歳事件」も終熄した一九二〇年四月、喪が明けるのを待って華燭の典がついに挙行された。

さらに、皇族の身位を規定する皇室典範に倣い、朝鮮の王公族にも全二一六カ条からなる「王公家軌範」が制定されたのは昭和改元直前の一九二六年一二月一日である。その年の四月

ジュネーヴにおける李王夫妻と斎藤夫妻（『子爵齋藤實傳』第２巻）

には昌徳宮李王、すなわち前大韓皇帝の純宗が薨去しており、異母弟である垠が李王を襲位していたのであった。

そして、李垠と方子は連れ立って一九二七年五月から翌年の四月にかけて欧州巡訪の旅に出た。一九二七年八月上旬にはジュネーブに李王夫妻が到着し、その接待役を務めたのは軍縮会議の全権代表として同地に長期出張中の斎藤実その人であった。なお、出張中は宇垣一成が朝鮮総督の臨時代理を務めていた。

おそらく、李王夫妻をヨーロッパの社交界にデビューさせたこととは、斎藤や朝鮮総督府にとっては「文化政治」ぶりを世界にアピールする絶好の機会であった。そして、ジュネーブから帰朝後の一九二九年八月から一九三一年六月まで二度目の朝鮮総督を務めた斎藤は、一九三二年五月にはついに組閣の大命降下を受けることとなったのである。そして、斎藤の後を襲い第六代の朝鮮総督には宇垣一成が任命され、政務総監にはそれまでの内務官僚からの任用から一転して、逓信官僚出身であり宇垣と同郷である岡山出身の今井田《いまいだ》清徳《きよのり》が就任した。「昭和の御代」に入った朝鮮は、やがて満州国の成立とともに「日満ブロック」の緩衝地帯《バッファー》として航空路や鉄道網の整備も進み、急速に「兵站基地」化していくという新しい段階に入っていったのである。

さらに詳しく知るための参考文献

『元帥寺内伯爵伝』(一九二〇、復刻版〔大空社〕一九八八)……国立国会図書館の憲政資料室には寺内家から寄贈された大量の関係文書が所蔵されているものの、戦前期においては本伝を除けば寺内正毅に関する本格的な伝記類は編まれていない。なお、郷里の山口県宮野に残された資料と書籍は「櫻圃寺内文庫」と名付けられ、現在では山口県立大学附属図書館に保管されている。同大学所蔵分の資料目録は伊藤幸司他編『寺内正毅と帝国日本』(勉誠出版、二〇一五)に収録されている。いちはやく山本四郎によって文書と日記の翻刻がなされており、また『寺内正毅関係文書』(東京大学出版会、二〇一九〜継続中)として書簡資料の翻刻が進み、さらに渡辺滋『寺内正毅とその周辺』(山口県立大学、二〇二〇)が上梓されるなど研究環境の整備が近年に至って格段に進んでいる。

『子爵斎藤実伝』全四巻(一九四一〜一九四二)……岩手県水沢の斎藤家に残された大量の関係資料をもとに編集された伝記。国立国会図書館のデジタルコレクションで閲覧可能。なお、寺内に負けず劣らず斎藤も膨大な量の関係資料を遺しており、国立国会図書館憲政資料室、ならびに岩手県奥州市教育委員会がそれらを所蔵している。

『植民地帝国人物叢書 朝鮮編』全二〇巻（ゆまに書房、二〇一〇）……古書市場ではすでに入手が困難となっている歴代の朝鮮総督に関する文献、朝鮮での勤務経験がある官僚、あるいは民間有力者に関する評伝・回想などを収録している。

姜東鎮『日本の朝鮮支配政策史研究』（東京大学出版会、一九七九）……同書はその副題に「1920年代を中心として」と掲げるように、国立国会図書館の斎藤実関係文書を本格的に利用した画期的な研究として知られる。ただし、斎藤の文化政治とは寺内による武断政治の延長であるとの基本的な立場が貫かれている。

長田彰文『日本の朝鮮統治と国際関係――朝鮮独立運動とアメリカ 1910-1922』（平凡社、二〇〇五）……近現代の日韓関係史において常に付きまとうのが「米国」の影である。よって、米国側の史料をもって日韓関係の陰翳を描くこともまた可能である。本書は韓国併合から三・一運動後の時期を丹念に当該史料にて跡づけていこうとする。

岡本真希子『植民地官僚の政治史――朝鮮・台湾総督府と帝国日本』（三元社、二〇〇八）……無慮一〇〇〇ページに迫らんとする浩瀚な一書である。朝鮮と台湾それぞれの総督府における官僚人事とその特徴を日本内地との連環を軸に再構成した好著。朝鮮に特化した研究としては李炯植『朝鮮総督府官僚の統治構想』（吉川弘文館、二〇一三）も合わせ味読したい一書である。

新城道彦『天皇の韓国併合――王公族の創設と帝国の葛藤』（法政大学出版局、二〇一一）……戦前期の日本社会において「李王（家）」とは、マスコミ報道的にはその動静が頻繁に報じられる、今日の我々が思う以上に身近な存在であった。しかし、現行の教科書やあるいは専門書であっても韓国併合以降における旧大韓皇室の制度に関する具体的な言及はまずない。本書はそうした研究上のエポックとなる労作である。新書版の『朝鮮王公族』（中央公論新社、二〇一五）と併せ読まれることをお薦めしたい。

木村光彦『日本統治下の朝鮮――統計と実証研究は何を語るか』（中公新書、二〇一八）……現段階ではおそらく最も精選された統計データを駆使し、経済史的な検証の視角から日本の朝鮮統治のありようを活写した著作である。

第11講

シベリア出兵からソ連との国交樹立へ

麻田雅文

†第一次世界大戦の一作戦として

シベリア出兵は、主にバイカル湖以東のロシア領と、サハリン島北部、カムチャツカ半島沿岸、満州（中国東北部）などで繰り広げられた、日本軍を中心とした連合国（協商国）による軍事行動を指す。

参謀本部の編纂した公式戦史の影響か、シベリア出兵は、一九二二年に日本軍がウラジオストクから撤退したことで終了した、とする記述は多い。しかし実際には、サハリン島北部の占領が一九二五年まで続いた。大正時代の後半の七年間、日本は泥沼の戦争から足を抜けなかった。

日本の出兵は、ロシア革命によって共産主義が東へと浸透してくるのを防ごうとしたからだ、というのは俗説だ。では、なぜ出兵することになったのか。

一〇月革命を経て、一九一七年末に成立したウラジーミル・レーニン率いるソヴィエト政権は、平和を合言葉に、第一次世界大戦に倦むロシアの民衆の支持を集めた。翌年三月には、ドイツなどの同盟国と講和条約を結び、ソヴィエト政権は大戦から離脱、東部戦線は崩壊する。西部戦線でドイツ等との戦いを続ける英仏は、これを裏切りと見て、反ソヴィエト政権のロシア人たちを支援する。そして日米両国にも、シベリア鉄道占領などのため、シベリア東部への派兵を求めた。

寺内正毅内閣は、一九一八年一月に、ウラジオストクに住む日本人の保護を名目に、軍艦を派遣する。しかし、陸軍の出兵には慎重な姿勢を崩さない。その中で出兵を強く主張したのが、本野《もとの》一郎外相だ。一九一八年二月五日に会談したローランド・モリス駐日米国大使によると、本野は、「シベリアからアジアへのドイツの影響力拡大を防ぐため」「シベリア横断鉄道とアムール鉄道の分岐点までの支配」を提唱した（*FRUS*, 1918, Russia, Vol. 2, p. 43.）。

しかしこの時点では、日本側がその動向を注視するアメリカが出兵に反対する。それでも本野は、一九一八年四月に、元老の山県有朋と松方正義、さらに寺内首相に意見書を提出し、出兵を求めた。結局、慎重論を覆せず、本野は病気を理由に辞職する。

†出兵宣言と国内世論の反発

日本を出兵に導いたのは、チェコスロヴァキア軍団（以下、チェコ軍団と略記）とアメリカ政府の要請である。

日本海軍の部隊がウラジオストクに上陸した一九一八年四月、チェコスロヴァキアの独立運動を率いるトマーシュ・マサリクが東京を訪れ、独立運動への援助を乞うた。しかし、日本ではほとんど注目されることなく、彼は四月二〇日に横浜から去る。

だがマサリクの牽引する独立運動は、米英仏では注目を集めた。独立運動は、大戦で敵国の一角を占める、オーストリア＝ハンガリー二重君主国の瓦解を促進するからだ。そして一部の政治家が、ソヴィエト政権と戦いつつ、シベリアからの帰国を図っていた、チェコ人やスロヴァキア人の元捕虜の救援を、出兵の口実にする。

アメリカのウッドロー・ウィルソン大統領もそれに同調し、七月六日に側近を通じて、日本に共同出兵を求めてきた。その条件は、日米両国がそれぞれ七〇〇〇名を出し、チェコ軍団の救援が終われば、ただちに撤兵するというものだ。

アメリカの要請で、政界に隠然たる影響力を持つ山県有朋が賛成に回った。寺内首相も出兵に傾く。出兵計画を前年末から練っていた参謀本部や、臨時外交調査委員会委員の伊東巳代治、後藤新平外相も出兵を後押しした。一九一八年七月一二日、出兵は閣議決定され、元老会議、臨時外交調査委員会で政府の方針は追認された。

こうして八月二日に、日本政府は出兵宣言を出す。「独墺俘虜《どくおうふりょ》」すなわちロシアにいるドイツ、オーストリアの捕虜に迫害されている、チェコ軍団の救援を大義名分に掲げた。

国内の世論では、出兵の噂が広がった一九一八年春から、反発が高まっていた。寺内内閣は、検閲や発禁などで反対論を抑え込み、強引に出兵へ持ち込んだ。しかし、九月二一日に総辞職へ追い込まれる。後述するように、シベリア出兵は軍事的には成功を収めていたが、政権の浮揚にはつながらなかった。

†決められた進出範囲

一九一八年八月中旬に浦潮《うらじお》派遣軍がウラジオストクへ上陸してみると、敵として想定した「独墺俘虜軍」は、影も形もなかった。

もっとも、これは想定内だった。「独逸《ドイツ》ノ勢力ニ服従スル労農政府」すなわちソヴィエト政権から、「自治又ハ独立」しようとするロシア人を援助することこそ、政府の考える出兵の主眼だ。陸軍の狙いも、バイカル湖以東のロシア領と、北満州を走る中東鉄道沿線の要所を占領し、ソヴィエト政権を支持しない「穏健派」を支援して、「極東ノ治安ヲ維持」することだった（『日本外交文書』大正七年第一冊）。

したがって、実際の敵は、ソヴィエト政権を支持する「過激派」である。浦潮派遣軍は、

「過激派」に押されていたチェコ軍団を助け、沿海州、アムール州を西進してゆく。関東都督隷下の部隊も、中露国境地帯の邦人保護を名目にザバイカル州へ進撃し、いわゆる極東三州は、二カ月もたたずに制圧された。

こうして、チェコ軍団はヴォルガ河畔に残る同胞との連絡を回復する。一九一八年八月五日には、マサリクから石井菊次郎駐米大使に感謝状が送られた。国内と違って、日本軍の出兵は海外では好意的に迎えられた。日本は大戦に伴うヨーロッパへの派兵は渋ったが、シベリア出兵によって国際協調を果たしたとも言える。

ただ、日本と各国の戦略の相違は、すぐに浮き彫りになる。一例として、日本軍の進出範囲についての協議を紹介しよう。

チェコ軍団の指導者は、仲間を救うため、ウラル山脈まで急いで戻りたかった。そして、日本軍も同行するかに関心を示した。九月八日には、浦潮派遣軍参謀長の由比《ゆひ》光衛《みつえ》中将のもとに、イギリス派遣軍司令官のアルフレッド・ノックス少将が訪ねて来た。そして、いまチェコ軍団は西で危機に瀕しているから、一万人の連合国軍を、至急エカテリンブルクまで派遣すべきだと由比に迫る。由比は、チタよりも西は今のところ考えていないと拒否した（『日本外交文書』大正七年第一冊）。

九月二九日に組閣した原敬内閣は、一〇月一五日の閣議決定で、この議論に終止符を打つ。

東部戦線の再建には見込みがなく、アメリカもオムスクより西への軍事活動を援助しない。そのため日本軍も、バイカル湖以西に進出しないと決めた。例外はあるが、以後このルールは守られる。

この閣議決定を主導したのは、原首相、田中義一陸相、内田康哉外相であった。彼らは一〇月一一日に首相官邸に集まって、シベリアでは増兵しない、治安を保つのにはコサックなどを利用して、日本軍は現在の地点で冬ごもりさせるという、田中陸相の意見を採用した（『原敬日記』一九一八年一〇月一一日条）。

以後も、主にこの三閣僚が相談し、閣議決定を経て、シベリア出兵の基本方針が決まる。ただしその前には、原や田中から山県へ、周到な根回しがなされた。

†コルチャーク政権の盛衰

一九一八年一一月一一日、ドイツが休戦協定に調印し、第一次世界大戦が終結した。しかし、その後も拡大する日本軍の軍事行動は、連合国からも猜疑の目にさらされる。中でも、日本はシベリアに野心を抱いているのではないかと疑うアメリカは、ロバート・ランシング国務長官が日本軍の兵数が日米の合意を超えていると抗議する。

これを受けて、原内閣は同年一二月二四日、一一月末に撤兵を完了していた一万三八〇〇人に加え、さらに三万四〇〇〇人を撤兵させると閣議決定した。内田外相によると、この結果、日本軍は非戦闘員も合わせ二万六〇〇〇人がシベリアに残留したが、日本よりもはるかに広大な占領地を、この人数で守るのは不可能であった。

しわ寄せを受けたのは、現地軍である。彼らは少なくなった部隊で、シベリア鉄道の沿線都市をかろうじて確保できたに過ぎない。それに乗じて、鳴りをひそめていたゲリラ部隊のパルチザンが、鉄道や電線など、日本軍のインフラを破壊する。田中勝輔少佐が率いた田中支隊に至っては、一九一九年二月にパルチザンに殲滅された。

たまらずに日本軍は、パルチザンを「討伐」する。そして、パルチザンの潜伏先と疑いをかけた村々も襲う。一九一九年三月に、村民二九一名が犠牲となったイワノフカ村は有名だ。こうして、日本軍と現地住民との関係は悪化する。日本軍は、住民に食糧や医療を提供することで懐柔を図るが、焼け石に水であった。

占領行政を円滑にするため、ロシア人の統治に反革命派のロシア人を擁立する工作が加速する。候補者選びは錯綜したが、最終的に、英仏の推すアレクサンドル・コルチャーク提督に絞られた。日本も率先して、コルチャークの樹立したオムスク政府を承認し、大使を派遣した。これも連合国との協調の一環と言えよう。

当初は破竹の勢いだったコルチャーク軍だが、一九一九年秋には劣勢となり、翌年二月七日にはコルチャークも銃殺され、政権が崩壊する。その一因は、チェコ軍団の離反だった。

†アメリカ軍の撤兵

コルチャーク政権の崩壊で混沌とした情勢の中、一九二〇年一月に、アメリカ軍司令官ウィリアム・グレーヴス少将が、浦潮派遣軍司令官の大井成元《しげもと》大将に撤兵すると通告した。これを受けて原首相は、いずれは「好機会を捉へて居留民を集めて奇麗に撤兵」したいが、「同地方は特殊の関係」もあるので、占領継続を田中陸相に提案した。いずれ占領地は「露国相当の政府」を樹立して撤兵するか、「我領土として支配」するか、どちらでも良いとも述べる（『原敬日記』一九二〇年一月九日条）。

だが国内の世論の厳しさは増す。もはやチェコ軍団の救援は「結了」したのだから、アメリカ軍が撤兵するのも当然である。こう政府に論戦を挑んだのが、後に「電力の鬼」と呼ばれた松永安左衛門《やすざえもん》だ。一九二〇年一月二四日の衆議院本会議で、出兵の失敗を並べた松永は、最後に政府の見解を質《ただ》す。いたずらに兵を送り、全ロシア人の感情を害している。最近になって日独戦争（大戦中の日本軍によるドイツ領青島の攻略など）で、ロシア側の感情を「緩和」させ、「益々親善ならんとする時に於きまして、非常に大事な時機を誤る」ことをした。今こそ撤兵を宣言する「好時機」なのではないか。

原首相は反論した。日本はその領土、ならびに満州でシベリアと接している。そうなると、他国が撤兵すれば日本も撤兵するというわけにはいかない。「過激派」の動向を「視察」する必要があるし、チェコ軍団もまだイルクーツク以西に取り残されている、と。

一九二〇年三月二日の閣議決定でも、ウラジオストクの居留民保護や、北満州と朝鮮半島へ脅威が迫っている等の理由で、駐留を継続することを確認する。新たな大義名分は「帝国ノ国防」である（『日本外交文書』大正九年第一冊下巻）。

シベリアに居残った日本軍は、もはや連合国に憚る必要もなく、「過激派」との対決姿勢を強めた。コルチャーク政権の崩壊後、ロシア各地で蜂起が続くと、日本軍は一九二〇年四月五日から、主要都市で革命派を武装解除した。もっとも、チェコ軍団との衝突は極力避けるよう、山梨半造陸軍次官は命令を出していた。しかし四月一一日に、軍団と日本軍は銃撃戦となる（ハイラル事件）。

同年九月九日、浦潮派遣軍政務部長の松平恒雄が、チェコ軍団の輸送完了を内田外相に報告する。ここに、チェコ軍団救出の大義名分は失われた。しかし、出兵はなおも続く。

†尼港事件

厭戦気分の漂う国内世論を一変させたのが、尼港《にこう》事件である。

日本軍は一九一八年から、アムール河の河口にある漁港、ニコラエフスク（尼港）を占領していた。しかし街はパルチザンに包囲され、救援もない中、守備隊は一九二〇年二月に休戦協定を結ぶ。翌月に守備隊は反撃に出て敗れ、捕虜となった日本人居留民と将兵らは、パルチザンが五月に街から撤退する際、殺害された。日本人だけで約七〇〇名、反革命派のロシア人も多数が犠牲となった。ヤコフ・トリャピーツィンらパルチザン幹部は、事件の責任を問われて同年七月にソヴィエト側に処刑された。そのため、なぜ虐殺が起きたのか不明瞭な部分もある。

この事件は政治的に利用された。野党の憲政会は、事件は原内閣の失策だと議会で追及し、内閣弾劾の国民大会も開く。一方、原内閣は七月二日の閣議決定で、救助に向かった部隊をそのまま現地に留めることにした。そして事件の謝罪と代償を求め、薩哈嗹《サガレン》州派遣軍がサハリン島北部の「保障占領」を始める。サハリン島北部には、日本海軍が艦艇の燃料に渇望する石油があったのも占領の背景にある。

その一方、原内閣は沿海州を除いて大陸では撤兵を進める。他方、赤軍は、日本軍との対決を避けて沿海州への進攻を控える。こうして訪れた小康状態を利用し、極東共和国が建国された。この国はバイカル湖以東を領土として宣言した。日本軍とソヴィエト政府の緩衝地帯を作ることを目的としていたため、緩衝国家と呼ばれる。ただしその政策は、モスクワの意向に左右された。

ともあれ、日本は極東共和国を相手に、大連で撤兵に向けた交渉を開始する。しかし、尼港事件の代償や撤兵の時期をめぐり、交渉は暗礁に乗り上げた。

†撤兵に代償を求めて

一九二一年一一月三日、原首相はチャールズ・ウォーレン駐日米国大使にこう語った。「政府はできるだけ早くシベリアから軍を撤退させたいと考えているが、そこに住む日本人とその財産を保護することや、満州と朝鮮半島への軍事作戦、朝鮮人の扇動者たちによるロシアでの連絡基地の設置、日本の支配領域へのボリシェヴィキの教義の伝播などに備えて、まずは保証が必要だと〔原は〕述べた」(*FRUS*, 1921, Vol. 1, p. 85.)。

翌一一月四日、英字紙『ザ・ジャパン・アドバタイザー』社主のベンジャミン・フライシャーの取材でも、原は次のように述べた。

最近まで、シベリアには多くの政府が乱立したが、国家の秩序と平和を維持できたものはない。その中で極東共和国は、それができそうな唯一の政府のようだ。私はシベリアからの撤兵を望んでいるが、極東共和国がボリシェヴィキの支援を受けず、そのプロパガンダにも与せず、在留日本人の生命財産の安全を約束しないと撤兵はできない。しかし極東共和国側が多くの異議を申し立ててくるので、交渉は難航している。大連会議が進展し、日本が撤兵できるような成果が出ることを望んでいる。ワシントン会議が開かれている間にまとまるよう願う、とも語った（*The Japan Advertiser*, November 5, 1921, p. 1）。

この取材の直後に向かった東京駅で、原は暗殺された。「手ぶら」では撤兵しないという方針を、原は死の間際まで貫いた。一九二一年一一月から開かれたワシントン会議でも、全権の幣原喜重郎がこの方針に沿って弁明する。曰く、日本政府の方針に沿った協定が結ばれれば、ただちに沿海州から完全に撤兵する。ただし、サハリン州の占領は尼港事件に対する「復仇」であって、この事件を満足に解決できる「責任ある政府の樹立」を待って解決するつもりだ、と。

かつて国際社会に出兵を乞われた日本は、出兵の継続を認めるよう国際社会に懇願する、苦しい立場に追い込まれていた。

原に代わって首相となった高橋是清《これきよ》も、撤兵に代償を求める。一方、極東共和国代表のフョードル・ペトロフは、国交のための基本協約と軍事協定、撤兵協定を同時に調印するよう主張する。大連で交渉する松島肇《まつしまはじめ》浦潮派遣軍政務部長も、撤兵協定の大枠を示した上で交渉を進めた方がうまくいくと、内田外相に具申した。しかし日本政府は、シベリアに日本軍が留まっているのが交渉の切り札になると提案を拒否。結局、大連会議は決裂する。

極東共和国との合意がまとまらない限り、兵を退くに退けない高橋内閣は、原内閣と同じジ

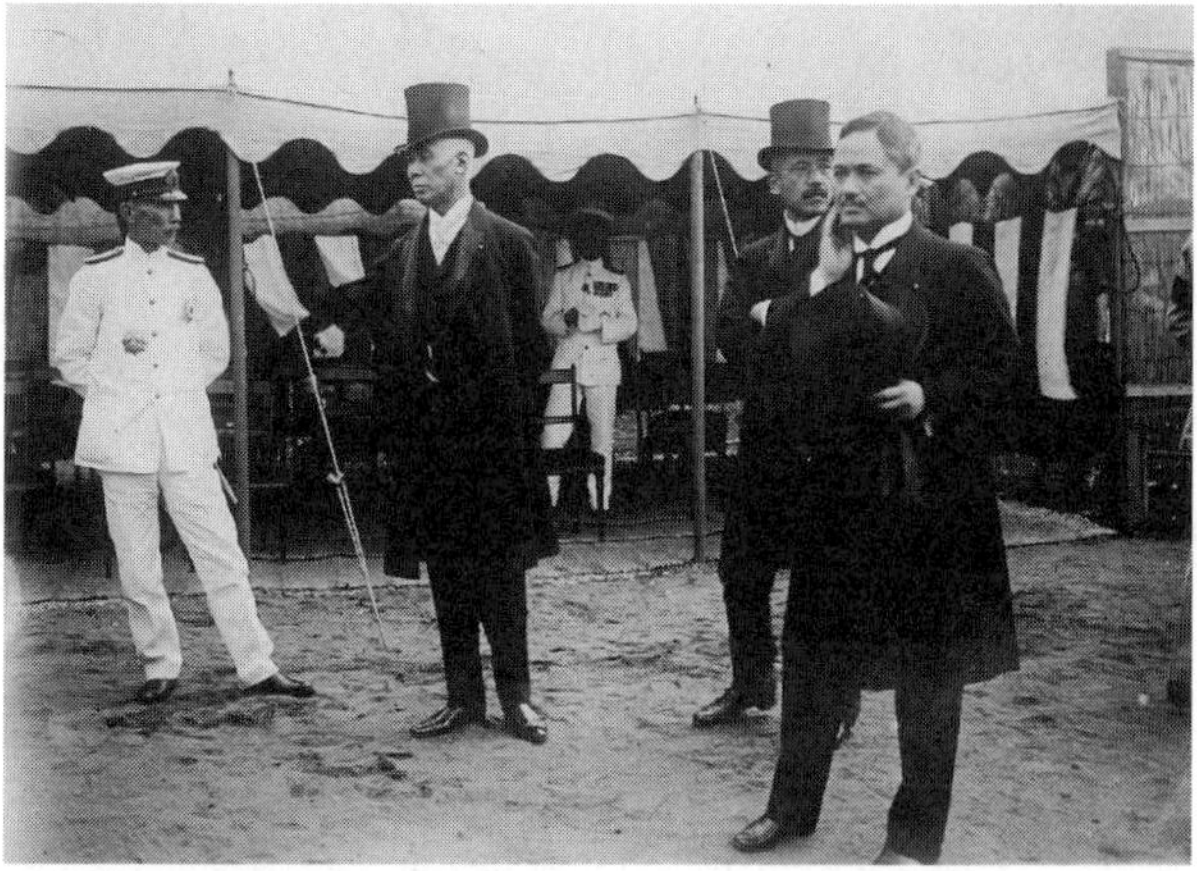
アメリカ議会図書館にて。左より加藤友三郎、原敬、床次竹二郎、内田康哉（撮影年不詳、アメリカ議会図書館蔵）

レンマに陥った。閣内の対立も収められず、高橋内閣は一九二二年六月に総辞職する。

†ウラジオストクからの撤兵

後継の加藤友三郎内閣は路線を転換した。加藤は寺内、原、高橋内閣の海相として、出兵を推進してきた。しかし首相兼海相になると、従来の方針を覆し、撤兵の時期を先に明示することにした。組閣から間もない一九二二年六月二三日、遅くとも本年一〇月末日までに沿海州からは撤兵するのを、内外に宣言すると閣議決定する。

なお日本政府は同年七月一四日、ニコラエフスクなど、サハリン島の対岸部からも撤兵すると公表した。ただし、サハリン島北部の占領は、「尼港虐殺事件の解決を待て之を解除」と、交渉による決着を求めた。九月には、長春で極東共和国との交渉を再開したが、これは不調に終わった。以後、歴代の内閣も、尼港事件の補償交渉が妥結するまで撤兵しない方針を堅持する。

それでも、加藤友三郎の有言実行は評価に値する。一九二二年一〇月二五日、浦潮派遣軍はウラジオストクから撤兵する。街は極東共和国の人民革命軍が無血占領した。日本海軍の艦艇はしばらく残ったが、それでも歴代の内閣がためらったウラジオストクからの撤兵を完了した。加藤が撤兵を断行した背景には、国内外で撤兵論が盛り上がっていたこともあるが、しかし何より、ロシア内戦がソヴィエト政権の勝利で幕を閉じるのが自明だったからだろう。

もちろん、こうした幕引きに誰もが納得していた訳ではない。加藤高明は一九二三年一月二三日の貴族院で、出兵を次のように批判的に総括した。

此四年間の駐兵は外は列国の不信を招き露国の怨恨を買ひ、内は陛下の干城〔麻田注——軍隊〕を長く異域に暴《さら》し莫大なる国帑《こくど》を消費して而も何一つ国家の利益を齎《もたら》すことのなかった外交上実に稀《まれ》に見る所の大失敗の歴史であると申すの外はないのであります

一方、宇垣一成中将は、ウラジオストクからの撤兵を豊臣秀吉の朝鮮出兵などの失敗になぞ

らえ、雪辱を誓う。

「捲土重来《けんどちょうらい》の種子は此間に蒔《ま》かれてある。必ずや更に新装して大発展を策するの機到来すべきを信じて疑はぬ。又斯くすべきことが吾人《ごじん》の一大責務である‼」(『宇垣一成日記Ⅰ』)

†日ソ基本条約の締結と撤兵完了

加藤友三郎は、ウラジオストクからの撤兵を断行しただけではない。ソヴィエト政権との直接交渉で、日露の国交回復を画策する後藤新平の動きも黙認した。後藤は一九二三年二月に、ソ連の有力外交官、アドルフ・ヨッフェを東京に招待し、日本によるサハリン島北部の買取りなどで、妥協の道を探った。しかし、同年七月に交渉は頓挫し、ヨッフェは帰国。さらに、八月二四日に加藤首相が死去し、九月一日には関東大震災も起きて、交渉は振り出しに戻る。

続く山本権兵衛と清浦奎吾の内閣は、対ソ交渉に消極的だった。しかしその間にも、英仏など世界各国がソ連の承認に踏み切ったことで、日本もソ連との国交樹立に乗り出す。交渉の舞台となったのは北京だ。レフ・カラハン駐華全権代表(大使に相当)と芳沢謙吉《よしざわけんきち》駐華公使は、妥協の難しい石油利権以外を優先してまとめ、決裂を回避した。合意が積み上がる中で、両国政府も態度を軟化させる。シベリア出兵に批判的だった加藤高明が、首相に就任していたことも大きい。

ついにソ連側が石油利権で譲歩し、一九二五年一月二〇日、日ソ基本条約が調印された。日本はこの時に得た採掘権を基に、翌年、北樺太石油会社を設立した（拙稿「ソ連との「戦後処理」」『もうひとつの戦後史——第一次世界大戦後の日本・アジア・太平洋』千倉書房、二〇一九）。

薩哈嗹州派遣軍は、一九二五年五月一日に、ソ連側と領土と行政引き渡しの協定を締結する。五月一四日にはサハリン島北部から撤兵し、二日後に日本へ帰還した。なお同年三月一九日に貴族院で、薩哈嗹州派遣軍への感謝決議案が全会一致で採択された。発議したのは近衛文麿である。

こうして終わったシベリア出兵は、満州事変以降と違い、政府が軍部に対して指導力を発揮した。だがそれゆえに、撤兵をなかなか決断できなかった政治家たちの責任は重い。

さらに詳しく知るための参考文献

麻田雅文『シベリア出兵——近代日本の忘れられた七年戦争』（中公新書、二〇一六）……シベリア出兵は、出兵の決定プロセスに研究が集中している。しかし本書は、なぜ撤兵できなかったのかを中心にまとめた、七年間の通史。
井竿富雄『初期シベリア出兵の研究——「新しき救世軍」構想の登場と展開』（九州大学出版会、二〇〇三）……出兵決定前後の日本政治史が、後藤新平を中心にまとめられている。
外務省欧亜局第一課編『日「ソ」交渉史』（外務省、一九四二。巌南堂書店、一九六九）……シベリア出兵から日ソ国交樹立までの外交史を知る上での基本文献。さらに日ソ国交樹立についての研究書は、以下を参照されたい。小林幸男『日ソ政治外交史——ロシア革命と治安維持法』（有斐閣、一九八五）。富田武『戦間期の日ソ関係——1917—1937』（岩波書店、二〇一〇）。

参謀本部編『大正七年乃至十一年西伯利出兵史』全三巻（参謀本部、一九二四。新時代社、一九七二）……シベリア出兵を日本陸軍の視点からまとめた通史。一九二二年で記述が終わってしまい、陸軍の自己弁護も目立つが、研究には不可欠である。

関寛治『現代東アジア国際環境の誕生』（福村出版、一九六六）……シベリア出兵において、ウラジオストクと並ぶ重要性を占めたハルビンを中心に、日中露の競合を描く。

高橋治『派兵』全四巻（朝日新聞社、一九七三〜七七）……未完に終わった小説だが、本書にしか見られない史料や、関係者の貴重な証言を多数収録。

原暉之『シベリア出兵——革命と干渉 1917—1922』（筑摩書房、一九八九）……質量ともに他を圧倒する金字塔。特にロシア側の分析で、先駆的な役割を果たした。

細谷千博『シベリア出兵の史的研究』（有斐閣、一九五五／岩波現代文庫、二〇〇五）……研究の嚆矢にして古典。日本の国際政治史研究の基礎を築いた点でも、高く評価されている。

第12講
日露戦争後の日米関係と石井・ランシング協定

高原秀介

†国際環境の変容と日露戦争後の日米関係

一九世紀末から二〇世紀初頭に至る国際関係は、欧州列強諸国によるアジア・アフリカ進出とそれに伴う植民地争奪戦として一般に理解される傾向にある。しかし、世界史的視点に立った場合、この時代の大きな特徴として二つの点が指摘できよう。

第一の特徴は、欧州列強諸国による既存の勢力均衡・同盟協商関係・植民地争奪戦に加えて、日米という新興国が国際政治の表舞台に登場したことである。日米両国の動向は、欧州を中心とした国際関係を激変させるにはまだ至らなかったものの、少なからぬ影響力を行使し始めていたことは軽視できない。

さらに第二の特徴として、世紀転換期を経て二〇世紀に入ると、技術革新によって先進国間にとどまらず、世界の様々な地域間の交流が一層進んだことがあげられよう。鉄道の開設や電信網の整備、貨客船の定期航路開設により、人の移動や交流が促進され、とりわけ国際経済・文化交流の進展によって相互依存の深化が一層顕著となった。いわばグローバリゼーションの波がこの時代に到来し、各国ともに従来型の主権国家を軸とした国際関係とは異なる次元の新状況にどのように向き合うかが改めて問われることになったのである。

国際関係がこうした新しい段階へと進むなかで、日米関係そのものも徐々に変化しつつあった。一九世紀末には日本が西太平洋への進出を断念する一方、アメリカは米西戦争を契機に太平洋国家としての性格を持ち始めた。共通の敵ロシアを前に、日米は日露戦争を通じて中国の門戸開放で歩調を合わせた。

ところが、日露戦争後の日米関係は、一大転換期を画した。両国関係は、一八五八年の日米修好通商条約締結以降続いた「友好の時代」から、「対立の時代」を迎えることとなった。日米の軍事当局は、各々太平洋戦略を策定した。アメリカ海軍はオレンジ作戦計画(一九〇四年)の構想を開始し日本を仮想敵国とみなす一方、日本海軍は帝国国防方針(一九〇七年)においていわゆる「八・八艦隊」(戦艦八隻、巡洋戦艦八隻)の建艦計画を進めてこれに対抗した。また、大衆レベルでは日米戦争論が語られ、自国の戦勝を煽る内容もあれば、日米の戦力を客観的に分析した戦略論も散見された。直接の軍事的衝突に至ることはなかったものの、日露戦争後の日米関係は大別すれば満州問題と移民問題によって揺さぶられたのである。

†満州問題をめぐる日米対立

日露戦争後のポーツマス講和条約によって、日本はロシアから満州権益を継承した。その中核部分は、旅順・大連の租借権と南満州鉄道（東清鉄道南部支線　長春〜旅順間）であった。アメリカは日露戦争ではあくまで中立を維持しながらも、日本に対して友好的であった。その背景には、もちろん移民問題や新たに領有し始めたフィリピンの防衛といった安全保障上の考慮があった。しかし、さらに別の理由として、アメリカはロシアが撤退した満州市場に大きな期待を寄せていたのである。

アメリカによる最初のアプローチが、政府ではなくビジネスマンの主導によるものであったことは興味深い。アメリカの東アジア政策の大原則に従い、満州市場での門戸解放に期待して市場参入を試みたのが鉄道王エドワード・H・ハリマンであった。アメリカで鉄道会社や船会社を経営していたハリマンは、日本から満州、そしてユーラシア大陸をまたぐ世界一周交路の敷設を計画していた。ハリマンは日本を訪問して政府要人と会談し、南満州鉄道の日米共同経営を提案した。いまだ予断を許さないロシアの軍事的脅威や、財政難にある日本単独での満州経営を危惧した日本側はこの提案を受け入れ、一九〇五年一〇月、桂太郎首相とハリマンは予備覚書を交わした。

ところが、講和会議から帰国した小村寿太郎外務大臣は、日露戦争での犠牲のうえに獲得した南満州鉄道は満州経営の中心であるとして共同経営に反対したため、予備覚書は破棄された。かくして、一九〇六年一一月、国策会社となる南満州鉄道株式会社が設立され、日本単独による満州経営が始動した。

一方、この間、満州では日本軍による軍政が続いていた。講和条約では、日露両国は一九〇七年までに旅順・大連を除く満州から撤兵することが規定されていたが、実行されていなかった。日系企業は満州市場で有利な条件のもと経済活動が可能であった。しかし、外国人の経済活動は制限されたため、英米企業の不満は増大し、日本の満州政策は門戸開放原則に反するとの抗議が寄せられた。

英米の非難に危機感を抱いた西園寺公望内閣は、条約を誠実に履行すべく満州の門戸開放に尽力した。かくして一九〇六年二月、元老伊藤博文の主導により、政府・軍部の首脳が会し、満州問題に関する協議会が開かれた。満州権益の拡大をにおわせる軍首脳部に対し、伊藤は「満州は純然たる清国領土である」と切り返し、英米の不満を払拭するためにも、軍政の撤廃を促した。

その結果、満州には民政が敷かれることとなった。関東総督の機関は平時組織に改組される一方、一九〇六年八月には旅順・大連を管轄・統治する関東都督府が設置された。

後藤新平をはじめとする満州経営の主導者は、満州を朝鮮のように併合する意図はなかった。その構想は、あくまで満州統治を堅固にして、欧米列強による貿易や投資を呼び込むことが肝要であり、それによって潜在的なロシアの脅威を払拭できるというものであった。

しかしそれでもなお、現実には満州市場でアメリカは不利な立場におかれていた。日本の綿布は満州市場への進出を急速に拡大し、品質の点で劣っていたものの、価格面での優位性からアメリカ綿布を圧倒した。南満州における政治的・軍事的優越性を最大限に活用し、日本は局所的ながら経済的にもアメリカのライバルになり始めていたのである。このような経済的対抗関係・実害は、ひるがえってアメリカ国内での日本人移民排斥運動の拡大に影響を与えていく。

†移民問題をめぐる日米対立

一九世紀末、日本人移民は当初サトウキビ産業が盛んなハワイへの入植を進めた。彼らは、急増した中国人移民に代わる低賃金労働者として期待を集めた。世紀の変わり目までに、日本人移民はハワイの総人口の三割強に達し、ハワイ政府と日本政府の親密な関係や日本海軍巡洋艦浪速のハワイ寄港を警戒したアメリカは、一八九八年にハワイを併合した。

アメリカのハワイ併合以降、ハワイ在住の日本人移民はより条件の良い生活環境と職を求めてアメリカ本土の西南部に移住した。しかし、低賃金にもかかわらず勤勉に働く日本人移民は現地白人労働者によって警戒の対象とされ、日本人移民排斥を掲げる反対運動が広がりを見せた。おりしも当時日露戦争で勝利した日本と黄禍論が結びつけられ、日本による満州での独占的支配への批判が高まっていた。

そうした中で、一九〇六年一〇月にサンフランシスコ市当局が地震による被災を理由に、日本人学童を公立学校から東洋人学校に隔離したことは日本側の感情をいたく傷つけ、日米間の外交問題に発展した。危機を悟った大統領セオドア・ローズヴェルトは、カリフォルニア州選出の下院議員を務めた商務長官ヴィクター・H・メトカーフを現地に派遣し、市当局に差別措置を撤回させつつ、日本側に冷静さを求めた。最終的には、サンフランシスコ市当局が隔離措置を撤回する一方、日本側はハワイへの移民を除く、アメリカ本土への移民を制限することで日米間の了解が成立した。同じころ、一九〇八年一〇月にアメリカ大西洋艦隊の戦艦一六隻が世界周航の途上横浜に寄港して対日抑止のシグナルとともに日米友好を演出した。また、同年一一月には太平洋の現状維持と中国での領土的保全および通商上の機会均等を約した「高平・ルート協定」が成立したことで日米の絆は強まった。このような友好ムードのもと、一九〇七〜〇八年にかけて、対米移民の自主規制を約した日米紳士協約が成立し、日本人移民問題はおおむね解決したかに見えた。

だが、日本人移民問題は容易には解決しなかった。直接的な理由となったのは、排日意識を抱くアメリカ人が日本人移民に見いだした異質性と経済的実害であった。写真結婚という日本の習慣に対して、アメリカでは少なからず抵抗があった。また、日本人移民は天皇への忠誠心が篤く、アメリカ社会に同化しにくい点が危惧された。さらに、彼らが農業分野に過度に集中して従事したために、その動向は白人労働者の失業を招きかねない経済的実害とみなされた。

加えて、排日運動の再燃は、アメリカ国内の政治情勢の変化にも起因していた。一九一一年のカリフォルニア州議会において、排日を掲げる民主党が多数派を占める結果となり、州レベルで排日法案が提出されやすい状況が生じた。それでもなお、連邦政府と知事の連携によってかろうじて法案成立は回避された。

ところが、一九一三年に発足した民主党のウィルソン政権は、州権重視の立場から州議会での排日法案の成立阻止に消極的で、州知事との調整に失敗した。その結果、一九一三年五月にはカリフォルニア州外国人土地法が成立し、日本人移民の土地所有が禁じられた。ただし、日本人移民の土地所有は日系一世の名義でなければ可能であった。また、日本人移民のアメリカ本土への渡航が制限されたとはいえ、本土への流入が続く以上、現地で家族が増加することは避けられなかった。かくして、日本人移民の問題は、市レベルから州レベル、そしてついに国レベルで審議される争点へと発展し、事実上日本人移民の禁止を規定した一九二四年の移民法（排日移民法）によって終止符が打たれたのである。

†「ドル外交」の展開と日米経済関係の深化

満州での軍政撤廃は、日本にとっては政策方針の大転換であった。しかしながら、アメリカが期待したほどには、満州市場の閉鎖性は劇的に改善されなかった。しかも、一九〇七年六月の日仏協約を皮切りに、同年七月には第一回日露協約が成立し、秘密条約によって相互の勢力範囲を承認したことで、満州での日本の優位性が高まる一方、アメリカが掲げる満州の門戸開放は一層困難を極めるに至ったのである。

一九〇九年に発足したアメリカのウィリアム・H・タフト政権は、国務長官フィランダー・C・ノックスの主導のもと、いわゆる「ドル外交」を展開し、満州市場への参入を試みた。「ドル外交」とは、アメリカの経済力を手段として鉄道政策もしくは共同借款という体裁をとりつつ、中国市場への参入を図ろうとするものであった。前任者のローズヴェルト大統領が外交を大統領の専管事項とみなしたのに対し、タフト大統領は外交をノックス国務長官に託した。そのノックスは外交に関して門外漢であったことから、国務省の官僚や中国通のフィクサーに東アジア政策の立案・実行を全面的に委ねた。その中心を担ったのが、国務次官のフランシス・M・ハンティントン＝ウィルソンと元奉天総領事ウィラード・ストレイトであった。彼らは、アメリカの経済進出と日本の満州市場独占打破をねらっていた。一九〇八年三月には、国務省内に東アジア政策を担当する極東部がようやく発足したものの、いまだ小規模な組織で極東専門家も少なかった。このため中国に対する「ドル外交」は、アジア勤務歴のある二人に全面的に依存する結果となったのである。

なかでもストレイトはまだ若く、中国海関での勤務経験があり、すでにタフト政権発足以前からハリマンとの太いパイプを駆使して満州市場への参入に意欲を燃やしていた。

一九〇七年、ハリマンは満州鉄道平行線（新民屯・法庫門鉄道）案の策定に着手し、日本の満州権益への対抗心をむき出しにした。だがこの提案は、平行線の敷設を禁じた日清間の合意違反を根拠とした日本の反発とアメリカでの資金調達不足により、結局未完に終わった。

ところが、ハリマンの鉄道買収計画が再開直後彼の死によって挫折すると、今度はアメリカ政府がこの政策路線を引き継いだ。一九〇九年、ノックス国務長官は満州鉄道中立化案（満州諸鉄道の国際共同管理）を提議した。しかしながら、アメリカが立て続けに繰り出したこのような鉄道政策案は、かえって日露の警戒心を煽り、両国の提携強化（第二回日露協約）を招くにとどまり、いずれも失敗に終わった。

満州鉄道中立化案が消滅すると、一九一〇年アメリカは清国の幣制改革借款を基礎とした英米独仏による四国借款団の設立を提案し、日露に対抗する対中共同借款の仕組みを模索した。だが、一九一一年一〇月一〇日に辛亥革命が勃発したため、同提案もまた結局実現には至らなかった。翌一二年には、新たに日露を加え、中国の内政改革借款を目的とした六国借款団が発足した。次の民主党ウッドロー・ウィルソン政権は、中華民国政府を「姉妹共和国」とみなしていち早く承認する一方、六国借款団が中国の行政的独立を損ないかねない点を憂慮し、一九一三年三月にこれを脱退した。それはつまるところ、日露を中国から排除しようとするタフト政権の「ドル外交」が完全な失敗に終わったことを何よりも如実に物語るものであった。

もっとも、経済関係に限ってみれば、満州での対立関係をよそに、日米関係が全体としてより複雑化すると同時に緊密度を高めていたことは興味深い。日本は日露戦争後の対外債務返済と戦後不況脱却を重点課題としており、新たに綿製品などを中心に対米輸出の拡大を解決策の切り札と位置づけていた。一方、アメリカも米西戦争後アジア太平洋国家としての性格を持つに至り、市場としてのアジアへの関心を急速に深めつつあった。なかでも対アジア貿易に占める対日貿易の割合は対中貿易を上回っており、日本市場への信頼から、アメリカの対日経済関係は対日貿易にとどまらず対日投資へとその領域を拡大したのである。

このように、日米両国はともに海外市場への進出を不可欠ととらえ、新規市場として互いに魅力を感じていた。そのことが、満州市場での摩擦はあったものの、全体としての日米経済関係を拡大・深化させるとともに、政治・軍事の面で揺らぎがちであった両国関係を安定させる役割を陰ながら果たしていたといえよう。

†石井・ランシング協定

日本が中国に対し二十一ヵ条要求を突きつけ、第五号を除く大半の要求を受諾させたことは、ウィルソン大統領の対日不信を強めた。とりわけ、中国の内政混乱に便乗した日本の手法は、アメリカから見れば高平・ルート協定（中国の現状に変更がある場合には、日米は意見交換を行うとした合意）を逸脱するものであり、満州のみならず中国本土をも対象とした対中要求は容認しがたいものであった。アメリカ国務省の当局者の中には、この中国の現状を日本による「第二の韓国併合」と表現する者さえいた。

しかし同時にアメリカは、東アジア・太平洋の問題を放置できない立場におかれていた。一九一七年四月にようやく参戦したアメリカは、主敵ドイツの打倒を最優先課題に位置づけた。そのため、中国問題をめぐる日米対立を凍結する一方、日本人移民問題で具体的解決策を見いだせないなかで、太平洋の安全保障や戦時下の物資供給等のために日本の協力を確保する必要があったのである。

ひるがえって日本もまた、世界大戦参戦後の政策方針をめぐって模索を続ける中で、アメリカの際立つ存在をにわかに意識し始めるようになった。第三国であるアメリカが二十一ヵ条要求をめぐる日中交渉に干渉したのは、日本にとっては想定外の事態であった。したがって日本側は、大陸における日本の優越権についてアメリカの承認を早期にとりつける必要性を強く認識するに至った。おりしも一九一三年には、カリフォルニア州で外国人土地法が成立したことで排日移民問題も再燃しつつあり、対米イメージが悪化する中で対米関係の仕切り直しは喫緊の課題と受け止められていたのである。

かくして日米両国は、中国問題をめぐって、いわば二十一ヵ条要求をめぐり「喧嘩別れ」となった状況から脱却すべく、関係の再構築を模索し始めた。

一九一七年五月一二日の佐藤（駐米大使）＝ランシング（国務長官）会談において、日本側が移民問題の解決を求めたところ、ランシングは太平洋での戦時協力や中国問題など、より包括的な議題を逆提案するとともに、特派使節の派遣を日本に要請した。この提案を受け、日本は石井菊次郎を代表とする訪米使節団を送り、日米交渉を通じた諸問題の解決を決断する。

一九一七年九月六日、石井とランシングによる日米交渉が始まった。まず、ランシングが中国での門戸開放・機会均等・領土保全を求めた勢力範囲撤廃案を示し、欧州列強諸国の動向を牽制しつつ、日米による共同宣言を提案した。当初石井はこの提案に賛成したが、本国政府には勢力範囲撤廃案を受け入れる余地はなく、臨時外交調査委員会の大勢はあくまで中国での日本の特殊地位をアメリカ側に承認させることで一致した。

九月中旬以降、交渉の焦点は宣言案の内容審議に移った。日本側は、中国における日本の優越権を含む協定文の完成を狙っており、Paramount Interest（至高の利益）や Preeminent Interest（優越的利益）といった文言を盛り込ませることを要求した。一方、アメリカ側は、Special Relation（特殊関係）という表現を用い、あくまで中国での日本の優越的地位を容認しない姿勢をとった。その背景理由として、すでにこの頃、交渉の当事者であるランシングが過度な譲歩をしないよう、ウィルソン大統領が監視を強めていたという事情があった。結局、両者は Special Interest in China（中国における特殊利益）という文言で妥協した。妥協回避を求める日米両国政府の拘束が徐々に強まる中、石井とランシングは共同宣言案に加えて議定書を作成し、そこに削除できない一部文言を移すことで、一一月二日に交渉はようやく妥結した。

このように石井・ランシング協定は、第一次世界大戦下という特殊状況をはじめとした様々な要因が錯綜する中で成立を見た。中国に対する日本の優越的地位をめぐり日米交渉は難航したが、交渉当事者の巧みな外交手腕により、石井・ランシング協定が成立した。この協定によって、アメリカは中国問題で従来の主張を可能な限り後退させることなく、太平洋の警備問題や戦時物資供給問題を通じて日米協調の機運を高め、対独戦を円滑に遂行できるようになった。ただしアメリカのウィルソン大統領は、同協定をあくまでも戦時中の東アジア・太平洋問題に関する暫定的取り決めと見なしているに過ぎず、中国に対するアメリカの使命についてその基本的立場を変えたわけではなかったのである。

日本にとって石井・ランシング協定は、中国問題をめぐる対米関係の処理という側面が大きい。ただ、日本は欧州大戦への当事者意識を十分に共有し得なかった。この頃、駐日アメリカ大使に着任したローランド・S・モリスは、本国宛ての情勢報告の中で日本国民が戦時協力の必要性に理解不足であることを難じている。

一方、アメリカにとってこの協定は、中国問題を含むより大きな文脈、つまり対独戦の遂行に寄与するもの（太平洋警備や戦時経済面での日米協力）と位置づけられていた点を十分理解する必要がある。この協定をめぐる日米双方の含意を、グローバルな視点で幅広く総合的に理解することによってはじめて、第一次世界大戦下の日米関係の実情を把握することができよう。

さらに詳しく知るための参考文献

北岡伸一『門戸開放政策と日本』（東京大学出版会、二〇一五）……日本外交史や日米関係に関する既出論文が含まれているが、タフト政権時代をはじめ、アメリカの東アジア政策についても示唆に富む論考が多い。

木村昌人『日米民間経済外交 1905~1911』（慶応通信、一九八九）……戦前の日米経済関係に詳しい著者による日米実業界の役割を検証した労作。実業界の日米交流が日米関係の安定に貢献した実情が明らかにされている。

佐々木雄一『帝国日本の外交 1894-1922 ―― なぜ版図は拡大したのか』（東京大学出版会、二〇一七）……明治から大正期に至る日本の帝国外交について、幅広くバランス良く描いており、各章の解釈がそれぞれ興味深い。

高原秀介『ウィルソン外交と日本――理想と現実の間 1913-1921』(創文社、二〇〇六)……ウィルソン政権の対日政策について論じた研究書。アメリカの一次史料を駆使して、アメリカの政策決定者の対日認識を分析しつつ、ウィルソン政権の対外政策の中に対日政策を位置づけている。

高原秀介「ローランド・モリス駐日米国大使と日米関係」(「20世紀と日本」研究会編『もうひとつの戦後史――第一次世界大戦後の日本・アジア・太平洋』千倉書房、二〇一九)……アメリカのウィルソン政権下で駐日米国大使を務めたモリスの役割について焦点をあてた研究。

千葉功『旧外交の形成――日本外交一九〇〇～一九一九』(勁草書房、二〇〇八)……欧米との多角的同盟・協商網の形成過程というモチーフで当該期の日本外交を分析した大著。日露戦争後の日本外交が対米関係・対中関係で動揺した点も描かれており、「旧外交」の多面性を改めて考えさせられる。

筒井清忠『満州事変はなぜ起きたのか』(中公選書、二〇一五)……満州事変の原因を日露戦争後の日米中関係に遡りつつ、著者自身の研究と新しい個別研究を総合して解明した好著。

寺本康俊『日露戦争以後の日本外交――パワー・ポリティクスの中の満韓問題』(信山社、一九九九)……日露戦後の日本外交を欧州国際政治との関係性をも視野に入れながら論じた研究書。

平間洋一『第一次世界大戦と日本海軍――外交と軍事との連接』(慶應義塾大学出版会、一九九八)……第一次世界大戦期の日本海軍とそれにまつわる外交・軍事問題について、国際関係史的視点で論じた研究書。

簑原俊洋『アメリカの排日運動と日米関係――「排日移民法」はなぜ成立したか』(朝日選書、二〇一六)……日本人移民問題や排日移民法に関する著者のライフワークを、一般向けにわかりやすくまとめた好著。

渡邉公太『第一次世界大戦期日本の戦時外交――石井菊次郎とその周辺』(現代図書、二〇一九)……第一次世界大戦期の日本の戦時外交を、石井菊次郎を軸に分析した研究書。特に日露関係の深化をめぐる石井の役割について詳しい。

第13講　ワシントン会議——海軍軍縮条約と日英同盟廃棄

中谷直司

†会議の概要

一九二一（大正一〇）年一一月一二日に米国の首都で開幕したワシントン会議は、第一次世界大戦直後のアジア・太平洋地域（以下東アジア）が直面した広範な問題を扱い、複数の国際条約を成立させた上で、二二年二月六日に閉幕した。代表的な成果は二つで、第一に、大戦で三大海軍国となった日米英に仏伊を加えた五カ国の主力艦（戦艦）と空母の保有量を制限した五国条約（ワシントン海軍条約）である。同条約は、大戦終結後も各国の財政に重い負担となっていた建艦競争に、一定の歯止めをかけた。第二に、中国における通商上の機会均等と領土的・行政的保全・統一《インテグリティ》を謳う門戸開放原則を確認すると同時に、勢力範囲の設定を事実上否定した九国条約である。この条約には、先の五カ国に加え、中国で権益や特権を持つオランダ、ベルギー、ポルトガル、そして当事者の中国と、全参加国が署名した。

以上の二条約を補強するように、まず五国条約の調印国のうち、太平洋に領土・属地を持つ日米英仏が、同地域の現状維持を約した四国条約を結んだ。また、関税の引き上げによる中国財政の安定を目指す中国関税条約も結ばれた。

さらにこの会議で、一九一九年のパリ講和会議以来の懸案であった、中国・山東半島の旧ドイツ権益をめぐる日中対立も決着がついた。権益の根幹を占める山東鉄道の経営権について、両国の妥協がなったのである。以前から日本が表明していた膠州湾租借地（青島《チンタオ》周辺の山東の旧独租借地）の返還も、ワシントン会議を契機に二二年中に実現した。同じ山東半島にある威海《いかい》衛《えい》租借地の返還も、英国が約束している（実施は一九三〇年）。

大戦以来の日米間の懸案の多くも、この会議で解消した。講和会議で日本の委任統治領となったヤップ島の電信設備の一部国際化、日本のシベリア撤兵宣言、満蒙関係と鉄鉱確保を除く対華二十一カ条要求の事実上の無効化、石井・ランシング協定の廃棄などである。

以上のように、一九一九年のパリ講和会議では決着がつかなかった東アジアの戦後秩序に関する主要問題を協議し、協定したのがワシントン会議であった。日米英をはじめとした参加国の代表たちは、戦後東アジアの国際関係を左右する国際会議であるとの認識の下、ワシントンに参集したのである。

†日本の会議準備と全権の顔ぶれ

　では日本はどのようにワシントン会議に臨んだのか。米国から日本を含む関係国に会議への招請がなされたのは一九二一年七月のことであった。会議に向けては外務省を中心に準備がなされたが、軍縮問題に限っては海軍が中心となった。また結果的に協定されなかったが、当初は陸軍軍縮も対象になると考えられていたため、陸軍でも軍縮問題が検討されている。

　外務省の会議準備で、とくに念頭に置かれたのは、二年前のパリ講和会議に関する二つの教訓であった（麻田一九九三、中谷二〇一六）。

　第一の教訓は、ウッドロー・ウィルソン大統領の理念外交に、中国外交が積極的に呼応し、とくに山東問題では、米中結託の前に日本が孤立したとの苦い経験である。このため、政府は幣原喜重郎《しではらきじゅうろう》駐米大使に訓令し、米国との間に議題範囲に関する事前了解を取りつけておくよう指示した。つまり、石井・ランシング協定のような過去の協定の内容や、山東問題のような日中二国間の問題は会議で扱わないようにするべく働きかけたのである。

　講和会議の第二の教訓は、欧州大国への大勢順応と米国の理念外交への消極的対処を旨とした当時の政府訓令が、講和会議における日本外交の能動的な対応を困難にしたとの反省である。このため、幣原や駐英大使の林権助《ごんすけ》、あるいは外務本省で政策立案を担う担当官たちからは、ワシントン会議をむしろ日本の政策転換をアピールする場として活用するように、意見具申が相次いだのである。

米国は主催国の権限ではないとして、議題を制限することを拒否したため、最終的な日本の会議方針は、第一の教訓を主としつつも、第二の教訓も取り入れたより柔軟なものとなった。つまり既成事実や特定国間限りの問題はなるべく扱わないことを基本としつつも、①門戸開放のような一般原則の確認か、②日本の政策転換のアピールに貢献するなら、議題として取り上げることを事実上容認したのである。この方針は、シベリア撤兵宣言や石井・ランシング協定の廃棄などにも、つながったと考えられる。かつ上述した講和会議の二つの教訓を踏まえて、中国を中心とする東アジア問題に関して、広範な検討がなされた。こうして日本外務省はとくに中国問題の討議を強く警戒する一方で、そのための準備は怠らなかったのである。

全権の選定には、対米協調を重視する原敬《はらたかし》首相の意向が強く反映された。内閣発足時の外務次官、ついで駐米大使としての働きぶりから原の信頼を得ていた幣原が、大使のまま全権の一人に指名された。主たる担当は、中国問題および日英同盟問題である。海軍軍縮の責任者としては、現役の海相で原の信任が厚かった加藤友三郎《ともさぶろう》大将が、全権として送り出された（留守中の海相事務管理を原が文官として初めて担当したことも有名である）。ほかに貴族院議長の徳川家達《いえさと》が全権となり、主にレセプションなどの公的行事を担った。また随員として代表団に加わっていた外務次官の埴原正直《はにはらまさなお》が、体調を崩した幣原を補うために、全権に昇格している（麻田一九九三、手嶋二〇一五、熊本二〇二一、種稲二〇二一）。

†海軍軍縮交渉の開始――ヒューズ国務長官の「爆弾演説」

会議で扱われた議題中、最も大きな成果をあげたと言えるのが、海軍軍縮である。

まず背景を確認しておこう。会議前の日米は、第一次世界大戦の終結後も、大戦中に策定された大規模な建艦計画を継続していた。このため、海軍力の優位を伝統とする英国も、日米の建艦計画への対応を迫られていたのである。こうした海軍戦力の拡張競争に歯止めをかけることが、米国が会議を招集した直接の目的であった。なぜなら、第一に、三国間の軍拡競争は、中国をめぐる日米の対立を軸に、東アジア地域の国際政治を不安定化させる可能性が高かった。第二に、とくに大戦で疲弊した英国と、深刻な戦後恐慌に見舞われた日本で財政への悪影響が懸念されていた。第三に、程度の差はあるが、各国で大戦終結後の大規模な軍縮を求める世論も高まりつつあった。なかでも米国では、政権の意向とは関係なく、軍縮を求める決議が連邦議会で成立していたのである。

こうした状況を考えれば、建艦競争に歯止めをかける海軍協定を結ぶことは、日米英のいずれにとっても、理にかなった政策と言えた。海軍力で日米英に大きく劣るフランスとイタリアの参加は、ヨーロッパの戦勝国でただ一国、海軍軍縮条約に縛られることを恐れる英国の懸念を払拭するために必要であった。なかでもフランスの攻撃的な対独政策に不安を抱く英国は、東アジアにおける軍縮とヨーロッパにおける勢力均衡の両立を望んだのである。

以上のように、海軍協定の必要性は、日米英に共通して認識されていた。しかし協議は難航し、会議中で最も厳しい交渉となった。日米の海軍は、相手を最も交戦可能性の高い潜在敵と想定していた。このため、両海軍の要求を同時に満足させながら、実効的な軍縮を協定することは、極めて困難な課題だったのである。

協議が始まると、主導権を握ったのは米国であり、同国の首席全権として総会議長をつとめたチャールズ・ヒューズ国務長官が中心的な役割を担った。

開幕初日の総会で、ヒューズは劇的な軍縮案を披露し、日本を初めとする各国代表、とくに海軍関係者の度肝を抜いた（「爆弾演説《ザ・スピーチ》」）。そのヒューズ案の核心は次の二点であった。一つ目は、主力艦の建造を向こう一〇年間休止する「海軍休日《ネイバル・ホリデー》」案である。その中には、目下建造中の新造艦をすべて廃棄する提案も含まれていた。二つ目は、日米英仏伊の主力艦の保有総トン数を一〇対一〇対六対三・五対三・五の比率に従って、それぞれ五〇万、五〇万、三〇万、一七・五万、一七・五万に制限する案である（補助艦も同様の比率に従って制限すべきとヒューズは提案した）。制限量が各国海軍の希望を大幅に下回っていたことも衝撃だったが、とくに問題だったのは比率である。海軍戦略の根幹となる相対戦力に直結するためである。

ヒューズは各国の現有戦力に、起工ずみの新造艦の完成率を加えて比率を算出したと説明したが（宮田二〇一四）、具体的な算出根拠が示されないなど、各国全権に随行した海軍士官から見れば、ヒューズ案は穴の多い提案だっただろう。しかし会議で海軍休日を訴えたヒューズの演説は、米国の新聞紙上で大評判を呼び、協議の方向性を早々に決定した。各国代表団は、ヒューズ案を基準に交渉をするほかなくなったのである。

†海軍戦力の保有比率をめぐる日米対立と決着

もし建造中の新造艦を含まずに、現有戦力だけを基準にすれば、最も不利な比率を提案されたのは英国だろう。英艦隊が多く抱える老朽艦を割り引いても、配備状態の主力艦を基準にすれば、英国は米国をある程度上回る比率を要求することが可能だったはずだからだ。事実、交渉の初期に日本側は、米英日の実際の戦力比は一〇〇対一四七対七〇・五だと主張していた（ただし英国のためではなく、自国の対米比率を挽回するためである）。

しかし英代表団は、強い抵抗を示さずに、ヒューズ提案の根幹部分を受け入れた。英国が最も恐れていたのは、会議の失敗による建艦競争の継続である。そうなれば、長年維持してきた世界一位の海軍国の座を米国に明け渡すのは確実であった。深刻な財政状況を考えれば、日本にも遅れをとり、三位転落の可能性まであったのである。それと比較すると、ヒューズ案は主力艦の保有比率で英国に対米対等・均勢《パリティ》を約束していた。さらに、フランスの反対が主因となって、補助艦の保有量制限が失敗したことも、英国には好都合だった。英帝国内の長大な海上交通路《シーレーン》を維持するため、英国は比較的小型の巡洋艦をはじめとする補助艦を多数保有することに、重きを置いていたからである。なお会議後の米国は、国内世論への配慮で、条約の対象外にもかかわらず、補助艦の建造を抑制した。これにより、一九三〇年代の後半頃まで、大規模な商船隊や英帝国に点在する海軍基地のネットワークを有する英国は、「世界随一の海軍(a "navy second to none")」を維持することに結果的に成功したのである。

以上の点を踏まえれば、ヒューズ案に最も困難を突き付けられたのは日本海軍である。もちろん、海軍の視点を一旦離れて、米国に圧倒的に劣る日本の国力から判断すれば、対米六割の比率は、むしろ米国が日本に配慮した内容と言えた。だが日本海軍の戦略家は——職責上当然のことであるが——将来起こりうる対米戦争のみを念頭に、必要な対米戦力比を判断した。代表的人物は、海軍の主席随員であった加藤寛治《ひろはる》中将（以下、寛治）である。彼らの計算では、対米七割の戦力が不可欠なのであった。最低限とは言え七割でよいのは、地の利を期待できる日本近海の西太平洋を決戦場と想定するからである。同様の認識を持つ米国側も、大規模な渡洋作戦を伴う対日戦の勝利に必要な、一〇対六の戦力比を譲ろうとしなかった（麻田一九九三）。

紛糾を重ねた末に、日本代表団はヒューズ案の比率を受け入れる。それを実現したのが、全権の加藤海相である。対米決戦用の艦隊計画（八隻ずつの新鋭戦艦・巡洋艦からなる主力艦隊計画）の予算措置を二〇年の帝国議会で実現したばかりの加藤だが、会議直前に暗殺された原の期待に見事に応えるように、対米関係を優先する政治的決断をして、寛治らの反対意見を退けたのである。ただし、対米六割の埋め合わせとして、加藤は、条約中に有名な（米国では悪名高い）第一九条を挿入することに成功した。太平洋上の「島嶼たる領土及属地」における新規の要塞や海軍基地の建設禁止である。日本本土はもちろん、ハワイ（米）やシンガポール（英）が適用外となったが、米艦隊の作戦行動に厳しいタガをはめたのである（宮田二〇一四、山本二〇一六）。さらに会議後には、主力艦の劣勢を補う補助艦の戦力整備に相当の補充予算が確保され、寛治ら海軍内の条約批判派も矛を収めた（手嶋二〇一五）。

最後に、日本の要求で新造艦の一部復活が認められた影響で、ヒューズが提案した保有総トン数に調整が加えられ、米英が五二・五万、日本が三一・五万となった。米英日間の保有比率をそのまま維持する目的で、米英にも新造艦の一部完成や新規追加が認められたのである。このため、五カ国の最終的な保有比率は一〇対一〇対六対三・三三対三・三三となり、仏伊の比率が若干低下した。

†四国条約の成立と日英同盟の廃棄

海軍軍縮と関連して成立した条約に、日米英仏が太平洋の現状維持（事実上の相互不可侵）を約した四国条約がある。その主たる目的は、米国が更新に反対していた日英同盟の廃棄を実現することにあった。日英同盟が続く限り、日英の連合戦力を基準に米国は建艦計画を進めるべきだと米海軍の高官が公言していたことからも分かるように、日米英間の海軍軍縮には、同盟問題の決着が不可欠だったからである。このため、とくに日米英の三大国中で建艦競争の継続を最も恐れる英国は、ワシントン会議の最重要の議題とは日英同盟問題であると考えていた。

同盟の廃棄は円滑に実現する。ワシントン会議が開幕した時点で、すでに日英ともに同盟を継続する積極的な意思を持ち合わせていなかった（そこに至るまでの経緯は、本講の役割から外れるので、中谷二〇一六、第六章を参照されたい）。とくに日本側は、同盟廃棄を望む英国側の意向を大体において理解していた。それに対して英国側は、日本が同盟継続を強く望んでいると誤解しており、同盟存廃をめぐる交渉の決裂で、ワシントン会議そのものが失敗することを懸念していた。会議中、英国が同盟問題を最重視したのは、このためである。

同盟を代替するための日米英の三国協定案（三国が極東と太平洋における互いの領土権を擁護する内容）を作成したのは、英国の主席全権で元首相のアーサー・バルフォアであった。しかし英国は、日本の反発を警戒して明確な主導権を取れなかった。このため日英間の折衝で同盟廃棄に最初に言及したのは、在米日本大使館ナンバーツーの参事官として、全権の幣原を補佐する佐《さ》分利《ぶり》貞男である（中谷二〇一六）。さらに幣原自身が、米国に配慮して、バルフォア案中の同盟復活条項を削除した。ついでバルフォアが、幣原案の文言を再修正し、最後にヒューズがフランスを原加盟国に追加する（麻田一九九三、西田敏宏「幣原喜重郎の国際認識」『国際政治』一三九、二〇〇四年、種稲二〇二一、熊本二〇二二）。米国がフランスを追加したのは、同国への配慮に加え、この協定が日英との同盟であるとの誤解を与え、議会から批判されるのを避けるためであり、さらには日英連携への用心でもあった。以上の修正の過程で、適用範囲から極東が外れ、とくに中国に関連する内容は九国条約に含まれた。こうして太平洋の現状維持を謳う四国条約が成立し、日英同盟の廃棄が決まったのである。

†九国条約と中国関税条約の成立

海軍軍縮問題と比べると、中国問題の交渉はそこまで激しくなく、成果も不明確である。その最たる理由は、中国における列国の既得権を正面から問題にすることを米国が避けたことにある。民主党から八年ぶりに政権を奪還した共和党のウォーレン・ハーディング大統領は、ウィルソン前大統領が主唱して設立された国際連盟への不参加を、議会演説で明言していた。よってワシントン会議は、連盟とは異なる、米国の新たな国際関与の方針と手段を示す、絶好の機会とせねばならなかった。そのために米国が最重視した協議は、会議開催の直接の契機である海軍軍縮であり、その成功のために、中国問題で不要な軋轢を避けようとしたのである。

以上の状況で成立した九国条約は、その相当部分が、中国における通商上の機会均等と同国の領土的・行政的保全・統一を旨とする、伝統的な門戸開放原則の確認にあてられた。それは日英同盟をはじめ、従来の東アジアで成立した様々な条約や協定で、形や力点を変えながら繰り返し表明されてきた原則である。その上で注目すべき新しい要素としては、①各国が一定の地域を画して排他的かつ経済的な優越権を主張する勢力範囲の禁止が事実上明記されたことと、②紛争発生時の集団協議が定められたことである。とくに勢力範囲の禁止は、伝統的には通商(貿易)に限られた機会均等の原則を、経済全般(なかでも投資)に拡大するものであったといえる。同時に、中国を含む全署名国が、「友好国の安寧に害ある行動を是認することを差控」えると約束した。いわゆる安寧条項と呼ばれるもので、南満州と同地に隣接する東部内モンゴル(いわゆる「満蒙」)における日本の特殊利益を承認したものとされる(麻田一九九三)。ただし、相当に曖昧な表現であったため、本国の内田康哉外相は、もっと明確な承認を得るように指示した。だが、それでは会議を紛糾させてしまうとの代表団の説得で、取りやめとなった(麻田一九九三、種稲二〇二一)。

中国の輸入関税の引き上げを目的とする中国関税条約も、全参加国が署名した重要な成果である。軍閥による地方支配の影響もあり、中国政府（北京政府）の主たる歳入源は関税であった。しかし不平等条約の下、関税率は従価五％に抑えられ、しかもその多くが外債の返済に消えていた。そこに南方の広東政府との分裂・内戦も重なって、北京政府は厳しい財政状況に苦しんでいた。そこで関税条約では、まず実勢価格と乖離していた関税表の現実五分への改訂が定められ、会議直後の応急的な関税率の引き上げを実現した。その上で、二・五％（贅沢品は五％）の付加税を承認するための関税特別会議の早期開催が規定された。しかも中国が釐金《りきん》を廃止できれば、一層の増徴が認められる予定であった。釐金とは各地方政府が支配地域で徴集する通行税で、中国内の商品流通の大きな障害となっていた。つまり中国関税条約は、中央政府である北京政府の財政基盤を強化するとともに、軍閥の支配力も弱めることで、中国の国家統一と近代化を後押ししようとしたのである。ただし、中国側が最も期待した関税自主権の回復は、条約には盛り込まれなかった。

関税自主権の回復と並んで中国の国家的な悲願と言えた治外法権の撤廃に関しては、将来の実施に向けて、中国における治外法権および法律・司法の現状を調査し、改善内容を勧告する国際委員会の設置が決議された。よって治外法権の撤廃は将来の目標として認められた格好である。委員会の目的からいって、撤廃実現には中国の司法制度のかなりの近代化が必要との共通理解が列国にはあり、中国全権も、こうした列国の判断を受け入れたのである。

†「諮議部」の設置決議と山東問題の決着

ヒューズと、中国問題で彼を補佐した国務省極東部長のジョン・マクマリーの本来の希望は、現状維持を超えた、より積極的な門戸開放原則の適用だったが、日英の抵抗で挫折したとの指摘もある（服部二〇〇一）。そうしたヒューズらの希望が、英国の構想と合流する形で一部生き残ったと言えるのが、九国条約で確認された門戸開放原則と各国の条約の関係を判断する「諮議部」の設置決議である。この決議は条約化されなかったが、中国関税条約の発効から三カ月以内に開催される予定の関税特別会議で、具体案が協議されることが決まった。最初の決議案には、既得権も諮議部の対象と読める文言が含まれていたが、フランスの反対に日本が同調して削除された。しかし同委員会の対象を新たな条約に明確に限定する幣原の修正案も採用されなかった（古瀬二〇一四）。以上の経緯から、諮議部における既得権の取り扱いについては、曖昧なままとなったのである。

同時に日本代表団も、条約上の権利に例外なく固執したのではない。本会議とは別個になされた山東鉄道をめぐる日中交渉では、パリ講和会議で約束した日中共同経営から譲歩し、最終的には代表団の独断で、中国が一五年で償還することを認めた（五年経過後は即時清算も可）（服部二〇〇一、種稲二〇二一)。償還がすむまで日本が経営・運行に関与できる条件だったが、ここで米英が事実上の介入をして、中国は即時清算を諦める。独断が目立つとして、幣原ら現地代表団の交渉姿勢に批判的だった日本政府も、以上の日中決着を追認した。この決着は、五国条約と九国条約の調印を目前に控えた会議の最終盤でのことであり、講和会議に続く日中決裂は土壇場で回避されたのである。

†おわりに――会議の意義をめぐる論争

大戦中の二十一カ条要求をめぐる日米対立や、一九一九年のパリ講和会議における激しい日米・日中対立を想起すれば、主要海軍国間の海軍軍縮を実現するとともに、東アジアにおける大国間の政治対立の源泉であった中国問題に道筋をつけたワシントン会議は、確かに大きな成果を収めた。

しかし参加国には敗戦国ドイツと革命で誕生したソヴィエトロシアを含まず(「ロシア」の参加をめぐる最新の研究は、藤本健太朗「極東共和国とソヴィエトロシアの対日政策」『二十世紀研究』一八、二〇一七)、議題を見ても、移民など半ば意図的に外された問題があり、さらに海軍の補助艦制限や中国の関税自主権の回復と治外法権の撤廃といった残された課題もあった。関税特別会議の開催も、義和団事件賠償金の支払いレートをめぐる中仏の対立と、それに起因するフランスによる関税条約の批准先延ばしで大幅に遅れ、一九二五年となった。実際に、これらはワシントン諸条約にもとづく日米英協調の厳しい制約となる（詳しくは筒井二〇一五と、本シリーズ初巻『昭和史講義』第1講の渡邉公太「ワシントン条約体制と幣原外交」をまずは参照されたい）。

以上の限界のために、ワシントン会議が大国同士の一時的な妥協・取引を超えた新たな秩序をどこまで形成したかに関しては、研究者の間で論争が続いている。

従来、主流と言えたのは、上述の限界を踏まえつつも、東アジアにおける新秩序を準備したとして、会議の画期性や、それにあわせた日本外交の転換を強調する研究である。代表的なものは、入江昭『極東新秩序の摸索』（原書房、一九六八）、細谷一九七八、麻田一九九三、三谷太一郎『増補　日本政党政治の形成』第二部（東京大学出版会、一九九五）である。これらの研究は、会議後の東アジア秩序をとくに「ワシントン体制」と呼ぶ。

しかし、近年は研究の潮流に大きな変化が見られる。大国間の勢力圏外交を中心とする東アジア秩序の継続を主張する研究が、主流を占めつつあるからである。代表的なものをあげれば、服部二〇〇一、後藤二〇〇六、酒井一臣『近代日本外交とアジア太平洋秩序』（昭和堂、二〇〇九）、筒井二〇一五である。国際秩序ではなく、日本外交の評価でも、ワシントン会議前後の継続を主張する研究は多く、その最新の成果は、相次いで出版された幣原の評伝（伝記研究）である種稲二〇二一と熊本二〇二一である（評伝以外では、佐々木雄一『帝国日本の外交 1894–1922』

東京大学出版会、二〇一七と酒井一臣『帝国日本の外交と民主主義』吉川弘文館、二〇一八)。さらにワシントン体制という分析視角そのものを批判する立場もある。先駆的な業績は小池二〇〇三である(最新の例は宮田二〇一四)。もちろん、本講が同じ潮流に位置づけた研究の間にも、力点や分析視角、個別の問題の解釈には違いがある(詳しい研究史の整理は中谷二〇一六)。

本講の内容に関心を持たれたら、新旧ともに何冊かピックアップして目を通し、ワシントン会議とその後の日本外交・東アジア秩序をめぐる論争に理解を深められたい。

さらに詳しく知るための参考文献

麻田貞雄『両大戦間の日米関係――海軍と政策決定過程』(東京大学出版会、一九九三)……ワシントン会議をめぐる日米関係を扱った代表的研究。その後のワシントン諸条約の運命を確認するにあたっても必読。

川島真『近代中国外交の形成』(名古屋大学出版会、二〇〇四)……海軍軍縮と並ぶワシントン会議の主要議題であった中国問題を理解しようと思えば、中国外交の理解が欠かせない。ワシントン会議期を含む近代中国外交の研究水準を大幅に引き上げた研究。

熊本史雄『幣原喜重郎――国際協調の外政家から占領期の首相へ』(中公新書、二〇二一)……全権をつとめた幣原の最新の評伝。外交文書の処理過程の緻密な分析を軸に、満蒙権益と英米協調を重視する日露戦争以来の「霞ヶ関正統外交」が、幣原の外交指導の下、日英同盟の廃棄とワシントン諸条約の成立後も引きつがれたと主張。

小池聖一『満州事変と対中国政策』(吉川弘文館、二〇〇三)……第三章では、鋭利な学説史理解を軸に「ワシントン体制」概念の厳しい限界を指摘。そのほかも、一九二〇年代の日本の対中外交を理解するにあたって必須の内容。

後藤春美『上海をめぐる日英関係 1925-1932年——日英同盟後の協調と対抗』(東京大学出版会、二〇〇六)……ワシントン会議前後の旧秩序・旧外交の継続を前提に、中国をめぐる英外交の展開と、日英協調の動揺を論じる。

種稲秀司『幣原喜重郎』(吉川弘文館、二〇二一)……熊本二〇二一と同じく、幣原の最新の評伝。綿密な資料検証と著者の確固とした国際政治観に基づき、「現実主義者」としての幣原を前面に押し出す。

筒井清忠『満州事変はなぜ起きたのか』(中公選書、二〇一五)……ワシントン諸条約下の国際協調はなぜ維持できなかったのか。最新の政治外交史研究を踏まえ、満州の日本人社会と東京の政策エリートの溝を軸に、ワシントン会議から満州事変にいたる日本外交と東アジアの国際政治を活写。当該期に関する近年の研究潮流を知るにあたっても、極めて有益。

手嶋泰伸『日本海軍と政治』(講談社現代新書、二〇一五)……日本海軍はなぜワシントン軍縮を受け入れ、やがて破壊したのか。組織利益と職掌を重視する日本海軍という著者の視点が存分に活かされた海軍の政治史。先行研究の情報も豊富。

中谷直司『強いアメリカと弱いアメリカの狭間で——第一次世界大戦後の東アジア秩序をめぐる日米英関係』(千倉書房、二〇一六)……日英同盟の存廃問題を含むワシントン会議の前史に焦点をあわせ、米外交の主導と日本外交の呼応が、勢力範囲の相互尊重を中核とする旧秩序の解体を実現したと主張。同時にワシントン会議直前の連盟不参加が、米外交の影響力を東アジアでも大幅に後退させたと指摘。

服部龍二『東アジア国際環境の変動と日本外交 1918-1931』(有斐閣、二〇〇一)……ワシントン会議後も、旧来の勢力圏外交が継続したと主張。米外交におけるヒューズ・マクマリー路線の存在を指摘した点も重要。マクマリーの目を通した秀逸なワシントン会議・体制論には、北岡伸一『門戸開放政策と日本』（東京大学出版会、二〇一五）第三章。

古瀬啓之「ワシントン会議とイギリス一九二一〜一九二二――九ヵ国条約を中心に」㈠㈡『三重大学法経論叢』30(2)・31(2)、二〇一三・二〇一四……中国問題に焦点を合わせ、ワシントン会議における英外交を日米と比較しつつ論じた優れた成果。ウェブ上でも公開。

細谷千博「ワシントン体制の特質と変容」（細谷、斎藤真編『ワシントン体制と日米関係』東京大学出版会、一九七八）……ワシントン会議とその後の国際関係を対象とする国際共同研究の論文集に収められた代表的なワシントン体制論。ソ連の不参加などの限界についても明確に指摘し、的確に論点を整理している。

宮田昌明『英米世界秩序と東アジアにおける日本――中国をめぐる協調と相克　一九〇六〜一九三六』（錦正社、二〇一四）……英・米・日の「自由主義」観の相違を軸に、三〇年にわたる中国をめぐる日本の対英米関係を分析した大著。同時に「ワシントン体制」概念への痛烈な批判を展開。

山本文史『日英開戦への道――イギリスのシンガポール戦略と日本の南進策の真実』（中公叢書、二〇一六）……日英関係を軸にしながら、対米六割の主力艦制限を日本海軍が受け入れるにあたって、太平洋諸島の防備制限が決定的な意味を持ったと解説。米国側の視点は、Michael J. Green, *By More Than Providence* (Columbia University Press, 2017), ch.4-6 が最新の優れた概説（勁草書房から邦訳近刊）。

付記：本講は、学術オンライン辞典プロジェクト『1914-1918-Online. International Encyclopedia of the First World War』で公開予定の拙稿「Washington Conference 1921-22」をもとに、とくに中国問題

とワシントン会議の意義に関して大幅に加筆・修正したものである。以上の作業にあたっては、筒井二〇一五の先行研究整理をとくに参照した。また草稿に対しては、編者の筒井清忠先生に加え、帝京大学の渡邉公太先生から丁寧な助言をいただいた。なお、本講では紹介できなかった英文の基本文献に関しては、以上の拙稿を参照のこと。本講はJSPS科研費19K01499および18K00980、19H01455の助成を受けたものである。

第14講

新人会——エリート型社会運動の開始

古川江里子

†新人会とは？——前期新人会と後期新人会

新人会とは、一九一八（大正七）年一二月に創立された、東京帝国大学法科大学（一九年二月の改組により法学部、以下東大）学生や出身者を中心に結成された社会運動団体である。東京帝国大学法科大学緑会弁論部の赤松克麿《かつまろ》・宮崎龍介・石渡春雄が発起人となり、麻生久《ひさし》中心の社会主義研究グループ水曜会メンバーの佐野学・棚橋小虎・野坂参三（慶應義塾大学）ら既卒者が「先輩組として合流」し、結成された（麻生伝）。創設時は在学者と卒業者が混在し、労働運動に先んじていた赤松や麻生ら卒業生が主動的立場であったが、次第に実践運動への関与の姿勢や在学者と卒業者間の対立などで、二一年一一月に在学者のみの団体に改組された。

それ以後の新人会はマルクス主義的な傾向を強め、二五年一二月の京都学連事件で検挙者を出し、二八年三・一五事件直後に大学側から解散命令が出され、翌年一一月に解散した。改組前と後では、性格が変容しているので、前期新人会と後期新人会と区別される（有馬学「新人会」『国史大辞典』吉川弘文館、一九八六）。

†発足の経緯――国内外の変革の気運の申し子としての新人会

一九一八（大正七）年一二月に誕生した新人会は、その綱領において、「従来官僚財閥の郎党を養成する学校の如く見られた東大法科の学園から斯の如き新思想団体が生れたのは誠に青天の霹靂であつた」（『デモクラシイ』一号）と高らかに宣言した通り、国家官僚の養成機関の東大法科の学生を中心とする社会運動団体の結成は「衝撃」であった（麻生伝）。

社会に「衝撃」をもって受け止められた理由は、幸徳秋水《こうとくしゅうすい》、堺利彦、山川均などのそれ以前の社会主義者たちが学歴のない非エリートだった上、一九一〇年の大逆事件の大弾圧の影響から反国家的行為を起こす存在と見なされていたからである（『山川均自伝』岩波書店、一九六一）。

将来を約束された帝大エリートたちが異端視されてきた社会運動に関わったのは、第一次大戦終結前後に起こった国内外の変革の気運の中で、エリートとして活躍していく場をその状況の中に見出したからである。新人会会員の平貞蔵《たいらていぞう》が「いずれ法学部を卒業して社会に出れば、どの方向に進むにせよ、輝かしい将来が待ち受けている、と思っていたのが六年頃までの東大学生の傾向だった」が、「大正七年は、徐々に醱酵した大正デモクラシーが激発し」、「社会運動に投じてそれに終始しようと、三輪（寿壮《じゅそう》）も心の用意を整えたのがこの年」と追憶している通りである（三輪伝）。このような状況の中で、東大学生の進路先として大戦景気による官界から経済界へ、さらにはロシア革命・ドイツ革命、米騒動によって社会運動が選択肢となり、新人会結成につながる麻生ら水曜会と赤松らの普通選挙研究会という二つの流れができた。

まず、水曜会は、毎週水曜日に麻生の家に集まり、山名義鶴《よしつる》、棚橋小虎、岸井寿郎らをメンバーとして、「ロシア革命の頃、大正六年の暮近く」に始まった「天下を談じ革命を論じ合っていた」自由な集まりであった（実際は木曜が多かったため木曜会とする伊藤一九七八の見解もあり）。「社会主義」の「研究」が目的であったが、山名の「ナニ天下とりの話をして気焔をあげていたのさ」という述懐から（麻生伝）、労働者の解放よりも、日露戦後の個人主義の時代の産物である「自己一身」の栄達（岡義武「日露戦争後における新しい世代の成長」『思想』一九六七、二）に重きがあったことは否めない（古川二〇〇六）。

もう一つの普通選挙研究会は、一九一八年九月吉野作造門下の東京帝大法科大学緑会の有志が吉野の家に定期的に集まり、普通選挙の研究を行ったものである。メンバーは、赤松・宮崎らの十数名であったが、その半数が新人会に参加した（スミス一九七八）。

この二つの流れを直接的に結びつけ、新人会結成に直結したきっかけが、東西帝国大学の連合演説会と南明倶楽部の立会演説会である。

一九一八年九月に東大京大間で毎年一回開催されていた連合演説会に、東大代表として出席した赤松、宮崎、石渡が、社会運動に「一歩先んじていた」水谷長三郎《ちょうさぶろう》ら京大メンバーに「象牙の塔から抜けきらぬ態度をなじられ、強いショックを受け」、社会運動への参入を模索しはじめたが、その決定打となったのが、一一月半ばの南明倶楽部の立会演説会である。この演説会は、大阪朝日新聞筆禍事件での浪人会の暗躍を批判した吉野作造に対して、浪人会が圧力をかけるために挑んだものだが、吉野は屈せずに持論を貫き、圧倒的な勝利をおさめた。この吉野の勝利を目の当たりにした三者は、「新時代の到来」を痛感し、「南明倶楽部の凱歌に酔いしれ」、新思想団体を作る決意をし、かねてから社会運動参入を決意していた麻生ら水曜会のメンバーの「鼓舞」により、新人会が誕生した（三輪伝）。

†結成とその活動――機関誌の発行と労働組合の指導

麻生らの支援を受けて、赤松ら三人で出発した新人会は、綱領を書いたビラを学内の掲示板に貼り、一二月上旬、新会員募集の第一回会合を学内集会所で開き、二〇名余りの賛同者を会員とした（『東京帝大新人会の記録』）。この時の入会者は、法科二年では、波多野鼎《かなえ》、細野三千雄、佐々弘雄、平貞蔵、一年では、門田武雄、山崎一雄、新明正道《しんめいまさみち》、村上尭らである。掲げられた赤松起草の綱領は次の通りである。

一、吾徒は世界の文化的大勢たる人類解放の新気運に協調し之が促進に努む。
一、吾徒は現代日本の合理的改造運動に従ふ。(『デモクラシイ』第一号)

「人類解放」を高らかにうたった綱領の通り、平ら会員たちは、「解放運動の先頭運動にたつものだと信じこ」み、意気込んだというが、一方で、「何が進歩的であり、何を解放するか、の議論になると、わからぬことだらけ」という言葉に驚かされる。なぜなら、「何を解放するか」に戸惑ったという言葉は、変革が労働者の救済よりも自己の栄達に重きがあったことを示唆するからである。平が「純真さはあっても、やはり東大学生ではあるというエリート意識があったことは否定されない」と率直に回想している通りである(三輪伝)。

新人会本部は、結成した当初、赤門前の下宿屋に置かれていたが、翌四月に宮崎の父滔天《とうてん》との関係で、目白の中国革命家黄興の別邸に移され、合宿所もそこに置かれた。合宿所には麻生や佐野学ら先輩格の水曜会メンバーが移り住み、学生会員たちの理論的、実践的指導の役割を担った(半沢・佐貫一九五九)。なお、このような共同生活を通して、同志的結束を図る特性は、新人会だけではなく、早稲田大学の社会運動組織の建設者同盟も同様であり、この時期の学生運動団体に共通するものだった(スミス一九七八)。

前期新人会の活動は、「『人民の中へ！』それが、此等青年学徒の合言葉であった」と回顧されている通り、読書会などの社会運動参入に備えての思想的鍛錬と新会員の募集と啓蒙のための機関誌『デモクラシイ』の刊行、講演会の開催、さらには労働者に接近して労働組合のオルグも行うようになっていった（麻生伝）。なお、第二号に「本会ノ綱領ニ賛同スル者ハ何人ト雖モ入会スルコトヲ得」とあるように機関誌の購買者も会員としたので、組織全体としては緩やかなものともいえるが、機関誌及び結成当時のメンバーの回想によると、合宿所に住居もしくは出入りし、機関誌の運営などに携わった会員を本部員と区別していた（増島一九六九）。

機関誌は、一九一九年三月に『デモクラシイ』の刊行を皮切りに、二〇年二月『先駆』、一〇月『同胞』、二一年七月『ナロオド』と改題し、何度かの発行禁止に遭いながらも、二二年四月まで刊行された。

社会運動参入を目的とした新人会の思想傾向は、『デモクラシイ』の表紙を、リンカーンからクロポトキン、マルクスというように多様な思想家たちの写真が飾ったように、当初は広範なものであったが、最後には『ナロオド』と改題された通り、次第に社会主義やマルクス主義の傾向も強くなっていった（スミス一九七八）。

また、会員間の変革のための思想の涵養と新規会員募集を目的に開催されたのが講演会であるが、恩師の吉野や大山郁夫、有島武郎、森戸辰男など新人会を支援した大正デモクラシーの論客を招いた学術講演会と、新人会メンバーによる宣伝演説会と地方遊説があった。学術演説会は一周年など節目に実施され、本会員の思想的涵養と変革への意識を高める役割をした。宣伝演説会と地方遊説は支部結成を目的としたものだが、一九年三月仙台市分会発会式、四月に赤松、宮崎、平らが京都、名古屋方面、八月赤松、宮崎が大阪・神戸、佐野が満州、宮崎が北海道遊説と活発な活動が『デモクラシイ』で報告された通りである。

このように啓蒙活動に重点が置かれていた前期新人会の活動で次第に重きを置かれていくのが、労働者の組織化と争議の指揮である。

「僕は愛人を探してゐた。そうして見出した労働者は僕の愛人だ。あの蒼い顔が快闊になるまで待つて居られない」(『デモクラシイ』二号)の一文の通り、新人会結成間もない約三カ月後の一九年二月に渡辺政之輔《まさのすけ》ら約四〇名の労働者による新人会の最初の労働者支部の亀戸分会が発会し、七月にこの組合所属の職工によるストライキが勝利をおさめると、本会員たちは支部創設や労働組合活動や争議の応援のために奔走していった(増島一九七八)。

†改組と前期新人会会員のその後

発足当初は三人の呼びかけに呼応した二十余名余りで出発し、啓蒙活動から次第に実践運動への傾倒していった新人会だが、一九一九(大正八)年九月に三輪寿壮、河西太一郎、林要、嘉治隆一《かじりゆういち》らの二水会グループが新人会本部に入会した。麻生らの水曜会より若干早い一七年九月頃から始まった二水会は嘉治らが合宿生活を行った柏風寮で毎月第二水曜日に開かれていた社会主義文献などの勉強会だった。社会運動への参入を心に決めながら、メンバーは、「アジ」りにきた「赤松や宮崎の誘い」に応じず、新人会とは距離を保って研究に専心していたが、寮の閉鎖で住居に困り、「新人会に入会するというはっきりした決意をするにいたっていないまま」、新人会会員となった。

三輪らも「もっと勉強し理論的武器を身につけたいと考えるも」、「他の会員たちが赤松、宮崎を先頭として駆け廻り、労働組合に出かけて啓蒙運動」に従事するのを、「みれば動かないわけにはゆか」ず、入会間もなく伊豆への調査、翌二〇年四月、信州への地方遊説や労働組合の支援に動員された。三輪らは、入会当初は赤松らの方針に従ったが、もともとは距離があったため、実践運動に積極的な赤松らにかねてから批判的な平らの支持を得て、卒業者会員内で学究派というグループを形成し、新人会の改組につながる対立の目となっていった。

三輪らの本部入会で「心強くなった」平は、「ようやく、麻生、赤松、宮崎の意のままにならずにやってゆけるとの自信をとりもどし」、「若い人々が早く実践運動に乗り出すべきだとアジる赤松、それに同調する人々」との対立を深め、「学生会員は卒業生のこの二つの流れの間」で困惑する状況となった。結局、学生会員からの要望により、一九二一年一一月三〇日に会員を学生のみとする改組が行われ、赤松らに批判的な平、三輪、蠟山《ろうやま》政道らが新たな思想団体を結成し、機関誌『社会思想』を刊行した（以上、三輪伝）。

その後、いったんは袂を別ったかに見えた赤松、麻生ら実践派と三輪、平ら学究派は、二六年無産政党結成に関わり、戦前期社会民主主義的運動の中心となるが、無産政党や労働運動の行き詰まりから、戦時や軍を利用した国家社会主義路線へ傾倒し、一九四〇年の新体制運動へ関わっていった。

†後期新人会――学生団体としての再出発

一九二一（大正一〇）年一二月『ナロオド』三周年号巻頭に、「三周年を迎ふると共に、我等は新人会を今後大学内の思想団体として存続せしめる事を茲《ここ》に宣言する」と掲げた通り、新人会は在学者のみの団体として再出発した。

在学者に限定された後期新人会は、「大学内の時たまの演説会と地方遊説と校外の社会主義団体との往復によってその存在を一部の学生に知られる程度」に低迷し、二二年三月の卒業期以後は会員数が一〇名を切り、機関誌『ナロオド』も翌二二年四月に廃刊に追い込まれた。学生団体を宣言したが、新たな方針も打ち出せず、「昔日の面影」を失ったのである（菊川一九四七）。

低迷した状況を打開したきっかけとなったのは、二二年春からの新人会、早稲田文化会など学生団体によるロシア飢餓救済運動によって生まれた学生連合会（以下、学連）の結成である。都内の大学・高等・専門学校の多くが学校の枠を超えて、募金活動を行ったことが学生運動の連合組織結成につながった。また、人道主義と政治色を伴う飢餓救済運動という性格は学生たちが共産主義を受け入れる素地となり、様々な学校に左翼文献の研究会の社会科学研究会が結成された。その背後に、アナ・ボル論争でのボル派の優勢や第一次共産党結成が作用していたことは、東大構内での学連創立集会がロシア革命五周年の一一月七日であった通りである。二四年九月に学連は学生社会科学連合会と改称され、マルクス主義を指導理念にしていくが、その素地は創立当初からであった。なお共産党とのつながりは、党からの直接的な指導ではなく、党やその関係者とつながりがあった志賀義雄など学連の中心的人物を介しての間接的なものだった（スミス一九七八）。

全国的な学生運動組織で中核的な役割を担う存在となった新人会は、学内でも地位を確立していった。関東大震災の社会主義者の虐殺の衝撃を受けて、菊川忠雄を中心とする非幹部派は二三年一一月末の総会で、少数精鋭での非合法団体化を図ろうとした後藤寿夫（林房雄）・是枝《これえだ》恭二《きょうじ》・志賀義雄ら幹部の提案を否決し、大衆化路線「リベッ化」を採択して、会員の増加運動に着手した。そこで、非幹部派は初めて組織内規を作り、研究会活動、会報『新人会会報』編集、書籍購入、学連との連絡などの組織を整え、様々な学内団体（学内自治組織の学友会・セツルメント・社会科学研究会）を勢力下に置き、影響力拡大を図った。

中でも、会員やシンパ獲得の場として効果的だったのは、セツルメントと社会科学研究会（社研）である。末弘厳太《すえひろいずた》郎《ろう》の発案で震災後に本所柳島に設立されたセツルメントは、新人会が中心となって実現と運営がなされた。主な活動は、無料診療所、労働学校、孤児収容所施設などであったが、弱者と直接的に接する場の存在は、入会後の活動意欲を促す重要な場となった。また、社会科学研究会は、新人会提唱の学友会改革の一つとして、二三年一一月に発足した。その目的は、学問研究を名目に一般の学生にマルクス主義を広め、入会者を募ることと、様々な学部に及ぶ社研会員を通して、新人会の全学的影響力の強化だった。実際、社研は最盛期には会員三〇〇名を超える「大衆的外郭団体」として繁栄し、新人会の学内活動での力の源泉となった（スミス一九七八）。

†ラディカルな共産主義的組織化

学内外での地位を確立した新人会は、一九二四年に入ると会員も増加し、学生団体としての体制も整った。入会者には、前期新人会とは異なり、厳しい審査があったが、前期新人会と同様に結束を図るために本部に合宿所が併設され、二三年一二月からガリ版刷りの「新人会会報」が出された。後期新人会で重きが置かれたのが、左翼文献を輪読する研究会活動である。研究会の発足当初、テキストはマルクス・レーニン主義の著作に限定されていなかったが、次第にコミュンテルン公認のものに統一され、上級生の手ほどきにより体系的にマルクス主義を受容していく機会となった。このように研究会は、共産党運動に身を投じる活動家を輩出する機会となった（スミス一九七八）。

新人会の体制が整うと、新人会が主導していた学連も急速に成長し、反体制運動などの実戦的な活動を活発化させた。二四年の夏までに、学連所属団体の正式名称「社会科学研究会」（社研）を名乗る約三〇もの団体が新たに結成され、既存の団体も社研に改称された（東大のみ新人会のまま）。そして、九月の東大で開催された学連第一回大会で名称を学生社会科学連合会（学連）に改め、その年末までには、ほぼすべての大学・高校に社研が結成された。高等教育機関を網羅する団体となった学連は、二四年末から二五年にかけて、中等学校以上での軍事教練の義務付けに対する軍事教育反対運動や全国高等学校長会議での高校社研解散の決定に反対した高校社研弾圧反対運動など、実践運動に活動の場を広げ（スミス一九七八）、さらに二五年七月の学連第二回全国大会では、「マルクス・レーニン主義」を方針として採択した（伊藤二〇〇〇）。新人会がエリート主導の革命論を受容するのは必然であり、さらに理論闘争の勝利者の先鋭的エリートによる革命論を主張した福本イズムへ傾倒し、ラディカルな実践活動へ乗り出していく中で、京都学連事件が起きた（中澤二〇一二）。

†京都学連事件

一九二五（大正一四）年一二月一日早朝、京都府特高課は、京大社研と同志社大社研を家宅捜索し、京大と同志社などの学連メンバーの三七名を検挙した。検挙理由は、同志社で配布された軍事教育反対運動のビラが発見され、その捜査の過程で発見した出版物が「国体を変革」する「虞《おそれ》」があって不穏当というもので、結果的には、治安維持法適用の第一号の案件となった（中澤二〇一二）。学連が適用対象となったのは、先述した七月のマルクス・レーニン主義の採用と九月に来日した全ロシア労働組合代表団団長レプセに京大社研の学生が書信を渡し検挙されたレプセ事件で危険視されたからである（筒井一九九八）。

しかし、検挙はしたものの、押収した証拠物件から確たる証拠を得られず、学連、京大教授を巻き込んだ抗議運動が起こり、検挙者は一二月七日までに全員釈放された（筒井一九九八）。一旦は収束したかに見えたが、翌二六年一月から四月にかけて第二回の検挙が行われ、前回の検挙者の半数に加え、学連の全国的展開を証拠だてるために、是枝恭二、後藤寿夫（林房雄）、松本篤一、村尾薩男《さつお》ら四名の新人会会員を含む三八名が検挙された（菊川一九四七）。

結局は、二七年五月三〇日第一審判決で、マルクス・レーニン主義に基づいて無産者を組織化し、「無産階級」の「解放運動に従事」したと認定されて、「治安維持法第二条」の「私有財産制度否定」を目的とした「協議罪」違反で、全員が有罪となった（伊藤二〇〇〇）。

その後、保釈中の被告人から共産党に入党する者が相次ぎ、二八年三・一五事件と二九年四・一六事件では学連の被告人から二三名の検挙者を出した。そのため、二八年三月、大学当局は新人会に解散命令を出し、新人会は、翌二九年一一月「新人会解体に関する声明書」により解散を宣言し、終焉を迎えた（『東京帝大新人会の記録』）。

†再び新人会とは？――その歴史的意義を問う

合法無産政党や社会運動の指導者を輩出した前期新人会、非合法共産党の活動家を多く出した後期新人会会員のその後だが、少なからずの人々が紆余曲折を経て、大政翼賛会など戦時や国家に協力する運動に関わっていった。

国家に挑戦した人々は、年を経て、国家側に立つ人間へとなったわけで、新人会を総体で見た場合には帝大出身の属性としてのエリート意識、権力志向、いわゆる「立身出世」志向が強かったことは否めない（鶴見一九五九、古川二〇〇六）。

事実、国家に収斂していった新人会の人々は、敗戦後も政界・財界・学界と活躍の場はそれぞれであったが、その属性を変えずに、その生涯を全うした。前期新人会では、社会党右派の代議士となった三輪寿壮・河野密《こうのみつ》、日本行政学会理事や右派社会党、民主社会党のブレーンを務めた蠟山政道、後期新人会からは、転向後財界に転じ、文化放送社長、フジテレビ社長を兼務し、吉田茂首相の経済ブレーンを務めた水野成夫、同じく転向後に土建業に転じ、政界フィクサーとして活動した田中清玄《せいげん》などが挙げられる。

彼らの「到達点」は、反体制から体制側とそれぞれであるが、いずれにしても、所属の体制内でのエスタブリッシュメントの地位をなした。彼らは、世間一般から見ればひとかどの人物として、「日本社会内部での第一級中央指導者」としての「地位」を保持したといえ、こうした彼らの軌跡が、「どんな時勢が来ようと」「自分たちが出て指導しなければ、日本は駄目なんだという考え方」からその地位にとどまり、それが結果的に「日本の政治の底」をなす「（指導者は決して責任をとらなくていいという）無責任意識」の「海底山脈」の源となったという見方もある（鶴見一九五九）。

このような見方も否めないところだが、しかしながら、既存のエリートコースをなげうち、労働運動や共産主義運動に一身を投じ、投獄など苦難も経験したのも事実である。また、大政翼賛会や産業報国会への参入の経緯を個々に見ると、労働者など民衆の利益を擁護するために体制内変革の目的があったことも明らかにされている（三輪二〇一七）。

自己実現と労働者など民衆の救済の同一的実現を試みたのが新人会の人々であり、理想と現実、公益と私益のせめぎ合い等、陰影を放つ彼らの足跡は、現在の政治や社会、そこでの指導者の条件、さらには人としてのあり方などを考えていくための豊富な手がかりに満ちており、今後も様々な視点からの研究の余地を持つ存在といえる。

さらに詳しく知るための参考文献

史料的文献

法政大学大原社会問題研究所編『新人会機関誌デモクラシイ・先駆・同胞・ナロオド』(法政大学出版局、一九六九)……機関誌の写真製版復刻で、付録として、ペンネームの実名特定がなされた総目次・執筆者略伝・執筆者索引・増島宏執筆の「解題」が付された基本史料である。

菊川忠雄『学生社会運動史』(海口書店、一九四七)……後期新人会の中心的人物の菊川による新人会を中心とする戦前期学生社会運動の通史であるが、当事者としての史料的価値も持つ新人会研究における基本文献である。

『三輪寿壮の生涯』(三輪寿壮伝記刊行会、一九六六)……前期新人会メンバーの伝記・回想録は、河上丈太郎編『麻生久伝』などいくつかあるが、社会党関係者による麻生伝が国家主義的行動の記述を忌避したのに対し、このような制約が少ない三輪伝は、このグループで問題となる国家主義への転換の考察に有益なので代表的な一書である。後期新人会メンバーの回想としては、石堂清倫『わが異端の昭和史』(勁草書房、一九八六)がある。

石堂清倫・堅山利忠編『東京帝大新人会の記録』(経済往来社、一九七六)……新人会創立五〇周年を記念して刊行された同書は、一九六九年一月の五〇周年記念集会の記録、後期新人会メンバーを中心とす

文献である。る回想、綱領・会員名簿・年譜などの資料編で構成され、特に後期新人会の研究上で、不可欠な史料的

研究的文献

新人会について

H・スミス（松尾尊兊・森史子訳）『新人会の研究』（東京大学出版会、一九七八）……戦前日本の高等教育制度を踏まえ、新人会の結成から解散、さらには出身階層と卒業後の進路状況まで、様々な視点から新人会を分析した詳細な研究書であり、現在でも新人会を研究する上で必読の一書。

半沢弘・佐貫惣悦「前期新人会――赤松克麿・麻生久」、鶴見俊輔「後期新人会――林房雄・大宅壮一」思想の科学研究会編『共同研究 転向』上（平凡社、一九五九）……前・後期新人会の大政翼賛会関与を「転向」現象として、それぞれの中心的人物に焦点を当てて、転換のメカニズムの解明を試みた古典的研究。特に鶴見の新人会会員の人間的特質を踏まえた俯瞰的な考察は内容だけではなく、方法論的にも得るところが多く、時を経ても一読する価値がある。

伊藤隆『大正期「革新」派の成立』（塙書房、一九七八）……大正八年前後に生起し、大政翼賛会に収斂していった左右の変革グループを「革新」派として、成立過程とその性格づけを行った一書。各派の一グループとしての新人会が論じられているが、新人会主要メンバーの略歴の注が有益であるとともに、何よりも革新勢力の見取り図の中で新人会の位置づけがなされている点が新人会の歴史的意義を考えていく上で示唆に富む。

有馬学「「前期学生運動」と無産政党リーダーシップの形成」『年報・近代日本研究2――近代日本と東アジア』（山川出版社、一九八〇）……前期新人会及び建設者同盟の創立メンバーの創設当初から無産政

党設立前までの政治理念の変遷を丹念に追い、前期新人会の人々が満州事変以後に国家主義に転じた論理の解明に先鞭をつけた画期的研究。

中村勝範編『帝大新人会研究』（慶應義塾大学出版会、一九九七）……総論的なスミス氏の研究を踏まえ、機関誌や新人会の主要メンバーなどの各論的共同研究の成果を集めた論文集で、新人会をより深く理解するのに役立つ一書である。

古川江里子「立身出世としての社会運動」（『日本歴史』第七〇二号、二〇〇六年一一月）……麻生など無産政党中間派の新人会メンバーが新体制運動への関与など民主主義放棄に至った経緯を分析し、戦前期民主主義とエリート及び彼らを取り巻く社会の特質を論じた。

三輪建二『祖父三輪寿壮――大衆と歩んだ信念の政治家』（鳳書房、二〇一七）……三輪の全言説の詳細な分析により、三輪の大政翼賛会、産業報国会などへの関与が大衆擁護を目的とした体制内変革の意図によることを論じ、これまでとは異なる新人会メンバーの存在を知らしめた。身内による伝記という範疇を超え、新人会研究の可能性を示した好著である。

京都学連事件について

筒井清忠「第四章 京都帝国大学の拡充 第5節 学生運動と河上事件 第1項 京都学連事件」『京都大学百年史』総説編（第一法規出版、一九九八）……未公刊の京大文学部部長坂口昂の日記や地元紙『京都日出新聞』など多くの史料を渉猟し、当局や京大側の動静から事件の全体像の描出がなされた論考は、事件を理解する上で必読である。その他、詳細なものに、伊藤孝夫「第四章 学連事件の検挙過程」『大正デモクラシー期の法と社会』（京都大学学術出版会、二〇〇〇）。また、治安維持法適用第一号という観点から事件を取り上げた中澤俊輔『治安維持法』（中公新書、二〇一二）も、簡明な記述でその概要を把握する上で有益。

第15講
社会運動の諸相

福家崇洋

†初期社会主義から大正デモクラシーへ

一九一〇年代末から二〇年代までの日本の社会運動は、「大正デモクラシー」（以下、「」略）の運動として位置づけられる。同研究を牽引した松尾尊兊《たかよし》によれば、大正デモクラシーとは、日露戦後から一九三二年頃までの政治・社会・文化における民主主義的傾向である。この傾向は、基本的に「広汎な民衆の政治的、市民的自由の獲得と擁護のための諸運動」により生み出された。その領域は多岐にわたるが、本講では社会主義運動、労働運動、農民運動、部落解放運動と関連させて論じる。

大正デモクラシーの源流のひとつに「初期社会主義」（以下、「」略）がある。キリスト教人道主義・民主主義・社会主義・平和主義を打ち出した日本最初の社会主義政党社会民主党（安部磯雄、片山潜《せん》、幸徳秋水、木下尚江《なおえ》ら六人が一九〇一年に創立）や、日露戦争時に「非戦」を唱えた平民社（幸徳秋水、堺利彦らが一九〇三年結成）が代表例として知られる。米独の社会主義運動を参照した初期社会主義は、キリスト教人道主義と唯物論、議会政策論と直接行動論との各対立をへて、大正デモクラシーへと継承される。

初期社会主義を労働運動で受け継いでいくのが友愛会である。一九一二年に鈴木文治《ぶんじ》らによって東京で結成された。綱領には相愛扶助・識見の開発・徳性の涵養・技術の進歩・地位の改善などが掲げられた。労働者の修養的な共済機関として、実業家や東京帝国大学教授の支援を背景に労資協調主義の立場をとった。鈴木はクリスチャンで、東京帝国大学法科大学入学後、同じ宮城県出身の吉野作造らとの関わりで本郷教会に所属した。一九一一年に鈴木はユニテリアン派教会の伝道団体・統一基督教弘道会（会長は早稲田大学教授安部磯雄）の幹事となった。こうしたキリスト者のネットワークが友愛会を支えた。

もうひとつ、初期社会主義の潮流を受け継いだのが、社会主義者の大杉栄《さかえ》、荒畑寒村《あらはたかんそん》によって一九一二年に創刊された『近代思想』である。学術・文芸の立場で発刊され、寄稿や集会に馬場孤蝶《こちょう》、生田長江、安成貞雄らが協力した。彼ら文学者と社会運動家の提携は、一九二〇年代後半から盛んになるプロレタリア文化運動のさきがけと言える。

『近代思想』に参加した社会主義者の堺利彦は、大逆事件後に文筆事業の売文社を起こして、同志の生活を支えた。一九一四年には文芸物や同志消息を読者に届ける雑誌『へちまの花』を、一九一五年にはこれに代わる『新社会』を売文社から発刊した。『新社会』では大逆事件後の「小さき旗上げ」が宣言され、新たに加わった高畠素之《たかばたけもとゆき》や山川均とともに、同志の輪を少しずつ広げながら社会主義運動の再興を目指した。

†ロシア革命と米騒動

大逆事件後の社会運動再興に影響を与えたのが第一次世界大戦(一九一四～一八年)である。大戦中の日本に登場した新思想が「民本主義」であった。もとは茅原華山《かやはらかざん》の造語だったが、吉野作造の「憲政の本義を説いて其有終の美を済すの途を論ず」(『中央公論』一九一六年一月号)で意味づけされ、普及していった。

第一次大戦の影響は労働運動にも及んだ。大戦特需により資本主義が急速に成長し、物価の急激な上昇や、地方から都市への移動にともなう労働者の増加が起きた。これにより、一九一七年から同盟罷業の件数・参加者数が急増した。創立当初一五名だった友愛会は、一九一七年には正会員総数二万七〇〇〇人近くになった。全国各地で支部や支部連合会を設けて、着実に組織を拡大した。

社会主義運動では、大戦期から国際社会主義運動の情報が機関誌上で盛んに紹介された。その主な担い手は、大逆事件後にフランスに渡った石川三四郎と、大戦勃発直後にアメリカに亡命していた片山潜である。二人を通じて、大戦期の欧米及び国際社会主義運動の最新情報が同志に伝わった。

その中でも彼ら社会主義者を鼓舞したのがロシア革命（一九一七年三月・一〇月）であった。五月に東京の社会主義者がメーデー記念集会を開催した際、「露国社会党」への決議文が送られた。一〇月には堺と高畠の連名で、レーニン及び「過激派党員」宛に革命成功の祝意を記した書簡をハーグの国際社会党気付で送ったとされる（ほぼ同文の書簡四通がドイツ社会民主党エーベルトらにも送付された）。ここには「国際社会主義大会」に委員派遣を希望する文言もあり、国際社会主義運動との接続を希望している。

ロシア革命は、日本社会主義運動の路線にも影響を与えた。いち早く革命の意義を理解した高畠素之が発表した「政治運動と経済運動」（『新社会』一九一八年二月号）をめぐり、山川均と論争が起きた。高畠は、初期社会主義時代以来の議会政策論と直接行動論の対立を克服し、政権獲得を目指す政治運動の優位を説いた。しかし、総選挙立候補（一九一七年四月）や普通選挙に取り組む堺以外は政治運動に慎重で、提唱は受け入れられなかった。

労働運動や社会運動にとって、ロシア革命に続く第二波が米騒動であった。米価上昇に起因する運動が都市から地方へ広がるなかで、一九一八年八月頃から全国各所で「暴動」が起きた。寺内正毅内閣は引責退陣し、立憲政友会総裁の原敬が初の政党内閣を組閣した。未曾有の運動の高まりを受けて鈴木文治は普選実施と労働組合法化を訴え、大阪で目撃した大杉栄も市井の人々の新たな声を聞き取った。

†分岐する社会主義運動

国外ではロシア革命と第一次世界大戦、国内では米騒動と内閣倒壊など激動の新時代に対応する結社が一九一八年末に次々に生まれた。吉野作造や福田徳三ら大学知識人を中心とする黎明会、吉野らに師事する赤松克麿、宮崎龍介ら東京帝大の学生たちが結成した新人会などである。

新人会結成の実務を担ったのが、学生たちの先輩格の麻生久であった。堺利彦も裏でお膳立てをしたといわれる。しかし、黎明会は社会主義者と距離を置き、政治運動よりも啓蒙運動に力を注いだ。このため、結成当初は大きな反響を得た同会も社会主義の普及にともない影響力を失った。社会主義を積極的に受容したのは新人会の方で、のちに同会から友愛会、日本共産党、無産政党の幹部を輩出していく。

同時期の社会主義運動内では路線対立が表面化した。政治運動に積極的な高畠らと、慎重及び否定的な堺・山川らの対立である。売文社は一九一九年三月に解散し、翌月高畠らは『国家社会主義』を創刊した。彼らが目指したのは社会主義とナショナリズムの接合、国家による社まった。

会主義の実現である。しかし、高畠らは官憲の弾圧で政治運動に踏み出せず、啓蒙運動にとど

堺や山川の方は一九一九年四月に『社会主義研究』を創刊しつつ、新社会社からマルクス主義を旗印に『新社会』を発刊した。ほぼ同時期に、黎明会や新人会の関係者による『解放』、山本実彦《さねひこ》による『改造』が創刊された。堺や山川は、発行部数が多い両雑誌に社会主義関係の論説を数多く発表し、マルクス主義やマルクス・レーニン主義の受容・紹介につとめた。

労働運動も、争議件数・参加者の増加にともない、旧来の労資協調主義から戦闘的になりつつあった。一九一九年八月の友愛会七周年大会では大日本労働総同盟友愛会と改称し、労働組合の全国組織となることが表明された。あわせて、理事合議制への変更や、労働非商品の原則、労働組合の自由などからなる「友愛会主張」二〇項目を掲げることが決まった。

この頃、友愛会では治安警察法一七条撤廃や普通選挙推進など政治運動を推し進める勢力が生まれる。主な担い手は、クリスチャンの賀川豊彦《かがわとよひこ》を幹部とする神戸連合会であった。一九一九年一二月には、賀川の提唱で普選期成関西労働連盟が結成された。第四二議会で憲政会、立憲国民党が個別に普通選挙法案を提出したほか、その直前には数万人のデモが起きていた。しかし、原敬内閣は議会を解散して、普選運動は一時頓挫した。

労働組合の影響力を当時の日本社会に知らしめたのがＩＬＯ労働代表派遣問題であった。パ

リ講和条約での合意に基づき一九一九年に国際労働機関（ILO）が設置された。第一回国際労働会議に派遣される労働者側代表の選定をめぐり、各労組が提携して政府選定案（第一候補本多精一で補欠に高野岩三郎、桝本卯平《ますもとうへい》）を批判した。労組は三名に辞退を勧告し、本多と高野は辞退した。友愛会顧問格だった高野の代表受諾をめぐって黎明会内で意見が対立し、衰退を招く一因となった。逆に、労組はこの問題を機に統一の動きを進め、翌年の第一回メーデーの実施もあわせて、存在感を増していく。

高まる労働運動の存在に着目したのがアナキストやアナルコ・サンディカリストであった。初期社会主義運動以来の直接行動論の系譜に位置づけられる彼らは、議会政策など政治運動に否定的で、労働組合の直接行動による社会革命を目指した。同派の中心にいた大杉栄は、一九一八年から同志と労働運動の研究を進め、翌年一〇月に『労働運動』（第一次）を創刊し、労働者との結びつきを深めていく。

†国境を越えた戦線統一

一九二〇年は、分岐する社会主義運動が統一に向けて動いた年である。その象徴が日本社会主義同盟の結成であった。堺利彦の提唱で準備が進み、一九二〇年八月に準備会を結成し、あらゆる「態度」「色彩」の社会主義者を糾合することを謳った趣旨規約草案を発表した。堺や山川均らのマルクス主義者、大杉栄らのアナルコ・サンディカリスト、学生運動家、女性解放運動家、労働組合代表、中国の李大釗《りたいしょう》まで含み、参加者は三〇〇〇名を数えたとされる。

一二月一〇日の創立大会前日に、官憲の目を盗んで懇親会を大会に切り替えて結成した。『新社会』が『新社会評論』を経て改題した『社会主義』が機関誌にあてられた。しかし、多彩さゆえ運動は振るわず、一九二一年五月九日に第二回大会を開くも同月二八日に解散を命ぜられた（機関誌も九月号で停刊）。

国内の戦線統一と同時並行で進んだのが、国際社会主義運動との提携である。一つ目は片山潜がいる在米社会主義運動である。一九一九年四月以降、片山は近藤栄蔵ら在米同志を日本へ送り込んだ。近藤は在米日本人社会主義者団に参加しており、共産党結成による革命を決意して帰国した。片山自身は一九二一年にアメリカを発ってロシアのモスクワへ移る。

二つ目は、そのモスクワで一九一九年三月にロシア共産党を中心として設置された共産党の国際組織第三インターナショナル（コミンテルン）である。日本の社会主義者でコミンテルン側と最初に接触したのは大杉栄であった。彼は一九二〇年八月に来日した李春熟《りしゅんじゅく》（韓国共産員・大韓民国臨時政府メンバー）から「極東共産党同盟」構想を聞かされ、一〇月に上海で大韓民国臨時政府幹部の李東輝や呂運亨、コミンテルン・エージェントのヴォインチンスキーと会った。大杉は「極東共産党同盟」には加わらなかったものの、二〇〇〇円の資金供与を受けて帰国した。

資金をもとに大杉は近藤栄蔵とともに一九二一年一月に『労働運動』（第二次）を刊行した。日本社会主義同盟創立から間もなく、伊井敬こと近藤の「ボルシエヴィズム」が連載されるなど、共産主義者と無政府主義の統一戦線が試みられた。

こうしたなか韓国共産党から日本に派遣された李増林は、堺と山川に上海への同志派遣を要請した。今回は近藤が派遣された。派遣前の同年四月、日本共産党暫定中央執行委員会（総務幹事山川、国際幹事近藤）が発足した。近藤は党の規約・綱領を持参して日本を発った。李東輝らと上海での共産主義者常設センターの設立を話し合い、六五〇〇円の資金提供を受けた。帰国した近藤は、五月に下関で官憲により逮捕された。

資金は「暁民共産党」の活動に用いられた。同党は、早稲田大学生の高津正道や高瀬清らが結成した暁民会《ぎょうみんかい》の一部が二一年八月に新たに結成したとされる。この資金でポスター五万枚を製作・配布したために、同年一一月から翌月にかけて近藤と暁民会メンバーは検挙された（暁民共産党事件）。

†アナ・ボル対立と各運動への影響

次のコミンテルンと日本社会主義者の接触は、上海から派遣された張太雷《ちょうたいらい》（中国共産党員）によってもたらされた。エージェントの命を受けた張は、堺利彦、近藤栄蔵と会い、極東勤労者大会（極東諸民族大会）への日本代表派遣を要請した。同大会は、コミンテルンがワシントン会議（一九二二年）に対抗し、東アジアの共産主義者たちに招集を呼び掛けて開催されたものである。

ロシアに派遣されたのはアナ系の吉田一、和田軌一郎ら労働社グループとボル系の高瀬清、徳田球一《きゅういち》であった。労働社の高尾平兵衛も上海まで同道し、現地の同志から資金五〇〇〇円を受領して帰国した。他にも在米日本人社会主義者団から派遣された鈴木茂三郎ら代表団がモスクワ入りした。

同大会の会議では日本の運動について報告された。この時、彼らは「日本における共産主義者の任務」を採択し、結集の言葉のもとにアナルコ・サンディカリストの協力を求めた。労働社の人々は無政府主義を捨てて共産主義者になる決議に署名した。訪露メンバーの一部は結集の任務を帯びて一九二二年春頃に帰国した。

とはいえ、国内の運動状況は、彼らの方針と逆の方向に進んでいた。一度はアナ・ボル提携が見られた『労働運動』も、二一年六月頃には共同戦線が破綻して廃刊。同年末にはアナ派だけで『労働運動』（第三次）を創刊した。他方でボル派は、翌年一月に山川均、田所輝明らが『前衛』を創刊、四月には市川正一と青野季吉《すえきち》が『無産階級』を創刊した。誌面上でも思想が色分けされつつあった。

アナ・ボル対立の焦点は、ロシア革命の評価と労働運動の組織論にあった。大杉栄は当初ロシア革命に同情していたが、ボルシェヴィキ政権によるアナキスト弾圧の情報を得て批判的になった。ここにボル派との対立点が生まれる。もうひとつは労働運動団体をいかなる組織論で運営するかである。ボル派は中央集権論を、アナ派は政党指導を排除し労組の自主自治を重視する自由連合論を主張した。これらの論点の相違が、雑誌の論説や社会・労働運動を通して明確化していく。

その労働運動では、戦後不況を背景に川崎・三菱造船所大争議（一九二一年六〜八月）が起きて、賀川豊彦率いる神戸連合会が争議を指導したが「惨敗」に終わる。また、サンディカリズムの影響が強まったため、棚橋小虎（東京連合会主事）が「労働組合へ帰れ」を機関誌『労働』一九二一年一月号に発表して直接行動論を批判、幹部側とアナ派の対立が激化した。

対立に火を注いだのが普通選挙運動の昂揚であった。翌年にかけ憲政会、立憲国民党から統一普選法案が提出され、デモも盛んになった。しかし、友愛会（一九二一年一〇月の一〇周年記念大会で日本労働総同盟に改称）内ではアナ派の反対を受けて、大会で普選条項が削除されるなど政治運動との距離が広がった。

普選運動に積極的だった賀川豊彦は、川崎・三菱造船所大争議での挫折を機に労働運動から去った。同年一〇月のILO第三回大会で農業労働の問題が取り上げられたことをうけ、杉山元治郎とともに日本農民組合を設立した。各地で増加する小作人組合や争議を背景に、農民運動組織の全国的な糾合を目指した。政治運動に比較的積極的だった日本農民組合は、一九二〇年代半ばの無産政党結党準備運動で中心的な役割を果たす。

この時期でもうひとつ逸することができない団体が全国水平社である。日露戦後の部落改善運動は「人種」・貧困問題として地方改良運動の一環として取り組まれ、一九一〇年代初頭から全国各地で帝国公道会や大和同志会など融和団体が誕生していた。しかし、第一次大戦後の人種的差別撤廃問題、喜田《きた》貞吉《さだきち》の異民族起源説打破、日本社会主義同盟結成への西光万吉《さいこうまんきち》・阪本清一郎の参加、佐野学「特殊部落民解放論」(『解放』一九二一年七月号)の反響もあり、被差別部落民自身の結社結成の気運が起こった。一九二二年三月に京都で全国水平社創立大会が開催され、「穢多及び特殊部落民等」侮辱に対する「徹底的糾弾」が決議された。その後、同時期に成立した日本共産党の影響もあり、次第に運動内でボル派の指導権が確立していく。

†共産党大会の開催と「レフト」設置

ロシアから帰国した高瀬清、徳田球一に加え、堺利彦、山川均、荒畑寒村、近藤栄蔵、高津正道らは一九二二年八月に地下会議を開いた。極東勤労者大会の報告があり、日本共産党暫定中央執行委員会の日本共産党への改組と組織整備（産業部・政治部・農民部・青年部・婦人部設置）、幹部任命（荒畑が総務幹事、堺が国際幹事など）が行われた。

運動方針では、引き続きアナ派及び労働者の啓蒙を目指した。これに呼応したものが山川の「無産階級運動の方向転換」（『前衛』一九二二年七・八月号）である。同論はサンヂカリズムの影響を批判し、「少数の精英な革命的前衛」が大衆の中へ入る必要を説いた。そのための実際運動がロシア飢饉救済運動や対露非干渉運動であった。

コミンテルンも極東ビューローをウラジオストクに設けて日本共産党との関係を強めようとした。日本からは高瀬、川内唯彦《ただひこ》らがモスクワに向かい、一一月のコミンテルン第四回大会に日本代表として出席した（本大会で日本共産党承認）。日本共産党では綱領草案を用意していたが、大会で審議されたのはブハーリン（ロシア共産党幹部）が起草した「日本共産党綱領草案（二二年綱領草案）」であった。

帰国した高瀬、川内を迎えて、一九二三年二月に千葉県市川で大会を開催した。ここで幹部が代わり（総務幹事堺、国際幹事佐野学）、執行委員に労働者出身党員が登用された。組織では教育研究部、新聞編集部、水平部が設置され、同大会で政治部附属の朝鮮部が設置された。これらはその後の運動上の工作拠点となる。

翌月中旬、市川大会後に党に届いたブハーリン草案を検討して党綱領を策定する臨時党大会が東京の石神井で開かれた。綱領委員（委員長佐野、高橋貞樹、野坂参三、猪俣津南雄《つなお》、市川正一《しょういち》、杉浦啓一、山川均）の間では、来る日本の革命がブルジョア革命かプロレタリア革命かの認識の違いを背景に、合法無産政党即時結成か否かで対立が起きた。綱領は採択されなかったが、合法無産政党結党方針は既定路線となった。同大会の内容は、コミンテルン第三回拡大プレナム（一九二三年六月）出席のためにロシアに派遣された荒畑寒村からコミンテルンに伝えられた。

合法無産政党結党に必要だったのが労働組合のボル化である。この任務を担ったのが野坂参三と山本懸蔵《けんぞう》であった。野坂は友愛会に所属し、イギリス留学（一九一八年）時にイギリス共産党に入党した経歴を持つ（二一年五月に国外退去で帰国）。山本懸蔵は一九二二年にコミンテルンの指導下で創立された赤色労働組合インターナショナル（プロフィンテルン）第二回大会に日本代表の労働者として出席した。彼らは市川大会までに入党、彼らを含む労働者によって「レフト」すなわちプロフィンテルン日本支部が一九二三年三月に設置された。以後、総同盟のボル化工作の拠点となる。

以上の国際組織との提携は、官憲にも把握されつつあった。一九二三年六月五日、堺利彦ら八〇名が治安警察法違反容疑で検挙された（第一次共産党事件）。その直前に党中央執行委員会は佐野学、近藤栄蔵、高津正道を上海に脱出させた。彼らはウラジオストクに行き、モスクワから来た荒畑寒村ら他のメンバーも加え、コミンテルン執行委員会との連絡に基づき在外ビューローを設立した。他方で、事件後の党中央執行委員会は、国内で活動を担う臨時ビューローを組織した。赤松克麿、北原龍雄、饒平名智太郎《よへなちたろう》、猪俣津南雄らで、のちに逮捕された猪俣に代わり山川が入った。彼らは党の建て直しとともに合法無産政党即時結党に向けて動く。

関東大震災と社会運動の転換

その矢先に起きたのが九月一日の関東大震災であった。東京を中心に死者・行方不明者一〇万人超の甚大な被害をもたらしたほか、多数の朝鮮人が官憲・自警団により殺害された。

震災の一報が届けられた在外ビューローから山本懸蔵が大連経由で、荒畑が上海経由で帰国した。国内では、山川らが一〇月に第三回党大会を開催した。ここで臨時ビューローが廃止され、新中央執行委員会（総務幹事饒平名、国際幹事佐野文夫、財務幹事赤松、常任委員に北原龍雄、立田泰、浅沼稲次郎）が発足した。党員減少にともない、細胞・専門部の再編が決定された。

大会では「行動綱領」が討議され、労働者の組織化と合法的な政治運動を目指すことが確認された。総同盟は震災後に救援運動を実施するために救援委員会を組織するが、そこに総同盟員かつ党員の赤松らが所属することで、運動のボル化が試みられた。彼らは総同盟執行委員会を通じて、党が進める合法無産政党の組織化に方向付けをしていく。

他方で、新中央執行委員会の発足は在外ビューローとの間に深刻な軋轢を生む。ウラジオに戻った山本懸蔵から大会の情報を伝えられた在外ビューローの面々は意思決定からの疎外に対して不満を持った。実際、新中央執行委員会にとって在外ビューローは役割を終えつつあり、ビューローの解体とともに新中央執行委員会の指導権が確立する。しかし、委員会内部でも、堺・山川・荒畑ら初期社会主義以来の人々と高津、高瀬、近藤ら暁民会系の人々の新旧世代の対立が次第に大きくなり、一九二四年四月に日本共産党は解党を決定した。

最後に、アナ派の方も見ておきたい。いち早く国際社会主義組織と日本社会運動を繋いだのはアナ派の方だった。この傾向は継続し、大杉栄は一九二二年一二月、ベルリンで開催される国際アナキスト大会に参加するため出国し、上海を経由して中国人に偽装してフランスに向かった。翌年二月にマルセイユに着いた彼は、大会が延期されるなか、サン・ドニのメーデーで演説をして逮捕・収監、素性が判明して裁判後に強制退去となった。帰国は七月一一日である。約二カ月後の九月一六日、関東大震災後の混乱に乗じた憲兵により、大杉は伊藤野枝《のえ》、甥の橘宗一《たちばなそういち》とともに憲兵隊に勾引され、殺害された。容疑者として甘粕正彦憲兵大尉らは軍法会議にかけられ、有罪判決が下った。

大杉殺害に先立つ九月三日には、労働者の平沢計七《けいしち》、川合義虎《よしとら》ら一〇名が検束され、習志野騎兵第一三連隊の兵士の手で亀戸署構内で殺害された。平沢は元・友愛会員で純労働者組合を起こし消費協同組合運動や文化運動に従事、また『労働週報』編集を通して積極的な「中立」

の立場からアナ・ボル提携を目指した人物である。しかし、その提携の試みも震災後の弾圧で望みが断たれるなかで、ボル派もアナ派も運動の転換を迎えていく。

さらに詳しく知るための参考文献

梅森直之『初期社会主義の地形学――大杉栄とその時代』(有志舎、二〇一六)……資本主義的近代への批判として初期社会主義を設定し、その「地形学」から大杉栄ら社会主義者の生きられた経験を問い直した書。

松尾尊兊『大正デモクラシー』(岩波現代文庫、二〇〇一)……一九七四年に刊行され、二〇〇一年に岩波現代文庫に収録された大正デモクラシー研究の古典のひとつ。大正期の社会運動を総合的に知る上で、高い実証に裏付けられた、最良な見取り図を示す。

藤野裕子『都市と暴動の民衆史――東京・一九〇五―一九二三年』(有志舎、二〇一五)……日露戦後の日比谷焼打ち事件、米騒動といった「都市暴動」と関東大震災後の朝鮮人虐殺を、「民衆」の行動形態、政治運動との関係性の解明や、生活文化、男性性への着目から分析した書。

黒川伊織『帝国に抗する社会運動――第一次日本共産党の思想と運動』(有志舎、二〇一四)……コミンテルン文書などを用いて、第一次日本共産党の思想・運動を「帝国に抗する社会運動」として捉え直した書。戦後まで射程を延ばした、同氏の近著に『戦争・革命の東アジアと日本のコミュニスト――一九二〇―一九七〇年』(有志舎、二〇二〇)もある。

アンドルー・ゴードン(二村一夫訳)『日本労使関係史　一八五三―二〇一〇』(岩波書店、二〇一二)……明治期から現代までの日本の労使関係の特質を、労働者の心性への着目や、政府・官僚を含めた考察から析出した通史。

森武麿『戦間期の日本農村社会――農民運動と産業組合』（日本経済評論社、二〇〇五）……戦間期日本の農村社会を農民運動と産業組合の対抗的関係を焦点にしつつ、経済史、社会史、政治史を統一する視座のもと農村支配体制の再編を跡づけようとした書。

朝治武『差別と反逆――平野小剣の生涯』（筑摩書房、二〇一三）……水平運動史におけるボル派史観からの脱却を念頭に置きながら、アナ系労働運動をへて全国水平社創立に関わった平野小剣の実証的評伝。全国水平社の全体像は同氏の『水平社の原像――部落・差別・解放・運動・組織・人間』（解放出版社、二〇〇一）を参照。

第16講

女性解放運動――『青踏』から婦選獲得同盟へ

進藤久美子

†前史――明治近代化と家制度

富国強兵を掲げる明治近代化政策は、アジアで先駆けて工業化を進め近代的資本制の育成に成功した。しかしその近代化がもたらした現実は、江戸時代の家父長的な家族制度を社会の基盤にすえた男尊女卑の封建的社会に他ならなかった。明治近代化のプロセスで女性たちは、三段階を経て市民的権利を一切もたない二級市民の立場に位置づけられていった。

まず一八八九(明治二二)年に明治憲法と同時に公布された衆議院議員選挙法で女性は、選挙権、被選挙権から排除された(第六条、第八条)。さらにその前年の一八八八年に公布された市制・町村制において女性は公民から除外され(第七条)、府、県、郡、市、町村の各地方議会の選挙権・被選挙権から排除された。

次に明治民法が一八九八(明治三一)年に公布、施行され、戸主を家長とする家制度が確立した。同法は戸主権の強大化と妻の市民的無能力化を意図し、戸主と呼ばれる夫（家父長）にすべての市民的権利を集中させた。妻に相続権はなく、妻の財産は夫が管理し（第八〇一条）、子を保育、教育する親権は父にあった（第八七七条）。日常の家事は妻がすべて取り仕切ったが、妻はあくまでも夫の代理人としてそれを遂行しているにすぎなかった（第八〇四条）。

家制度の社会では良妻賢母が女性の生きる最善で唯一の道とされ、そのための自己犠牲と忍従の婦徳が称揚された。結婚は夫の家に入籍することを意味し、妻は婚家の継続と繁栄のため男子を産み、育てることを至上命令とされた。男子を出産できない妻は離婚の対象となった。

最終的に一九〇〇（明治三三）年に治安警察法（以下、治警法）が公布、施行され、女性の政治的活動は一切禁止された。本来同法は、資本主義の発展とともに日清戦争前後から発生した労働運動と農民運動の取締りを目的としたものだった。そのため同法は労働者、小作農の団結権、争議権、資本家と地主に交渉する団交権を禁止した。と同時に治警法は、第五条一項で軍人、警官、教員らとともに「女子」が政治結社を組織、加入する結社権を禁止し、第二項で「女子」が政談集会へ会同する集会権を禁止した。

†『青踏』の創刊——「元始、女性は太陽であった。」

明治が大正と改元される前年の一九一一（明治四四）年九月、女流文芸誌『青踏《せいとう》』が東京で創刊された。家制度の束縛に疑義を抱き、日本近代史上最初の女性解放のうねりをつくりあげていったのは、『青踏』に集った「新しい女」たちだった。この年の一月に「社会主義撲滅」を掲げた桂太郎内閣の下で、天皇の暗殺を企てた容疑で幸徳秋水ら一二人の社会主義者の裁判史上例をみない大量の死刑が執行された。石川啄木が憂いた明治末の「時代閉塞の現状」の間隙をぬって、女たちの解放の烽火が期せずしてあげられた。

青踏社をたちあげ雑誌『青踏』を創刊したのは、明治政府の高級官僚の家庭に育ち日本女子大学を卒業した、当時二五歳の平塚らいてう（明《はる》）である。在学中から創立者成瀬仁蔵《じんぞう》の良妻賢母教育に強く反発しニーチェを耽読、座禅をくみひたすら自我の解放を模索する学生だった。卒業後に所属した閨秀《けいしゅう》文学会を主宰する生田長江の勧めで、母が用意した結婚費用の一部を資金に充て「他日女流の天才を産む」ことを目指して女流文芸誌の発刊にいたる。発起人には平塚と女子大同窓の保持研子、知友の中野初子、木内錠子《ていこ》、それに漱石門下の物集和子《もずめ》の五人がなり、賛助員に長谷川時雨《しぐれ》、与謝野晶子ら、社員には岩野清子、田村とし子など当時最も著名な女性文化人が名を連ねた。後に神近《かみちか》市子、伊藤野枝が社員に加わった。

「元始、女性は実に太陽であった。真正の人であった。今、女性は月である。他に依って生き、他の光によって輝く病人のような蒼白い顔の月である。」「『青踏』発刊の辞」冒頭の平塚の一文は、家制度の下で自己犠牲と忍従を強いられた良妻賢母の女の生き方に真っ向から対峙し、独立した自我をもつ女性の生き方を高らかに宣言した。その主張は、日清・日露戦争後、資本主義の発展とともに大量に生み出された中産階層出身の高等教育を受けた若い女性たちが、個としての自我の確立や市民的自由を求める気持ちに呼応し熱狂的な支持をうけた。発刊直後から共鳴、激励の手紙や入社、購読の申し込みが相次ぎ、当初一〇〇〇部だった発行部数が一年後には三〇〇〇部に増えた。

†「新しい女」の主張

一方でジャーナリズムは、衝撃的な『青踏』の登場に非難と嘲笑で応酬し、『青踏』に集う女性たちは「和製ノラ」「新しい女」と揶揄された。「五色の酒を飲む新しい女」「新しい女、男女同権を主張して吉原で遊興」など、『青踏』の女性たちの行動が歪曲して報道された。そして「新しい女」は食べるに困らない有産階層の女たちであり、身勝手で享楽的な自己主張をすると非難された。次第に社会規範から逸脱した「ふしだらな女」としての「新しい女」イメージが定着し、『青踏』に投稿し、購読する「新しい女」は、教職を追われるなどの社会的制裁を受けるようになった。

『青踏』であげられた女性解放の烽火は、当初、女たちの自己尊厳の回復を求める観念的な主張であり、『青踏』の女性たちは社会問題に関心を示さなかった。しかし不当な非難を浴び社会全般にはびこる封建的女性観や女性差別に直面し、観念的な主張は実際的な女性問題への関心に移っていった。次第に公娼制度を許容した家制度下の社会で、女性が直面する貞操、堕胎、売春などの問題が取り上げられ、それは後述する母性保護論争に発展していった。一方ジャーナリズムの世界でも一九一三（大正二）年には『太陽』、『中央公論』、『六合雑誌』などの当時最もリベラルな総合雑誌が本格的に女性問題を取り扱い始めた。しかし論調の大半は「新しい女」批判であり、良妻賢母教育礼賛だった。

平塚は、同年一月の『中央公論』に「新しい女」を載せ、あえて「自分は新しい女である」と宣言した。そして「新しい女はもはや……旧い女の歩んだ道を黙々と……歩むに堪えない」「新しい女は男の便宜のために造られた旧き道徳、法律を破壊しようと願っている」と訴えた。さらに四月に平塚は『青踏』誌上に「世の婦人たちへ」を発表し、「何故世の多くの婦人たちは」「総《すべ》ての女は良妻たり、賢母たるべき」ということに「根本的な疑問」を持たないのか問いかけた。そして自分は、「現行の結婚制度には全然服することができない」と主張した。

現行の道徳や法律は男の都合によってできている。新しい女は、男のために作られた法律とそれを支える道徳を変えるのだ。新しい女が目指す変革は、家制度を支える良妻賢母主義であり、その価値に基づく結婚制度である。こうした「新しい女」平塚の主張は、家制度を基盤に置く明治憲法体制の根幹を揺るがすものに他ならなかった。政府は、公然と良妻賢母主義を批判する「新しい女」の思想を危険思想として、『青踏』四月号を発禁処分とした。

一九一四(大正三)年、官憲の圧力が加えられる中で平塚は年下の画家奥村博史と恋愛し共同生活に入った。夫の家に入籍する「現行の結婚制度」はとらず、二児を出産してもあえて未婚の母の立場を貫き、「新しい女」の主張を現実の行動で示していった。

一九一三(大正二)年から『青踏』は、エレン・ケイの『恋愛と結婚』の訳載を始めていた。子供を持ち強い母性に目覚めた平塚は、このスウェーデンのフェミニストの思想から大きな影響を受けた。人間として男女は同一であり、同等の権利をもつべきであると主張する女権主義フェミニズムに対し、ケイは男性と女性は異なる性であり、男女の平等はあくまでも女性の母性が尊重、保護されたうえで達成されると主張する母性主義フェミニズムの立場にあった。それは「男の便宜のために造られた」社会を変えたいと願う「新しい女」の到達したフェミニズムの展望となり、その後の平塚の言説と活動を脈々と流れる思想となった。

最終的に『青踏』は、悪評にともなう購読数の激減に加えて出産、育児、奥村の病気が重なり平塚の手に負えなくなった。一九一五(大正四)年に編集を希望した伊藤野枝に引き継がれたが、翌一六年二月に無期休刊となった。しかし『青踏』であげられた女性解放の烽火は消えることなく、平塚もまた大正期の女性解放運動を牽引し続けた。

†働く女性の増加と母性保護論争

日本近代史で大正期は、女性の働く職域が著しく拡大し、女性の労働人口が急増した時期にあたる。日露戦争（一九〇四〜〇五）後の資本主義の発展によって、それまでの女中、女工、産婆、看護婦、小学校教員などの職に、銀行、保険会社、株屋、鉄道、郵便局などの事務員、デパートの店員、薬剤師、ウェートレスなどの職種が加わった。さらに第一次世界大戦期（一九一四〜一八）のかつてない戦争景気で経済が膨張し、女子労働者の需要が増大した。都市部では、企業や官公庁で働く女性の数が増え、事務員、タイピストの需要が増加した。こうした新しい分野に就いた女性たちは職業婦人と呼ばれるようになり、その多くは高等小学校や高等女学校を卒業後、結婚までの間働くようになった。

職業婦人の台頭を背景に一九一六（大正五）年に中央公論社が月刊誌『婦人公論』を発刊した。一九一八年、同誌上で後に母性保護論争といわれた女性解放の激しいイデオロギー論争が展開された。女性解放のために経済的自立が先か。そのために国家の母性保護が必要か。そもそも育児と職業は両立するのか。論争は、女性の職域が広がり働くことが女性の生活の選択肢となりつつあった社会で、女性の働くことの意味が初めて問われた画期的なできごとだった。

一九一八（大正七）年三月、与謝野晶子は『婦人公論』に「紫影録」を掲載し、女性はまず経済的に自立すべきであり、たとえ恋愛結婚でも一人で出産・育児ができるだけの経済力をもってからにすべきと主張した。そして経済的に自立できず「男子の財力」を求める女性は、「経済的には依頼主義をとって男子の奴隷となり」と述べ、女性が真に解放されるためには経済的自立が先決であると強調した。与謝野は当時三九歳、一〇人の子を抱え無収入に近い夫鉄《てっ》幹《かん》を支えて孤軍奮闘の最中だった。その徹底した女性の経済的自立の主張は、自らの生活体験に裏づけられていた。

この与謝野の主張に対し平塚は、同誌五月号の「母性保護の主張は依頼主義か」で反論した。「元来母は生命の源泉であって、婦人は母たることによって個人的存在の域を脱して社会的な……存在者となる」。だから、「母を保護することは……その子供を通じて、全社会の幸福のため……必要なこと」と、平塚は主張した。女の出産、育児は社会的国家的仕事であり、国家が保護することは「依頼主義」ではなく当然のことなのだ。そう主張した平塚はさらに、「終日駄馬のごとく働いても、自分ひとり食べていくだけの費用しか得られない」低賃金で女性が働いている現状を指摘した。そして「母の経済的独立」は「よほど特殊な労働能力ある者」に限られ、大多数の女性は将来結婚、出産はできないと観念せざるを得ないと、問題提起した。

与謝野・平塚の論争を社会主義フェミニズムの立場から止揚したのが山川菊栄の同誌九月号の「母性保護と経済的独立」である。山川は与謝野の主張が、資本主義の発展に伴って一八世紀末ヨーロッパで起こり一九世紀後半に世界の大勢となった男女平等の権利と義務を主張する女権論を継承するものであると指摘した。そして平塚の主張は、資本主義の矛盾が女性にもたらした「惨状に対する緩和剤」として二〇世紀初頭北欧に起こった母権主義の系統をひくものであると述べた。その上で山川は、両者の主張にはそれぞれ「一面の真理」があり互いに矛盾するものではなく、「双方共に行われた方が現在の社会において婦人の地位を多少安固にする」と主張した。しかし同時に「それが婦人問題の根本的解決ではなく」「婦人問題を惹起し盛大ならしめた経済関係〔資本主義〕そのものの改変」が必要と強調した。

†新婦人協会の創立――初めての政治運動

第一次大戦後の一九一九（大正八）年は、政治的自由を求める大正デモクラシーが大きく躍進した年だった。前年には米騒動が全国に波及して寺内正毅内閣が総辞職し、政友会の原敬を首相とする憲政史上初の本格的な政党内閣が成立していた。さらに、ロシア革命、パリ講和会議、国際労働機関（ＩＬＯ）の設立など海外の動きに刺激され、この年労働組合運動や男子普通選挙（以下、普選）運動が大きな盛り上がりをみせた。同年末開院の第四二議会では普選が最大の争点となり、「普選時期尚早」を主張する原敬首相は翌二〇年二月に内閣を解散した。

社会変革の期待が高まる時代風潮のなかで平塚は、『青踏』運動を通して経験した社会の堅い壁を打ち破るため、「婦人の政治的、社会的な団体運動への衝動」を抑えがたくしていた。平塚は、名古屋の工場視察で知り合った市川房枝に自分にはない「実際家肌」で「事務的才能」を見出し、「ぜひ片腕に欲しい」と運動への協力を依頼した（平塚一九五五）。

一方、濃尾平野の中農の家庭で育った市川は、当時二六歳だった。愛知県の女子師範学校を卒業し、母校の小学校の訓導、『名古屋新聞』（現『中日新聞』）の記者、一九一八年に上京すると株屋の事務員、日本初の労働組合友愛会の婦人部書記など職業婦人の道を歩んでいた。しかし師範学校時代から良妻賢母教育に不信を持ち、どの職場でも女性に対する差別的扱いに対する不満から職を辞していた。市川は、「婦人の地位の向上、婦人の解放」という目的の「運動を起こしたいと考えていたので、よろこんで協力します」と、平塚の誘いを受けた（市川一九七四）。

一九一九（大正八）年一一月から一二月にかけて平塚と市川は、日本で初めての女性の政治結社である新婦人協会の創立を大阪と東京で発表し、翌二〇年三月に発会式を行った。平塚と大学が同窓の女子労働に関心をもつ奥むめをが設立準備から加わった。発会式には大山郁夫、鎌田栄吉、堺利彦、嶋中雄作、下中弥三郎ら大正デモクラシーを牽引した男性リベラリストが多数参加し、彼らの協会に対する期待の大きさを表象していた。

新婦人協会の運動は、女性の家庭や職場での地位、女子教育、政治などあらゆる分野での男女の機会均等を目的とした。しかし当面の運動目標として、女性たちの奪われた政治的権利を取り戻すことに照準を合わせた。先述したように、女性たちは治警法第五条で政談を聞くこと、政治結社を組織することが禁止されていた。そこで運動の第一目標を治警法第五条一項と二項から「女子」を削除する改正法案の制定におき、女性の自由な政治活動を目指した。

第一次大戦後の国際社会では、すでに男女平等の参政権が時代の大勢となっていた。大戦末期の一九一八（大正七）年には、ドイツ、カナダで、二〇年にはアメリカで男女平等の参政権が成立した。市川は、「日本ではまだ政治の演説を聞くことさえできない実情に、大いなる憤り」を感じていた（市川一九七四）。

さらに新婦人協会は、夫から花柳病（性病）を移されたために離縁される妻を保護するための花柳病男子結婚制限法の制定を運動の第二の目標にすえた。当時、夫から性病を移され離縁される女性が後を絶たなかった。唐突にも見える第二の目標は、平塚が北欧の例にならって同法の制定を強く希望した。平塚は協会機関誌『女性同盟』創刊号に「社会改造に対する婦人の使命」を載せ、「女性としての立場から婦人の権利であり、義務である母の生活を完《まっと》うするための実生活上の必要から諸種の権利を要求します」と、母権主義フェミニストの立場から運動の趣旨を記した。

運動のイデオロギー的基盤は平塚が担った。しかし実践的側面は市川が主導し、ふたつの法律の請願活動から始めた運動は、治警法第五条改正に向けた議会活動に重点を移していった。一九二〇（大正九）年七月、開院中の第四三議会に市川らの依頼した無所属議員を通して治警法第五条改正法案が衆議院本会議に初めて上程され、委員会に付託された。同改正法案は議会会期終了のため審議未了となった。しかし委員会で内務省の川村竹治警保局長が女性の結社権は無理だが、時節柄、集会権は認める旨の発言をした。

議会多数派の政友会もまた、女性の集会権だけは認める方針だった。新婦人協会はあくまでも女性の集会権と結社権を求めたが、次の第四四議会で政友会には治警法第五条二項の改正法案の上程を依頼した。その結果、一九二一（大正一〇）年二月に同改正案が初めて衆院本会議を通過した。しかし貴族院で否決され廃案となった。貴族院で反対演説した藤村義朗男爵は「女子の本文は家庭」にあり、「女子に政治的の運動を許す」ことは国の基礎である「家族制度に反して居る」と強調した（市川一九七七）。

翌一九二二（大正一一）年三月、女性の集会権を認める政友会改正案が第四五議会衆議院に再び上程され同院を通過した。今回は、奥むめおら新婦人協会の貴族院有力議員への働きかけが功を奏し、貴族院も通過し治警法第五条二項の改正が成立した。これによって女性が政談、演説、またその発起人になることが認められた。しかし、同法第五条一項の改正はされず、女性が政治結社を組織、加入することは禁止されたままだった。

†新婦人協会の限界と意義

治警法第五条二項の改正法案が衆議院をはじめて通過し、次の議会での可決の見通しのついた一九二一（大正一〇）年四月、市川は理事辞任と渡米を決意した。平塚もまた運動の一線から退いた。運動からの二人の撤退は、創立以来の運動の労苦で肉体的、精神的な限界に来たこと、二人の運動観の違いが抜き差しならない状況になったことが原因だった。その後を奥むめおらが引き継ぎ治警法第五条二項の改正にこぎつけたが、二人の創立メンバーが欠け新婦人協会の運動は頓挫した。

この年の七月新婦人協会は、いま一つの危機に直面した。先の母性保護論争の論客の一人山川菊栄が雑誌『太陽』に「新婦人協会と赤瀾会」を掲載し、新婦人協会の議会主義を「思想の幼稚不徹底」かつ「運動方針の醜悪愚劣」で「到底社会運動」たりえないと厳しく批判した。当時山川は、堺真柄《まがら》、久津見《くつみ》房子らが四月に結成した社会主義初の女性組織赤瀾会《せきらんかい》の顧問的立場にあった。山川の批判に奥は同誌八月号に「私どもの主張と立場」を載せ、新婦人協会の治警法第五条改正運動が女性の社会活動をする上でいかに重要かを説き、階級を超えた女性の連帯を呼びかけた。本来治警法第五条改正運動は、明治末に平民社に集った堺為子《ためこ》ら社会主義の女性たちの手で始められ、幸徳秋水の大逆事件で社会主義が冬の時代をむかえ終息していた。

最終的に新婦人協会は一九二二（大正一一）年末に内外の危機を乗り越え、創立の意思を引き継いだ形で婦人連盟として再出発することになった。しかし新婦人協会の運動自体は約三年の短命だった。またその議会活動は、第一次大戦後の男女平等の参政権を認める国際的趨勢と政治的自由を求める大正デモクラシーの時代風潮によるところが大きかった。

他方で、運動が達成した治警法第五条二項の改正がもたらした歴史的意義は大きかった。一九二二（大正一一）年に女性の政治談議や講演が認められたことによって女性たちの政治活動が堰を切ったように活発になり、本格的な女性参政権運動が始動した。そうした文脈から新婦人協会の運動は、男女の政治的同権に対する先駆的な要求であり、日本における女性参政権運動の前史として位置づけられる。

†関東大震災と女たちの一票の要求

一九二三（大正一二）年九月一日、関東大震災が起こり未曾有の災害が東京を襲った。混乱に乗じて在日朝鮮人に対する大虐殺が起こり、一〇人の労働者を虐殺した亀戸事件、大杉栄、伊藤野枝虐殺の甘粕事件など政府の労働運動や社会主義運動に対する弾圧が激化した。一方でロシア革命や第一次大戦後の国際社会における民主主義の高揚を背景に、普選運動が異常な盛り上がりをみせた。震災で新たに組閣された第二次山本権兵衛内閣は、犬養毅逓相らの強い要請で普選実施の声明をだした。

混乱の中最初に赤ん坊にミルクをと立ち上がった女性たちは救援物資の配給、たずね人調べ、身の上相談、授産事業などの活動を次々に行った。その活動は震災一カ月後の九月末には、東京府下四三の女性組織が大同団結した東京連合婦人会へ発展した。同会は活動を円滑に行うため授産部、社会部、政治部など専門分野に分かれて活動し、日本キリスト教婦人矯風会《きょうふう》（以下、矯風会）の久布白《くぶしろ》落実、千本木《せんぼんぎ》道子らを中心に、山川菊栄や女医の吉岡弥生（東京女医学校の創設者）など左右両翼の女性リーダーが積極的に参加した。

一方で震災直後の救援活動が一段落すると、焼失遊廓の再建反対や小学校の再建などの復興政策をめぐって女性の一票の必要が痛感されるようになった。東京連合婦人会は、政治部の山高（金子）しげり、河崎なつ、宮川静枝ら若手メンバーを中心に女性参政権獲得のための新たな組織づくりを模索し始めた。震災前後には、治警法第五条二項の改正をうけて女性参政権を目指す団体や個人の活動家が澎湃として興隆していた。同法改正が成立した一九二二（大正一一）年三月に矯風会は、前年組織内に立ち上げた日本婦人参政権協会（代表久布白落実、以下、参政権協会）を、運動の徹底化をはかるため全国規模の組織に改編した。矯風会は一八八六（明治一九）年に廃娼と禁酒を目的に矢島楫子《かじこ》らによって設立された日本で最も古い女性組織である。同組織は廃娼運動を展開する過程で女性の一票の必要を痛感していた。また震災の年の二月には新婦人協会の後進の婦人連盟と西川文子《ふみこ》らの新真婦人会が合体し治警法第五条一項の撤廃と女性参政権を目的に婦人参政同盟（以下、参政同盟）が組織された。

†婦選獲得同盟の発会――普選の次は婦選

一九二四（大正一三）年一一月、翌月に開院される第五〇議会で普選法案の成立がほぼ確実な状況を前に、参政権協会は同議会で女性参政権を要求するための対議会運動懇談会を開催した。それは参政同盟、東京連合婦人会政治部など東京府下の婦選団体と婦選活動家が一同に会する機会となった。同懇談会で女性参政権獲得を唯一の目的とした新しい組織を作ることが合意され、一二月に婦人参政権獲得期成同盟会が立ち上げられた。参政権協会の久布白落実が「宣言」を起草し、女性たちの参政権を求める運動が男女は人間として同一であり、ゆえに同等の権利をもつとする自然権の思想に立つことを明記した。さらに運動の目標に、女性が国の政治に参画するための参政権、地方政治に参画するための公民権、それに女性の結社権を要求する三法案、通称、婦選（女性参政権の呼称）三法案の制定をすえた。役員選挙が行われ総務理事に久布白落実《くぶしろおちみ》、会務理事には市川房枝が選ばれた。市川は二年半の滞米生活で同地の女性の政治参画を視察し、震災を機に帰国していた。

一九二五（大正一四）年三月、婦人参政権獲得期成同盟会は運動の目的に沿って開院中の第五〇議会に治警法第五条一項の改正法律案を、婦人参政権と公民権はまず建議案として上程した。三案はいずれも治警法改正委員会をとおして衆院本会議に回され同院を通過した。しかし貴族院で議会閉会のため審議未了となり廃案となった。婦選三法案に対する政府の見解はいずれも時期尚早であり、衆議院通過も貴族院での廃案を見越しての体裁づくりにすぎなかった。

婦選三法案を初めて上程したこの議会で、三月に加藤高明内閣が上程した男子普通選挙法が成立した。それは大正デモクラシーの到達点を示し、戦前日本の民主主義の発展を象徴する画期的な議会となった。一方で政府は、枢密院の意向をうけ法案可決直前に社会主義運動の取締りを目的とする治安維持法を普選と抱き合わせの形で成立させた。婦選が事実上始動したこの議会で、「国体の変革」を目指す組織と思想を禁止した治安維持法が成立したことは、その後の婦選運動の展開に大きな影響を及ぼした。徹底した男尊女卑の家制度を基盤とする天皇制国家で男女平等の政治的権利の要求は、「国体の変革」に直結する危険性を内包していた。それは日本での女性参政権運動が欧米の同運動と異なり、その本来依拠する男女同一・同等の権利を要求する自然権の思想を表看板に掲げ続けることが困難であることを示唆した。

実際、治安維持法が制定された三年後の一九二八（昭和三）年四月に同運動は、「我国刻下の現状に鑑み」として、男女平等の政治的権利を主張する婦選の戦略を、女性の政治的組み入れがもたらす社会的意義の主張へと方向転換した。以後、婦選の女性たちは国家主義の台頭する保守的社会で、政治を「清浄公正なる国民の政治」とするため、そして「政治と台所の関係を密接」にし、さらには「婦人及び子供に不利なる法律制度を改廃」するためとして、婦選三法案の制定を要求した（市川一九七四）。この婦選運動の戦略転換は戦前、戦中期の婦選運動を牽引した現実主義の社会運動家市川房枝の運動観の影響を色濃く受けたものだった。市川は新婦人協会の時代から理想に走った運動は「机上の空論」で「徒労に終わる」と主張し、社会改革運動という以上は「現在の社会を認めて、其の上に立った運動」であるべきと強調していた。

とまれ、第五〇議会閉会後の一九二五（大正一四）年四月、議会終了までの暫定的組織だった婦人参政権獲得期成同盟会は、第一回総会を開催し永続的団体とすることを決定した。市川房枝が規約改正を説明し、会の名称を短く婦選獲得同盟（以下、獲得同盟）とすること、運動の目的に婦選意識を高揚するための政治教育を加えること、さらに地方支部の設置が提案され、大衆運動としての婦選運動の組織ができあがった。以後、同同盟は議会開院のたびに女性の参政権、公民権、結社権を要求する婦選三法案を上程し続けた。

一九二八（昭和三）年二月、憲政史上初の男子普通選挙が施行された。獲得同盟の女性たちは婦選支持の超党派候補者を積極的に応援し、議会に多数の支持者を送り込んでいった。普選の次は婦選という世論の高まりのなかで、一九二九年末開院の第五七議会で、かねてから婦選支持の犬養毅の口添えで第一党の政友会が婦人公民権を党議とした。その結果、三〇年五月の第五八議会で、民政党からも多数の支持者を得て婦人結社権と公民権の二法案が初めて衆議院を通過した。両法案は貴族院で否決され廃案となった。しかし翌三一年二月末、第五九議会で政府が市町村に限定した制限付婦人公民権案を上程し、衆議院を再び通過した。今回も貴族院で廃案となったが、女性たちの市町村レベルの地方政治参画があと一歩のところまで近づきつつあった。獲得同盟は次の第六〇議会で府県レベルを含めた完全公民権案の上程に向けて政友会、民政党に働きかけを強めていた。

それから半年後の一九三一（昭和六）年九月一八日に満州であがった戦火は、政治参画を求める新婦人協会以来の女性たちの努力を一瞬にして灰燼に帰した。満州事変後の準戦時体制下の議会で婦選支持の議員は雲散霧消し、以後、婦選三法案の議会上程が困難となった。一方、獲得同盟の女性たちは戦時状況に入った社会で、一九二八（昭和三）年の戦略転換で示した婦選の意義にそって東京市の「ゴミ処理問題」「女中税・小市民税反対運動」「東京卸売市場問題」など、政治と台所を結びつける市民的活動の領域を開拓していった。その活動はまた男性の行う金権選挙と政治の革正運動や母性保護法の制定などに発展した。かくして軍国主義の台頭する昭和初期の社会で婦選運動は、政治的権利を持たない女性たちが生活者の視座から「政治参画」する新たな展望を切り拓いていった。

さらに詳しく知るための参考文献

＊大正期の女性解放運動の実相を生き生きと伝えているのが、当該運動のキーパーソンとなった女性たちの自伝と評論集である。

自伝

平塚らいてう『わたくしの歩いた道』（新評論、一九五五）
市川房枝『市川房枝自伝――戦前編』（新宿書房、一九七四）
久布白落実『廃娼ひとすじ』（中公文庫、一九八二）
奥むめお『野火あかあかと――奥むめお自伝』（ドメス出版、一九八八）
山川菊栄『おんな二代の記』（岩波文庫、二〇一四）

評論集

市川房枝『私の婦人運動』（秋元書房、一九七二）
平塚らいてう『平塚らいてう著作集』1〜3（大月書店、一九八三）
山川菊栄『山川菊栄集』1（岩波書店、一九八一）

＊女性解放運動の思想、組織とその戦略を実証的に知るためには運動の機関誌、公刊されている資料集が役に立つ。

堀場清子編『『青踏』女性解放論集』（岩波文庫、一九九一）
新婦人協会『女性同盟』復刻版（ドメス出版、一九八五）
婦選獲得同盟『婦選』第一巻（不二出版、一九九二）
湯沢雍彦編『日本婦人問題資料集成』第五巻＝家族制度（ドメス出版、一九七六）

市川房枝編『日本婦人問題資料集成』第二巻＝政治（ドメス出版、一九七七）

＊また、本講で触れられなかった個々の運動家や運動体の全体像とその歴史的展望を知るための参考書として以下がある。

米田佐代子『平塚らいてう――近代日本のデモクラシーとジェンダー』（吉川弘文館、二〇〇二）……女性解放のイデオローグとして平塚らいてうの原点となる母性主義フェミニズムが「優生思想」を内包し、時代をへて戦時期の「皇国史観」から戦後の「平和構想」へと変遷していく、その契機と諸相が詳細に分析されている。と同時に、新婦人協会時代の「拒婚同盟」の提唱や一九三〇年代の消費組合活動など、時代と国家の制約を乗り越えた平塚の活動が敷衍される。

折井美那子・女性の歴史研究会編著『新婦人協会の研究』（ドメス出版、二〇〇六）……新婦人協会の運動の全容が、治安警察法第五条の改正や花柳病男子結婚制限法の制定運動とともに、支部活動、機関誌『女性同盟』、財政問題などの組織活動、さらには協会に対する新聞報道と同時代人の論評など多角的、かつ実証的に検証されている。

進藤久美子『闘うフェミニスト政治家　市川房枝』（岩波書店、二〇一八）……男尊女卑の家制度を社会の根底に据えた戦前の保守的社会で、男女平等の政治的権利を要求する婦選運動が、女性の政治参画の有効性を軸に日本固有の運動の戦略を編み出していく過程を詳述している。そして、その婦選活動の伝統が、戦後に参議院議員として市川房枝の編み出した「理想選挙」の選挙手法や「政治は生活を守るためにある」を標榜する政治様式に発展する経緯が跡づけられている。

第17講

国家改造運動

福家崇洋

†国家改造運動の位置

本講は、老壮会《ろうそうかい》や猶存社《ゆうぞんしゃ》で知られる、大正期の国家改造運動について述べる。第15講で述べたように、この時期の社会運動は「大正デモクラシー」（以下、「」略）の潮流に位置づけられる。しかし、国家改造運動は「日本ファシズム」の萌芽とみなされたために、大正デモクラシー研究の主対象とはならなかった。

これに問題提起を行ったのが伊藤隆氏の「革新」派論である。伊藤氏は『大正期「革新」派の成立』（塙書房、一九七八）で、老壮会を含む大正期の改造団体を大正期「革新」派として実証的に跡づけた。これにより昭和戦前期との連続性のもとで、大正期の諸団体をとらえることが可能になった。近年は、筒井清忠『二・二六事件と青年将校』（吉川弘文館、二〇一四）など一九三〇年代の国家改造運動の研究において、同運動の源流として老壮会や猶存社が登場する。

本講は、以上の先行研究を踏まえつつ、一九一〇年代から二〇年代の日本社会に国家改造運動を位置づける。第15講では初期社会主義から大正デモクラシーへの系譜を見たが、この潮流と国家改造運動は重なる。老壮会や猶存社に関わった満川《みつかわ》亀太郎(一八八八～一九三六)、大川周明(一八八六～一九五七)、北一輝(一八八三～一九三七)の思想と軌跡を見れば明らかである。

満川、大川、北は三者とも、初期社会主義の影響を受けていた。満川は、中学時代に『平民新聞』など社会主義文献を熱心に読んでいた。大川も中学時代に社会主義文献及び『平民新聞』を愛読、進学した第五高等学校で社会主義を普及させたり、キリスト教社会主義者が創刊した『新紀元』へ投稿したりした。中学退学後から社会主義の影響を受けた北は、上京後も社会主義の研究を進め、『国体論及純正社会主義』(私家版、一九〇六)を刊行した。

ただし、彼らと初期社会主義者は帝国主義に対する姿勢が異なる。日露戦争時に社会主義者は非戦論を唱えたが、満川や北は対露開戦論を主張した。満川と北には日本の対外膨脹を要求する帝国主義やアジア主義(西洋帝国主義の圧迫から日本が盟主となって東洋諸国の解放を求める思想)の影響が見られる。満川は宮崎滔天《とうてん》らが一九〇六年に創刊した『革命評論』に関心を抱いていたし、北は革命評論社同人となって中国大陸の革命運動に関わっていく。青年時代の彼らは、資本主義の諸問題を是正する「社会主義」と「帝国主義」をいかにして折り合いを付けるのかを模索していた。

大川は、満川・北と異なり、第五高等学校卒業後、東京帝国大学に入学し、姉崎正治のもとで宗教学を専攻した。一九一〇年には日本的キリスト者松村介石《かいせき》が創始した日本教会（のち道会）に入会し、宗教者・宗教学者としての道を歩む。

†日中印革命の交錯と三五会

日露戦後に日中革命運動家の交流が深まった。彼らの動きは辛亥革命（一九一一年）による清朝倒壊と中華民国成立につながる。北も中国大陸で革命運動に関わったが、一九一三年に国外退去処分になった。

帰国後の北は、自身の中国革命論をまとめた「支那革命党及革命之支那」（一九一五）を要路者に配布した。これを勤務先の大日本社（一九一四年『大日本』創刊）で受け取り、共鳴した満川は、北に会いにいく。二人の交流は、北が再び離日する一九一六年まで続いた。

一方で、『大日本』は満川の編集下でインド植民地問題の論説を掲載していた。第一次世界大戦初期の一九一〇年代は日印が経済的、文化的に接近した時期だった。思想家でノーベル文学賞を受賞したタゴール、亡命インド人R・B・ボースやヘーラムバ・グプタ、アメリカでインド植民地問題に取り組んでいたタラクナート・ダス、ラーラ・ラジパット・ラーイらが来日した。第一次世界大戦による西洋文明一辺倒への反省とその植民地支配に対する問題意識が日本で広がった時期に重なる。

インド独立問題に衝撃を受けたのが当時東京帝大生の大川周明であった。きっかけは古書店で偶然入手した Sir Henry Cotton, *New India, or, India in transition*（1909）である。同書からインド植民地の惨状を知った大川は、植民地解放運動に取り組み、グプタやボースら革命インド人コミュニティとの交流が始まる。『印度に於ける国民的運動の現状及び其の由来』（私家版、一九一六）をまとめあげたり、全亜細亜会を結成してダスの論説を翻訳したパンフレットを配布したりした。

しかし、日本はイギリスと同盟を結んでいたため、反英感情を駆り立てる彼らの運動は取締りの対象となった。こうした時に起きたのが、一九一五年一一月のグプタとボースに対する日本政府の退去命令であった。これは、事実上のイギリス官憲による逮捕を意味した。万策尽きて頭山満《とうやまみつる》邸に行った彼らは、官憲の目を逃れる形で、宮川一貫に案内されて相馬愛蔵邸に身を隠した。

宮川は、当時満川亀太郎が中国革命やインド独立などアジアの時事問題を語り合うために同志と結成した三五会のメンバーだった。満川は宮川を介してボースと会い、ボースから大川の『印度に於ける国民的運動の現状及び其の由来』を紹介されて、大川の存在を知った。

大川も満川と出会うことで三五会に出入りし、来日していた詩人で思想家のポール・リシャール『告日本国』の原稿を紹介した（のち同論は大川訳で刊行）。こうして、中国革命を通して北と満川が、またインド独立運動を通じて大川と満川がつながった。

三五会自体は一九一六、七年の結成から一年経たずして消滅に向かうが、同会のメンバーが核となり、老壮会や猶存社が生まれる。

†「改造運動連絡機関」老壮会

老壮会は、確認できただけで第一回（一九一八年一〇月）から第四五回（一九二二年五月）まで開催され、延べ数百人が参加する同時期では屈指の規模をほこる思想団体であった。その世話人を務めたのが満川亀太郎である。

もともとは大日本社で関係者の親睦をはかる談話会が公開を目指して始まったものだった。よって、『大日本』執筆者や同社社友、元三五会メンバーが参加した。前者が「老」年、後者が「壮」年の老壮会である。名付け親は国家総動員論を展開する佐藤鋼次郎陸軍中将で、多数決で決まった。

満川が名称として提案した「夜光会」には、同時代の状況を「黎明」ではなく、「夜」と見る彼の危機感が現れている。具体的には、第一回会合の世話人挨拶で述べられた、東洋における英米勢力の増大、民主化の台頭、貧富の格差による階級戦の到来などである。ここには欧米由来のデモクラシーや帝国主義に対する批判意識とともに、アジア主義、社会主義に集約される満川の思想が滲み出ている。

これに対応して、老壮会で取り上げられたテーマも多岐にわたった。ロシア、中国、チベット、アフガニスタン、ドイツ、朝鮮などの国外時事問題だけでなく、婦人、貧民、農村、鉱山、労組に関する社会・労働問題、国際労働会議委員選出問題、明治維新論などの講演もあった。

各問題の専門家を招いて講演してもらい、関心のある人々が集まる形式をとる。「老壮男女貴賤貧富/平等無差別無礼講/来者歓迎去者不追」と満川が述べたように、大陸浪人、中国・ロシア問題専門家、学者、女性、社会運動家、陸・海軍人、評論家、労働者、農民運動家、エスペランティストなど多様な人々が老壮会に参加して意見交換した。大正中期は「改造」や「解放」が時代を表す言葉だったため、満川は老壮会を「改造運動連絡機関」と評した。

特筆すべきは、社会主義者の参加である。「冬の時代」をへて売文社に集った彼らは売文業で生計を立てながら少しずつ運動をはじめていた。ロシア革命の影響で運動方針にずれがでてきた売文社は、堺利彦・山川均らと高畠素之らに分裂した（第15講）。高畠らは新たに国家社会主義運動を始め、老壮会にも参加するようになる。

しかも、老壮会には堺利彦も参加して、居並ぶ軍人やアジア主義者の前で社会主義の演説を行った。彼を老壮会に呼んだのは女性解放運動に参加していた権藤誠子（成卿《せいきょう》の妹）である。

こうした「極端右党」から「極端左党」までの意見交換を実現したのが老壮会であった。そこには、世話人満川の社会主義に対する寛容さや大正デモクラシーの影響が背景にあった。実際、満川は黎明会に入る福田徳三や京都帝国大学教授で社会主義を講じる河上肇《はじめ》にも参加を呼びかけようとした（いずれも実現せず）。

社会主義者の周囲にいた人々も老壮会に参加しはじめた。文化学会（一九一九年結成）に属していた島中雄三、下中彌三郎、石田友治らである。彼らは普通選挙運動などを推し進めた雑誌『第三帝国』（一九一三年創刊）の元関係者であった。

島中によれば、文化学会は、黎明会が距離を置いた社会主義に近い人々の受け皿として結成された。島中自身も、のちの第一次共産党のシンパとなる人物で、無産政党準備運動を進めていく。下中は教員労組の啓明会を立ち上げて教育運動に携わったほか、平凡社を創業して出版事業に乗り出した。

島中ら文化学会幹部は、満川ら老壮会世話人とともに、無産政党のパイロット版ともいえる日本労働党（一九一九年一二月山元亀次郎らが結党、自由平等の実現、普選実施、資本家政党打倒が綱領）に参加した。老壮会単独でも労働者の待遇及び福利厚生の充実をあげた「労働問題解決案」（一九一九年一〇月）を発表して労働問題の解決に積極的に取り組んだ。

†猶存社と『雄叫び』創刊

老壮会は参会者が膨大となり、当初の結成意図とずれはじめてきた。このため、満川は元三五会メンバーとともに、一九一九年に猶存社を結成した。老壮会がなかば放談会となりつつあるなか、「国内改造」に向けた「純然たる実行的思想団体」の必要性を感じたためである。彼らは一軒家を借りて「猶存社」の門標を掲げた。

猶存社の性格に変化が生まれるのは、北一輝を迎えてからである。当時北は上海にいたが、満川との交流は続いていた。北から届けられた意見書が満川の手で老壮会で紹介されたこともある。

猶存社結成二週間後、満川は北を日本に呼び戻そうと、猶存社に参加していた大川周明（当時、南満州鉄道株式会社東亜経済調査局編輯課長）を上海に派遣した。密航で上海に向かった大川と北は語り明かした。日本に戻る大川に北は、途中まで書き上げた「国家改造案原理大綱」（のちの「日本改造法案大綱」）を渡した。残りの部分も満川・大川宛に送られてきた。天皇大権の発動による国家改造項目が列記された内容に感銘を受けた満川は、赤穂義士に因んで四七部謄写刷にして、同志や知友に配布した。

北自身はいまだ修行が必要だとして上海にとどまり、帰国の途についたのは同年末であった。

長崎滞在を経た翌二〇年一月五日に東京に到着し、満川と再会を果たす。北は猶存社二階に腰を落ち着けた。北の帰国は、官憲の警戒やマス・メディアの好奇心もあり、猶存社の世評や満川の境遇を変えていった。大日本社では社会主義者が来る老壮会に違和感を抱く人もいたため、退社した満川は国家改造運動に専念する。

猶存社でまず取り組んだのは機関誌の発刊である。これまでは『大日本』に月々の老壮会の記録を載せていたが、退社でそれに代わるものが必要となった。満川は老壮会と猶存社の機関誌として、一九二〇年に『雄叫び』を創刊した。「宣言」には、「吾人は実に世界解放戦の主導者たらんが為めに日本の改造を要求する者なり」の文言があり、国内と国外の改造の連結が謳われた。

より具体的には、創刊号掲載の「六大綱要」と、それを発展させた、三号（表記は『雄叫』）に発表された「八大綱領」に見ることができる。後者には「一、革命的大帝国の建設運動／二、国民精神の創造的革命／三、道義的対外策の提唱／四、亜細亜解放の為めの大軍国的組織／五、各国改造状態の報道批評／六、エスペラントの普及宣伝／七、改造運動の連絡機関／八、国柱的同志の魂の鍛錬」とある。

満川や大川の著作とあわせて参照すれば、猶存社は、有色人種差別撤廃運動や植民地などで生まれた民族独立運動との提携を視野に入れていたことがわかる。当時、ロシア革命や社会主義運動を通じて浸透しつつあった階級的な解放運動だけでなく、民族や人種といった国家を越えた属性を視野に入れた「世界解放戦」を戦う必要があると彼らは考えていた。その先鋒をつとめる帝国日本が他の民族や人種とともに英米中心の国際秩序を覆すべきだというのが猶存社が掲げる国家改造の目的であった。

†宮中某重大事件と東宮渡欧問題

猶存社は『雄叫び』発行や講演会の開催に乗り出すが、厳しい時代を背景に反響はあまり期待できなかった。機関誌も確認できるのは三号までである。満川や大川は、国会議員や官僚、軍人との交流を生かして、中国政策の意見書などを地道に配布して、要路者に食い込もうとした。

一方、独自の動きを見せたのが北一輝である。北は普段、猶存社二階にいて、階下で開かれる老壮会に参加するくらいだったが、徐々に運動を開始していく。そのひとつが自由労働者との運動である。北は、ナショナリズムや天皇主義が強い自由労働者に着目し、老壮会に出入りしていた彼らの著作刊行（角田《つのだ》清彦『大眼目』）を支援するなど、愛国労働運動への影響力を強めようとした。

猶存社は、この時期起こった宮中某重大事件、東宮渡欧反対運動に取り組んだ。宮中某重大事件とは、東宮の裕仁親王（のちの昭和天皇）妃に内定した久邇宮良子《くにのみやながこ》女王に色覚遺伝の問題があるとされ、元老山県有朋が久邇宮家に婚姻辞退を迫ったことを発端とする。山県は長州閥、良子の母は島津家出身だったため、薩長対立の様相を呈した。しかも、ほぼ同時期に裕仁親王の渡欧をめぐる反対運動も相まって社会が騒然となった。

　山県批判の急先鋒は、東宮御学問所御用掛の杉浦重剛からこの問題を聞いた城南荘グループ（五百木良三《いおきりょうぞう》、牧野謙次郎、松平康国、押川方義《まさよし》、大竹貫一、佃信夫ら）であった。彼らは山県本人や皇族に意見書を送り、問題の解決を訴えた。また、久邇宮付属官の依頼で秘密裡に作成された「宮内省の横暴不逞」なる怪文書も撒かれて政界で物議を醸した。

　ここに猶存社も参入し、北が怪文書を作成して頒布した。これは久邇宮宛の書簡（一九二一年二月四日付）の形式をとったもので、現物は未確認だが、案文と写しは確認されている。「今上天皇陛下〔大正天皇〕を幽閉し奉り更に陰謀の隻手を／良子女王陛下に加ふると同時に迅雷の如く他手を／東宮殿下に加へて海外に放つの姦謀を知る者は神のみ」と山県が批判されている。満川も交流のある薩摩出身の床次竹二郎《とこなみたけじろう》内務大臣に問題解決の奮起を促す書簡を送った。

　もうひとつ彼らが熱心に取り組んだのが東宮渡欧反対運動である。今度は、満川が「東宮殿下御渡欧之御延期を仰望祈願する七大理由」という意見書を執筆して、知友に送った。大正天皇の優れぬ体調、朝鮮独立運動や無政府主義等の影響などを理由に挙げて、社会不安が惹起される最中の外遊延期を祈願し、周囲に訴えた。

その延長線上にあるのが、一九二一（大正一〇）年二月一一日（紀元節）に企画された明治神宮参拝運動である。これは渡欧延期と良子女王成婚を祈願するもので、吉野作造と立会演説会を開催した浪人会の人々が中心となっていた。猶存社は一〇日に翌日の明治神宮参拝祈願を呼び掛けたビラを市内で散布した。しかし、一一日の新聞朝刊で内定変更なしの報道が出たこともあり、祈願に参加したのは北一輝と角田清彦らと他数名だけだった。最終的に良子女王成婚は実現したものの、渡欧問題の方はかなわず、裕仁親王は初の欧州訪問へと旅立った。

こうした社会不安の高まりを背景に同年、テロが二度起こった。一件目は九月の朝日平吾による安田財閥の安田善次郎刺殺事件、もう一件は一一月の中岡艮一《こんいち》による原敬首相の暗殺事件である。猶存社と関わりがあったのは前者である。朝日は決行・自害前に北らに宛てて遺書を送ったほか、朝日の遺族から北のもとに決行時の血染めの銘仙が届けられた。銘仙は弟子の清水行之助《こうのすけ》に預けられ、一九二五年に安田共済生命会社で起きる争議事件（安田共済事件、北と大川が袂を分かつきっかけとなる）時に使用される。

†猶存社の解散

一九二一年頃からロシアなど国際共産主義運動と日本の社会主義運動の交渉が生まれたこと

は第15講で述べたが、国家改造運動でも同様であった。実は、満川と大川はレーニンを高く評価していた。とくに満川は、レーニンを「過激派」とする論調に対して、『何故に「過激派」を敵とする乎』という意見書を配布したくらいである。ただし、共産主義革命に共鳴していたわけでなく、猶存社が目指す「世界革命」の端緒がロシア革命であると考えたことに起因する。

一九二二年の日本ではロシア飢饉救済運動や対露非干渉運動といった第一次日本共産党が関わる運動が展開されていたが、前者の運動はアジア主義団体の黒龍会も関わるなど広く国民的な同情を呼ぶ。連動して、政界ではシベリア撤兵とロシア承認問題が焦点となった。

これらの問題に積極的に取り組んだのが代議士の中野正剛であった。彼はかつてジャーナリスト仲間と改造同盟を結成し、老壮会にも出入りした。一九二二年には同じ早稲田大出身の風見章らと又新社を結成し、満川もここに参加した。又新社の活動で重要なものは極東共和国(ソビエト政権が設けた日本との緩衝国家)の国営通信社ダリダ通信員として来日していたアントーノフとの交流である。コミュニストでもあった彼の真の目的は、中断していた日ソ国交協議の再開であった。満川や中野はアントーノフと意見交換をしたり、講演会を催したりして(ただし、当局から彼の参加中止指示)、ロシア承認運動を進めた。

アントーノフを露払いとして、ソ連在支全権代表ヨッフェが来日したのは一九二三年二月である。形式上は日露協会会長後藤新平の個人的な招きであったが、時の首相加藤高明も諒解していた。こうしてヨッフェと後藤の会見を機に日ソ国交回復への道筋ができた。後藤を中心とする親露派に満川や大川らがいた。大川は後藤が学長をつとめる東洋協会大学（のちの拓殖大学）の講師で、満川ものちに講師となる。つまり、政財界と太いパイプを持つ後藤と、満川、大川らがともにロシア承認運動に取り組んでいたことになる。

しかし、いまだロシアへの警戒が強い日本で、ヨッフェの来日は批判を呼んだ。北一輝も来日に反対した一人である。もともと対露開戦論を主張し、ロシア革命にも批判的だった北は、ロシアが「大帝国主義大侵略主義」に戻ることを警戒して、小冊子『ヨツフエ君に訓ふる公開状（露西亜自らの承認権放棄）』（一九二三年五月）を三万部頒布した。当時、北の上海時代以来の弟子岩田富美夫がチタで拘束されていたことも北の対露感情に影響していた可能性がある。

ソ連に好意的な満川と大川、批判的な北で方向性の食い違いが明確になってきたことで、猶存社は解散にいたる。解散の時期は諸説あるが、現在の検証では、一九二三年二月頃と思われる。これを期に北と大川の関係が疎遠になったわけではないが、その距離は以前より広がったことは確かであった。北は運動の表舞台から少し退き、満川と大川は行地社という新たな組織を設けて国家改造運動を継続していく。

伊藤隆『大正期「革新」派の成立』（塙書房、一九七八）……これまで官憲資料や運動家の回想で登場してきた老壮会、猶存社を初めて実証的な歴史研究として提示した書。

筒井清忠『二・二六事件と青年将校』（吉川弘文館、二〇一四）……著者の二・二六事件研究の決定版として刊行された。同書第一章第一節で老壮会、猶存社、北一輝らの研究がある。大正期の国家改造運動が一九三〇年代の昭和維新運動及び二・二六事件などにどのように向かうのかを知ることができる。

萩原稔『北一輝の「革命」と「アジア」』（ミネルヴァ書房、二〇一一）……北一輝の対外論を分析することで彼の「一国革命」と「世界革命」の連関性を検討した書。著者は北一輝の自筆修正版『国体論及び純正社会主義』（ミネルヴァ書房、二〇〇七）の編集にも参加。

大塚健洋『大川周明と近代日本』（木鐸社、一九九〇）……大川周明の実証的評伝で、第五章で老壮会・猶存社の研究がある。同じ著者による『大川周明　ある復古革新主義者の思想』（中公新書、一九九五）もあわせて参照。

福家崇洋『満川亀太郎――慷慨の志猶存す』（ミネルヴァ書房、二〇一六）……国会図書館憲政資料室、早稲田大学図書館所蔵の満川亀太郎関係文書を用いた、実証的評伝。第三章で老壮会、猶存社に言及。より詳しくは『戦間期日本の社会思想――「超国家」へのフロンティア』（人文書院、二〇一〇）第四章参照。

第18講

宮中某重大事件と皇太子訪欧

黒沢文貴

†大正期の天皇制をめぐる二つの暗雲

日本の君主制は一九一〇年代から二〇年代にかけて、内憂外患ともいうべき不安定な状態におかれていた。それは第一に、世界各国の君主制が、明治末年から大正中葉にかけてつぎつぎと崩壊したことによる。隣国中国では辛亥革命が勃発し、清朝が倒壊した。さらに第一次世界大戦が長期化し国家総力戦となったことによって、もう一つの隣国であるロシアをはじめ、ドイツやオーストリアなどヨーロッパ各国の代表的な君主制が倒壊してしまう。それら君主制崩壊の連鎖が日本に波及しはしないか、為政者たちはそうした憂慮を心に宿したのである。

しかも彼らの憂慮の底流には、「大帝」明治天皇から大正天皇への代替わりにともなう不安感が横たわっていた。はたして新帝には君主にふさわしい統治能力が備わっているのか、大正天皇の心身は統治の重責を担いうるほど問題はないのか。大正新時代の幕開けには期待感のみならず、そうした深い憂慮がつきまとっていたのである。

ところで、そもそも君主制の安泰にとって、君主の個人的な資質と権威、すなわち「身」としての君主の人格如何は、きわめて大きな要素であった。もちろん明治初年の段階で、岩倉具視《ともみ》が「明天子賢宰相の出つるを待たすとも、自ら国家を保持するに足るの制度を確立」しなければならないと述べていたように、明治憲法体制の創出と「位」としての天皇の制度化にあたっても、その運命が人的なものに左右されないように留意されたことはいうまでもない。しかし、そうであったとしても、君主制の危機が君主個人の人格に深くかかわることも事実であり、いわば君主は君主制にとっての最大の弱点であった。それゆえ、いずれの君主国においても、次代の君主の教育・陶冶《とうや》にあたっては、ひとかたならぬ配慮がなされていたのである。

そうした君主制の宿命からいえば、明治大帝のカリスマ性を継承できない大正天皇の個人的資質は、天皇統治の正当性を目にみえるかたちで示す具体的シンボルの低下を意味し、ひいては天皇という存在そのものへの懐疑につながる、きわめて大きな暗雲であった。それゆえ、それらの暗雲を払いのけるためには、「身」としての天皇の事実上の役割が、「病弱」な大正天皇に代わって若き皇太子に期待されることになったのであり、そこに皇太子および皇太子妃候補者の教育・陶冶、そして身体性にかかわる問題が強く意識される要因があったのである。

†大正天皇の病状の進展

そもそも君主のカリスマ性は一朝一夕に備わるものではない。その意味で、代替わり当初の大正天皇に、すぐさまそうした「身」としての政治的統合力を求めえないことは、元老をはじめとするおおかたの為政者の認識するところであった。

しかし、そうした彼らにとってもおそらく誤算であったのは、大正天皇の健康面での不安が早くも一九一六（大正五）年頃より表面化し、天皇としての役割が十分に果たしえなくなったことであった。たとえば原首相は、一九一九年一二月二五日付の日記のなかで、一八年、一九年の帝国議会開院式への天皇の欠席理由が病気にあり、「国家の為め如何にも憂慮に堪」えないと記している。いずれにせよ、こうした大正天皇の病状は為政者たちのおおいに心配するところとなり、やがて一九二〇年四月三〇日と七月二四日の二度にわたる中間的発表をへて、ついに二一年一〇月四日には、天皇の容体が回復を期待しえないきわめて深刻な段階にあることを、宮内省が国民に向けて公表せざるをえない事態となったのである。

こうして大正天皇の病状の進展は、為政者たちや有識者たち、そして国民の目を、自ずと一〇代の皇太子に向けさせ、その教育のあり方や健康状態が注目されるところとなったのである。

†皇太子教育への批判と洋行論の噴出

学習院初等科を卒業した皇太子の教育は、一九一四(大正三)年四月一日に開設された東宮御学問所によって担われていた。東郷平八郎元帥を総裁、元東京帝大総長の浜尾新《あらた》を副総裁とする御学問所は七年の課程であったが、御学問所在学中の一九年四月二九日に皇太子は満一八歳となり、五月七日に宮中で成年式が執りおこなわれた。

しかし、すでにその年の三月末、『時事新報』が御学問所教育と皇太子に関するある風評を伝えていた。それは、皇太子が人前ではほとんどおしゃべりにならず、その原因は御学問所のような特別な小社会で暮らしているため、どうしても軟弱になりやすく、尚武の気風に欠けるというものであった。

そうした風評が流布するなか、成年式の宴の席で、まさに風評を裏づけるある事件が起きた。のちに東宮武官長となる奈良武次《たけじ》の伝えるところによれば、その祝賀御宴に元老以下の大官が霞ケ関離宮に召された時、皇太子はただ拝謁を賜り、お席につかれただけで、何もお話をされず、何かお話申上げてもほとんど応答なき状態であった。それゆえ御宴後の休憩の際、元来無遠慮の評判のある枢密顧問官三浦梧楼が、衆人稠座のなかで浜尾東宮大夫に批難攻撃を加へ、「殿下の箱入り御教育の結果なり」と大声で叱咤したという。

奈良はまた、山県元帥から職務上の注意を受けた際、元帥が皇太子に拝謁の際、何かお伺い申上げてもお返事なく、また何にも御下問もなく、「恰《あたか》も石地蔵の如き御態度」であり、それは浜尾の「箱入り御教育の如き方針に基因」するゆえに、「今后一層開放的に御教育申上げ、御自由御活潑の御気性を養成」しなければならない、「御外遊も之に依て必要を感ずる」ので是非実行しなければならない、三親王（伏見宮、閑院宮《かんいんのみや》、東伏見宮）と三元老の意見もすでに一致している、「浜尾が愚図々々し居るは遺憾なり」と聞かされている。

このように、直接的には、成年式祝賀宴での皇太子の応答振りが、東宮御学問所の皇太子教育に対する山県たち元老や原首相らの強い不満と焦燥感を爆発させることになったのである。皇太子の応答振りのまずさは、いうまでもなく大正天皇の代理・代行者（将来の摂政就任も含めて）としての皇太子、また次代の統治権者としての皇太子の、シンボル機能の正当性に疑念を生じさせる恐れがあったからである。

†「身」としての統治権者の資質の重要性

こうして山県有朋、松方正義、西園寺公望の三元老と原首相は、皇太子の海外巡遊の必要性で一致し、その実現に向けて邁進することになった。しかし、その実現は必ずしも容易ではなかった。それは、御学問所教育への批判の矢面に立たされた浜尾東宮大夫の「性質頑固旧式にして時勢を顧みず」と非難された側面だけでなく、その背後に、貞明皇后の反対の意志があったからである。

そうした皇后の洋行反対論については、たとえば原首相がその日記に、「皇后陛下のご心配は殿下の御健康にもあれども、主として天皇陛下の御容体にありて、皇太子御旅行中御不例の事ありては実に容易ならざる次第なりとの御懸念の様に拝察」と記していたように、第一に、大正天皇病中の洋行に対する不安、第二に、長子である皇太子の健康面での心配、第三に、海外で危害を加えられる危険性への危惧、などがあったのである。

しかし、元老らの必死の説得の結果、一九二〇（大正九）年一〇月中旬、皇后から「政事上必要とあれば、政事上の事は干渉せざる積なり」との言質を西園寺が引きだすことに成功する。ただし、その後の経過も、皇后の依然として残る懸念や後述するいわゆる宮中某重大事件との絡みもあり、必ずしも順調に推移したわけではなかった。しかし、一九二一年三月三日、皇太子一行は半年にわたる海外巡遊の旅に出発、英仏白蘭伊の五カ国を訪問して、九月三日に横浜に上陸、帰国した。

以上、皇太子の教育と洋行をめぐる問題についてみてきたが、その重要な点をあらためて整理すると、つぎの五点にまとめることができる。第一に、実質的に天皇不在の状況下において、皇太子の「身」としての統治権者の資質の重要性が急速にクローズアップされたこと。第二に、その重要性は、山県、松方、西園寺の三元老や原首相など、政界上層部の一致した認識であったこと。第三に、それゆえ東宮御学問所の「箱入り御教育」に対する批判が起こり、その是正策として洋行問題が提起されたこと、そうした皇太子教育の大革新については、三元老と原たちだけでなく、三親王など皇族方や若手の宮内官僚などにも強い支持があったこと。第四に、先にみた皇后の言にあるように、それはたんなる教育問題ではなく、政治的問題として認識されていたこと、とくに原敬が「御洋行の事は単に殿下の御見学上必要と云ふのみならず、今日の場合殿下が海外の事情御視察あると云ふ事は、国民の感情の上に大切の事」、「何れ摂政となられるに至るべしと思へば、其場合にも尤も必要の事」と述べていたように、皇太子の来るべき摂政就任を国民にすんなりと受け入れさせるための前提として考えられていたこと。したがって第五に、外遊中の皇太子の姿が新聞や映像などのメディアを通して大々的に伝えられ、若き英明な皇太子像が演出されたこと。

いずれにせよ、三元老と原首相は、君主制の安泰にとって君主の人格如何が大きな要因となることを熟知しており、それゆえ皇太子の人格や身体性を、天皇の代理・代行者（そして将来の天皇）としての正当性を担保する重要な問題と認識していたのである。とくに元帥でもある山県にしてみれば、統帥大権保持者としての天皇の側面は重要であり、それが若き皇太子への眼差しにも色濃く反映されていたといえる。その意味で、後述の色盲遺伝問題は、山県にとって見過ごすことのできない問題であったのである。

†宮中某重大事件の勃発

これまでみてきたように、開放的で自由活発な気性を養うという皇太子教育の大革新とそのための洋行実現に頭を悩ませていた元老と原敬たちの前に、さらに皇太子にまつわる大きな事件がもちあがることになった。それがいわゆる宮中某重大事件である。

皇太子成年式直後の一九一九（大正八）年六月一〇日、久邇宮邦彦王《くにのみやくによしおう》の第一王女良子《なが》女王に皇太子妃内定の「御沙汰書」がくだった。すでに前年一月、皇太子妃に「予定」の旨の沙汰はくだされていたが、ここに晴れて婚約が「内定」したのである。

ところが、良子女王の母方の祖母に軽度の色覚異常（いわゆる色盲）があり、そのため薩摩の島津家を継いだ母の弟の公爵が色弱、良子女王の兄弟にも色弱がみられることが判明した。

この色盲遺伝の問題を山県が知り、驚愕したのは、一九二〇年五月頃のことといわれている。山県は松方正義と西園寺公望の両元老と協議し、専門家による学術調査の必要性で一致した。調査を委嘱された宮内省侍医寮御用掛で眼科専門の保利真直《ほりまさなお》医学博士の見解は「色盲遺伝に関する意見書」（一九二〇年一〇月）としてまとめられ、それをもとに中村雄次郎宮内大臣と平田東助宮内省御用掛とを加えた五者協議がおこなわれ、その結果、久邇宮邦彦王に対して皇太子妃内定の辞退を求めることとなった。

山県たちは久邇宮が辞退するものと楽観視していたようである。しかし、現実は彼らの予想を大きく裏切ることとなった。同年一一月二八日に久邇宮が貞明皇后に拝謁し、帝室に関することはいったん決定のうえは軽々しく変更するものではない、とくに婚約のような大典に属するものはそうであり（いわゆる人倫論）、謹んで命を待ちたいと述べ、皇后に婚約内定辞退の判断を求めるという異例の上奏をしたからである。

久邇宮のこうした反撃に、山県は大いに驚いたものと思われる。皇室の血統にいささかなりとも瑕疵《かし》を入れてはならないという考え（いわゆる純血論、血統論、皇統論）には、誰も異論を唱えることはないと信じて疑わなかったからである。

いずれにせよ、久邇宮が勧告に応じなかったため、婚約辞退をめぐる問題は、その後大きく紛糾することになった。事態は、人倫論（「綸言汗《りんげんかん》の如し」）の立場から久邇宮を支持する東宮御学問所御用掛の杉浦重剛《じゅうごう》（皇太子と良子女王に倫理学を教えていた）にとどまらず、杉浦と近しい頭《とう》山満《やまみつる》や杉浦門下の政治家古島《こじま》一雄らを通して国家主義者たちと政界関係にも波及し、そうしたさまざまな勢力が薩長閥の対立や反山県の立場などを絡めながら参入することによって、大きな騒動に発展したのである。

翌年になると、国家主義者らによる山県暗殺の噂や怪文書が飛び交い、さらに彼らが二月一一日の紀元節に総決起し、明治神宮で皇太子成婚の成就と外遊延期を祈願するとの計画ももちあがっていた。こうして世情が不穏な空気に包まれるなか、二月一〇日に宮内省が婚約内定に変更はない旨の発表をおこなった。本来、新聞・雑誌等における婚約内定問題に関する一切の報道は、怪文書が出まわりはじめた一月二四日付で内務省によって禁止されていたが、そうしたなかでの当局からの異例の公表によって、事態の収束がはかられることになったのである。

ただし山県にしてみれば、「徒らに四方の物議を生し世論の紛擾を醸すに至りし」ため妥協したとはいえ、本来このような結末は、きわめて不本意かつ納得のいかないものであった。二月一〇日、松本剛吉《ごうきち》が小田原古稀庵に山県を訪ねると、山県は開口一番、「己は勤王に出て勤王で討死した」と興奮気味に述べ、さらに「人倫論が勝つか純血論が勝つか知らぬけれども、己は何処迄も純血論で戦ふ」と、あくまでも自説にこだわる強い思いを吐露していたのである。

†原敬首相の立場

原首相が西園寺から色盲問題のことを初めて聞かされたのは、一九二〇（大正九）年一二月七日のことである。西園寺は「茲《ここ》に困つた事には皇太子殿下の皇妃と内定ありし久邇宮王女は色盲の御欠点ありと云ふ事にて、如此御病疾あるを皇妃となす事は不可能に付、御変更相成らざるを得ざることとなり」と、原に語っている。

さらに原は日をおかずに、山県から「久邇宮王女色盲云々に関しては（中略）学理上争ふべからざる事」（八日）、「何分万世一系の御血統に如斯事ありては吾々は如何にしても賛成の出来ぬ事なり」（一一日）と続けて聞かされたほか、薩摩の松方正義からも「御取消の外なき事を断言」され、原もそれに対して「果して其病症ありとせば御取消は無論の事なり」（一四日）と応じている。

以上のように、三元老と宮内省首脳、そして原首相は、「如此御病疾あるを皇妃となす事は不可能」という点で認識を同じくし、久邇宮の婚約内定辞退を待ち望むことになった。ちなみに皇太子の教育・洋行問題で、山県たちの強い批判にさらされた浜尾東宮大夫も、杉浦重剛が一一月二一日に浜尾の協力を願いでた際、「茫然として、宮さんにも既に分り居るにや」と述べ、婚約内定の辞退が当然ではないかとの認識を示していたのである。

ところで、そもそも色盲遺伝問題は血統をめぐる問題であり、単純なはずの問題であった。しかし、なぜこのような大事件にまで発展したのかを原の視点から振り返るとき、そこには反山県感情の存在の大きさがあった。それが問題を、宮中の世界から政治の世界へ、そしてさらに国家主義者たちの世界にまで押し広げ、複雑化させた一因であった。原にしてみれば、「要するに山県久しく権勢を専らにせし為め、到処に反感を醸したるは、此問題の最大原因なるが如し」と、認識しうる一面もあったのである。ただしそうであったとしても、純血論の立場をとる原にしてみれば、「皇太子妃内定に変更なし」との宮内省の発表は、山県や西園寺たちと同様に、きわめて不本意かつ納得のいかないものであったのである。

†婚約変更反対運動と洋行反対運動

以上みてきたように、色盲遺伝問題は、宮内省の公表を機にひとまず一段落することになった。しかし、今度は皇太子の洋行も色盲問題に関連した山県たちの陰謀で、「此御洋行中に妃御内定御変更せん」とまたまた騒ぎ立てる者があり、国家主義者たちの不穏な行動が引き続き展開されていた。そうした余韻収まらぬ世情を憂えた原首相は、「国論一定の必要もあり、皇太子殿下御洋行の事速かに公表すべき旨」を中村宮相に交渉し、その結果ようやく二月一五日に、宮内省より皇太子の外遊が正式に告示されたのであった。

このように洋行実現の最終段階で、国家主義者たちが洋行反対運動を展開したものの、宮中府中の関係者の間でその必要性をめぐる深刻な対立がなかったため、この問題がそれ以上に大きくなることはなかった。

ただし国家主義者たちが抱いていた、洋行の最中に山県らが婚約内定の破棄を画策するのではないかという危惧は、あながち的外れではなかった。なぜなら山県、西園寺、原たちは、依然として純血論を堅持していたからである。その意味で、良子女王をめぐる問題は、正式に婚約が決定されるその日まで、予断を許さない状態が続いていたのである。

†純血論を保持する皇后と原

ところで、宮中某重大事件後、以前のような隠然たる政治力に翳りをみせはじめた山県に代わって、婚約問題に関与する姿勢を示し続けたのが、原首相であった。たとえば原は、皇太子外遊中の一九二一（大正一〇）年七月三一日、山県に対して「本件〔婚約問題〕は何等決定したる事あるに非ず、〔中略〕果して殿下摂政とならるるものとせば其上にて裁断を仰ぐべく、又皇后陛下の思召を承りて解決する事至当の順序なり」と語っている。事件後も変わらない原のこうした姿勢の背景には、もとより純血論の正当性に対する確信のみならず、貞明皇后が皇太子と良子女王との結婚にためらいをみせはじめていたという事実があった。

それでは、当初より良子女王に好意を寄せ、皇太子妃内定者として認めてきたはずの皇后が、なぜにそうした躊躇の姿勢をみせるようになったのであろうか。その理由の第一は、やはり色盲遺伝に対する懸念を払拭できず、皇后も基本的には純血論に立っていたからである。

皇后はそもそも、「其位にあるものは一時其御位地を御預り致す様のものにて、決して我々の私有にあらず、実に大切に考ふべきもの」であり、それゆえ「我々が此位地を汚し奉るは実に恐多き事」で、「皇統は不窮にて出来る丈純潔」でなければならないと考えていた。こうした「不純分子の皇統に混入する事の恐れ多き事」という思いは、「自分も近眼なるが為め皇子殿下方が御遺伝被遊、実に安き思を為せず、昨年皇太子殿下には御詫した」くらいの強いものであったのである。

そうした思いの深さは、皇太子と良子女王の結婚への勅許がくだされた一九二二年六月二〇日まで、つまり宮中某重大事件が落着してから約一年四ヵ月の長きの歳月を要したことにもあらわれている。とりわけ皇后は、すでに述べたように、「不純分子の皇統に混入する事の恐れ多き事」であり、それを「知りつゝ黙認する事は心苦しき事」であるが、それでも「熟議を遂《とげ》られ御進行の外なしとの事」であるので、「涙を呑みて勅許被遊止むを得ざるべし」と、最後まで皇統の純血性に対する強いこだわりをみせていたのである。

つぎに大きな躊躇の理由としてあったのが、良子女王の父久邇宮邦彦王に対する懸念であった。たとえば『牧野伸顕日記』一九二一年五月九日の条には、皇后に拝謁した波多野敬直《よしなお》元宮内大臣の伝える皇后の言として、「久邇宮様が御自分様が勝つたと云ふ御態度では宜しからず」、婚約は「未だ真の御内約であるから御取り消しになれぬ分けでもない」等、皇后が婚約内定の取り消しを考えるほど、宮中某重大事件等における久邇宮の態度を不穏当なものとして、快く思っていなかった様子が記されている。

なお、皇后にみられた久邇宮に対する懸念は、角度こそ違うものの、原や西園寺にも共通する思いであった。婚約変更反対運動が激しさを増していた一九二一年二月四日に、西園寺と会談した原は、皇族である久邇宮が将来皇太子の義父となり、大きな影響力をもちうることに対する懸念と、同時に背後に控える薩派の政治的影響力の増大による憲政上の弊害への危惧とを、「杞憂に過ぎたることながら如何にも心配の次第なり」と物語っていたのであり、それに対して西園寺も「極めて同感」と応えていたからであった。

山県および山県系と対抗しながら政党勢力の伸張と政党政治の確立に邁進してきた原にしてみれば、山県没後の政治運営と皇室擁護の中心は、政党勢力でなければならなかった。それにもかかわらず、山県没後いわば第二の山県として久邇宮が登場し、長州閥に代わり薩摩閥が台頭することになるならば、それは憲政の進歩にとって大きな障害であり、全力をもって阻止しなければならない事態なのであった。ここに、原が婚約内定の変更問題に関与し続けた大きな理由があったともいえる。

皇太子が外遊から帰国した約二カ月後の一一月四日、原首相は暗殺された。宮中某重大事件を一つの伏線にすると思われる刺殺であった。純血論の同志であった山県は「原が勤王家にして皇室中心たることを見抜き居れり、頗《すこぶ》る残念だ」と、涙を流してその死を悼んだが、人倫論を唱えた国家主義者たちにしてみれば、婚約内定の変更を決してあきらめていなかったという意味において、原は宮中某重大事件後も最も危険な人物であり続けていたのである。

†国体論の二側面としての純血論と人倫論

色盲遺伝問題は、血統を重んじる純血論と「綸言汗《りんげん》の如し」という人倫論の争いとして展開された。それらは前者の純血論が、万世一系に力点をおき「位」としての天皇統治の安定性をはかろうとするものであったのに対して、後者の人倫論は、家族制度を中核とする社会的道徳的秩序の維持による安定性の確保を重視する、「身」としての君主の徳にかかわる主張であったのであり、いわば国体論の二側面をあらわすものであった。通例であれば、純血論の正当性は揺るがないものであったが、第一次世界大戦の衝撃による天皇統治の不安定化と大正天皇の病気による事実上の天皇不在という状況においては、抽象的な国体論の基礎をなす家族制度論が強く主張されることになり、そこに人倫論が大きな支持を集めた理由があった。それゆえいったん両者が対立するとなると、きわめて激しいものとならざるをえなかったのであり、純血論の立場にたつ浜尾東宮大夫が、人倫論を主導した杉浦重剛に述べたように、まさに「倫理問題も重けれども、血統問題も亦軽からず」なのであった。

こうして元老山県有朋の問題提起にはじまる宮中某重大事件における両論の対立は、平行線をたどらざるをえなかったのであり、婚約内定の変更をめぐる両陣営の争点の力点も、医学的論拠と理論的対立の側面から、政治的側面すなわち反山県へと移行し、最終的には、国家主義者たちをもまきこんだ政治的力関係によって決せられることになったのである。

†宮中某重大事件の余波

大正期に不安定化した天皇統治の安定性をいかにしたら回復しうるのか、それが山県有朋や西園寺公望ら三元老と原首相に共通する大きな問題関心であった。彼らはそうした天皇統治の安定性と安全のために、それぞれの政治信条や政治的立場は異なるものの、天皇機関説的政治運用とそれに見合う「デモクラシー」状況に適合的な皇室像、そして若く健康的で英明な皇太子像の創出という方途で認識を同じくし、それらの実現をはかることとなった。そこで皇太子裕仁親王の「箱入り御教育」の大革新と海外巡遊が企図されると同時に、皇太子妃内定者の色盲遺伝の疑いが問題化することとなったのである。

前者の洋行問題に際しては、貞明皇后の不安感が障害とはなったものの、三元老と原首相との強い指導力によって洋行が実現し、若く健康的で英明な皇太子像の創出、すなわち天皇シンボルの活性化という意味で大きな成果をあげることとなった。それは洋行中の皇太子の動静が新聞や映像を通して広く国民に伝えられた成果でもあった。

しかし、後者の色盲遺伝問題は、同じく三元老と原首相とが純血論の立場から、久邇宮家の婚約内定辞退の必要性で一致したにもかかわらず、激烈な反対運動の前に後退を余儀なくされ、やがて原首相の暗殺と山県の死とを迎えることになったのである。

とりわけ、「デモクラシー」状況が大きなうねりをみせるなか、国家主義者たちが大きな政治的役割を果たしたことは、彼らが国体にかかわる大義名分をかかげて強力な政治運動を展開する大正末年以降の先駆けとなったのであり、その後の天皇統治の安定性に暗い影を投げかけるものとなった。

さらに宮中某重大事件の責任を取って辞職した中村雄次郎宮相に替わり、牧野伸顕が宮中入りしたことにも注目したい。原敬没後、牧野が宮内大臣から内大臣へと栄転し、宮中での影響力を増大させたことは、その後の天皇統治の安定性を考えるうえで、きわめて大きな意味をもつことになった。なぜなら原や西園寺と異なり、牧野は天皇機関説的政治運用の枠を超える可能性をもつ天皇シンボルの積極的な活用、つまり天皇の政治的役割をより能動的に志向することになったからである。

のちの張作霖爆殺事件の責任者処理の過程にみられるように、若き昭和天皇の登場によって、病気がちであった大正天皇の時代とは異なる、より能動的な天皇像を抱く牧野の積極的姿勢が、昭和天皇の政治行動に大きな影響を及ぼしたことを考えるとき、大正後期以降の天皇統治の安定性にとって、牧野の宮中入りも大きな問題としてとらえることができよう。牧野と親しく、かつては彼を首相候補と考えていたこともある西園寺ではあるが、彼が原や山県らと共有していた天皇統治安定のための構想を実現するという課題は、残された西園寺一人の肩には、いささか荷の重いものであったのである。

さらに詳しく知るための参考文献

利谷信義「明治憲法体制と天皇」(『法学新報』第八三巻第一〇〜一二合併号、一九七七)……宮中某重大事件を山県有朋の薩摩閥に対する権力闘争という見方ではなく、大正天皇の病弱にこりた山県の心配から出たものという観点から論じている。

伊藤之雄「原敬内閣と立憲君主制(二)」(『法學論叢』第一四三巻第五号、一九九八)……宮中某重大事件を山県の宮中支配の陰謀という見方とは異なる視点から論じている。

渡辺克夫「宮中某重大事件――杉浦重剛の役割」(『日本学園高等学校研究紀要』第六集、一九九二)……山県の宮中支配の回復・維持との関係から宮中某重大事件を理解しようとする構図で論じている。なお同氏には、この論文を一般向けに書き改めた「宮中某重大事件の全貌」(『THIS IS 読売』一九九三年四月号)もある。

黒沢文貴『大戦間期の宮中と政治家』(みすず書房、二〇一三)……大正期天皇制の危機とそれへの為政者たちの対応という側面から宮中某重大事件と洋行問題を論じている。

波多野勝『裕仁皇太子 ヨーロッパ外遊記』(草思社、一九九八/草思社文庫、二〇一二)……六カ月に及ぶ皇太子の海外巡遊の全行程を追ったもの。

梶田明宏「大正十年皇太子海外御巡遊とメディア」(『メディア史研究』第二三号、二〇〇七)……皇太子の洋行をとくにメディアの観点から論じたもの。

＊基礎的な主要史料として以下の文献がある。

原奎一郎編『原敬日記』第五巻（福村出版、一九六五）

伊藤隆・広瀬順晧編『牧野伸顕日記』（中央公論社、一九九〇）

波多野澄雄・黒沢文貴責任編集『侍従武官長奈良武次日記・回顧録』第二巻（柏書房、二〇〇〇）

波多野澄雄・黒沢文貴・波多野勝責任編集『侍従武官長奈良武次日記・回顧録』第四巻（柏書房、二〇〇〇）

岡義武・林茂校訂『大正デモクラシー期の政治――松本剛吉政治日誌』（岩波書店、一九五九）

高倉徹一編『田中義一伝記』下巻（原書房、一九八一）

杉浦重剛『致誠日誌――東宮御学問所御用掛（倫理）杉浦重剛先生手記』（梅窓書屋、一九七九）

刈田徹「宮中某重大事件の基礎的史料に関する研究――松平康国手記「東宮妃廃立事件日誌」の解題ならびに紹介」（『拓殖大学論集』第一九〇号、一九九一）

同「宮中某重大事件に関する基礎的史料の研究――牧野謙次郎「披雲秘記」の解題と紹介」（『政治・経済・法律研究』第六巻第二号、二〇〇四）

同「宮中某重大事件に関する基礎的史料の研究――佃信夫の手記『皇太子妃廃立事件日誌補遺』の解題と紹介」（『政治・経済・法律研究』第八巻第一・二号、二〇〇六）

宮内大臣官房庶務課編『皇太子殿下海外御巡遊日誌』（宮内大臣官房庶務課、一九二四）

第19講

関東大震災後の政治と後藤新平

筒井清忠

†はじめに

関東大震災後の政治と言えば後藤新平のことがすぐに出てくる。帝都復興院などの名前とともにである。しかも、非常に成功した模範として語られることが多い。東北出身の後藤が、明治から大正にかけてのあの薩長藩閥の強い時代に何度も大臣を経験していることからして有能な政治家であったことは間違いない。したがって、多くの賞賛に囲まれていることは当然だが、この関東大震災後の政治においては、後藤は最大の失敗を犯しており、このため以後は政界の中心部で活躍することはなくなったというのが正確な史実なのである。神話を排して事実を伝えることが歴史を書くものの使命である。以下、その正確な史実の過程を立体的に見ていくことにしたい。

†第二次山本権兵衛内閣の成立

加藤友三郎内閣後の山本権兵衛内閣の組閣の最中、一九二三（大正一二）年九月一日関東大震災が起きた。山本はシーメンス事件でその内閣が潰れた後、ほぼ一〇年ぶりの登場であり「世間も事の意外に驚いた」組閣であった。山本への大命降下は、西園寺公望がイニシアティブを取ったことだが、元老の西園寺と松方正義（薩摩出身）のしたことなので、それは当然のように薩派の動きによるものと見られた。

実際、組閣は山本の元老化を目指す山之内一次ら薩派の側近を中心にして進められ、そのことが政党人の反発を招いていたのだった。山本は、政友会総裁高橋是清と憲政会総裁加藤高明に入閣を要請し拒絶されている。革新倶楽部党首犬養毅のみが入閣したのである。山本はシーメンス事件の時の、政友会の冷淡な態度を忘れていなかったらしく、議会の多数派であった政友会が期待したような入閣交渉はしなかった。また、第一次山本内閣で入閣を勧められた経緯があると見られていた憲政会総裁加藤が、身代わりを出すといってもそのままにしたと言われている。シーメンス事件で山本を激しく攻撃した同志会が憲政会となったのであるから当然のこととも言えようが。

書記官長となる薩派の樺山資英《すけひで》から組閣情報を入手していた革新倶楽部の古島《こじま》一雄は、犬養の入閣交渉を頼まれ、名古屋にいた犬養に帰京するよう電報を打ち、深夜沼津で会い山本の意向を伝えると、大養は「普選で勝負しよう」と一言だけ言った。翌日、犬養が山本に会うと、山本は「普選のことはよく知らないから宜しく頼む」と言い組閣について犬養に相談もしたという。

その頃、後藤新平はしきりに古島のもとに人をよこして内相としての入閣を望んだ。そこで、普選のためには犬養が内相となった方がいいのだが、それほど望むならということで、古島は犬養に逓信相を勧め、組閣本部にいた山之内に会い、犬養・後藤らで翌日組閣の相談をすることとしたが、そうした相談中に突如、関東大震災が起きたのだった。

後藤は山本内閣の主導権を握ろうとし組閣にさらに介入しようとしていたが急がれた組閣に協力し、連絡がむずかしいため困難もあったが、九月二日に組閣はなり内閣は成立する。赤坂離宮御庭園前の四阿《あずまや》に裕仁摂政宮が野立ちし、余震でゆらぐ蠟燭の中、親任式が行われた。

したがってそれは、薩摩出身の山本を中心にした伊集院彦吉・財部彪《たからべたけし》・山之内一次《かずじ》・樺山資英ら薩派という出身地域閥を基底としそこに寺内内閣の外交調査会以来提携関係にあった後藤と犬養の二人が大きく加わった形で成立した内閣であった。閣僚は補充含め以下のようなものであった。

首相　山本権兵衛
外相　伊集院彦吉　薩摩、元外交官
内相　後藤新平　貴族院、元内務官僚、逓相・外相・内相歴任
蔵相　井上準之助　元日銀総裁
陸相　田中義一
海相　財部彪　薩
法相　平沼騏一郎　元大審院長
文相　岡野敬次郎　貴、元東大法教授・商法
農商相　田健治郎　貴、元逓相・台湾総督
逓相　犬養毅　衆議院
鉄相　山之内一次　薩、貴、元内務・鉄道官僚
書記官長　樺山資英　薩
法制局長官　松本烝治　元東大法教授・商法、満鉄副総裁

†山本内閣と新聞世論

この内閣に対し、『東京朝日新聞』は多数党たる政友会が腐敗し第二党にも期待できないの

で既成政党打破と既成政党外の真に国民の意思を代表する新勢力の台頭を期待するとし、『東京日日新聞』も、既成政党は国民から厄介者扱いされており超然内閣による政界の廓清《かくせい》を期待するとした（東京朝日、八月二八、二九日、九月一日、東京日日、八月二七、二九日、九月一日）。

超然内閣ではあったが山本内閣は新聞世論から期待されたことがわかる。季武嘉也氏は、「大正後期になると、政友会・憲政会はジャーナリズムの間で既成政党と呼ばれるようになった」としているが、日本共産党の結成は一九二二年であり、マルクス主義・社会主義が台頭し知識人に影響を与え出すと、保守的な政党をブルジョア政党と規定し、既成政党と名づけることによって、「真に国民の意志を代表する新勢力」＝社会主義勢力の台頭が期待されだしたのである（季武・武田編二〇一一）。それは、後述の後藤新平の無党派勢力結集論にも影響を与えていたものと見られる。

†山本内閣と政党

山本権兵衛内閣に対し、議会の多数派であった政友会の非総裁派（元田肇《もとだはじめ》・中橋徳五郎ら）は多数党の政友会に政権が来なかったことを総裁の高橋是清の責任とし、総裁交代・党改革を主張、高橋是清擁護の総裁派（横田千之助ら）と対立した。

これに対し、憲政会は、前述の山本と加藤高明総裁との関係のことなどもあり「好意的中立」の態度を取った。そして非政党内閣に対して掲げていた「憲政常道」論を棚上げすることにした。これは、元老の普選への不安感の除去のため加藤総裁がしたことと見られている。大震災は、特定の政策を引込めるための口実に使われることもあることがわかる。

少数党の革新倶楽部についてはすでに著したところである。犬養毅が「普選一本槍」で入閣したと語ったように、革新倶楽部は入閣を機会に普通選挙制を実現させようとしたのである。それだけに、(後述のように)普通選挙制実現の見通しがたたなくなると、あっさりと総辞職に賛成することになる。その点で、犬養のほうが、後藤よりも政治的態度は明確であった。ただ、政党人の犬養と非政党人の後藤という違いもあるかもしれない。

†後藤・犬養と新党運動

①普選実施へ向けて

この内閣の一つの柱であった後藤新平は犬養毅とともに普選実施体制を構築しようとして普選断行を含む施政要綱を山本権兵衛首相に提示した。そして、新聞が、既存政党を批判し新勢力の台頭を言いつのっている中、「無党派聯盟」の重要性を強調した。山本内閣を「無党派聯盟的なる有機的組織」にしようというのである。無党派聯盟という新しいものを作るには普通選挙の実施は必須のことであった。

犬養が閣僚を説得したが、田中義一陸相は在郷軍人会の選挙権獲得運動問題の解決のために平沼騏一郎司法相は「一君万民」「皇室中心」で治安立法も実施ということで了解した。一〇月一五日の閣議においての普選についての閣僚への意見聴取で「概《おおむね》賛成」ということになり、後藤・岡野・田・犬養・平沼に政綱政策とくに普選についての講究が委嘱され、翌一〇月一六日に五大臣会議で「納税資格全廃」等五つの普選原則が決められた。さらに一八日、首相の諮問機関たる法制審議会が開かれ、後藤内相が首相の審議促進の要請を伝達（これは、一二月五日の最終答申書提出となる）、一〇月二三日、内務省が法案起草開始。一一月一二日地方長官会議の訓示で三大政綱（綱紀粛正・普選即時断行・行財政整理）を発表、普選案は来議会に提出とされた。わずか三〜四カ月での普選実施体制の構築へ向けての急激な展開であった。

②新党計画

九月五日、後に第一次加藤高明内閣法制局長官、第二次加藤内閣・第一次若槻礼次郎内閣書記官長となる塚本清治《せいじ》を内務次官に、第一次加藤内閣内務次官となる湯浅倉平を警視総監に任命することが発表された。後藤内相の行った明確な反政友会系にして憲政会系の内務省人事である。震災後四日目であった。

九月二七日、後藤が総裁となる帝都復興院官制が公布施行されるが、この復興院の作った復興計画を審議するのが、一九日に公布された帝都復興審議会官制により作られた復興審議会であった。

委員は一九名で、閣僚一〇名のほかは高橋是清政友会総裁、加藤高明憲政会総裁、伊東巳代治枢密顧問官（山県系官僚）、市来《いちき》乙彦《おとひこ》日銀総裁（前蔵相、薩、貴）、渋沢栄一、和田豊治（富士紡社長、貴）、青木信光貴族院研究会幹部、江木千之《かずゆき》貴族院茶話会幹部（文部・内務官僚、憲政会幹部江木翼の養父）、大石正巳であった。万一多数決の時は、閣外者が九名で閣僚一〇名より一名少なく、内閣の意思が通るように構成されたと見られている。

大石は、自由民権運動以来の古い政党人であり、政界を引退していると一般には見られていたため、新聞は次のように書きたてた。「衆議院を無視――大石正巳氏の如き今や政治界を退き野狐禅に隠れて無責任に政治を放棄していた老人である、彼は何を以て民間政治家を代表するの権利を有するか。」「之によって他の政治的目的を達せんとした跡歴然、此の如き機関によって此大事業を達成すること思ひもよらず」（東京朝日、九月二一、二五日）。

枢密顧問官三浦梧楼は、田健治郎《でんけんじろう》系の政界情報収集家松本剛吉に「此の震災を利用して審議会抔《など》を拵へ、大石抔を入れ、新政党の下拵へを為すとは先が見え過ぎて可笑しくてならぬ」と言っている。犬養の盟友古島一雄は、犬養が「老友（大石）の埋れるのを惜しんで推薦したのである」としているが、新党樹立の工作に使うため箔付けしたと見られるしかない人事であった。

山本内閣工作というものは山本の元老化工作の一環として古くからあるが（小宮一夫「山本権兵衛（準）元老擁立運動と薩派」『年報・近代日本研究20　宮中・皇室と政治』山川出版社、一九九八）直接的には前年頃から始まっており、後藤・犬養に、大石も加わっていた。犬養は前年暮れに「大石も権兵衛が癒々《いよいよ》出るといふことであれば、何時でも飛び出して来て助けると云ふて待って居る」と語っており、この年八月一五日に大石は「先ず憲政会と革新倶楽部との合同を計らなければならぬ。たとひ権兵衛内閣が出来たにしても、これがバックになるべき政党がなければ、折角成立はしても直ぐ投げ出さなければならぬやうな事では困る。どうしても憲革合同のバックを作って援助させなけァ駄目だ」と語っていた。彼らは、山本内閣を作り、それを「憲政会と革新倶楽部との合同」勢力で支えようと企図していたのである。

さらに、一〇月二五日、地方長官大異動人事が発表されたが、政友会系知事一三名を休職処分とした。内務次官・警視総監人事に次ぐ露骨な反政友会人事であるが、意図がストレートにわかりやすすぎるやり方なのは、後藤が本来あまり寝業師的な性格ではないということなのか、地震の後ということで自身も慌てていたということなのかは定かではない。いずれにせよ後藤は人事による熱心な反政友会工作を続けたのである。

一〇月中旬頃からは大石斡旋・中心の新党計画の報道が始まり、一一月一〇日には憲政会議員三二名（前職含む）が「非政友合同」を議論。一一月二二日には庚申倶楽部の普選派三名が、憲政会・革新倶楽部の両党を訪問し、普選三派を基礎に「広く天下同志を糾合し新党樹立を為し、以て更始一新の実を挙げんと欲します」として協力を要請した（東京朝日、一一月一一、一七、二三日）。

憲政会では、下岡忠治・仙石貢《みつぎ》・箕浦勝人・加藤政之助・望月小太郎らが加藤総裁の政治指導への不満と普選実施の主体となることによる党勢挽回を期し「元老方面の気受けがいい」と考えられた後藤と加藤とを「握手させれば、場合によっては政権にありつける」と考えた。若槻によれば「どうかすると、加藤を押しのけようという空気さえあった」という。こうして加藤・後藤二人総裁論ないし後藤総裁論が台頭、総務委員合議制論なども検討された。この、元老と後藤との関係についての情報はまったくの虚構であり、元老の西園寺公望は後藤をまったく評価していなかったのであるが。

しかし、実は少し前頃から「此節の様に後藤万能では」（三浦観樹の言）と言われるほど後藤の勢力は伸びきっており、また危うかった。充分な補給の準備もなく戦線を拡大しきり勢力が一見最大限に見える時が、その後に来る急速な没落の前兆点なのである。

「風呂敷を拡げ其括《くく》りの出来ぬのは後藤の病気である、其病人の頭を能う押へぬやうな総理では迚も駄目である」（三浦観樹〔梧楼〕、一〇月八日）「実は山本首相も後藤には困り居るものと見え」(松本剛吉、一〇月一〇日)、「内閣も後藤の為めに先が見えた(中略)後藤は駄目である」(三浦観樹、一〇月二三日)等、後藤の「説得不足」と「独走」は急速に人望を失わせていたのであった。

†新党計画の挫折

①憲政会の動き

加藤高明憲政会総裁は一一月下旬以降連続幹部会を開催し憲政会・革新倶楽部らの合同への慎重姿勢を確認し、一二月二日、四日に自邸で開かれた総務会と異例の多数幹部会で、引退と政治資金拠出を断る可能性を示唆した。憲政会の政治資金は加藤の女婿岩崎弥太郎・三菱財閥にほとんど依存していたと見られている。

一二月五日憲政会は合同打ち切りを正式に決定し、加藤の意を受けた安達謙蔵と政友会幹部岡崎邦輔《くにすけ》が政友会・憲政会の第一回の提携交渉を開始した。加藤・安達と岡崎の会談は継続され、一九二四年一月清浦奎吾内閣が成立すると加藤は率先護憲運動の狼煙を上げ、革新倶楽部とともに護憲三派を形成し護憲三派内閣成立を領導する。第二次護憲運動である。これも後藤が急速に戦線を伸びきらせたからであるが、わずか数ヵ月の間にこれだけ伸ばせたのも「大震災後」という特別の時空間の中だったからであった。

②後藤の失墜

一一月二四〜二七日に開かれた帝都復興審議会総会で後藤新平の復興計画は伊東巳代治・大石正巳・田中義一らから攻撃された。田中内閣を目指す横田千之助と政界策士西原亀三が大石・田中・貴族院研究会間を策動していたのである。

伊東は寺内内閣の外交調査会委員以来後藤・犬養とは「三角同盟」と言われた関係だったのだが、後藤との関係が悪化していたのである。伊東とこの田中内閣プランとの関係がどの程度のものであったのかははっきりしないところもあるが、伊東が自分の「土地を高く売りつけようとする」ので、後藤が「そんなことをいっては困る、われわれに委せてくれといって巳代治のいうことを聴かぬ。後藤は安田善次郎に金を出させる肚があるから巳代治のいうことには耳をかさない。そこで巳代治が腹を立てたんだ」というのが、犬養・古島サイドの理解である。

大石は新党計画のために後藤らが帝都復興審議会メンバーにしたのだが、後藤に反旗を翻したのである。大石には田中内閣のほうが魅力があったのであろう。また、根本的な原因としては、後藤が復興院のほうに復興計画のほとんどを委ね、帝都復興審議会を無視したことが大きい。一二月一七日に大石は首相を訪れ、伊東・高橋・青木・江木・自分の辞意を伝えているが、このことは「最近審議会委員の中から無視するなら廃止せよという提案があった」(大阪朝日、一二月一九日）と報道されている。自ら作った機関だが丹念にメンバーの意向を聞き説得しようとせず放置したので、足かせとなったのである。

復興院の副総裁人事に対して、後藤はポストが二人のところ四人に交渉をしていた。これは正伝『後藤新平』ですら「人事上の不謹慎」とし、復興計画に支障をきたしたことを認めているが、こういう計画性のないやり方だったため、土地区画整理をめぐって、反対派の宮尾舜治副総裁・池田宏計画局長と推進派の松木幹一郎副総裁・佐野利器《としかた》建築局長の対立が始まると、その対立は深刻化した。そして、結局最後は土地区画整理は折衷案で実施されることになる。後に永田秀次郎ら後藤系官僚の一派は民政党に接近、宮尾舜治副総裁は政友会に近づくなどして後藤系官僚は分裂するが、その原因の一つはこの復興院での路線対立にあるという説が有力である。また後年、復興局で一連の不祥事が起きた原因の一つがここにあることは間違いなかろう（筒井二〇一七参照）。

さて、議会が近づくと普選尚早（制限）論であった薩派の樺山資英書記官長は、議会多数派で普選尚早論の政友会への接近を策する。一一月一八、二一日両日の閣議では実施論と尚早論とが対立し、山本権兵衛首相も尚早論へ傾き始めた。

一二月四日に犬養が古島一雄宛に書いた書簡には「昨夜後藤子と打合候処同子は頗る曖昧に化し、戸主制（戸主のみに選挙権を与える制度）外なかるべしとか或は総理の考次第とか申迄に変化致シ居候」とある。

一二月六日に首相は政友会の岡崎邦輔らを招請、岡崎は政友会の持論の普選尚早論を説き首相に「一体あなたは普選に賛成したのかどうか」と聞いたところ、山本首相は「犬養後藤両君は頻りに普選即行を提唱しているが、之れは只両君だけの意嚮《いこう》であって政府の決定した意見ではない」と述べたと報道された。これは一一月一二日の地方長官会議訓示の否定となる。そこで古島は山本に会い「あなたは新聞にこういうことを書かせたが、怪しからんじゃないか」と言ったら、山本は「意思表示じゃない」と言う。そこで、古島は新聞でこの発言を否定した。山本は行き当たりばったり的状態になってきたのである。

一二月一二日の閣議で、薩派は大正一七年頃施行等の普選尚早（制限）論を展開、犬養毅・平沼騏一郎の無条件翌年五月総選挙実施論と対立し、「内閣成立以来最も緊張した場面」を現出したと報道された（東京朝日、一二月七日、一三日）。古島によると、伊集院彦吉外相が「普選なんか急がないでもいいじゃないか」と言ったので、「その時は犬養もひどく怒って、『貴様なんかの知ったことではない、余計なことをいうな』とひどくこきおろした」という。

†後藤攻撃と後藤の挫折

一二月一九日の「弾劾の標的は後藤子」という『大阪朝日新聞』記事によると、政友会は

「後藤内相不信任の弾劾案を提出せんとて目下秘密裡に画策中」であり、後藤内相に誠意がないことは復興審議会の意見を無視していることからも判る、とされた（大阪朝日、一二月一九日）。

一二月九日、財部彪海相の下で、危機打開のため後藤を逓相にし岡野を内相とするなどの内閣改造プランが練られたが、この相談に乗った松本剛吉は「予は現内閣の命数幾何もなきことを確めたり」と著した。

一二月一八日、政友会は後藤内相の作った復興院予算の大幅削減と復興院そのものの廃止を決定した。こうして一二月一九日の閣議は解散総選挙か政友会への屈服かを迫られる閣議となった。後藤らの攻勢で、加藤が追い詰められてから、二週間ほどしかたっていないという、事態の急激な展開であった。

この日の朝、『大阪朝日新聞』は次のような記事を掲載している。「妥協政治の仮面を去れ」「降って湧いた震災をタネに挙国一致の看板をかけて政略的に立ち上げた仮面・復興審議会は今やむしろ山本内閣の威信を傷つけるものになった」「審議会に先立ち重要案件を決めるなどして審議会を猫扱いしていたが虎の如く咆哮した」「不純な動機」を持っていたのが間違いで「有害な機関であるとは始めから知れてある」「審議会の廃止を断行せよ」。国民は復興と普選をこの内閣に託したが、復興計画においては「国民の信頼に反き」「普選即行もごまかすのでは」「何処に山本内閣の存在の理由があるか」（大阪朝日、一二月一九日）。

閣議では、犬養が解散を主張し、平沼がこれに同調、田中・財部が解散乃至総辞職論を主張したのに対し、後藤は屈服を選択した。「意外亦甚」（田日記）であった。「解散を主張した（中略）各大臣も肝腎の後藤内相の鮮かな軟化振りに力瘤の入れ処を失って呆気に取られ肝腎の後藤内相が我慢すると云ふものを、それでもとは云ひ兼て茲《ここ》に閣議は解散を避くる事に決定した」（東京朝日、一二月二〇日）。後藤の日記には「早朝八時閣議屈従決定　午後二時衆議院大削減通過」とある。

憲政会の策士安達謙蔵は、政府は解散か総辞職を選択すべきであったが「勇気がないから」断行できず、帝都復興事業遂行の「口実の下にもろくも屈従」した。「解散しても復興事業が出来ぬ事はない」。しかし、閣内が普選論にまとまっていない政府に解散はできない。この結果貴族院の信用を失墜し輿論も政府攻撃し「結局土崩瓦解するに至るであろう」（東京朝日、一二月二〇日）という談話を新聞に発表している。

また加藤高明は、「山本内閣の復興案は大杉栄の葬式の様なもので、大杉の骨がドコに行ったものやら骨なしで葬式したといふが、今度の復興案も其の通で骨なし復興案になって了った」と言っている。

その翌日、後藤は突然財部海相に予算成立後の解散を提言、これを聞いた山本首相は田農商相に相談したが、田は解散するならば衆議院で復興予算が削減された時にすべきで、その時、

「削られたる予算にて責任を以て遂行する」と言っておきながら予算成立後解散するというのでは「内相の真意何れに在りや甚だ了解に苦しむ」と拒絶を進言している。山本は「何うも後藤はぐらつくから困る、困ったものだと連発せり」という状態で、さらに田健治郎が「後藤のぐらつくのに、又々あなたが辞表抔《など》申出でられては全く内閣の中心を失する」と言うと、「首相は後藤は駄目だ駄目だ、困った困ったと連発せり」という有様だった。

一二月二四日、その田農商相が主務的に担当した火災保険貸付法案が審議未了となった責任を取り、辞任した。新聞は田の辞任との対比で後藤を激しく批判した。「後藤子の行動の如きはお話にならない。審議会で復興計画を目茶目茶に縮小されても堂々と争ふことも出来ぬ癖に委員会では盛んに審議会の老人連をコキ卸し陰弁慶をきめている。又衆議院が更に復興案を縮小し自己の立脚せる復興院を廃止しても恬《てん》として其の地位に止まり閣議で解散説起るや自ら非解散派の張本となるなどは責任ある政治家の行動といふ事は出来ない。我等は田男（爵）今回の勇退に鑑みて後藤子の出所の明快でないことを一層切実に感ずる」（国民新聞、一二月二四日）。

一二月二七日、虎ノ門事件が起こり、翌々二九日、山本内閣は総辞職する。この時、山本の辞表提出に対して元老西園寺は留任の優諚《ゆうじょう》が妥当と助言したので、摂政から辞表聴許せずとの優諚が下付された。閣議が開かれ犬養が強硬に引責総辞職を主張したので、結局総辞職と決まった。「犬養は早くから普選が駄目と見てうまく退陣の機会をつかんだ」（古島一雄）のだった。

この点、後藤の影響下、一九二三年一二月に「日本復興無党派聯盟」を結成した橋本徹馬《てつま》は次のように言っている。「復興計画に其大理想を叩き込まうと意気込んで居た後藤子が、今其俗小なる計画に甘んじて居る有様はどうか。彼れの参考人であるビアード博士は曰く「今日理想に過ぐとの非難を国民より受くるは、他日国民より感謝せらるる所以、今日国民より好評を受くるは他日に悔を残す所以」と。さらば後藤子たる者其職を賭しても世の俗論と戦ふ処に自己の使命の一部を感じなければならぬ筈であるのに、あの七億計画の無理想はどうであるか」。

では本人は「失敗の原因」をどのように分析していたのだろうか。

後藤本人が記した「失敗の原因」と題された文章には、「議会解散をなすべきに躊躇逡巡して勇断を欠き、大削減を被り議会に服従し、不名誉なる因循微力の内閣たるの譏を免れざる中に引責総辞職を為すに至りたること」とある。後藤の主張で行った「服従」を、「躊躇逡巡」とか「勇断」を欠いているとか批評しているのである。

†小括

①政治史的視点

(1)関東大震災後の政治過程の主たる政治焦点は、復興問題ばかりではなく、普選・新党問題であった。

(2)閣内では薩派、閣外では既成政党勢力という反対勢力を抱えた後藤新平らは、政界策士利用・内務省人事などで一部政党の乗っ取りによる新党形成を策したが、その冒険的で強引な手法は一時的成功に終わった。

(3)復興問題上最も重要な帝都復興審議会の政治的利用は後藤の側から仕掛けながら、十分な根回しを怠り反対派の反転攻勢の舞台となった。

(4)政府の最大の武器である「解散総選挙」が後藤らの閣内地位の低下と閣内の不統一のために駆使できないと見定めた反対党の政友会の判断により、最後の政治的勝敗は決した。

(5)政党政治確立期に政党的基盤を持たなかった後藤は、大衆的人気を支えにするしかなく、いつも壮大なアイデアを出して耳目を引いたが、それを確実に遂行する持続力や安定感を持たなかった。

復興計画のため鳴り物入りで来日し、後藤との邂逅風景が大々的に報道された米国の学者チャールズ・ビアードが、後藤や復興院に献言を聞き入れられずその「きわめて冷淡な態度」に失望しわずか一カ月ほどで「淋しそうに」帰国したのもその一例である。

②一般化

(1)大震災後というような混乱時には、通常の政治過程時では時間がかかり容易に実現できそうにない政策を、権力を握った政治家が一挙に実現しようとして行動することが起きやすい。罹災者を中心にメシア待望的姿勢になっているからである。後藤が新党結成に向けて憲政会乗っ取りのため復興審議会を利用しようとしたのは、それであった。

(2)しかし後藤の策略は単純に過ぎ、それは短期的には成功しかけたが、追いつめられかけた加藤憲政会総裁の反転攻勢などにより実力以上に伸びきった戦線は遮断され後藤の企図は挫折して、むしろその政治生命をうばった。それは、後藤にとっても不幸なことであった。

(3)非常事態及びその後の政治過程に際しては、リーダーに大幅な権限を委譲することになるが、その際、その限度を平和時に明確に規定しておくべきであろう。それも、地震、大火災、津波、火山噴火、安全保障(陸・海・空)への障害など想定される事態によって内容が異なってくるので個別ケース・類型ごとにもとめられるであろう。そうすれば、震災後数カ月という緊急時に解散総選挙か内閣総辞職かというような事態は避けられ、後藤のような政治家も、震災復興に専心し本来の力を発揮するものと思われるのである。一例として、大規模災害後一定期間の、解散総選挙・内閣総辞職の回避などがルール化されることが考えられるであろう。言うまでもなく、それは議会で議論を尽くし与野党の合意の下に決められねばならない。

筒井清忠『帝都復興の時代――関東大震災以後』（中公文庫、二〇一七）……筒井清忠「関東大震災後の政治過程」五百旗頭真編『大震災復興過程の政策比較分析』（ミネルヴァ書房、二〇一六）とともに本講全体にわたり依拠した。資料の出典も両書を見られたい。重複が多いが、同一テーマなので避けられなかった。今でもこの時代の政治史として唯一の書であり、政治史だけでなく、復興局の問題や震災後の社会意識など関東大震災後の広範な領域を扱っている。

この時期を理解するための標準的研究

鳥海靖「原内閣崩壊後における「挙国一致内閣」路線の展開と挫折」（『東京大学教養学部人文科学科紀要』五四輯、一九七二）……この時期についての古典的研究文献。

季武嘉也『大正期の政治構造』（吉川弘文館、一九九八）……大正政治史の信頼できる標準的研究書。季武嘉也・武田知己編『日本政党史』（吉川弘文館、二〇一一）はさらに広い視野から扱っている。

大正期政治史全体を扱った古典的研究

岡義武『転換期の大正』（日本近代史大系5、東京大学出版会、一九六九／岩波文庫、二〇一九）……広い視野から書かれた必読の古典的名著。

升味準之輔『日本政党史論　第5巻』（東京大学出版会、一九七九）

この時期を含んだ新しい研究

村井良太『政党内閣制の成立　一九一八～二七年』（有斐閣、二〇〇五）

奈良岡聰智『加藤高明と政党政治　二大政党制への道』（山川出版社、二〇〇六）

小山俊樹『憲政常道と政党政治』（思文閣出版、二〇一二）

後藤新平についての研究

北岡伸一『後藤新平――外交とヴィジョン』（中公新書、一九八八）……古典的標準的研究。

駄場裕司『後藤新平をめぐる権力構造の研究』（南窓社、二〇〇七）……後藤新平については礼賛本が多い中、客観的に扱っている数少ない書。

そのほか

松尾尊兊『普通選挙制度成立史の研究』（岩波書店、一九八九）……表題の中に該時代が取り扱われた精密な信頼できる書。

田村祐一郎「関東大震災と保険金騒動（13）田と各務の辞任」（『流通科学大学論集　人間・社会・自然編』第二一巻第一号、二〇〇八）……該問題についての数少ない研究。

中邨章『東京市政と都市計画』（敬文堂、一九九三）……ビアードのことについて特に参考になる。

古島一雄『一老政治家の回想』（中央公論社、一九五一／中公文庫、二〇一五、解説筒井清忠）……政治家の回想のうち特に多く取り上げたので記す。犬養の人間像の理解に資す。

第20講

排日移民法抗議運動

渡邉公太

†「排日移民法」の衝撃

一九二四（大正一三）年四月半ば、米国の上下両院でいわゆる「排日移民法」案が通過した（成立は五月二六日、施行は七月一日）。正式名称を「一九二四年移民法（Immigration Act of 1924/Johnson-Reed Act）」というこの法律案が両院で通過したことは、当時の日本の世論に大きな衝撃を与えた。

同法の条文には、日本人など特定の国家の移民を排斥するといった文言が含まれていたわけではなく、表面的には帰化不能外国人の入国を禁じると規定されていたにすぎない。だがすでに中国人移民は一八八二（明治一五）年の移民法で排斥対象となっており、また南・東欧からの移民が減少していた当時の状況から考慮すると、同法は明らかに日本人移民を対象とする法律であった。それは日清・日露両戦争と第一次世界大戦で戦勝国となり、名実ともに世界の一等国と自負していた日本のプライドを大いに傷つけるものだった。よく知られるように、昭和天皇は後年、大東亜戦争の重大な開戦原因の一つとして米国による日本人移民への差別を挙げているが（『昭和天皇独白録』文藝春秋、一九九五）、それほどまでに移民問題が当時の日米関係に与えた影響は大きかったのである。

有色人種の国家である日本は、たとえ欧米列強に比肩する軍事力や経済力を身に着けたとしても、国際場裏で欧米と同等の扱いを受けることは到底不可能なのだろうか。こうした不安を一気に醸成した米国の排日移民法に対して、日本国内では激しい批判の声が巻き起こった。それは大衆による政治運動が盛んとなる大正デモクラシー時代の情勢を反映するかのように、全国各地を舞台とする大規模な抗議運動へと発展していく。

この重大事件である排日移民法抗議運動に関して、従来の大正史の通史や概説書ではほとんど顧みられず、主要な中学・高校の歴史教科書でも言及されることがない。しかし、大正期に勃興する戦前日本の代表的な大衆運動として、本問題は重大な意義を有する（筒井二〇一八）。

以下では、当時の日本の世論が排日移民法をいかなる衝撃でもって迎え、抗議運動を展開したか検証していく。

†抗議運動の第一波

排日移民法案の米国議会通過を受け、日本国内で最初に大規模な大衆運動が巻き起こったのは、四月後半の時期だった。それは四月一五日（米国時間）に米国の上院で移民法案が通過したとの報道が四月一七日付の新聞で日本国内に一斉に報じられ、これに対する反対の機運が急激に高まったからである。もちろん、これ以前から米国議会では排日条項を含む移民法案が議題に挙げられていることは新聞等のメディアが広く報じていたが、日本国内では正義や人道を重んじる米国人の気質からして、同法案が成立に至ることはないであろうという楽観があった。そのため、同法案が議会を通過したことは、日本国民の期待を裏切り、反発を強めてしまうことになった。実際に今回の移民法案通過に際して、日本の主要各紙は直ちに強い批判を与えた。

わが国の体面を傷つけ、且国民を劣等視する意味において、今や、米国の排日移民法は、非常なる重大問題となつた。最近、日本に関する国際問題で、これ程重要なる性質を帯たものはないとわれ等は思つている。（『東京日日新聞』四月一七日付朝刊）

米国議会の排日移民法案通過ほど、横暴を極めたものは無い、之をして立法的罪悪と言はずんば、何を爾か呼び得るものがあらう。（『東京朝日新聞』四月一八日付朝刊）

そもそも在米日本人移民のほとんどは、米国に永住・同化する意思は有しておらず、母国への送金を目的とした、いわゆる出稼ぎ労働者たちである。またその数も、他国からの移民に比べて少数にすぎず、現地の米国人労働者に直接の被害を与えるような存在ではなかった。それにもかかわらず、日本人移民の排斥を含む移民法案が議会で通過したことは、日本国内の反米機運を大きく刺激した。自由や正義やデモクラシーといった理念を掲げる米国が、このような差別的内容を含む法案を成立に向かわせていることは、パリ講和会議での人種差別撤廃条項の否決と併せて、日本国民に国際社会における人種差別の根強さをあらためて印象づけることに

月	日	抗議運動および主な出来事
6	8	アメリカ映画の上映禁止
		無名烈士の国民葬
		対米演説会
6	9	極東民族大会
6	10	土浦町民大会
		勤王烈士党
6	11	米宣教師団
6	12	米品非買ビラ
6	14	米映画排斥の頓挫
		千葉町民大会
		対米運動取締
6	15	横浜市民大会
		横浜英和女学校の同窓会
		台北軍人会
6	16	生存同盟会館対米演説会
6	17	極東連盟協会
6	18	浅草伝法院対米演説会
6	19	日本基督教会の幹事会
		基督教婦人矯風会
		在郷軍人会連合大会
		在米日本人への私刑
6	22	安房対米青年大会
		国際婦人社交会
6	23	横浜米国人協会
		亜細亜平和学生連盟大会
6	24	神戸日米協会
6	28	米国膺懲演説会
6	29	対米問題市民大会
6	30	関東の米映画排斥会議
7	1	**移民法施行**
		全国神職会
		大行社同人の街頭演説
		米国旗への暴行
		新正弁護士団主催の国民大会
		反米ビラの散布
		対米記念国民大会
		極東民大会
		暴米膺懲決議
		対米同志会
7	10	全亜細亜協会の発足

月	日	抗議運動および主な出来事	月	日	抗議運動および主な出来事
4	12	**米下院で移民法通過**	4	26	日米協会
4	15	**米上院で移民法通過**			公正会
4	17	東京商業会議所の緊急決議			日本弁護士協会
		日本力行会			大阪 YMCA
		汎太平洋倶楽部	4	27	水平社
		神戸婦人連合会加盟 14 団体			岡山県民大会
4	18	『大阪朝日新聞』社説	4	28	熊本対米県民大会
		海外協会中央会			日本経済連盟会
4	19	日本基督教連盟常議員会			京都市民大会
		朝日新聞の米新聞への打電			大阪組合基督教会青年同盟
		東京商業会議所	4	29	関西日米協会
		大阪商業会議所			全国教育者大会
		帝国民声会			広島県民大会
4	20	北米シアトル日本人会	4	30	全関西婦人協会
		全関西婦人連合会			
		官業労働総同盟	5	1	名古屋の市民代表
		印刷工連合大会			対米問題中日市民大会
		暴露膺懲国民大会			対米問題演説会
		日本労働組合連合会			鹿児島市民大会
4	21	台北商工会	5	3	熊本県民大会
		日本移民協会	5	4	長崎市民大会
		対米問題協議会			函館市民大会
		名古屋の婦人団体	5	5	滋賀県民大会
		日米関係委員会	5	7	長春市民大会
		米国基督教連合会			排日問題批判大会
4	22	全国商業会議所臨時連合会	5	15	**米上下両院で移民法案可決**
		対米問題講演会	5	20	**ウッズ大使の辞任**
4	23	同志社大学の学生大会	5	21	全国実業教育会
		日本国際連盟協会	5	24	日米問題協議会
		対米問題市民大会	5	25	在郷軍人会
		京城商業会議所評議会	5	26	**移民法成立**
4	24	和歌山の国民大会	5	29	東亜連盟協会の発足式
		佐世保海軍工廠労働会	5	31	抗議の割腹自殺
4	25	金子堅太郎日米協会会長の電報			
		大阪ロータリー倶楽部	6	1	対米国民大会準備会
		日米問題神戸市民大会	6	3	東京商業会議所
		対米問題京橋区民大会	6	4	抗議の割腹自殺
		全国水平社	6	5	対米国民大会
		東京各大学連合			東京・大阪の新聞 19 社共同声明
		富山市民大会	6	6	金丸順次の自死
		米大統領による排日反対表明	6	7	舞踏会闖入

表　移民法反対運動一覧（1924 年 4 月～7 月）　出典：筆者作成

なった。

四月二一日、日本の主要新聞社一五社は、朝刊の紙上に「排日案に対する共同宣言」を一斉に掲載した。これは、「今回アメリカ合衆国の上下両院を通過した排日案の不正不義なる次第は極めて明白である」ために、「われ等は此重大なる法案に対する米国民の正義の戦ひが如何なる効果を奏するかを熱心に注視する」として、米国に自省を促す内容であった。多種多様なメディアが発達した現代とは比較にならないほど世論へ影響を与える存在だった新聞社がこうした共同宣言を発したことは、おそらくこれ以後の日本各地で発生する抗議運動にも少なからぬ影響を及ぼしたものと考えられる。

†各種団体による抗議運動

メディアの報道と並行して、日本国内の様々な民間団体は、排日移民法案への抗議の動きを起こしていった。まず四月一七日には、東京商業会議所、汎太平洋倶楽部、神戸婦人連合会加盟団体らがそれぞれ決議を発し、排日移民法案に抗議の意を示すと同時に、同法の正式な成立を阻止するための運動を展開していくこととした。

四月二三日に大阪市中央公会堂で開催された対米問題市民大会は、大阪の各新聞社主催でなされることもあり、数日前から新聞紙上で宣伝がなされた。その効果もあってか、当日は約四〇〇〇名の一般市民が押し寄せるほどの大規模な集会となった。集会の最後には、正義に反する排日移民法案を、クーリッジ大統領がその良心でもって成立拒否に至らしめるよう要請する決議が採択された。

こうした各種民間団体による緊急集会や対米決議は、四月下旬を通じて日本の全国各地で展開され、規模の大小を問わず、新聞でも連日報道された。それらを主催する各種団体の性質を見ても、企業関係から労働組合、学生団体、女性団体、あるいは日米親善を謳う国際交流団体など、極めて幅広いものだったことがわかる。

例えば、一九一七(大正六)年に日米協調を目的とし、両国の有識者によって発足した日米協会もまた、排日移民法案への抵抗を示した団体の一つだった。当時、同協会会長を務めていた金子堅太郎は、かつてハーバード大学に学んだ知米派として知られていたが、会長として四月二六日にクーリッジ大統領へ対し、同法案の成立を差し当たり延期するように要請するなど、迅速な対応を見せていた。だがその苦労もむなしく、最終的に排日移民法が成立すると、金子はこれへの抗議の意を示し、同協会会長の座を辞したのであった。

また商業会議所をはじめとする経済界の抗議運動にも注目すべきだろう。商業会議所や実業組合などに参加している中小企業にとっては、最大の輸出相手国である米国が日本人移民を排斥する内容の法律を成立させることには敏感にならざるを得なかった。それは労働組合系の団体も同様であり、排日移民法によって日米経済関係が損なわれるような事態が発生することは何としてでも避ける必要があった。そのため、これら経済界・労働者らの団体は、いち早く排日移民法へ反対の意思を表明し、米国の経済界にも協力を求めたのだった。例えば一九二二年に創設した日本経済連盟会は、四月二八日に総会を開き、米国の国際商業会議所の委員へ、移民法案成立を阻止するために協力を求める主旨の決議書を送付している。

こうした日本側の動向に比して、米国の経済界ではやや遅れて移民法による日米経済関係の悪化を憂慮する勢力が登場する。その担い手となったのは、実際に同法が施行した後、米国から日本へ対する輸出が激減したため、日本人の対米感情を改善する必要性を認める実業家や輸出業者らであった。特に一九二八年以降になると、米国の実業家・輸出業者の動きは活発化し、対日関係改善のための行動をとるようになった（廣部泉「「排日移民法」と日米関係の展開」川田稔ほか編『二〇世紀日米関係と東アジア』風媒社、二〇〇二）。とはいえ、こうした日米の経済界からの動きが排日移民法の廃止などの具体的成果をもたらすことはできず、両国は移民問題をめぐる亀裂を修復できないまま一九三〇年代へと突入することになる。

†抗議運動の第二波

排日移民法に対する日本国内の抗議運動は、五月に入るといささか陰りを見せる。それはこの時期、第二次護憲運動と呼ばれる第一五回衆議院総選挙が五月一〇日に行われるため、各新聞社の報道もそちらに関心が集中し、排日移民法への関心が相対的に薄れたためである。それに加えて、大統領をはじめとする米国のリーダーたちが最終的には合理的かつ人道的な対応を見せ、同法案の成立を許すことはしないだろうという楽観的な期待もあった。

ところが、こうした日本側の期待は、五月一五日に米国議会で移民法案が正式に可決されることが確実となったことで一気に打ち砕かれてしまった。この事実が日本国内で報じられると、再び大きな衝撃に襲われた。そして五月下旬から翌月にかけ、連日排日移民法へ抗議する運動が展開されることになる。それは四月の第一波を超える規模の民衆運動となった。

五月二五日に靖国神社前で行われた在郷軍人会の集会には、約六〇〇〇名もの参加者が集結した。参加者らは、「皇室国家に対して危惧を与ふるものを徹底的に膺懲《ようちょう》する覚悟」を神前に宣誓し、米国に対する激しい反発をあらわにした（廣部二〇二〇）。

六月五日に両国国技館で開催された対米国民大会は、頭山満や内田良平ら政治活動家を中心に結成した国民対米会の主催による最大規模の集会であった。この日、朝から会場前に大行列が押し寄せ、最終的に約二万人の聴衆が参加した。大会では、頭山、上杉慎吉、小川平吉といった著名な活動家や学者たちが演壇に立ち、排日移民法への絶対反対と米国の対日差別への糾弾が繰り返し発せられた。

また同日の新聞には、東京と大阪の主要新聞社一九社が連合で米国へ反省を求める旨の声明文が一斉に掲載された。メディアの報道と民間の政治団体らによる積極的な活動は、この時期の反米集会を大規模なものへ仕立て上げた要因であると考えられよう。

五月三一日、衝撃的な事件が発生した。この日、駐日米国大使館近くにある井上勝純《かつずみ》邸宅に忍び込んだ身元不明の男性が、サイラス・ウッズ駐日米国大使へ宛てた抗議書を懐中に忍ばせて割腹自殺をした。この抗議書には、ウッズ大使を介して米国国民へ対し、正義人道を唱道する米国が日本人を差別する法律を成立させたことへの憤怒と、キリスト教の教義に基づく自省と排日条項の削除を求める訴えが記されていた。なおこの自殺者は、遺書では「無名民」と自称していたため、その正確な出自は不明なままとされた（内田良平文書研究会編『内田良平関係文書』第七巻、芙蓉書房出版、一九九四）。

この「無名民」の自死に刺激を受けたのか、六月四日には戸山ヶ原で同じくウッズ大使へ向けた抗議の遺書を残した男性の遺体が発見された。また続く六日、宮崎県の耕地整理課助手をしていた金丸順次という男性が、宮崎市内の線路に飛び込み自殺をした。その遺体の懐中には、排日移民法に対する強い憤りから、自死の決意を固めた旨の遺書が残されていた。

排日移民法反対デモ（1924年6月29日）

†最後の抵抗

米国時間の七月一日、クーリッジ大統領がついに移民法へ署名し、正式に同法が施行されることになった。これに対し日本では、ついに最後の望みが断たれてしまったという失望感が広がる。対米同志会はこの衝撃的な日を、「米禍記念日」と称した。

同日、日本国内の各地で抗議運動が展開された。全国神職会は午前八時を期して、全国の各神社で一斉に国威宣揚記念祭を執行した。また民間の政治・経済団体である青衿政社、大日本文化協会、対米労働連盟、対米経済協会等の連合は、東京市内で示威運動を起こすべく、国民の決起を促す二十余種の反米ビラを散布した。大行社の同人らは大阪など関西の市街地を訪れ、米国批判の演説とビラ撒きを行った。立命館大学など関西の大学に属する学生有志団は暴米膺懲学生団を結成し、「暴米膺懲決議」を採択した。

同日午後一時、対米記念国民大会が国民対米会主催のもと、芝公園増上寺で開かれた。約一万名の参加者が集まり、頭山満、内田良平、上杉慎吉らが演壇に立った。黒龍会会長の内田は開会の辞において、五月三一日にウッズ大使宛ての抗議書をもって自決した「無名民」に言及した。内田は彼について、「無名の国士の如きは割腹して米国の反省を促したのであります」と述べ、大会中に「無名民」への国士の礼がとられた（吉田広元編『対米問題と国民の覚悟』万年社出版部、一九二四）。

またこの日、前年の関東大震災で倒壊した米国大使館跡に忍び込んだ暴漢により、米国旗が奪われるという事件も発生した。この事件を起こした岡田（濱田）理平は、当時二一歳の赤化防止団のメンバーであった。逃亡した岡田は、翌二日に大阪で逮捕され、東京へ戻されると、家宅侵入罪で収監された。なお釈放後の岡田は、再び政治活動家として動き始める。一時は中国大陸へ渡り浪人生活を送っていたが、一九三一（昭和六）年二月に頭山満の息子の秀三が天行会を結成するにあたっては、秀三と児玉誉士夫《よしお》の間を取り持った。そして翌年一一月、岡田は児玉らとともに牧野伸顕内大臣や一木喜徳郎宮内大臣の暗殺を企て、検挙されることになる。

†アジア主義への傾斜

一連の排日移民法への抗議運動は、いわゆる日本の内地のみならず、台湾や満州、関東州などの外地でも展開されていたことには注目すべきだろう。これは排日移民法が単に米国による日本人差別にとどまらず、白色人種による黄色人種への差別であるという、人種対立を呼び起こす性質を含んでいたことを意味した。

実際に抗議運動を盛んに展開した勢力の中には、従来の欧米との協調に取って代わる新たな国際関係の枠組みを提唱する論者もいた。それは明治期以来、日本が国是としていた「脱亜入欧」に代わり、アジア民族の連携というアジア主義・地域主義に基づく国際秩序の再編であった。排日移民法施行直後の七月一〇日に全亜細亜協会という、アジア民族の連携を唱える民間団体が発足したことは、こうしたムードを象徴していた。岩崎勲《いさお》や今里準太郎《いまざとじゅんたろう》らの政治家が中心となり、「白人の極東侵入に対抗」することを当面の目標に掲げるこの協会は、後年には昭和期アジア主義運動の民間団体として勢力を伸長させることになる（廣部二〇二〇）。

この時期、排日移民法成立の要因を人種や民族といった概念に見出す議論は後を絶たなかった。それは「太平洋の架け橋」となることを目指した国際人の新渡戸稲造から、国粋主義的ジャーナリストの徳富蘇峰に至るまで、各々の思想的立場を超えて多くの日本の識者に共通していた。新渡戸は日本人を差別する排日移民法が撤回されない限り、「断じてアメリカの土は踏まない」と誓うほどの強い憤りを表明していた（『新渡戸稲造全集』第六巻、教文館、一九八四）。眞嶋亜有はこうした日本の言論人らに共通した怒りの源泉に、「所属感の欠如」があったと指摘する。つまり西洋の文明圏に所属しようとしても、先天的な人種という先天的要因からそれが叶わないという劣等感が、排日移民法によって噴出したというのである（眞嶋二〇一四）。

人種や民族という先天的要因で「入欧」ができないならば、同じ人種の民族同士が連携すべきという「入亜」こそが本来の日本の選択すべき道であるというアジア主義の概念は、相応の説得力を有するようになった。一一月二八日、中国から来日した革命家の孫文が神戸で行った「大アジア主義講演」は、西洋の覇道と東洋の王道とを明確に区別し、日中はともに後者の道を突き進むべきという内容であったが、ここで孫文は、明治以来の日本の行き過ぎた近代化が西洋の覇道へと向かおうとしていることに警鐘を鳴らし、日中友好の必要性を訴えた。いささか抽象的な孫文のアジア主義講演であったが、これが日本で一定の評価を受けることになったのは、おそらくは直前の排日移民法成立に対する衝撃と無縁ではなかったのだろう（廣部二〇二〇）。

†排日移民法抗議運動の教訓

ここまでで見てきたように、日本国内における排日移民法抗議運動は極めて大規模に展開されたが、同法が施行される七月以降は鎮静化する。結果的に抗議運動が同法成立を阻止することはできず、米国における日本人移民は厳しい環境に置かれ続けることになった。一九四一（昭和一六）年一二月に日米開戦が勃発すると、在米日本人移民は収容所に拘束されたり、あるいはその日本語能力を利用されて日本の機密暗号解読のために動員されたりするなどした。終戦後、彼らは米国における権利獲得に運動を起こすが、それが実現するのは一九五二（昭和二七）年のマッカラン・ウォルター移民法成立を待たねばならなかった。同法によって、部分的ではあるが、ようやく日本人移民たちは米国での市民権獲得に至ったのである。さらに各州が個別に制定していた一連の排日法も、一九六六（昭和四一）年までに順次廃棄された（佳知晃子「アメリカ社会における日系移民」細谷千博ほか編『［新版］日米関係史』有斐閣、一九九一）。

いうまでもなく、この在米日本人移民への差別が日米開戦をもたらしたと評するのは極論である。日米間には移民問題以外にもより直接的な利害対立が存在しており、それをめぐる双方の認識ギャップが表面化したことで太平洋戦争という悲劇を生んだのである。だがその過程で日本人の心中には、長らく米国ら白色人種の国家から差別を受け続けたというトラウマがあり、強い反米感情を育んでいったことも否定し得ないであろう。その点では、排日移民法に代表される米国の一連の排日政策と、それに対する日本国内の抗議運動が、「ボディーブロー」（筒井二〇一八）のようにダメージを蓄積し、日米間の利害対立を平和的手段で解決できなかったともいえるだろう。

この運動をめぐる日本人の意識を理解するのはかなり難しいところがあるのも事実である。冒頭で述べたように日本人は当時世界の一等国のような意識を持ち始めていただけにアメリカによる移民差別はなおさら大きな屈辱と受け止められたのである。そこに日本人の置かれた二重性があったし、問題解決の難しさがあった。しかし、間違いのないことは、このような重要な事件を扱わずに済ませるような態度では今後同じような問題が起きても何も解決できないということである。

さらに詳しく知るための参考文献

麻田貞雄『両大戦間の日米関係――海軍と政策決定過程』（東京大学出版会、一九九三）……「第六章　人種と文化の相克」「第七章　桜の花びらと黄禍の戦慄」はイメージ研究というユニークな手法を用いて、日米双方の人種認識をバランスよく論じる。

玉井清『排日移民法と日本のマスメディア』正・続（慶應義塾大学法学部政治学科玉井清研究会、一九九六、二〇一二）……排日移民法をめぐる日本のメディアの報道をまとめた資料集。

筒井清忠『戦前日本のポピュリズム――日米戦争への道』（中央公論新社、二〇一八）……日露戦後から太平洋開戦までの政治・社会問題について、ポピュリズムの観点から論じた著作。本講のテーマとも密接に関連しており、まずは基本書として一読を薦めたい。

Hirobe, Izumi. *Japanese Pride, American Prejudice: Modifying the Exclusion of the 1924 Immigration Act*. Stanford UP, 2001.／廣部泉『人種戦争という寓話――黄禍論とアジア主義』（名古屋大学出版会、二〇一六）／同『黄禍論――百年の系譜』（講談社選書メチエ、二〇二〇）……排日移民法成立後の移民問題に関して最も網羅的な研究をした一連の著作。特に近年の著作は、人種という概念を日米両国がどのように捉えたかという観点から、より長いタイムスパンで考察されている点が特徴的である。

眞嶋亜有『「肌色」の憂鬱――近代日本の人種体験』（中公叢書、二〇一四）……明治以来の近代を通じて、人種問題に日本人がどのように向き合ったかを論じた社会史・文化史からの考察。

三輪公忠編『日米危機の起源と排日移民法』（論創社、一九九七）……移民法をめぐる日米対立を、国際的視野から広く分析した論文集。

三輪公忠『隠されたペリーの「白旗」――日米関係のイメージ論的・精神史的研究』（Sophia University Press、一九九九）……「第四章 「排日」移民法に日中の提携と米貨ボイコットで応じた日本人」は、日本の経済界の動向を通じ、排日移民法による日本の対米・対中イメージが変化したことを論じる。

吉田忠雄『排日移民法の軌跡――21世紀の日米関係の原点』（経済往来社、一九九〇）……排日移民法成立を受けた日本国内の動揺の大きさが描かれている。ただし日米外交関係における移民問題（人種差別）がやや強調されすぎている点には注意が必要だろう。

第21講 「軍縮期」の社会と軍隊

高杉洋平

†「坂の上」としての大正

司馬遼太郎は小説『坂の上の雲』で、明治の青年群像を鮮やかに描き出した。小説の主人公は、のちに陸海軍の将帥となる秋山好古《よしふる》・真之《さねゆき》兄弟である。周知のように、司馬は昭和に入ってからの軍部、特に陸軍の政治的・軍事的あり様を厳しく糾弾した。しかし、明治の陸軍を見つめる司馬の眼差しは温かい。

小説は、長い坂の上にぽっかり浮かんだ雲を目指して登り続けた日本が、ついに大国ロシアを破ったにもかかわらず、なにやら不安な余韻を残して終わる。その意味で、「清新な明治」の上り坂の果てに「愚昧な昭和」への下り坂が始まるという「司馬史観」を暗示していると言えよう。

今日、司馬の歴史解釈は、その単純さや過度のステレオ・タイプ化が批判の対象になることも多い。しかし、優れた文学者が直感的に感じ取った一つの歴史理解として、傾聴に値する点もあろう。司馬が言うほど「愚昧」であったかどうかはともかく、明治建軍から敗戦による解体まで七五年、陸軍に何かしらの変化、あるいは変化を強いられた何かがあったことは確かだろう。となれば、その変質の転換点が「大正」ということになろうか。

明治末から昭和初めの社会風潮を指して「大正デモクラシー」と言うことがある。この用語は、厳密な定義があるわけではなく、またある種の価値判断や印象付けの危険性も伴う。そのため本講では時代区分を表す用語としては、よりニュートラルな「軍縮期」という言葉を用いることにする。明治建軍以来の軍拡路線が世論や政党の反発を受けるようになり、やがて厳しい軍縮要求にさらされるようになる時代である。ただし、この時期の社会にそれ以前の時代には見られなかった様々な政治思想や社会風潮が開花し、「大正デモクラシー」としか言いようのない独特の時代風景を形作ったことは事実であろう。したがって、本講でも時代風景を表す象徴的用語としては「大正デモクラシー」という言葉を用いることにする。となれば、「昭和の陸軍」は「大正デモクラシー」の社会で育まれたことになる。陸軍は「大正デモクラシー」の世相のなかで、どのような問題に直面し、やがて「昭和の陸軍」へと変質するのだろうか。もとより、問題は広範で奥深い。限られた紙幅と筆者の能力では、問題を網羅することは不可能である。本講では、大正期の陸軍を揺るがした軍部大臣現役武官制廃止問題・軍縮・総力戦の問題に焦点を当てて論じてみたい。

†「大衆」の時代

「軍縮期」は、ときに国家の意思や都合とは無関係に国民が政治化した「大衆」の時代だった。その前兆は、早くも日露戦争の直後に現出した。一九〇五（明治三八）年九月、日露はポーツマス条約によって平和を回復するが、その和平条件に不満な国民は、政府系新聞社や交番・教会などを襲撃し、帝都には戒厳令が布告された。

日本にとって、ロシアとの戦争は国家の命運をかけた戦いであった。国家は国民の猛烈な献身を要求し、国民の方でもまた、国家の運命に国民個々人の運命を重ね合わせ、それに応え、勝敗の帰趨に一喜一憂した。日比谷焼打ち事件は、重税を負い、朝鮮・満州の野に血の犠牲を捧げた国民が、負担の見返りとしての政治的権利（発言権）を自覚した瞬間でもあった。いわば政治勢力としての「大衆」の登場である（筒井二〇一八）。

第一次世界大戦（一九一四（大正三）～一八（大正七）年）は、そうした傾向に世界規模で拍車をかけた。戦争遂行に国民の協力は不可欠となり、必然的に大衆の権利意識はかつてないほど高まった。労働運動・民族運動が興隆し、社会主義や共産主義といった新思想も流行した。また悲惨な戦争の経験は、世界的なアンチ・ミリタリズムの風潮を生み出し、平和や減税を実現するために、大衆は軍縮を要求した。極東の島国日本も、こうした世界的傾向から無縁ではありえなかった。

政治的には、日露戦争の終結後、政友会の西園寺公望が内閣を組織し（一九〇六年）、以降、西園寺と官僚系の桂太郎（陸軍大将）が交互に内閣を組織する「桂園時代」が到来する。西園寺内閣は無条件に政党内閣と呼ぶにはまだ心許ない内情であったが、それでも政党党首が政権を担うことが常態化しつつあったことは大きな変化であった。大戦が終結した一九一八年には、初の本格的政党内閣である原敬内閣（政友会）が成立し、やがて政友会・憲政会（民政党）の二大政党制の時代が到来する。政党政治家は選挙を通じて大衆と直接結び付き、大衆の後援を政治力の源泉としていた。必然的に、政治は良くも悪くもポピュリズム的傾向を示すようになる。

国民生活の水準向上も見逃せない変化であった。明治維新以来の富国強兵の果実は、徐々に大衆レベルにも及ぶようになり、大戦景気が拍車をかけた。都市生活は大衆消費社会に移行し、人々は豊かに、別の見方をすれば、享楽的で個人主義的な傾向も示すようになった。他方で、農村や都市下層部では、貧困や格差の問題が、解決しえないまま澱のように沈殿していたことも事実であった。こうした社会矛盾は政治的ダイナミズムを生み出した。

明治維新以来、日本は藩閥政治家に率いられた官僚勢力の指導の下、軍事偏重の富国強兵政策を推し進め、国民はおおむね従順にその指導に従った。その成果が日清・日露両戦役の勝利であった。しかし今や、状況は確実に変わりつつあったのである。

†軍部大臣現役武官制廃止（軍部大臣任用資格改正）

ことの発端は、第二次西園寺内閣が陸軍大臣上原勇作の単独辞表提出によって瓦解したことにあった。日露戦争後、陸軍では来るべきロシアとの再戦に備え、平時一七個師団の現有兵力を段階的に二五個師団まで拡張することを決定していた。しかし、財政難のために増師は一九個師団で止まってしまう。陸軍は増師を再開すべく予算分配を求めたが、西園寺は要求を拒絶する。上原はこれを不服として辞表を提出したのである。西園寺は陸軍に後継陸相の推薦を求めたが、陸軍はこれを拒否した。後継陸相を得られなかった西園寺内閣は総辞職し、第三次桂内閣が成立した。

大日本帝国憲法第一一条では「天皇は陸海軍を統帥す」とされ、これは軍隊を指揮命令する権利（統帥権）が内閣ではなく天皇に直結することを規定したものと解釈されていた。統帥権の独立である。この統帥権独立を実現するため、作戦用兵を掌る参謀本部（海軍は軍令部）は内閣から独立した天皇直属の機関とされた。他方、軍隊の行政的分野を掌る陸・海軍省の業務は、予算を含む内閣の行政業務と不可分である。そのため陸・海軍大臣は内閣の一員であり、内閣の干渉を受ける恐れがあった。そこで軍部大臣の任用資格を政治活動が禁止されている現役の大・中将とし（軍部大臣現役武官制）、さらに軍事事項について軍部大臣が内閣を通さずに直接天皇に上奏できるようにされていた（帷幄《いあく》上奏権）。これによって軍部大臣が内閣の一員であっても、統帥権独立が担保されていると認識されていたのである（高杉二〇二〇）。上原の単独辞表提出が内閣の瓦解にまで結び付いたのにはこうした制度的背景があった。

この政変は、外観的・短期的には、陸軍が軍部大臣現役武官制の規定を利用して、陸軍に非協力的な内閣を倒閣した、いわば陸軍の「勝利」に終わったかのように思われた。しかし、その最終的な結末は陸軍にとってみじめなものとなった。陸軍の横暴に怒った「大衆」は議会を取り囲み（第一次護憲運動）、倒閣の黒幕と見なされた桂内閣はわずか二カ月間で退陣に追い込まれた。増師も当然ながら棚上げである。

大衆世論の批判は軍部大臣現役武官制にも及んだ。桂の後を受けた山本権兵衛内閣は、首相の山本こそ海軍出身であったものの、政友会の支援を受けた「準政党内閣」とも言うべき性格であり、制度改正に積極的に取り組んだ。山本の改革案は、軍部大臣の任用資格から「現役」の文字を削り、予備・後備役の大・中将にも任用資格を広げようというものであった。これによって現役を退いた後で政党に入党した将官にも大臣就任の道が開けることになる。陸軍は改革に激しく抵抗したものの、政党勢力と世論の圧力に抗するのは極めて困難な状況であった。ついに、ときの陸軍大臣木越安綱《きごしやすつな》は任用資格改正に同意してしまう。こうして軍部大臣現役武官制は、単なる軍部大臣武官制となった（一九一三年）。木越は陸軍に対して責任を取る形で辞任した。

†軍部大臣武官制の運用実態

こうして陸軍は大きな既得権益と政治的「武器」を失うことになった。軍部大臣現役武官制廃止は「軍縮期」を彩る「大正デモクラシー」の輝かしい勝利だったのだろうか。外観的・短期的には確かにそうであろう。しかし、その後の歴史的経過を観察すると、ことはそう単純ではなかったことが明らかになる。

まず第一に、せっかくの制度改正にもかかわらず、広田弘毅内閣で現役制が復活するまで（一九三六年）、予備・後備役の将官が軍部大臣に就任したことは一度たりともなかった。もっと問題になるのは制度改正の効果である。昭和期に入ってからの軍部大臣武官制の運用を再検討した筒井清忠氏は、現役武官制は政治介入の有無を決定した本質的要因ではなく、現役武官制であったからこそ政治に介入できたとか、逆に単なる武官制であったから政治に介入できなかったなどという事例は存在しないことを明らかにした（筒井二〇〇七）。これでは何のための制度改正だったのかという気持ちにもなろう。

実は、この皮肉な結末も「軍縮期」に方向付けられていた。増師問題で世論や政党勢力と正面衝突した陸軍であるが、その苦い敗北の経験から、強力な政治勢力に成長しつつある「大衆」や政党勢力とは、対立するよりも協力した方が賢明であると考える軍人が現れ出す。政党の方でも、こうした協力的軍人と提携することで、陸軍をコントロールしようとするようになる。その代表的な人物が、政友会が提携した田中義一、憲政会（民政党）が提携した宇垣一成である。田中は後に政友会総裁となり、宇垣も民政党や新党の党首に何度も擬せられるなど、政党政治に接近した「軍縮期」の軍事指導者の典型的な存在である。こうして「軍縮期」の政軍関係は、対立から協調に転じていくことになる。協調には往々にして妥協が伴う。

顕著な例が、軍部大臣文官制問題を巡る憲政会（民政党）内閣と宇垣陸相との慣れ合いである。現役武官制廃止以降、世論や政党勢力は制度のさらなる改正、すなわち軍部大臣の就任資格を軍人以外にも認める軍部大臣文官制の導入を求めることになる。しかし、政権獲得後の憲政会は制度改正に一転して消極的となる。それが内閣に協力的な宇垣との関係を棄損するものになりかねないからである。宇垣の方でも、自身や陸軍にとってバイタルな問題（任用資格問題）以外では、配下の軍人を統制して政権に協力的な態度を貫くことで、政権側の制度改正の意欲や動機を減退させた（高杉二〇二〇）。

非現役将官の大臣就任問題に関しても同様である。宇垣が政権に対して協力的である限り、政権側は新制度の適用の必要を感じないのである。こうして両者の協調関係は、新制度の適用や制度のさらなる改正を停滞させてしまった。

大衆世論を背景にして政党勢力の政治的威力が増大し、他方で軍部のそれが弱体化していた「軍縮期」こそ、改正した制度の運用実績を作り、それを単なる形式的改正ではない内実の伴ったもの、さらに徹底したものへと成長させるチャンスであった。しかし「軍縮期」の政軍協調関係が、皮肉にもその機会を奪ってしまった。政軍の力関係が逆転した昭和期に、急にその適用を求めても、どだい無理な話だったのである。

†軍縮（山梨軍縮・宇垣軍縮）

「軍縮期」は軍事的技術革新の時代であった。第一次世界大戦では、飛行機・戦車・毒ガス・高射砲といった「新兵器」が次々登場し、大砲や機関銃といった既存の「大量殺戮兵器」も、より高性能化し、より大規模に戦線に投入された。欧米各国は軍拡競争に邁進するが、本格的な戦闘経験を持たなかった日本は、この質的・量的革新から完全に取り残されてしまう。陸軍の危機感は深刻であった。陸軍は大戦中から多数の観戦武官を欧州戦線に派遣し、国内では臨時軍事調査委員を組織して研究に当たるが、欧米各国の軍事水準にキャッチ・アップすることは困難を極めることになる。大戦が全く別の課題を日本に突き付けたからである。

「軍縮期」は文字通り軍縮の時代でもあった。世界的なアンチ・ミリタリズム風潮と戦後不況

1917年から前線に配備されたイギリス軍の「菱形戦車」マークⅣ。人間が歩くくらいのスピードだったが、塹壕を乗り越えて向かってくる戦車は歩兵にとり大きな脅威だった（David Fletcher, *The British Tanks 1915–19*, Ramsbury, 2001）。

が相まって、大衆は軍縮を要求した。こうした声に押され、帝国議会でも軍縮を求める決議案・建議案が次々に提出され可決された。軍縮を求める大衆世論のなかで、軍備近代化を図ることは極めて困難な状況にあったのである。

近代化と軍縮という相反する課題の板挟みのなかで、陸軍が選択した解決策が、量（兵員数）を縮小することで財源を捻出し、質の向上（新兵器導入）を図るという財源自弁式の近代化方式であった。軍縮と近代化の両立である。

改革の先鞭を付けたのは山梨半造陸軍大臣時代に行われた山梨軍縮（一九二二〜二三年）であった。山梨は将兵六万人（五個師団相当）の削減に踏み切った。しかし、世論は山梨軍縮に満足しなかった。山梨軍縮が師団数の削減に踏み込まなかったからである。山梨が師団数維持に拘ったのは、参謀本部が策定した作戦計画との整合性を取るためであったが、結果として軍縮が不徹底であるという印象を与えてしまった。師団は軍編制の基本的な戦略単位であり、その数を維持する以上、各種施設や幹部ポスト数の削減には限度があり、また結果として将来的な再軍拡が容易となると考えられたからである。

陸軍の側でも山梨軍縮に対する批判が渦巻いた。世論や政党の圧力の前に、削減予算の国庫返納を強いられ、肝心の近代化予算が十分に確保できなかったからである。陸軍部内では近代化のやり直しが主張されることになる。こうして世論と陸軍双方の不満のなかで再度の軍縮が実行される。宇垣軍縮（一九二五年）である。

宇垣軍縮の最大の特徴は、山梨軍縮では手が付けられなかった師団数節減（四個師団）に踏み込んだことであった。世論・政党勢力の先手を打って、陸軍自らが師団数削減に乗り出したことは画期的なことであり、宇垣の巧みな政界工作とも相まって、陸軍に対する批判を沈黙させた。そして師団数削減の代償として、陸軍は節減予算の大部分を近代化予算に転用することに成功する。この結果、陸軍は飛行部隊の大幅拡充、戦車・高射砲の本格導入など近代化への端緒を得るのである。陸軍部内での宇垣の権威は高まり、「宇垣時代」と呼ばれる一大権勢を誇ることになる。大衆世論や政界における宇垣の声望も高まった。宇垣は政党政治や軍縮といった「大正デモクラシー」の精神に協調的な軍人と見なされ、宰相候補の呼び声さえ聞こえるようになる（高杉二〇一五）。

かくして宇垣軍縮は「軍縮期」の協調的政軍関係を象徴する輝かしい成功事例となった。しかしその成功は、やがて皮肉な歴史的結末を導くことになる。

†宇垣軍縮の隘路

「軍縮期」は軍人が社会の逆風に曝された時代でもあった。軍人は「税金泥棒」と揶揄され、大都市では通勤時の軍服着用をはばかるような空気が広がっていた。宇垣軍縮はこうした社会風潮に拍車をかけた。馘首《かくしゅ》の恐怖は軍人を一層卑屈にし、職業としての魅力を薄めた。社会の富裕化は相対的に陸軍将校の生活水準も低下させた。士官学校などの各種軍学校の入学希望者は激減し、質も低下した。若い将校は結婚難にも苦しむようになる（高杉洋平「第1講　軍人の社会的地位」筒井清忠編『昭和史講義2』ちくま新書、二〇一六）。

陸軍も無策であったわけではない。陸軍では、中等学校（旧制）以上の公立学校に将校を派遣し、軍事教練を実施する配属将校制度を開始する。所定の教練を修了し、試験に合格した学生は、幹部候補生として招集される「特権」が与えられた。これは戦時の下級将校不足を解消するとともに、余剰将校の救済や軍隊への理解促進も期待された。学生の立場からしても、一兵卒での招集を免れるのであるから、損な話ばかりであったわけではない。しかし、配属将校

	飛行機数	戦車数	高射砲数
日本	500	40	40
英国	1500	220（他装甲自動車 200）	48
米国	1600（増強中）	360（予備戦車含め 1000）	309（他高射機関銃 4813）
仏国	4000	3400	200
伊国	1800	60	144
ソ連	1000（増強中）	180（他装甲自動車 370）	44

表　1929 年各国新兵器保有数（陸軍省調）
陸軍省作成『列国新兵器整備一覧』をもとに筆者作成

を待っていたのは学生や一般教員の侮蔑の視線だった。一部の学校では軍事教練への抗議や妨害さえ行われた。

肝心の近代化の成果はどうだったのだろうか。宇垣軍縮は近代化に端緒を付けたという意味では画期的だったし、評価もされていた。しかし、長期的に見れば、その結果は必ずしも芳しいものではなかった。付表は宇垣軍縮による一連の近代化政策が完成間近であった一九二九年の列強各国の新兵器保有数である（陸軍省調）。日本と欧米列強との格差は依然として著しいものと認識されていたことが分かる。宇垣軍縮の成果は、その払った犠牲に比して十分なものとは見なされなかった。

しかし、世論は陸軍にさらなる軍縮を要求した。宇垣軍縮から足掛け五年、民政党の浜口雄幸《おさち》内閣が成立した（一九二九年）。浜口内閣は宇垣を陸軍大臣に再任し、第二次宇垣軍縮の実行を求めた。軍縮・経費節減を目玉政策とする浜口内閣の軍縮要求は、厳しいものになることが予想された。これに対して、すでに陸軍内には反軍縮の気分が充満していた。軍縮への反発は、反軍的な世論と政党、そしてそれらに迎合しているかのように見なされた宇垣陸相へと向かうことになる。「なぜ国民は軍人を虐めるのか。なぜ政党は国防の重要性を理解しないのか。財政難を解決するのは政府の責任ではないか、なぜ陸軍だけが割を食うのか。宇垣陸相は一体どちらを向いて仕事をしているのか」と。世論・政党内閣と陸軍の板挟みになった宇垣は、軍縮を実現できないまま大臣を辞す。事実上の「投げ出し」だった。このことは単に宇垣の個人的進退の問題に止まらず、「軍縮期」の相互依存型の政軍関係の終焉をも意味していた（高杉二〇二〇）。

宇垣軍縮の挫折は、近代化そのものに対する陸軍の熱意も削いだ。財政的理由から近代化が困難であるならば、強いて近代化にこだわることは、逆に軍事力の停滞を招くであろう。「軍事的合理性」の観点から、近代兵器以外の要素、たとえば精神力に依存せざるをえなくなったのである。しかし、このことは精神力への盲目的信仰を招いてしまった。当該期、陸軍省で諸改革に関わっていた永田鉄山は、陸軍軍人が「過度に日本人の国民性を自負する錯誤に陥って居る」様子を次のように警告している。「国が貧乏にして思う丈けの事が出来ず、理想の改造の出来ないのが欧米と日本との国情の差中最大なるものなるべし、此の欠陥を糊塗するため粉飾する為に、まけ惜しみの抽象的文句を列べて気勢をつけるは止む得ぬ事ながら之を実際の事と思い誤るが如きは大に注意を要す」（永田鉄山刊行会『秘録永田鉄山』芙蓉書房、一九七二）。

永田が言うように、もともとは近代兵器の不足を補うためにやむをえず「抽象的文句」すなわち精神力に頼ったはずであった。しかし、やがて陸軍軍人自身が自己暗示にかかり、その圧倒的優越性を信じ込んでいくようになるのである。

†総力戦（国家総動員）

「軍縮期」は総力戦の時代であった。第一次世界大戦では、勝敗を決めるのは純粋な軍事力だけではなく、経済・資源（物的・人的）・運輸・文化・教育・宣伝といった有形無形のあらゆる国家的要素を戦争遂行に動員することが必要とされた。このことは国家と大衆の関係に二つの位相を生み出した。

一つは、先に見たように、強力な政治アクターとしての「大衆」の登場である。大衆は政治的権利に目覚め、税金や労働条件といった身近なことから、外交のようなこれまで大衆とは無縁なハイ・ポリティクスにまで関心を広げた。その結果、大衆世論は政党を通じて大きな政治的威力を示すようになり、官僚内閣（第三次桂太郎内閣や清浦奎吾内閣）を瓦解させることさえあった。国家は大衆の要求を無視できず、政治的権利向上を図った。普通選挙法制定（一九二五年）や、女性の政治活動解禁（治安警察法改正）（一九二二年）などは、こうした位相を象徴する。それは悲惨な総力戦が肥やした「民主的」果実であったが、同時に、治安維持法制定（一九二五年）のような揺り戻しや、日比谷焼打ち事件に見られるようなポピュリズムの「暴走」の危険性もはらんでいた。

他方で、総力戦は全く異なる位相ももたらした。勝利のためには、全ての国家的要素を統制し動員しなくてはならないとする国家総動員の思想である。それは国家による「大衆」の肉体・財産・思想・時間の徹底的「管理」であり、先の位相とは裏腹に、国民の権利を制限する方向で働くだろう。

当然ながら、国家総動員に最も強い関心を示したのは陸軍であった。陸軍からの強い働き掛けもあり、一九一八年、戦時の軍需工業統制を規定した軍需工業動員法が制定され、さらに総動員準備機関として内閣に軍需局が設置された。その後、国家総動員を巡っては紆余曲折を経つつも、資源局（一九二七年）、内閣調査局（一九三五年）、企画院（一九三七年）の設置というように機構整備が進み、国家総動員法（一九三八年）の制定で完成することになる。総動員体制の整備には、政府・議会（政党）・官僚、そして国民の協力が不可欠であった。すなわち「国防」が軍部の専有物たることを否定し、国防を「国家化（国民化）」する可能性を内在していた。その意味では「大正デモクラシー」の時代精神に沿う一面もあった。

しかし実際には、総動員体制の構築は、軍人の関心を国家の総合政策へと広げ、国家革新を志向する軍人を生み出した。陸軍革新運動の嚆矢として有名な「バーデン・バーデンの盟約」

（一九二一年）では、総動員体制の確立を同志結集の目的としていた（筒井二〇〇六／初刊一九八四）。昭和期に登場する多くの政治的軍人、例えば、永田鉄山・石原莞爾《かんじ》・鈴木貞一・武藤章といった面々は、ある意味で総動員思想が生み出した存在であった。田中や宇垣といったそれまでの政治的軍人が、政党政治との妥協のなかで軍事的目標の実現を図ったのに対して、革新派軍人はそれを迂遠として、軍事的論理で政治を改造しようとした。そのどちらも「大正デモクラシー」が生んだ軍人像であった。

総力戦に対応しようとする革新派軍人は、不足する資源を大陸に求め、さらには国家革新の導火線とすべく、満州事変（一九三一年）を引き起こすことになる。満州事変は「軍縮期」すなわち「大正デモクラシー」の終焉を示す象徴的出来事となるが、事変に狼狽する政党政治家を鞭撻し、戦線拡大と満州国建国を熱狂的に支持したのは「大衆」であった。満州事変は「大衆デモクラシー」が成功に導いたのである（筒井二〇一八）。

軍事を国家化（国民化）するか、国家（国民）を軍事化するか。総力戦（国家総動員）思想は真逆の国家像を導きうる政治概念であった。日本は軍部・政党・大衆という三つ巴の政治劇の果てに、後者の道を歩んでいくことになるのである。

†「軍縮期」の教訓

帝国陸軍にとって「軍縮期」という時代は何だったのだろうか。それは確かに、強烈な衝撃を陸軍に与えた。その衝撃の反響のなかで、「大正デモクラシー」型の軍隊像、すなわち世論や政党政治に親和的で、近代装備で武装した総力戦対応型の軍隊像が模索された。しかし「大正デモクラシー」が生み出した軍隊像は、「大正デモクラシー」の過熱のなかで崩壊し、溶解していった。そしてその溶鋼のなかから「昭和の陸軍」が鋳出されるのである。歴史は皮肉である。

もちろん、ここで軍部大臣現役武官制を改正する必要はなかったとか、軍縮はすべきではなかったなどと言うのは、歴史のイフというよりも「憶測」に類する行為であり、科学的とも建設的とも言えないだろう。やり方やタイミングの問題はあったかもしれないが、いずれ制度は変えるべきだったし、軍縮もするべきだったろう。とはいえ「軍縮期」の経験は、歴史の推移や因果関係が単純な直線上には必ずしもないことを我々に教えてくれる。このことは、現代社会を生きる我々にも何かしらの示唆を与えるように思われる。一歩前進して二歩後退ということがありえるならば、また逆に、一歩後退して二歩前進ということもありえるだろう。「近道」よりも「回り道」が正解ということもありえるだろう。「社会正義」を求めたはずの行動が、実は破局への第一歩という事態は避けたいものである。

さらに詳しく知るための参考文献

＊本講の内容は『昭和史講義』シリーズ所収の髙杉洋平「軍人の社会的地位」『昭和史講義2』（二〇一六）および同「宇垣一成」『昭和史講義3』（二〇一七）とも関連がある。そちらに掲載の参考文献も参照されたい。ここでは書店や図書館で入手しやすく、できるだけ包括的な書物を紹介したい。各書の参考文献に当たれば、より専門的・細目的研究にアクセスできる。

戸部良一『日本の近代9 逆説の軍隊』（中央公論社、一九九八）……帝国陸軍の建軍から崩壊までの変遷をたどる。入門書的位置づけではあるが、含蓄に富む。

筒井清忠『戦前日本のポピュリズム』（中公新書、二〇一八）……「大衆デモクラシー」の功罪を考える際に有益。

北岡伸一『日本陸軍と大陸政策』（東京大学出版会、一九七八）……大正の政軍関係についての研究書。二個師団増設問題の顚末についても詳しい。

筒井清忠『昭和十年代の陸軍と政治』（岩波書店、二〇〇七）……軍部大臣任用資格問題を考える際に必読の研究。

黒沢文貴『大戦間期の日本陸軍』（みすず書房、二〇〇〇）／浅野和生『大正デモクラシーと陸軍』（慶応通信、一九九四）……陸軍の総力戦構想や「大正デモクラシー」認識に関する研究を含む。

古川隆久『昭和戦中期の総合国策機関』（吉川弘文館、一九九二）……国家総動員機構整備に関する研究。

髙杉洋平『宇垣一成と戦間期の日本政治』（吉田書店、二〇一五）……宇垣軍政に関する研究。

髙杉洋平『昭和陸軍と政治』（吉川弘文館、二〇二〇）……明治・大正・昭和の政軍関係について統帥権を軸に論じた研究。

筒井清忠『二・二六事件とその時代』(ちくま学芸文庫、二〇〇六／初刊『昭和期日本の構造』有斐閣、一九八四)……陸軍革新運動について学ぶ際に最初に読むべき書物だろう。

第22講

第二次護憲運動と加藤高明内閣

小山俊樹

†大正末期の政界変動——清浦内閣の成立と政友会分裂

本講であつかう「第二次護憲運動」とは、一九二四（大正一三）年一月に成立した清浦奎吾《けいご》内閣を批判する政治運動である。清浦内閣の支持をめぐって分裂した政友会（総裁・高橋是清）は、それまで対立してきた憲政会（総裁・加藤高明）や革新倶楽部（犬養毅ら）と提携して「護憲三派」を形成する。政府を批判する護憲三派は、普通選挙の実現と貴族院の改革を掲げて護憲運動を進め、同年五月の総選挙で勝利する。

第二次護憲運動の結果をうけて、第一次加藤高明内閣（護憲三派内閣）が成立する。加藤内閣は、納税額の規定を全面的に撤廃し、広く一般の男性に選挙権・被選挙権を認める男子普通選挙制（以下「普通選挙」）を実現させ、その後約八年間続く政党内閣の時代を日本にもたらした。これは大正末期における重要な政治変動であり、高揚したデモクラシー運動の帰結のひとつであった。

ところが、第二次護憲運動の評価は高くない。犬養毅の側近・古島一雄は、第一次護憲運動（本書第1講参照）に比べて「議会内では相当に憲政擁護の気勢が昂ったが、外ではそれほどでもない」と、民衆運動としての盛り上がりを欠いていたと回顧する（『一老政治家の回想』）。また政治評論家の前田蓮山《れんざん》も、この運動は「護憲派と反護憲派の闘いではなかった」といい、政友会内部の勢力争いが政界を巻き込み、それに乗じた憲政会が「漁夫の利を得ようとしたにすぎない」と評した（『歴代内閣物語』）。つまり民衆の意思表示よりも、政党の主導権争いの面が目立ったことで、当時から運動の評価は低く見積もられていた。政党の動向に注目すれば、こうした見方は妥当といえよう。

ただ近年の研究によって、この時の護憲運動や、護憲三派の改革に対する新たな見解が生み出されつつある。そこで本講では近年の研究動向に注目しつつ、大正末期における政界変動の意味を考えてみたい。

†護憲三派提携の底流

第二次護憲運動の基調となる政友会と憲政会の提携は、第二次山本権兵衛内閣の時期から水面下で模索されていた。このころ政友・憲政の両党は、ともに党内での内紛をかかえていた。

非政党（官僚）内閣が続いたことで、政党は政権と協力するか、それとも批判にまわるのか、明確な態度の表明を迫られた。それにともなって、党の方針をめぐる対立が激しくなったのである。

憲政会の一部では、普通選挙を唱える山本内閣と結び、非政友会政党の大合同をすべきとの意見が強まったが、この動きは加藤高明（憲政会総裁）らに抑え込まれた。憲政会に比べて、政友会の内紛は深刻であった。原敬の暗殺後、政友会総裁と首相の座を継いだ高橋是清は政権をわずか半年で失い、党内の信任を損なっていた。山本内閣の成立後、党内の「改革派」を称する代議士が幹部人選の更新や、高橋総裁の辞任を要望する構えをみせた。政友・憲政の両党はともに、政権を獲れない責任を党首に求める党内改造運動を抱えていた。

そこに、両党の提携を模索する動きが生じた。党内の反発を抑え、山本内閣を打倒するために、加藤・高橋両党首の周辺がひそかに接触し始めたのである。これと並行して、政友会は山本内閣への攻撃を強め、後藤新平内相が担当する復興院の予算削減、および復興院廃止を党議決定した。さらに政府提出の火災保険貸付法案が審議未了となり、田健治郎農商相は辞任する。閣内の動揺によって解散総選挙に訴える見通しを失った山本内閣は、虎ノ門事件を理由に総辞職した（筒井二〇一一、本書第19講参照）。

†清浦奎吾内閣の成立と元老西園寺公望

さて戦前の日本において、内閣総理大臣を天皇に推薦（奏薦）するのは「元老」とよばれる長老政治家の役割であった。だがこのころ元老筆頭格の山県有朋は没し、松方正義は病床にあった。そこで最後の元老・西園寺公望が、内大臣の平田東助とともにその任に当たった。

西園寺は元政友会総裁であり、政党に同情的とみられていたので、山本権兵衛内閣を倒した政友会は、西園寺が高橋是清総裁を推薦すると予測した。だが、西園寺は平田内大臣と相談の上で、山本のあとに枢密院議長の清浦奎吾を推薦した。来るべき任期満了の衆議院議員総選挙を公平に執行するため、政党内閣は採らない。ただし「政党を無視せず、政友会を尊重」させるため、貴族院最大会派の研究会と関係の深い清浦を首相にする。これが西園寺の方針であった。かつて原敬の政友会内閣下において、研究会は政友会と堅く結束して、盤石の体制を築いた。この経験に基づき、西園寺は清浦内閣と提携した政友会が総選挙で勝利して、次期政権を担当する展開を想定したと考えられる（村井二〇〇五）。

こうして一九二四（大正一三）年元旦、清浦に組閣の大命が下った。ところがこの決定に困惑したのは、当の清浦であった。清浦は「政党を基礎とする内閣の出現を可なり」と考えており、政党から閣僚を選ばなければ、協力を得るのは難しいことも理解していた（「清浦内閣成立の顛末」『水野錬太郎回想録・関係文書』)。だが平田内大臣から「超然内閣」(政党から閣僚をとらない)の方針を聞いた清浦は動揺した。やむなく清浦は組閣を任せた研究会幹部を通して、政友会に閣外協力の可能性を打診させた。だが政友会側は態度を留保すると回答し、政権への協力を約束しなかった。

自信を喪失した清浦は、大命拝辞を決意する(一月三日)。だが平田内大臣・牧野伸顕宮内大臣らは「御慶事(裕仁摂政の御成婚)と選挙を済ます」だけでよいと、清浦を説得した。そこで清浦は再び組閣に取り組み、今度は研究会だけでなく、公正会・茶話会などの貴族院各会派に配慮した閣僚布陣を敷いた。これは「公平な選挙管理」を念頭において、政友会・憲政会の両党との関係樹立に留意したためである(内藤二〇〇八)。清浦内閣は一月七日に成立した。

†第二次護憲運動の発生

清浦の奏薦を知った政友会内の動揺は激しかった。新政権に協力するか、それとも対決を選ぶのか。一月二日に清浦から協力の要請をうけた後、高橋是清総裁が一身上の「決心」に言及したことで、動揺に拍車がかかった。

党内有力者の床次竹二郎(元内相)は、かつて原敬のもとで貴族院研究会と提携の窓口となった経験があった。そこで貴衆両院の円満な関係を理想とする床次は、清浦内閣に協力しようと考えた（吉田二〇一三）。他方で、高橋総裁に近い横田千之助（元法制局長官）は、党の政策刷新と政党支持基盤の再編（中間層への支持拡大）をねらって、政界再編を仕掛けようと考えた。横田は高橋を盛り立て、憲政会と提携して「憲政擁護」の旗印のもと、清浦内閣打倒の運動を起こそうと画策した（伊藤一九八七）。はたして高橋の真意は総裁辞任であったが、横田は小泉策太郎（三申）とともに高橋を説得し、辞意を撤回させた。

高橋総裁は一月一五日の党最高幹部会で、清浦内閣を否認し、自らは子爵の爵位と貴族院議員の職を辞して平民となり、衆議院選挙に出馬すると述べた。高橋の総裁辞任を予想していた床次らは驚き、党の分裂は避けられないと判断して、翌日に脱党を表明した。ただちに残留・脱党各派のすさまじい代議士争奪戦が始まり、残留者の一二九名に対し、実に一四九名が脱党して床次らを中心に「政友本党」を結成した。横田・小泉らは脱党者を二、三〇名程度と見込んでいたので、党の分裂は大きな誤算であった。

一月一八日、高橋是清（政友会）・加藤高明（憲政会）・犬養毅（革新倶楽部）の三党首が小石川の三浦梧楼（観樹）宅で会談した。すでに憲政・革新の両党は、清浦内閣否認を公表しており、これに政友会が合流する形となった。同二〇日、三党は①政党内閣の確立、②特権階級の専横阻止、③三党の行動一致を確認した。こうして同三一日に衆議院が解散されると、「閥族打破」「憲政擁護」をスローガンに掲げる第二次護憲運動が、三党によって推進された。清浦内閣支

三浦梧楼邸で会見する（左から）犬養毅、高橋是清、加藤高明（憲政資料室収集文書）

持の政友本党と、倒閣を求める三党（護憲三派）の対立構図が、選挙戦を通して明確に示されたのである。

とはいえ、護憲三派内部での具体的政策に関する温度差は少なくなかった。従来から普通選挙を訴えていた憲政会と革新倶楽部に対して、政友会はそれまで「時期尚早」としてきた普通選挙を公約に打ち出せなかった。かわりに政友会は貴族院の改革を主張したが、憲政会は消極的であった。加藤憲政会総裁は普通選挙の実現に不可欠な貴族院の協力を得るために、一定の配慮が必要と判断していた（奈良岡二〇〇六）。憲政会の掲げた政策は普通選挙のほか、綱紀粛正・行財政整理などであった。つまり普通選挙には政友会が、貴族院改革には憲政会が消極的な態度を崩さず、共有された目標は政党政治の実現のみであった。

右の内情を知れば、第二次護憲運動が普通選挙の実現を求めて「特権」的非政党内閣を打倒した、という一般的な解釈に収まらない政局の複雑さが理解できよう。清浦首相に政党内閣を否認するつもりはなかったし、護憲三派が普通選挙の実現を目的に結集したわけでもない。にもかかわらず右の解釈が広く行きわたっているのは、選挙戦にあたって護憲運動側が流布した政権批判のレトリックが、深く浸透したからである（松本一九九七）。

また議場を取り巻くなどの民衆による直接行動は、かつての「憲政擁護運動（第一次護憲運動）」よりも微温的であった。これをもって、第二次護憲運動に対する民衆の支持が低調であったとする解釈もできる。ただし、運動の実情が政党の主導権争いにあり、直接的な倒閣デモが迫力を欠いていたからといって、普通選挙や社会改革を求める人々が運動に無関心であったかは、別問題である。それを考えるには、次に述べる地域社会での運動の受け止め方を見ておく必要があるだろう。

†第二次護憲運動の地方における影響

第一次護憲運動の時期と異なり、大正末期のこの頃には、労働者や農民の全国組織（日本労働総同盟・日本農民組合）が政治活動を展開していた。だが労農組織の指導者たちは、多くが既成政党に利用されることを警戒して、護憲運動への不参加を決めた（松尾一九八九）。そのため地方の労農組織で、独自に運動を展開したところはほとんどなく、その多くは既成政党の運動に吸収されていった。

たとえば、かつて友愛会の最大拠点であった日本製鋼所室蘭工場では、政友本党の支持商工業者への対抗不買運動が発生し、憲政会候補の支援につながった。佐世保海軍工廠労愛会も、憲政会の候補を積極的に支援した（岩村一九七五）。農村を地盤に当選した代議士六名を中心に、農民政党の結集をめざす動きも見られたが、組織的な後ろ盾を欠くために、そのほとんどが政友会・政友本党に吸収されていった（鈴木一九八三）。

地方の青年を中心とする政治グループ（市民政社・青年団体）の活動も、護憲運動に応じて活性化した。よく知られるのが、兵庫県北部（但馬地方）の斎藤隆夫（憲政会）を支持するグループである。第二次護憲運動においては、斎藤を後援する但馬五郡の青年グループが「立憲青年党」を組織して選挙活動を支え、政友本党の候補を破った（伊藤一九八七、粟屋二〇〇七）。彼らの多くは斎藤の支援を通じて、憲政会の支持基盤として編成されていく。こうした青年政治グループループの活性化は但馬地方だけではなく、全国的な動向として確認される。

さらに旧来の地方支配の秩序を掌る名望家層も、政友会の分裂と護憲運動の発生によって激しく動揺した。政友会の支持基盤が全国的に分断され、そこに普通選挙を唱える憲政会の勢力進出が加わった。この変動のなかで、政友会のもとで抑えられていた地域内の対立構造が再編されていった（清水二〇一三）。のちに政友会・民政党（憲政会＋政友本党）の二大政党化に収斂する、地方政界の流動化が始まるのである。

右の例を考えれば、第二次護憲運動が全国の都市・農村の民衆に無関係な、政治家とメディアだけの空虚な運動とばかりは言えない。また運動が政党の支持基盤に影響を与えなかったとの見解も、改める必要がある。第二次護憲運動は、政党分野の全国的な再編をもたらした。そのことは、大正期を通じて活性化していた大衆の政治活動の広範な参加をうながし、政党を通して新たな地域秩序に組み込んでいく契機として働いたのである。

†護憲三派内閣の成立

第一五回衆議院議員総選挙は、一九二四（大正一三）年五月一〇日に実施された。政権与党として戦った政友本党は一一一議席（定数四六四）にとどまり、結果は護憲三派の圧勝であった。ただ詳細を見ると、政友会（一〇二議席）・革新倶楽部（三〇議席）は改選前議席を割りこみ、勝利したと言えるのは憲政会（一五二議席）だけであった（村井二〇〇五）。政友会は革新倶楽部を合同しても憲政会に及ばない。政友会の一部には政友本党との再連合説も浮上したが、さすがに実現はできなかった。

想定が外れたのは、元老西園寺も同様であった。西園寺は「政府ののろまさ加減〔中略〕は話にならない」と苦笑しつつ、清浦がこのまま「臨時議会に臨」むことを希望した。だが選挙結果をうけて、大勢は加藤高明の次期政権を予期しており、清浦首相も政党内閣への移行を自身の役割ととらえて、辞職の意思を固めていた。西園寺は清浦を慰留したが、最終的には加藤を奏薦するほかに選択肢はなかった。

六月九日、憲政会総裁の加藤高明に、組閣の大命がくだった。加藤は緊張のなかで大命を受けると、即日組閣にかかった。護憲三派の協調関係は早くも冷却しつつあったが、加藤は高橋是清・犬養毅に入閣を要請し、三党による連立内閣(第一次加藤高明内閣)を組織した。いわゆる護憲三派内閣である。この内閣は戦前日本において、首相が選挙結果をふまえて選ばれた唯一の事例となった。

†男子普通選挙法と治安維持法の制定

護憲三派内閣は加藤高明首相のもと、緊縮財政方針をとり、行財政整理に取り組んだ。また政党人の育成と政治主導のために、政務次官・参与官を設置した。そして内閣の最重要政治課題として掲げられたのが、男子普通選挙法(以下「普選法」)の制定であった。

普選法制定は難航した。まず与党三派と内務省がまとめた政府原案が枢密院に付議されると、枢密院は被選挙権の年齢を二五歳から三〇歳に引き上げさせたほか、「公私の救助を受くる者」を欠格要件とする修正を加えた。若槻礼次郎内相によれば「学生なぞに選挙権を与えるものはいかん」とするのが、枢密院の意向であった。そこで政府は「救助」を「救恤」(困窮者への施し)と変更して欠格対象を減らした案を提示し、加藤首相らの調停もあって、枢密院は法案を可決した。

法案はただちに第五〇議会に提出された。衆議院の審議において、憲政会の斎藤隆夫は約二時間にわたって「世界の大勢」と日本の普通選挙運動史を語り、政党の進む道は「民衆の世界」しかない、ここに進むことのできない政党は葬られるほかない、と訴えた(山室一九九三)。普選法案は与党三派の賛成多数で可決された。

最後の難関は貴族院であった。貴族院は「救恤」を再び「救助」とすることなどを含む修正案を可決した。衆議院側はこの修正案を拒否し、両院協議会での議論の末に「貧困に因り生活の為、公私の救助を受け又は扶助を受くる者」とする欠格要件が決定した。三度にわたる会期延長の結果、一九二五(大正一四)年三月二九日に普選法は貴衆両院で成立した。大正期を通して重要な政治懸案であった普通選挙はこうして実現し、有権者数は全人口の約二〇%に到達した。

ところで普選法成立の一〇日前、三月一九日に治安維持法が成立した。同法は「国体」や

「政体」を変革し、私有財産を否認する目的の結社を取り締まるものであった。つまり共産主義思想の抑圧取締りである。

これまで治安維持法は、普選法と一体の「アメとムチ」として制定されたとする説が強い。たしかに枢密院は、普選法審議上において、政府に教育・思想の善導や過激言説の予防措置を求めていた。また同法案の提出前後には、労働組合や学生団体などを中心に強い反対運動が起き、『東京朝日新聞』などのメディアや革新倶楽部の一部も反対の姿勢を示していた。「アメとムチ」説には普通選挙への期待と治安維持法への不安が入り混じる、当時の人々の心情が織り込まれている。

ただ同法制定の背景はより複雑であった。それまでにも、第一次世界大戦後の共産主義思想の流入に対して、高橋是清内閣が過激社会運動取締法案を提出し（廃案）、関東大震災時の戒厳令下で治安維持令（緊急勅令）が出されるなど、法的取締りの動きはあった。だがいずれも野党憲政会の反対などで恒久措置にはならなかった。国内的要因としては、治安立法を望む政友会（および司法省）と、消極的な憲政会（および内務省）が、護憲三派内閣で連立を組むタイミングにともなって成立した側面があった（中澤二〇一二、二〇一六）。

さらに国外的要因としては、護憲三派内閣で進められた日ソ基本条約（一九二五年一月調印）がある。日ソ国交の樹立交渉にあたり、加藤首相は相手国での宣伝を禁止する提案を行ったが、ソ連側は拒否した。国内法での取締りの必要性が高まったことで、二月一八日に治安維持法が閣議決定されるに至る。これらを考えれば、普選法案との関連のみで同法の制定を説明するのは、やや単純に過ぎる。さらにいえば、同法の対象は「結社」に限定されており、一般市民の言論抑圧に猛威を振るうのは幾度かの法改正を経た後であった。

†連立崩壊、第二次内閣と加藤首相の死

普選法案が審議されていた二月四日、横田千之助（法相）が急逝した。護憲運動の原動力であった横田の死は、連立政権に影を落とした。議会終了後の四月、政友会の高橋是清総裁（商相兼農相）が政界引退を表明し、後継総裁に田中義一（陸軍大将、元陸相）が就任した。田中総裁は加藤首相の入閣要請を拒否する（野田卯太郎・岡崎邦輔が政友会から入閣）。さらに五月には政友会と革新倶楽部が合同し、犬養毅（逓相）が政界引退を表明した。普通選挙法の制定とともに、政界再編への動きが再び熱を帯びてきたのである。

七月、憲政会の浜口雄幸（蔵相）の税制整理案に政友会の岡崎農相らが反発し、閣内不一致を理由に内閣は総辞職した。連立を崩した政友会はただちに政友本党との提携を発表し、元老西園寺に政権担当の用意があることをアピールした。

ところが、西園寺は再び加藤高明を首相に奏薦した。西園寺は元来、加藤の政治手腕に疑問

を抱いており、とくに外相時代の対華二十一ヵ条要求などを懸念していた。しかし普選の制定をはじめ議会の難局を乗り切り、義弟の幣原喜重郎を外相として堅実な協調外交を展開する加藤に、西園寺は信頼を寄せるようになっていた。そして西園寺は、次第に自らの理想であった政党政治を「憲政の常道」として、積極的に推進しようと考え始めるのである。

加藤高明は第二次内閣を憲政会単独で組織し、政界は三党鼎立・少数与党の混沌とした情勢となった。憲政会内閣はひそかに政友本党との協力を働きかけ、議会を乗り切ろうと考えた。だが一九二六年一月二八日、年明けの議会が開かれるなか、加藤首相は病没した。念願であった二大政党政治の実現をみる直前の死であった。

第二次護憲運動と二次にわたる加藤高明内閣は、普通選挙を実現し、貴族院に対する政党の優位を確立して、政党内閣を打ち立てる基盤を築いた。さらに中央と地方の政界再編が進み、新たな政党支持基盤が拡充されたことをうけて、地域内の対立構造を土台とし、経済と外交の政策を争点とする戦前昭和の政党政治が用意されたのである。

さらに詳しく知るための参考文献

＊一般向けの通史として、中央公論新社「日本の近代」シリーズの該当巻、有馬学『「国際化」の中の帝国日本』（中公文庫、二〇一三）、北岡伸一『政党から軍部へ』（同）が、充実した政治史叙述で参考と

なる。また筒井清忠『帝都復興の時代』(中公選書、二〇一一)、『昭和戦前期の政党政治』(ちくま新書、二〇一二)が本講の内容を含み、山本内閣期の政治焦点が普通選挙制度にあったことや、普選の成立が劇場型政治や「天皇親政」的ムードの始点となるなど、重要な論点を指摘している。

村井良太『政党内閣制の成立——一九一八~二七年』(有斐閣、二〇〇五)……政党政治形成期の政治史を、元老西園寺公望の政治指導に着目して描いた研究。第二次護憲運動期の西園寺の動向を解明した。西園寺の構想した「憲政の常道」については、小山俊樹『憲政常道と政党政治』(思文閣出版、二〇一二)も参照。

西尾林太郎『大正デモクラシーの時代と貴族院』(成文堂、二〇〇五)……貴族院の視点から大正期の政治を通観する研究。ほかに内藤一成『貴族院』(同成社、二〇〇八)などが、第二次護憲運動期の研究会の動向を描く。清浦内閣側の視点を取り上げた松本洋幸「清浦内閣と第二次護憲運動」(『比較社会文化研究』二、一九九七)もあわせて参照されたい。

奈良岡聰智『加藤高明と政党政治——二大政党制への道』(山川出版社、二〇〇六)……イギリスモデルの政党政治を追求した加藤高明の伝記的研究。また櫻井良樹『加藤高明』(ミネルヴァ書房、二〇一三)が加藤の読みやすい評伝として推奨できる。

伊藤之雄『大正デモクラシーと政党政治』(山川出版社、一九八七)……原敬内閣から犬養毅内閣までの中央政治と地方の政党基盤を解明した先駆的研究で、とくに政友会の横田千之助の果たした役割を重視している。政友本党の床次竹二郎については、吉田武弘「大正期における床次竹二郎の政治思想と行動」(『立命館大学人文科学研究所紀要』一〇〇、二〇一三年三月)を参照。第二次護憲運動や普選成立の地方政治への影響については、清水唯一朗「立憲政友会の分裂と政党支持構造の変化」(坂本一登・五百旗頭薫編『日本政治史の新地平』吉田書店、二〇一三)、源川真希『近現代日本の地域政治構造』

（日本経済評論社、二〇〇一）が参考になる。

松尾尊兊『普通選挙制度成立史の研究』（岩波書店、一九八九）……近代日本の普通選挙運動を通史的に探究し、婦人・僧侶参政権運動までを網羅した基幹的研究。労農組織の動態については、岩村登志夫「無産政党の成立」（『岩波講座日本歴史』18、一九七五）、鈴木正幸「立憲農民党運動の展開と帰結」（『日本史研究』二五一、一九八三年七月）などの論文が有用。普選受容の論理については、山室建徳「普通選挙法案は、衆議院でどのように論じられたのか」（有馬学・三谷博編『近代日本の政治構造』吉川弘文館、一九九三）が、「世界の大勢」を重視する当時の争点を指摘している。

中澤俊輔『治安維持法』（中公新書、二〇一二）……治安維持法の制定と変容を、政党の役割に着目して解明した研究。同じ著者による「治安維持法」（『昭和史講義2』ちくま新書、二〇一六）も参照。

升味準之輔『日本政党史論5』（東京大学出版会、二〇一一、新装版）……第二次護憲運動を含む一九二〇年代の政党政治の展開と、二大政党の党組織構造や支持基盤を扱う古典的研究（初版一九七九）。粟屋憲太郎『昭和の政党』（岩波現代文庫、二〇〇七、初版一九八三）などとあわせ、最新研究の前提としての古典的名著も味わってもらいたい。

第23講

若槻礼次郎内閣と「劇場型政治」の開始

筒井清忠

†第一次若槻礼次郎内閣と劇場型政治の開始

日本においてビジュアルな要素を基軸にしたポピュリズム政治はいつ始まったのか。ポピュリズム政治自体についてはすでに著したことがあり（『戦前日本のポピュリズム』）、それは日比谷焼打ち事件に始まるが、ビジュアルな要素を基軸にしたポピュリズム政治の起源となると第一次若槻礼次郎内閣と見るしかないと思う。第一次若槻礼次郎内閣においてはじめて劇場型政治が開始されたのである。ではそれはいかなる経緯でどのようにはじまっていったのか。以下、その展開を見ていくことにしよう。

†第一次若槻礼次郎内閣の成立

一九二六（大正一五）年一月二二日、第五一議会（一九二五年一二月〜一九二六年三月）の最中に

加藤高明首相が議場で倒れ、二八日、加藤は死去。二九日早朝、西園寺元老は若槻礼次郎内相・首相臨時代理を首相へと天皇に奉答、夕方、若槻に組閣の大命が降下した。

こうして一月三〇日、第一次若槻礼次郎憲政会内閣が成立する。全閣僚が加藤内閣からの留任であった。若槻首相は原敬に次ぐ二人目の「平民宰相」ということで、この内閣はマスメディアで好評であり、著名な政治評論家馬場恒吾《つねご》は、若槻を「原敬氏と匹敵すべき力量、手腕、性行」とまで評している。しかし、二月一四日に若槻首相が西園寺を訪問した後、西園寺は松本剛吉に次のように言っている。「彼の男は桂〔太郎〕の次官をした男故、妥協で議会を切抜ける位は上手だろうが、後は言わぬ方が良いだろうと言われたり〔後は言わぬ方が宜いだろうとの話は、予〔松本〕は首相の器に非ずとの答なりと解せり〕」（『松本剛吉政治日誌』四八〇、三、九）。多くの政治家を見てきた元老の評価は必ずしも高くなかったのである。

†松島遊廓事件

若槻内閣下の第五一議会（一九二五年一二月〜一九二六年三月）における主要三大政党の勢力比は、憲政会一六五、政友会一六一、政友本党八七、というものであった。憲政会は少数与党である。少数与党の苦しい政権運営の中、三つの大きな疑惑が起り、若槻内閣を追い込んでいく。まずその第一たる松島遊廓移転疑惑事件から見て行こう。

一九二六年一月一一日、政治浪人実川時次郎らが執筆した「松島遊廓移転に関する政府の妄動と憲・本・研三角関係」という「怪文書」が配布された。ちなみにこの文書は自ら怪文書を名乗っており、「怪文書—こういう熟字は大正十五年に出来た新しいものである」としている。前内閣で普通選挙法が制定されており、普選時代となり大衆の政治参加が決定的となった時に相前後して現われたのが「怪文書」なのである。

それは松島遊廓の移転に関して土地会社と政治家の間に不正な利益関係が成立していると指摘していた。

二月二三日、出版法違反等で収監された実川は、豊国土地株式会社社長田附《たづけ》政次郎らを贈賄行為で告発した。その告発書の中で、長田らは憲政会総務箕浦勝人・政友会幹事長岩崎勲・政友本党党務委員長高見之通《ゆきみち》らを通じて主要政党・川崎克《かつ》内務次官らへ金銭等の授受を行い自分らの移転運動が有利になるように計らった、また箕浦らは「之が成功を期するが如く装い巧妙に金銭奪取をした」としていた。

三月一日には、朝日新聞が「松島遊廓にからむ奇怪文書の内容」「政界の大うづ巻」「各政党員は全部関係」などの見出しでこの事件のことを大々的に報道、事件は重大化していく。

三月二八日、大阪地裁検事局は岩崎勲・平渡信《ひらわたりまこと》・益田巌を詐欺罪で起訴、四月六日、安藤亮起訴、という形で関係者が次々に起訴され、四月二三日には憲政会の重鎮箕浦勝人（七二歳）

が大阪刑務所に収監され、三〇日には起訴された。

箕浦は明治以来の政党人で信頼されていた人物だったのでこれは世間を大きく驚かせた。野党政友会の小川平吉は「あの高潔なる人格が」と言い、ある貴族院議員は「まれに見る清廉の士とされていた。その人にして然りである。他の者は推して知るべしとしたならば、全く既成政党の断末魔が近づいて来たように思わる」と語っている(朝日、四月二四日)。

以後、六月三日、高見之通起訴、六月一九日、今北治作起訴と、事件は進んでいったが、世間を一番驚かせたのは、秋一一月に至り、予審判事角南美貴が、中川望大阪府知事・川崎克内務次官そして遂に若槻礼次郎首相を証人訊問したことであった。

一一月八日の朝日新聞は「昨夕永田町の官邸で若槻首相取調べを受く　上京した角南判事が閣議の後を三時間に渡り　急転した松島事件」と、前日の訊問を伝えている。判事による首相官邸での首相の訊問とは憲政開始以来初めてであり前代未聞の事態であった。

こうした回答に対し、一一月八日、箕浦は〝若槻・川崎の二人は「可能性あり」と再三繰り返した〟として偽証罪で二人を告訴した。

以後のこの事件は、一九二七年七月一一日、第一回公判が開かれ、一〇月一三日まで二三回の公判が開かれた。争点は若槻らの証言の真偽にあった、移転不可能を知りながら運動費を授受していたのであれば詐欺罪が成立するからである。

九月六日、論告求刑は「取込詐欺」というもので、箕浦懲役一年、高見懲役八ヵ月等で、一〇月一三日、一審判決が下り、平渡信懲役一年六ヵ月、益田巌懲役六ヵ月、箕浦・高見・今北無罪であった。その後、控訴があり、一九二八年一二月三一日、上告棄却となりようやく裁判は終結している。

結局、世人を驚かせた箕浦の件は最終的には無罪となったのである。また、若槻も何ら有罪となったわけではない。しかし、裁判の終結には数年の歳月を要しており、多くの国民には最初の強烈な内容の報道の方が印象が強く残ったものと思われる。一連の報道を通して、最も高潔とされた政治家も怪しい、首相も取調べを受けた上同じ政党の長老から偽証罪で告訴された、という印象が強く残されたと見てまちがいなかろう。こうしてこの事件は、普選時代の到来を前に政党政治家への大きな不信を植え付けた事件となったのである。

†陸軍機密費事件

一九二六年一月一四日、佐藤繁吉という人物が、政友会総裁田中義一を契約不履行等で東京地裁に告発した。一九二四年九月、乾《いぬい》新兵衛から田中へ三〇〇万円の金を融資する契約に際し、仲介した自分に最小限一割の成功報酬を予め約束していたが支払われていないというのがその基本である。これに対し田中は「大事な議会を前に陥れようとするのだ」と語っている（朝日新聞、一月一五日)。翌日〝訴状は弁護士と相談して作ったが、政界各方面に洩れていることがわかったので弁護士に提起を待つように言った。が、弁護士が勝手に出した〟として、これは取り下げられた。狐につままれたような出来事だが、佐藤と田中の間で何らかの形で示談がまとまったと推察するのが常識的推理であろう。

その後、二月から三月にかけて、山梨半造大将による政友本党議員買収事件としての梅田寛一事件というものが起きた。山梨が、政友本党の梅田寛一議員を待合等に誘い、金銭をもって籠絡し他の政友本党議員四名をも政友会に入れさせようとしたとされる事件である。梅田は政友本党を除名され、議会で政友本党から査問が提案された。そして、この籠絡のための費用に陸軍機密費が使われており、また田中三〇〇万円事件と関係があるのではないかと言われた。

二月二七日、関直彦議員が衆議院本会議で梅田議員の行動に関する調査委員会設置を動議として提出、調査委員会は設置され、「議員の体面を汚損すべき行為をなしたることを認める」という結論が出された(前田二〇〇二)。

そこで、山梨大将の買収費の出所が問題とされ、陸軍の機密費が調査されたが、三木武吉政府委員の答弁は、大正三年度から一三年度までの機密費総額二四〇〇万円、大隈内閣一五万円、加藤高明内閣二五万円、原内閣二〇六五万円というものであった。原内閣の陸相が田中・山梨であった。

こうした中、三月四日、憲政会中野正剛議員が三瓶《みかめ》俊治元陸軍大臣官房付陸軍二等主計の「田中義一大将の陸軍省に於ける不正事件内容調書」を衆議院本会議で発表した。内容は、一九二〇年八月から一九二二年九月にかけての在職中、田中陸相・山梨次官・菅野尚一《ひさいち》軍務局長・松木直亮《なおすけ》高級副官が機密費を横領したとして検事総長宛に告発状を提出したというものである。それは、金庫に八〇〇万円を下らない四人名義の定期預金証書があった等詳細にわたるものであった。三瓶は同時に「覚え書」を書き、シベリア出兵の際に得た一〇〇〇万ルーブルの金塊が行方不明ということも主張している。

また、「長州閥の不正行為なる事を看破するに至れり」とあり、「清浦内閣成立当時における長閥の醜怪なる手段」を批判した石光真臣《まおみ》中将の建白書も同時に発表されている。田中・菅野・松木は山口県出身で、山梨は神奈川県出身だが田中と陸士同期で準長州閥扱いを受けていたのである。

三瓶は在職時、石炭購入収賄で検挙され免職の経歴を持っていた。その際機密費横領の件を自白したが口止め代わりに不起訴にされたといわれており、これを町田経宇《けいう》（薩摩）・石光真臣（熊本）ら反長州閥の陸軍将校団体恢弘会が聞きつけ、田中攻撃のために三瓶に告発状を書かせたといわれる。

中野は、衆議院では貴族院議員の田中の査問はできないのでこの件に関わっている小川平吉・小泉策太郎・秋田清・鳩山一郎（田中の政友会入りの世話をしたとされる）四人の査問委員会開催動議を提出し、「君らのやり方はすべて金銭本位のやり方である」と田中を弾劾した。これに対し政友会の志賀和多利《わたり》は、中野はソ連から一〇万円をもらっていると攻撃して動議に反発したが、結局、動議は可決された。

こうして三月五日には、「本日の新聞は挙って昨日に於ける議会の光景を報道す。各政党内面の墜（堕）落を暴露し、殊に陸軍巨頭の面目を毀損する事甚しく、内外人心に与うる影響少からず。憂慮限りなし。」（『牧野伸顕日記』）という状態となった。

政友会は反撃に出る。三月七日、望月圭介（政友会）らは中野正剛の反省処決を促す動議を提出。一一日には、牧野良三（政友会）が本会議で中野をソ連のスパイとして攻撃した。これに対し、憲政会は牧野懲罰動議を提出して対抗、政友会はこれを妨害したので議場は混乱し、本会議は中止となった。

三月一六日、テロを恐れあちこちを変装して転々としていた三瓶は東京検事局に出頭、担当検事石田基《もとい》が一八日まで三日間取調べを行った。

その後野党の攻勢は強められ、結局、三月二五日に五一議会は閉会となったが、新聞の見出しを並べていくと、「深更に及んで最後の大乱闘」「冒頭から殺気立つ」「議場遂に大混乱　議長手の下し様なし」「怒号の中に閉会」という有り様であった。

この議会は、「遺憾なく醜態を暴露して議会政治の本義を滅却して社会風教を害するものすこぶる大……衆議院は罪悪非行のあばき合い……国民の信用を失墜し……醜態は先ず最近の議会史上ほとんどこれを見ざるもの」（朝日、三月二六日）と言われるような空前の混乱した議会となったのである。

その後、この事件は意想外の展開を見せる。五月一四日、池上本門寺に駆け込んだ三瓶は『懺悔録』を公開、「悪魔に魅入られた自分の感情を政争の具に供し、軍閥暗闘の傀儡となり、胸中懺悔の焔に耐えない……不本意の告発」であった、として結局告発を取り下げるのである。これも狐につままれたような事態であった。何らかの力が働いたとするのが自然な推理だが、真相はわからない。

秋に至り、一〇月三〇日、三瓶の取調べ責任者であった石田基次席検事が東海道線大森・蒲田間の鉄橋下の小川で死体として発見された。いわゆる石田検事怪死事件である。この事件についても様々なことが言われているが真相は不明のままである。

一二月二七日、江木法相は不起訴処分を閣議報告した。この事件全体が、真相のよくわからぬままに、田中は無罪となったのである。

この事件で攻撃されたのは野党の政友会総裁田中義一である。政権党ではなく野党の側のトップがこれだけ激しく攻撃されたということは、やはり普選を前にして選挙民の獲得に与党の憲政会も腐心していたことがわかる。そして攻撃した憲政会の中野正剛に対する反撃としての政友会からの中野へのスパイ攻撃、退任後ではあるが三瓶による内部告発、そして繰り返された乱闘、いずれも政策とは何も関係のないそしてマスメディアに載り国民の耳目を引きやすいスキャンダル政争の連続であった。こうして普選を前にここでも大衆の興味を引きやすい話題のみが取り上げられ注視され議会政治の地盤は掘り崩されていったのである。

†朴烈怪写真事件

こうして、若槻内閣下では次々に国民の耳目を集める事件が起きたのだが、社会的反響も大きくまた政治的影響が最も大きかったのは朴烈怪写真事件であった。

①朴烈事件

一九二三年九月三日、関東大震災後の混乱の最中、朴烈と金子文子の二人が検束された。一〇月二〇日、東京地裁検事局は朴烈・金子文子らを治安警察法違反容疑で起訴。一〇月二四日、予審訊問が開始された。翌年からは爆弾所持の目的が問題とされその後さらに訊問が進み、翌一九二五年に至り、事件は大逆罪の様相を帯びてきた。真相はよくわからない点もあるが、五月二日に立松懐清《かねきよ》予審判事が二人の写真を撮影したのはこのことを朴が認めた記念によると見られている。なお、この写真が後に大問題となるのであり、また、この問題が起きてからこの日撮影した経緯も明らかになったのである。

七月七日、予審終結が決定し、七月一七日、大逆罪で起訴された。

一〇月二八日、大審院の公判が開始決定された。これも後に判ったことだが、この翌日二九日に朴と同じ獄にあって親しくしていた石黒鋭一郎という人物が、朴からもらった写真を出所の際、秘かに持ち出している。写真を写した立松判事から朴の手に渡り、それを石黒が出所する時に譲り受け、持ち出したのである。

一一月二五日、朴烈、金子文子の記事が解禁となった。

『東京日日新聞』夕刊の記事見出しは、「震災渦中に暴露した朴烈一味の大逆事件」「躍動する朴烈が内縁の妻金子ふみ」「惨苦の中に真っ赤な恋」、『東京朝日』は、「近く刑務所で正式の結婚」「自叙伝を書く文子と読書にふける朴烈」となっている。男女関係と著作・読書が強調された記事で恋愛賛美と教養主義讃歌の大正後期らしい紙面づくりといえよう。幸徳秋水の大逆事件とは相当に社会的風潮が変化していることが窺えるのである。

こうした中、一九二六年一月一八日に、朴烈は裁判長に対し法廷での四条件を提出した。それは、一、朝鮮民族の代表として法廷に立つので朝鮮の王冠・王衣を着用する、二、法廷に立つ趣意を宣言し、裁判官はその質問に答える、三、朝鮮語を使うので通訳を付けよ、四、対等の立場にあることを示すために裁判官席と被告席を同じ高さにせよ、というものであった。一と二の前半は承諾され、三はかえって手数がかかるということで朴の側で撤回、四は「我慢してもらいたい」ということになった。

二月二六日、第一回公判では五〇〇人が傍聴を希望している。

「金子文子は純白の朝鮮婦人服をつけ……右手に小さい翻訳小説をいじっている。そして看守にせがんで熱い茶を一杯飲んだ、十分経って朴が入廷……顔を綺麗に剃って髪をオールバックとし紗帽に紫紗の礼服を著け内裏さまのような礼帯を締め、おまけに小旗のような士扇を打ち振り、シャナリシャナリと入り来るさまは天神様のようである、得意気に笑みを辺りに投げ文子の右に著座し絶えて久しき体面に言葉はなく先づニコニコと笑みを交し二人とも立ち上って後向き傍聴席の同志と目礼をかわす」(『法律新聞』二五一六号)

こうして注目の内に裁判は進み、一月二七日に小原検事が死刑を求刑。三月一日、最終弁論は結審した。三月二三日に二人は結婚届けを出している。

三月二五日、死刑判決が下った。同日、検事総長から特赦が申し立てられ、閣議は特赦に決定した。

四月五日、「恩赦」で無期懲役に減刑ということが発表された。このことは即日には本人たちには知らせられなかった。

「大逆犯人ではあるが二人の情愛に至っては実に涙なしでは見られぬ程である」、「何うせ死ぬなら美味しいものを」と差入屋に注文、「夫思いの彼（女）は『朴さんは肉が好きですから』と看守に頼んだりしている」、毎日四、五人が面会、秋山刑務所長「『お前達も何うしてもこの世から別れて仕舞わねばならぬことになろう。これは真に余のお前達に送る好意である。思う存分語るが可い』と情愛をこめた言葉、「夫妻は五六分というものは互に手を握り合って涙の尽きるまで泣き最後の決心を相語った」（朝日、四月六日）

相当に同情的な紙面になっていることがわかる。こういった報道姿勢が国家主義者たちを刺激したことは想像に難くない。

その後、七月二三日に金子は自殺する。この金子の自殺の報道と同時に発生したのが怪写真事件であった。

②朴烈怪写真事件の展開

七月二九日、朴烈怪写真事件が起きた。この日、東京市内各所に二人が予審調室で抱き合った写真付きの怪文書が配布されたのである。これを翌三〇日、報知新聞朝刊が報道した。各紙も後追い報道。金子の自殺と同時報道となったのでインパクトは大きかった。「鉄棒に朝糸かけて　朝の光の下で縊死」、「怪文書犯人　大捜査を開始す」（朝日、七月三一日夕刊）。

怪文書の冒頭部は次のようなものである。

「単なる一片の写真である。

此の一写真に万人唖然として驚き呆るゝ現代司法権の腐敗堕落と、皇室に対する無視無関心なる現代政府者流の心事を見ることが出来る。

此れは大逆犯人朴烈と文子の獄中写真である。此の足袋と此の草履とは監獄だけに存する刑務所の支給品である。日本の東京の真中で、監獄の中で、人も有ろうに皇室に対する大逆罪の重大犯人が、雌雄相抱いて一種の欲感を味いつゝ斯んな写真を写せる世の中になつたのだ。」

怪文書は、当局の二人への優遇を批判し、司法大臣江木翼を攻撃していた。

八月一一日、立松懐清予審判事が引責辞職願を出し、諭旨退職となった。

こうした報道を受け、八月二六日、政友会が声明を発表。立松退職の件の詳細を明らかにせよなどと迫った。

八月二七日、朴烈怪写真事件の首謀者として北一輝が検挙されたが証拠不十分で無罪となっている。北は関東大震災の際危険な目に遭いそうになった朴を救っているので朴の側からすると裏切られたことになるが、このあたりが北が「魔王」と呼ばれた所以であろう。石黒が持ち出してきた写真を見た北は、これが即座に若槻内閣倒閣運動に利用できると思いつき怪文書作成を政友会筆頭幹事長森恪に相談したといわれている。

九月一日、司法省が怪写真事件についての真相声明を発表した。それによると、一九二五年五月二日、東京地裁予審第五調室において、立松判事が朴に大逆罪に該当を告げ朴がそれを認めたので「回想の資として」写真を撮影することにしたところ、脇にいた金子が「突如……併座」したもので、その写真を後日朴が判事から「巧に入手」、それを某が保釈の際持ち出した、というのが事実経緯である、という。

この釈然としないものの残る発表に対し、「政府が特に減刑の恩典を奏請したる事は……天下の等しく疑問とするところ」（政友会緊急幹部会）（朝日、九月二日）という形で批判がさらに巻き起こった。

さて、この事件がさらに大きな政治性を帯びることになったのは九月一九日からであった。この日、政友本党は幹部会を開き政府問責を決議し、床次総裁は「恩赦大権の発動に関する輔ひつの責任について論議するに至らば世論は益々激甚を加え国史上未曾有の憂うべき事態を引起す」という声明を発表したのである（朝日、九月二〇日）。

政友会もこの日議員総会を開き「皇道政治の絶対精神は、固よりきつ然として人情政略の権道を超越す」という宣言を可決した（朝日、九月二〇日）。二大野党による攻勢で事件は政治的方向に大きく動いたのである。

続いて九月二〇日には、朴烈怪写真事件に関し政府問責のための野党連合大会が青山で開催された。

これに対し、九月二八日、政府は一〇知事の休職を含む地方官大異動を行い断固たる態度を示すという報道がなされた（東京日日）。そして、九月三〇日には若槻首相が憲政会両院議員・評議員連合会で衆議院解散を示唆して野党に決意を示したが、床次も政友本党懇親会で解散示唆の演説をしており、野党は強気であった（東京日日、一〇月一日）。

一〇月二四日、若槻は演説し「立憲政治は政策の争いだ　朴烈問題など介意の要なし」と「正論」を吐いたが、それが虚ろに響くのは、「政策の争い」だけではすまない事態に立ち至っていることを多くの人が感じていたということであろう。すなわち、近づいている第一回の普通選挙では、こうした政治シンボルをめぐる大衆動員の力量の方が決定的に重要であり、若槻にはその認識が十分でないように感じられるということなのである。同じ日、「政友会支部長会議で田中総裁の演説……大逆犯人事件の暴露は真に一世を驚動せしめ深憂せしむるものがある」（朝日、一〇月二五日）という報道に、巧みな大衆動員術が感じられるということでもあるのだ。

新聞にはこの事件が倒閣につながることを明言する政府批判が出だした。「朴烈問題にしてからがあんな不始末をやったのはたれが見ても政府の大失態たるだけは間違いない……若槻も……結局は総辞職さ……既成政党の腐敗堕落も久しい」（大石正巳、朝日、一一月五日）。

一二月一四、一五日に政本提携報道がなされているが、それは朴烈・不景気救済・綱紀革正の「三問題」を軸にするというものであった（朝日）。こうして事態は年末に開かれる議会をめぐる政争に移っていく。

③若槻内閣の崩壊

一二月四日、五二議会が開会された。勢力比は、憲政会一六五、政友会一六一、政友本党九一であった。

一九二七年一月一六日、政友会・政友本党両党は党大会を開き、政府に正面から対抗する決意を表明。憲政会も不信任案には解散で対抗することを明示、党内に「戦意満つ」と報道された。一見解散は不可避の情勢に見えたのである。

しかし、若槻首相も解散を怖れていたが、野党の政友会田中総裁、政友本党床次代表ともに実は自党に不利と見て解散を恐れていたのだった。

一月一八日、議会は再開され、若槻首相は施政方針演説で、社会政策拡充、人口・食糧問題解決、緊縮財政堅持、税制整理等を述べたが、衆議院本会議では野党が、松島事件・朴烈問題を激しく追及した。

ところが、こうした攻防が議会で行われている最中、若槻首相は安達内相に三党首会談による妥協の動きを伝えたのだった。「是は秘中の秘なり、君のほか一切他言してはならぬ。此の際に処して政友及び本党と妥協し、議会の無事終了を図るの他なし」(『安達謙蔵自叙伝』二一八頁)。安達は猛反対し、病気療養中の浜口にこれを伝えたので、浜口は「政局緩和運動」に乗らないようにという書簡を若槻に送ったが、若槻は聞かなかった。

一月二〇日、政本両党は内閣不信任案を提出したが、三党首会談が開催され、「昭和新政の初めに当り」政争中止を各党に要望、と発表された。こうして、内閣不信任案は撤回され、予算案・震災手形関連法案が衆議院通過の見通しとなったのである。

しかし、この党首会談は、密約が交されたということの方が有名であり、その合意文書に「(議会後) 政府においても深甚なる考慮をなすべし」という言質があった。若槻は〝辞意を示唆せず〟と説明し、田中・床次は〝(六月ごろの) 総辞職〟と解釈していたようである。

その後、憲政会の策士安達の工作が早く進行し、一月二五日、一二七名が秘密署名した憲本連盟覚書が成立。裏切られた政友会は、二月一〇日に無条件で予算案を衆議院通過させていたため、残る議会論戦に全力投球することにした。

政友会の猛攻が開始され、震災二法に関し堂々巡り八回の記名投票(新記録)が行われ政友会の激しい議事妨害に対抗して憲政会が一切の動議・質疑・決議を封ずる手段を講じるなどの事態になった。議会は荒れに荒れ、粕谷義三《ぎぞう》議長・小泉又次郎副議長は辞表を提出した(三月二五日辞職)。

こうした状況の中の三月一四日、片岡蔵相の衆議院での東京渡辺銀行の破綻失言から金融恐慌が発生し五二議会は閉会となった。

四月一日、金融界の混乱が続行する中、鈴木商店への不良貸し出しのため経営難が言われていた台湾銀行が同商店に対し三月二七日に新規貸し付け中止を宣告したことが発表され金融恐慌第二波が到来する。

若槻内閣は台湾銀行救済のため、日本銀行が台湾銀行に二億円の融資をするという緊急勅令案を枢密院に奏請した。ところが、枢密院の倉富勇三郎議長・平沼騏一郎副議長は、枢密顧問官人事・諮詢事項整理で攻勢をかけてきていた若槻首相に反感をもっており、伊東巳代治顧問官らは若槻内閣の対中国政策を「軟弱外交」として批判的だった。

政友会は否決を働きかけ、平沼系内閣樹立のための倒閣策動も生起。四月一七日に枢密院本会議で、政府側と枢密院側は全面対立。枢密院側は若槻内閣の対中国政策を非難し、結局緊急勅令案は否決となった。

若槻首相は否決の場合は総辞職とすでに決意を固めており四月二〇日、若槻内閣は総辞職する。

†若槻内閣の評価と劇場型政治の開始

若槻内閣を全体として振り返った時、足軽出身の若槻が首相になったこと自体が近代日本社会の開明性・平等性を告げていたし、若槻首相・幣原外相の国際協調主義が長期的に見ると戦後日本の基礎を作っている。また、この後田中内閣が成立し、金融恐慌を高橋蔵相が沈静化させた時憲政会内部では若槻内閣崩壊の経緯から来る恨みから内閣不信任案提出論が猛烈であったが、それがせっかくおさまった人心を混乱させるとして若槻ら憲政会幹部はこれを説得し、抑制したという若槻の「政策中心志向」と「公平性」という大きなプラス面があった。

しかし、こうしたプラス面よりも若槻内閣に対しては従来から批判的評価の方が多い。その場合、解散総選挙を避けて妥協した点や金融恐慌時に枢密院と最後まで戦わなかったことを問題とすることが一般的であった。しかし、内閣崩壊の実相は、朴烈怪写真事件で追い詰められていたところに金融恐慌が発生して最後のKOパンチをくらったというにある。すなわち、問題は、普通選挙を控え、政策的マターよりも大衆シンボル的マターの重要性が高まっていたことを十分理解していなかったことの方にあるのである。「劇場型政治」への無理解が問題なのであった。

①当時、この点に明敏な識者は次のような指摘をすでにしている。

(来るべき第一回普通選挙において朴烈怪写真事件が争点になることについて、五二議会前)「複雑なる政策問題では民衆的騒擾は起るものではない。政府が皇室を蔑ろにしたと云う簡単なる合言葉は耳から耳に容易に伝わり伝わる毎に人の感情を激するの度を増すものである」(上杉慎吉「朴烈問題解散及現内閣の進退に関する意見」『牧野伸顕関係文書』)。

②若槻は後年この事件を回想して「反対党は、これを大問題として大騒ぎしたが、私は大問題どころか、詰まらん問題と思う。これを政治論にして攻撃するのは、彼らがいかに攻撃の材料に飢えていたかがわかるのである。」(若槻礼次郎『明治・大正・昭和政界秘史――古風庵回顧録』講談社学術文庫、一九八三、二八一頁)と著している。

そして、若槻は、〝朴が死刑・金子は無期という判決だったので、朝鮮人に対する差別となり朝鮮統治上「面白くない」と考え朴を無期に特赦した〟とも著している。しかし実際は両方とも死刑の判決が出ている。若槻がこれをいかに「詰まらん問題」と軽視していたかが窺えよう。

③ただし、これは若槻ばかりではなく元老西園寺公望など多くの人がそうであった。西園寺は「朴烈問題の如きは左程重大とは思わず」「此頃の憂国者には余程偽者多し。大問題にもあらぬものを捕えて妄りに皇室の尊厳を語り、皇室を笠に着て政府の倒壊を策するものすらあり。

……決して彼等に誤らるる勿れ」（一九二六年一一月一五日、『河井弥八日記』六巻、二三三〜二三四頁）と語っている。

④朴烈問題で「天皇」の政治シンボルとしての絶大な有効性を悟った一部の政党人は、以後これを度々駆使した「劇場型政治」を意図的に展開することになる。我々はこれを次の田中義一内閣に、さらに統帥権干犯問題・天皇機関説問題等に見ることになるであろう。ロンドン条約時の「統帥権干犯問題」を取り上げて、政党人自らが自らの首を絞めたと主張する人は多く、それは間違いではない。しかし、政治シンボルの操作が最も重要な政治課題となる大衆デモクラシー状況への洞察なく、そのことだけを問題にしても、現代に生きる反省には結びつかないであろう。

⑤逆に言うと、「政策論争」を訴える若槻の主張はまぎれもない「正論」なのだが、それだけでは政治的に敗北するのが大衆デモクラシーというものなのである。健全な自由民主主義的な議会政治（それは政党政治である）の発達を望むものは「劇場型政治」を忌避するばかりではなく、それへの対応に十分な配慮をしておかなければ若槻と同じ運命を辿ることになろう。

⑥この問題をここまで拡大させた根源は、一枚の写真の視覚効果（ヴィジュアルな要素）が政権の打倒にまで結びつき得ることを洞察した北一輝であったが、彼ら超国家主義者こそむしろ大衆デモクラシー状況に対する明敏な洞察からネイティヴな大衆の広範な感情・意識を拾い上

げそれを政治的に動員することに以後成功していくのである。昭和前期の政治を「劇場型政治」の視点から再度見直していくことの必要性が痛感される所以である。

さらに詳しく知るための参考文献

筒井清忠『昭和戦前期の政党政治』(ちくま新書、二〇一二)……本講は本書をもとにしている。参考文献・出典の詳細は本書を参照されたい。

個別事件に関する研究

大島美津子「松島遊廓移転事件」(我妻栄他編『日本政治裁判史録　昭和・前』第一法規出版、一九七〇)
松本清張「陸軍機密費問題」「石田検事の怪死」「朴烈大逆事件」『昭和史発掘1』(文春文庫、二〇〇五)
前田英昭「帝国議会による『機密費』統制」(『駒沢法学』一巻二号、二〇〇二)
許世楷「朴烈事件」(我妻栄他編『日本政治裁判史録　大正』第一法規出版、一九六九)

古典的成果

岡義武『転換期の大正』(日本近代史大系5、東京大学出版会、一九六九)
升味準之輔『日本政党史論』第五巻(東京大学出版会、一九七九)
粟屋憲太郎『昭和の政党』(小学館、一九八八)
季武嘉也『大正期の政治構造』(吉川弘文館、一九九八)
北岡伸一『政党から軍部へ』(中央公論新社、一九九九)

近年の総括的研究成果

村井良太『政党内閣制の成立　一九一八〜二七年』（有斐閣、二〇〇五）
奈良岡聰智『加藤高明と政党政治――二大政党制への道』（山川出版社、二〇〇六）
小山俊樹『憲政常道と政党政治』（思文閣出版、二〇一二）

第24講

中国国権回収運動

岩谷 將

†はじめに

大正末期は、中国の国権回収運動がひとつのピークをなした時期であった。一九二一（大正一〇）年に開かれたワシントン会議は、九カ国条約（九国条約）により、中国における領土・主権の尊重と機会均等・門戸開放を謳いつつ、列国の同地における既得権益については現状維持とし、各国の協調によって中国をめぐる問題を平和的に解決しようと試みた。これに対し、北京の中央政府（以下、北京政府）は到期修約外交（条約等が期限を迎えた際に交渉によって不平等な条項を改定し国権を回復すること）により、各国が現状維持を認められた治外法権などの既得権益を回復しようと試みた。

北京政府は一九二六（大正一五）年にベルギーに対して旧条約（中比通商条約）を廃し、新たに条約を締結することを通知した。ベルギーは新たな条約が調印されるまでは旧条約を有効とするよう要求したが、北京政府はこれに応じなかった。ベルギーは国際裁判所に提訴したが、北京政府は一方的に条約の期限満了を宣言した。ベルギーは旧条約で認められた諸権益を回復するために既得権益である天津租界の自発的返還という単独行動に出た。中国に権益を有する各国はワシントン会議の国際協調の精神にのっとり、既得権益の処置や新たな取り決めについて共同で対処することが求められたが、中国の性急な国権回収運動はそのような協調を困難に陥れた。

北京政府は各国に対して国権回収運動をすすめたが、日本も例外ではなかった。一九〇八年（明治四一年）の辰丸事件以来間歇的に生じてきた排日運動は、従前の散発的な排日運動から政府が主導する、より恒常的な国権回収運動へと変化していった。民族自決権にもとづく中国の国権回収運動は、日本の条約上の正当な権利を否定しようとするものであり、日中関係を構造的な対立へと導いていった。

†旅順・大連回収運動

一九二三年は中国の国権回収運動にとって画期となる年であった。この年は帝政ロシアが旅順・大連を租借してから期限となる二五年目にあたる。一八九八年のドイツによる膠州湾占領を契機に帝政ロシアは中国の保護を理由として軍艦を派遣し、旅順を占領した。三月二七日、帝政ロシアは清国との間に「旅順大連租給ニ関スル露清条約」を調印し、旅順・大連および附近の海面をロシアに貸与し、その期限を二五年と定めた。その後、日露戦争を経て締結されたポーツマス条約、および当該条約第五条にかかる旅順・大連等の租借に関する権益を清国が承諾した一九〇五年の「日清間満洲ニ関スル条約」により、それらの権益は日本に譲渡されることとなった。

期限満了となる三月二六日をひかえて、中国国内では旅順・大連の回収運動（以下、旅大回収運動）が沸き起こった。そもそも旅大回収運動には伏線があり、対華二十一カ条要求の第二号第一条において、旅順・大連の租借期間を九九カ年延長することが謳われており、それに対する反発が根底にあった。したがって、旅大回収運動が全国的な広がりを見せたのは、それが対華二十一カ条要求と密接なかかわりを持っていたからであった。この運動のもう一つの特徴は、従来の学生を中心としたデモ運動とは異なり、旅大回収運動では実業界も日貨排斥運動を主導してその一翼を担い、官民による運動の盛り上がりを見せたことにある。

そもそも、この時期に実業界が旅大回収運動に参画し、主導することになった背景には、一九二二年八月頃より世界的な原綿の価格高騰の影響が中国にも及びはじめるとともに綿糸価格の下落が進行し、中国の紡績業が不振に陥っていたことがあった。これを受けて一九二三年二月末、上海華商聯合会が紡績業救済のために政府に対して綿花輸出の一時禁止を請願し、政府において禁止措置を講じようとしたところ、北京の列国公使団の撤回要求によって廃案となったことが背景にあった。この撤回要求による廃案が、折しも旅順・大連の当初の租借期限の到来と重なったことから、実業界の経済絶交運動は勢い国権回収運動と結びつくこととなった。

この時に提唱された経済絶交運動は従来の日貨排斥に加え、日本人からの中国人使用人の引揚げ、日系銀行への預金および日本紙幣の利用禁止、原料供給の禁止を謳ったもので、とくに原料不売は新たに加わった形態であった。この経済絶交運動により、日本の対中輸出は一九二三年四月から八月にかけて、対前年同月比で大幅に減少し、とりわけ長江沿岸地域における減少が顕著であった。こうした排日運動の機運を高める背景と重なるように租借期限の満了を迎えることとなったため、経済絶交運動は旅大回収運動と強く結びつくこととなった。

全国の各種団体から外交部に対して二十一ヵ条要求廃棄の請願が寄せられたが、外交総長であった顧維鈞は旅大回収運動が盛り上がりを見せる以前から、期限満了を控えて対華二十一ヵ条要求に関する条約と交換公文の否認について衆議院の劉彦に諮り、二二年一一月に参議院において条約の無効が宣布されていた。法案の成立には衆議院での可決が必要となるが、旅大運動の盛り上がりを受けて、翌年一月に衆議院でも二十一ヵ条要求に関する条約等否認が可決された。

これを受けて北京政府は特別外交委員会を組織して日本に対して要求廃棄声明の照会を行っ

た。内田外相は三月一四日、「条約及交換公文は夫夫《それぞれ》正当に全権を委任せられたる両国代表者に依り正式に調印せられたるものにして殊に条約は貴我両国元首の批准を経たるもの有之……貴我両国間に儼として有効に存在する条約及交換公文を貴国政府か随意に廃棄せられむとするか如きは啻《ただ》に日支両国民の親善を齎《もたら》す所以に非さるのみならす国際の通義に反する」として拒否した。マクリー駐華英国公使は中国側の通告前に黄郛外交総長と会見した際に、日本がすでにワシントン会議において立場を明確にして譲るべきものはすでに譲っており、有効に成立している条約を締結国一方の都合により勝手に廃棄したり変更することは賢明な措置ではないと述べていた。しかしながら、日本側の回答以降、旅大回収運動は経済絶交運動とともに全国約六〇の都市に波及し、再三の取締り要請にもかかわらず関東大震災まで続いていった。

†長沙事件

一九二三年六月に入ると、一連の旅大回収運動を受けて、湖南省の長沙で日中間の衝突が生じた。この長沙事件は、国権回収運動を背景に生じた事件という意味において、同年に発生した軍や武装集団の襲撃による邦人傷害事件である臨城《りんじょう》事件（五月に山東省臨城駅付近で多数の外国人を含む列車の乗客が武装集団に誘拐された）、湖南事件（六月に湘江中流で日清汽船会社武陵丸が南軍により略奪を受け社員一名が虐殺された）、宜陽丸事件（九月に四川省で反直隷派の第一軍より日清汽船会社宜陽丸が襲撃を受け、船長が射殺され、重傷の乗客が河中に投げ込まれ、運転士等が船内に監禁され、船体ごと抑留された）、徳陽丸事件（一〇月に宜陽丸の船体処理のため海軍将士一二名を乗せて長江を遡行していた徳陽丸が重慶停泊中に第一軍から射撃と臨検を受けて応戦し、双方に死傷者が出た）等とは性格を異にする。

旅大回収運動が盛り上がりを見せる中、長沙においては三月二九日に旅大回収デモが行われ、五月四日には学生、労働者らによる四一の団体により、旅大回収を目的として湖南対日外交後援会（その後、湖南外交後援会と改称）が成立した。当地の外交後援会が主導する排日運動は徐々に露骨となり、邦人商店や日本の汽船に対する妨害となって現れていた。六月一日に日清汽船会社の武陵丸が長沙に入港するにあたって、当地の排日団が大々的な排日運動を計画していたことから、日本側では領事館より官員を派遣するとともに、長沙に停泊中の軍艦伏見より非武装の兵員一六名を上陸させて万一の事態に備えていた。これに対して学生らは兵員に対して投石や棍棒による殴打を試み、あわせて警戒中の中国側兵士も群衆と行動をともにして日本側水兵や在留民に対して銃を構えたことから、兵員は一旦武陵丸に引き揚げた。その後、軍艦よりの応援兵とともに合計二二名が武装して再上陸したところ、投石は一段と激しくなり、接近した民衆が銃を奪おうとしたため、水兵が発砲し、中国側に死者二名、負傷者七、八名、日本側に軽傷者二名を出すに至った。

事件の対応について、中国外交部は責任者の処罰や弔慰金・治療費の支払い、謝罪など五項目の要求の承諾と軍艦伏見の撤退を要求してきたが、日本側は水兵の行動が正当防衛であること、また排日行動が沈静化しない限り軍艦の出港を見合わせるとして拒絶した。

これに憤慨した学生、労働者たちは邦人商店を襲撃し、また商店、日本の汽船、軍艦への食糧等の供給を阻止したため、在留邦人は領事館と日清汽船沅江丸に避難した。その後、日本側の再三の申入れにより、当地官憲による取締りの結果、事態が沈静化したことから、海軍は七月末に嵯峨と交代のため伏見を撤退させ、長沙事件は終息することとなった。

†土地商租権（貸借権）無効問題

長沙事件はほどなくして終息したものの、旅大回収運動に端を発する排日運動と国権回収運動は各地で続いており、七月に入って土地商租権（貸借権）問題にも波及する。

土地商租権とは二十一ヵ条要求を受けて、一九一五年五月二五日に調印された「南満州及東部内蒙古ニ関スル条約」（大正四年・条約第三号）の第二条にある「日本国臣民は南満洲に於て各種商工業上の建物を建設する為又は農業を経営する為必要なる土地を商租することを得」との権利である。

しかし、この第二条に定められた商租の解釈について、三〇ヵ年の期限において無条件に更新することが可能な租借を含むとされたが、その解釈および施行細則の規定をめぐってながらく日中間で紛糾が続いていた。

この問題をめぐっては、さかのぼれば一九一五年に北京政府が「懲辦《ちようべん》国賊条例」（翌年廃止）や「商租地畝須知」などの法令を定め、処分権を認めないであるとか、林業等については除外するなど商租権の効力を実質的に制限することが試みられたが、少なくともこれらは商租権の承認を前提とするものであった。

しかし、一九二三年七月に入り、奉天省長より相次いで省内各県に商租禁止に関する訓令が令達された。それによれば、商租に関する条約については依然として細則等実施に関する規定が成立していないこと、また北部二五県については条約の定める地域に該当しないとして商租を禁止することを指示している。

商租の実態については、領事館による再調査により判明した集計漏れが一九二〇年代に入って計上されたこともあり、実際には一九二〇年代に日本による商租が統計に見られるような急拡大を見せたわけではなかった。また、その増加分についても、大半は国策企業等による比較的規模の大きいもので、従来考えられていたような個人による商租増加による問題が増加していたわけではなかった。

したがって、一九二三年の奉天省長による訓令は、商租の拡大によって紛糾が増加したために発せられたというよりは、「南満洲及東部内蒙古ニ関スル条約」の第一条において旅大および南満州鉄道ならびに安奉鉄道の租借期間の九九ヵ年延長が述べられているように、さきにみた旅大回収運動に便乗して、日本の権益を無効化しようと提起されたものと考える方が実態に即しているといえよう。いずれにしても、この訓令以降、商租権の絡む取引についての取締りが厳重になったとの領事館報告から見ても、少なくともこの訓令は、手続きを尊重すれば商租権を排斥しないとする従来の立場を変えて、商租権そのものの無効化を企図としたものであったことが理解される。訓令以降も単年の貸借や小作契約により土地の利用は可能であったが、実態として商租権が空文化していったことは明らかであった。

その後、一九二四年六月には商租料を支払わなかった榊原農場に対し中国側が軍隊を派遣して商租権を取り消そうとしたり、一九二五年には同じく榊原農場の承認を得ずに農場を横断する鉄道を敷設するなど、条約上の権益を認めず、一方的な実力行動に出ることによって日本の権益を侵害していくこととなる。日本側からすれば、現地における排日運動が高まり、権利侵害が増えるほど、治外法権の撤廃は難しくなるのであり、国権回収運動の拡大は商租権問題の実務的な解決を困難にしたといえる。

†五・三〇事件

旅大回収運動が終息して以降、落ち着いたかに見えた国権回収運動は一九二五年に入り再燃する。五月三〇日には上海で、六月二三日には広州で、デモ隊に対して租界当局やイギリス軍が発砲し、死傷者を出したことを契機に反帝国主義運動や国権回収運動が沸き起こった。

一九二五年五月三〇日、デモを行っていた学生や労働者に対し、上海租界工部局警務処の警官が発砲し、多数の死傷者を出した(五・三〇)事件を契機とし、大規模な反帝国主義運動に発展した。この五・三〇事件には伏線があり、ことの発端は同年二月の在華紡(中国にあった日本の紡績工場)ストライキにまでさかのぼる。大正期に入って多くの日本の紡績企業が中国に進出し、一九二五年には一五社が操業を開始してイギリスを抜くにまで増加したが、労働条件や労務管理をめぐって徐々に紛糾が生じるようになっていた。

二月九日、内外綿第五工場にストライキが発生し、首謀者らはさらに隣接する第七、八、一二工場にもストライキを呼び掛けた。職員や警官による説得の結果、労働者は工場から退出した。しかし、翌日入れ替えで出勤してきた日勤の労働者がサボタージュを開始したため、工場側は全員を退出させたが、そのうちの一部が近隣の工場に突入してストを呼び掛け、工場の機械などを破壊し、日本人の監督を殴打して負傷させた。これにより、主導者とおぼしき一二名と一名の学生が逮捕された。主導者の逮捕によって鎮静化すると思われたストライキであったが、翌日以降、日華紡織や豊田紡織へと波及し、ストライキは六社二二工場におよんだ。

このストライキの原因は、内外綿が第八工場における男性工員百余名を解雇し、女工に替え

顧正紅追悼大会（上海社会科学院歴史研究所編『五卅運動史料』第1巻、上海人民出版社、1981）

ようとしたことにあった。当時、在華紡では工頭と呼ばれる監督者をつうじて工員を募る方法から、見習い期間を経て直接雇用する養成工（基本的に女工）へと転換を図っており、先の解雇には男女間の問題も関係していた。また、スト宣言の要求にもあるように殴打といった労務管理にたいする不満も背景にあった。

しかし、このストライキがやや不自然な形で拡大した背景には、中国共産党が指導していた労働者組織である滬西《こせい》工友倶楽部（滬は上海の別称）と中国国民党上海執行部の学生の存在があった。このストライキの拡大は「打廠」と呼ばれる工場の襲撃やストライキの強要によって拡大した。滬西工友倶楽部のデモ隊は出勤する労働者をチェックして工場に入るのを阻止したり、ストライキに参加しない工場を襲撃して手当たり次第に機械を破壊し、ストライキを強要していた。したがって、女工を中心にストライキに消極的な工員も多く、襲撃といった方法に否定的な見方をする工員もいた。

その後、滬西工友倶楽部の発議によってスト後援会が結成され、募金活動などが行われたが、社会の反応は冷ややかで、スト工員の生活費を賄うには全く足りなかった。皮肉なことにストライキ中の労働者の生活を支えたのは会社側が支給した応急賃金であったこともあり、労働者と工会側が対立するようになった。こうした経緯から、労働者もスト中の補償金や賃上げ等は得られなくとも調停を受け入れ、順次操業を再開し月末には事態は終息するに至った。

ただ、内外綿ではその後もたびたび短時間のストや争議が起き、ストライキ問題は四月に青島に飛び火した後、五月に入って上海で再燃した。内外綿では五月一日のメーデー半日休業の要求が受け入れられなかったことから、不満が高まっていたところ、一四日に第一二工場でサボタージュが発生した。会社側は工場閉鎖の措置をとったところ翌日には暴動に発展し、日本人職員および工部局警務処の警官が発砲し、七名が負傷し、うち一名が死亡するに至った。

滬西工友倶楽部はこの機を捉えて亡くなった工員顧正紅の追悼式を行い、士気を高めようとしたが、租界当局の圧力もあり、メディアも報道を控えたという。大多数の労働者も会社側の態度が強気であることから、今回のストライキは成功しないだろうと傍観の態度をとっていた。

労働者の動きが鈍いことを見て取った国民党上海執行部は学生動員を強化した。二四日にはビラを撒いてデモをしていた学生が租界工部局に逮捕された。これを受けて学生団は先の学生の裁判が行われる予定の三〇日に、「抵制日貨（日本製品ボイコット）」、「租界道路の延長反対」などのスローガンを大書した旗を持ち、ビラを撒きながらデモを行ったところ、工部局警務処が参加していた学生五名を警察署に引き渡したため、デモ隊は興奮して警察署に大挙して押しかけ、学生たちを奪回しようとした。これに対してイギリス人の署長は発砲を命じ、租界当局の発表によれば即死四名、負傷後加療中死亡者三名その他多数の負傷者を出す惨事となった（上海学生会の調査では死者一〇名、負傷者八名）。二日後にも衝突が生じて一三名の死傷者を出し、その翌日には居留民による義勇隊との衝突により多数の死傷者が出るなど、事態は緊迫の度を深めていった。

五・三〇事件以降、対日ボイコットはイギリスを主とした反帝国主義運動の性格を帯びていき、上海では大規模なゼネストへと突入していく。日英米仏伊は非公式の五国領事会議を開き、デモ隊から従業希望者を保護するに足る約二〇〇〇人の陸戦隊を上陸させるために軍艦を派遣することに決し、デモ隊への鎮圧に日米伊などの陸戦隊が上陸した。

他方で、ソ連共産党は六月一一日に中央政治局会議において全ソ労働組合中央評議会名義で一〇万ルーブルを上海に送金することを決議し、側面から運動を支援する態度を見せた。ソ連共産党は指導下にあるコミンテルン（共産主義インターナショナル）を通じて中国革命を積極的に支援していた。一九二一年にはコミンテルンの中国支部として中国共産党を結成させ、国民党に対しては軍隊建設を含む資金面の援助のほか、コミンテルンから顧問を派遣して国共合作を成立させた。五・三〇事件はソ連およびコミンテルンの支援を受けた国共両党の協力と、革命運動の主導権をめぐる競合によって意図せぬ拡大を見せた。上海での事件は北京、天津、南京などに波及し、デモにおいては租界の回収などが叫ばれ、漢口、九江、重慶、広州では暴動事件に発展し、徐々に国権回収運動の様相を呈していった。

北京政府は、事件発生以後、北京の外交団に対して三度にわたって抗議を行うとともに、外交次長、交渉員らを上海に特派して調査を行い、六月一六日、逮捕者の釈放、損害賠償のほか、租界外道路の増築禁止と既成建築物の接収等を含む一三項目の要求について、交渉員を通じて上海の六カ国（英米仏日伊白《ベルギー》）の委員と折衝を行わせた。当初、上海総商会が提起した要求では領事裁判権の撤廃、上海からの外国軍撤退、租界の回収などが含まれていたが、これが取り下げられたことで、共産党が指導する総工会や学生団は不満を持っていた。結局、上海における交渉は、中国側の要求が六カ国の委員に与えられた権限を超えることから不調におわり、北京の執政政府と公使団との間で行われることとなった。

沈瑞麟外交総長は六月二四日、首席公使に対して、先の一三条件の要求を提出するとともに、ワシントン会議条約調印国代表に対して不平等条約改定に関する公文を送付した。上海の問題を解決する一三条件の他に提起された不平等条約改定問題は、上海における事件の根本的問題が不平等条約にあるとの理解から発せられたものであった。この要求に対して七月一日に開かれた会議では、北京の公使団は議題を事件の調査と責任問題のみに限ったが、続いて開かれた八日の会議において中国側の提起を容れ、事件そのものにかかわる部分については米仏伊と交渉し、租界にかかわる部分については八カ国の公使と交渉し、条約改正については将来国際会議を開いて協議することに決定した。

ストライキに端を発する事件当初、日本はイギリスとの協調を模索していた。しかし、時間の経過とともにイギリス側の宣伝工作によって、批判の矛先が日本にも向けられるようになったため、日本政府は最終的にストライキとそれにともなう諸事件について単独で解決する方針をとった。八月一一日に中国との間で交渉が妥結し、一二日夜、日中双方の代表が解決条件覚書に署名・調印し、解決を見た。

個別の事件については単独で解決する方針を取った日本政府であるが、他方で中国側が提起した不平等条約改正問題については、中国の要求する治外法権撤廃について好意的にみるアメリカと、強硬に反対するイギリスとの間で調停を仲介する態度を取った。幣原外相の仲介あっせんの甲斐もあって、九月四日、北京の公使団は沈外交総長に対し、不平等条約改正に回答し、関税と領事裁判権について審議すると伝達した。その意味で日本は協調外交にもっとも忠実であった。

日本の単独問題解決を受けて、その後も租界への送電停止など強硬姿勢を貫いていたイギリスは、列国からの支持が得られなかったこともあって態度を軟化させ、九月二六日にストライキに端を発する諸問題について、日本と同じ条件によって中国側との間で解決を見るにいたった。

五・三〇事件に端を発する国権回収運動は民衆のナショナリズムを喚起し、それを原動力に進められ、条約改正について提起するに至った。この不平等条約の改定については、その一部が次講で扱われる関税特別会議で議論されることとなる。中国政府は各国に対して国権回収運動をすすめたが、とりわけ日本の権益に対する侵害が顕著となった。従前の散発的な排日運動は、政府主導による条約上の権益を侵害する国権回収運動の推進により、その性格を本質的に変化させ、日中間の構造的な対立へと導いていった。

さらに詳しく知るための参考文献

筒井清忠『満州事変はなぜ起きたのか』(中公選書、二〇一五)……大正期から昭和初期にかけて、日中間で生じた日貨排斥運動や国権回収運動について、最新の研究動向を踏まえて簡潔にまとめられており、流れをおさえながら各事件を位置づけつつ理解できる。

川島真・服部龍二編『東アジア国際政治史』(名古屋大学出版会、二〇〇七)……日中を含む東アジアの政治・外交について、時系列でまとめられており、日中間の諸問題について、世界情勢の中に位置づけて理解するのに有用である。

後藤春美『上海をめぐる日英関係　1925-1932年――日英同盟後の協調と対抗』（東京大学出版会、二〇〇六）……日英同盟失効後の日英が中国の権益と中国のナショナリズムからの防衛をめぐって繰り広げた協調と対抗を扱ったものであり、とりわけ本講とのかかわりでは五・三〇運動をめぐって、中国ナショナリズムの主たる対象となる日英の動向を把握するうえで簡潔で要点を押さえた内容となっている。また、従来のナショナリズムの対象である英国から新たな対象である日本へと移行する中で、日英両国がどのように行動したのかを理解するうえで欠かせない一書。

川島真『近代国家への模索――1894-1925（シリーズ中国近現代史②）』（岩波新書、二〇一〇）……おおむね大正末期までの中国の国民国家建設を主軸に、その政治と外交について社会情勢や思想動向を踏まえて時代ごとに主テーマを定めて手際よくまとめられている。この時期については日本側からの視点に立った研究が多いなか、本書は中国側の視点から記述されており、国権回収運動を理解するうえでも恰好の一書。

臼井勝美『日本と中国――大正時代』（原書房、一九七二）……日本外務省記録を中心に英米の外交文書を用いて、大正時期の日中関係について外交面からまとめられている。刊行時期は古いものの、大正期の日中関係に焦点を合わせた類書が限られている中でバランスのとれた記述となっている。

衛藤安奈『熱狂と動員――一九二〇年代中国の労働運動』（慶應義塾大学出版会、二〇一五）……排日ボイコットなどの労働争議を国共両党の動員戦略や組織、さらに中国の社会的問題から論じたもので、従来の「革命史」ではなく、組織や社会から排日ボイコットを含む中国の民衆運動に焦点を当てている点で新たな視点を提供している。

北野剛「土地商租権問題の基礎的研究」（『関西外国語大学研究論集』第一一一号、二〇二〇年三月）……

個別事例に注目されがちな土地商租権問題について、領事館報告などの諸報告や統計の再検討から全般的な状況を明らかにし、一九二〇年代に土地商租が急増し、それが日中間の対立につながったとの従来の説を再検討している。

第25講

破綻する幣原外交——第二次南京事件前後

渡邉公太

†高まる中国ナショナリズム

一九世紀半ば、アヘン戦争やアロー戦争（第二次アヘン戦争）といった対外戦争に敗れた清国は、西洋列国との間にいわゆる不平等条約を締結した。その後二〇世紀に入り、辛亥革命によって清朝が崩壊、新たに共和政体の中華民国が誕生したものの、列国との不平等条約を改正することができずにいた。また国内では各地で軍閥が跋扈しており、北京の中央政府（以下、北京政府）が目指す国家統一は程遠い状態であった。

さらに第一次世界大戦を契機として、中国国内では反帝国主義を掲げるナショナリズム運動が活発化するようになる。一九一九（大正八）年のパリ講和会議に不満を抱いた民衆らが引き起こした五・四運動は、その端緒となる事件だった。

第一次大戦後の中国をめぐる国際政治にとって一つの画期となるのが、一九二一〜二二年にかけて開催されたワシントン会議であった。この会議で成立した九ヵ国条約（九国条約）において、中国に利害関心を有する列国が同地の領土保全と機会均等原則を公式に承認した。その一方、九ヵ国条約は既得権益に対してはこれら原則の適用が厳密化されておらず、実態としては現状維持の取り決めという性質が色濃かった。それゆえ、同条約の締結後も劣勢に置かれ続けることになった中国は、会議後に国権回復を名目としたさらに激しい排外運動を各地で展開していくこととなる。こうして日本を含めた列国は、一九二〇年代を通じて中国ナショナリズムにいかに対応するかが重要な外交課題となったのである。

激化する中国ナショナリズムに直面した日本の各政権は、それぞれ異なる思惑と政策でもって対処しようとした。とりわけ重要なのが、一九二四（大正一三）年に成立した護憲三派内閣の外相に就任した幣原喜重郎と、その後の政友会内閣で首相兼外相を務める田中義一の外交指導である。従来、幣原は「国際協調外交」、田中は「強硬外交」がそれぞれの外交指導の特徴であるとされ、両者を対比的に評価することが一般的だった。ところが近年の研究の進展により、幣原外交と田中外交との実態が詳細に解明されるにつれ、両者の外交指導を上述のような単純な二分法で論じることが適切ではないとする解釈が定着しつつある。

本講では、大正末期から昭和初期にかけて日本の対中政策をリードした第一次幣原外交期の中国問題を検証し、その実態の一面を論じる。

†北京関税特別会議

段祺瑞《だんきずい》の率いる北京政府にとって、辛亥革命以来の相次ぐ内乱・内戦に対応するためには、現在中国が列国との間に取り交わしている不平等条約を改正し、関税増収によって歳入を増やし、それを基に安定的な行政政策や軍事政策を遂行する必要があった。しかし前述したように、ワシントン会議で取り決められたのは、中国における列国の既得権益を現状維持とすることであった。このままでは国内の統一を目指す北京政府の苦境と、内戦によるさらなる混乱が続く恐れがあった。

列国にとっても、北京政府による統一と中国を近代的な中央集権国家へと成長させることは、在華権益を保護する上で極めて重要と解されていた。しかし即時に不平等条約を撤廃し、中国に完全なる関税自主権回復を承認することは困難であったため、より現実的な方法として段階的な関税率の引き上げを行うこととした。そこでワシントン会議で成立した「中国の関税に関する九カ国条約（ワシントン関税条約）」では、釐金《りきん》（省境など中国の各地方で課せられていた内地通行税）の撤廃を条件として関税引き上げを承認し、具体的措置として二・五パーセント（奢侈《しゃし》品は五パーセント）の付加税を課すことが定められた。そして会議終了後、ただちにこれら諸条件を具体的に議論するための国際会議を開催することとした。ところがワシントン関税条約の調印国の一員であるフランスが、北清事変賠償金の支払い方法をめぐって中国と対立し、条約批准を遅らせたため、実際に会議が開催されたのは一九二五年一〇月であった。遅まきながらではあるが、ここに日本を含めた主要列国と中国政府との間で本格的に関税問題を審議する北京関税特別会議が開かれることになった。

列国はこの会議をきっかけに、北京政府を支援しながら分断状態の中国を統一し、安定した中国をつくり上げることで、さらなる貿易の発展を目指そうとした。つまり、列国の協調下で中国に中央集権体制を敷くための手段として、今回の関税会議は重大な意義を有していたのだった。

ところがその列国の内部では、必ずしも一貫した関税政策のプランが共有されていたわけではなかった。むしろワシントン会議後も高まりを見せる中国ナショナリズムに直面していた列国は、次第に異なる路線を歩むようになっていた。英国は在華権益保護のために対中強硬姿勢を鮮明化し、米国は過度なまでに中国ナショナリズムへ同情を寄せていた。そして日本の幣原外相は、九カ国条約遵守の立場から、中国への内政干渉を徹底して回避しようとしていた。このように、日英米の主要列国が異なる対中姿勢を有していたことは、関税会議の円滑な進行を妨げる一因となった。

会議の目下の課題は、中国の将来的な関税自主権回復を承認しつつも、それまでの暫定措置として、ワシントン関税条約で定められた釐金の撤廃を条件とした関税率の引き上げと、付加税実施についての時期や方法を検討することであった。ところがこの暫定措置をめぐって会議は紛糾することになる。

幣原の意思を受けた日置益《ひおきえき》全権と佐分利貞男《さぶりさだお》首席随員事務総長は、原則として中国の関税自主権回復の要求を承認するものの、そのためには段階的措置を踏む必要があるとした。一九二六年二月、佐分利は関税自主権回復までの暫定的措置として、七品目にわたり七・五パーセントから二七・五パーセントの税率を適用するという、七種差等税率導入の提案を行う。この提案は、中国政府の関税増収の要求を満たすと同時に、英米の意向にも沿うものであったため、これら各国から同意を取りつけることができた。

ところが中国代表は突如として、ワシントン関税条約で定められた二・五パーセント付加税の即時実施を要求してきた。日本側の提案を反故にするかのようなこの提案に、幣原は拒絶することとしたが、英米は妥協的にこれを受け入れる姿勢を見せた(宮田二〇一四)。

このように、関税会議は主要各国の思惑が入り乱れ、また中国側の意向が次々と転換していったため、当初の予想を裏切って具体的成果が残せないまま進行していった。そして四月に北京でクーデターが発生し、段政権が倒れると、七月に関税会議は自然消滅した。結局のところ関税問題をめぐって列国間では足並みが揃わず、北京政府の財政再建という元来の目的も果たせぬままに終わったのだった。

†第一次北伐

中国国内の反・北京政府勢力のうち、急先鋒となったのは孫文が率いる国民党であった。その国民党は孫文死後の一九二五（大正一四）年七月、広東に国民政府を打ち立てた。そして国民政府は周囲の軍閥勢力を打倒しつつ、最終的には北京政府に代わる中央政府になるための革命運動を展開していくことになる。

国民政府樹立の翌年六月、蔣介石が国民革命軍総司令に任命される。翌月に蔣は革命軍を率い、広州から北へ向けて進軍した。第一次北伐の開始である。この第一次北伐の主要な敵は、湖南・湖北両省を支配していた呉佩孚《ごはいふ》や、浙江・福建・江蘇・安徽・江西の五省連合軍指令の孫伝芳《そんでんほう》らであった。なおソ連から支援を受けていた馮玉祥《ふうぎょくしょう》は国民革命軍と同盟関係にあった（北村稔「北伐開始後の第一次国共合作の実態」狭間直樹編『中国国民革命の研究』京都大学人文科学研究所、一九九二）。

革命軍はこれら敵軍を倒しながら、着実に北伐を進めていった。だがその裏では、一九二四（大正一三）年の第一次国共合作以来、国民党と連携していた中国共産党が民衆を煽動し、各地で諸外国の施設の破壊や外国人居留民への掠奪行為などを行っていた（家近亮子「第3講　北伐から張作霖爆殺事件へ」筒井清忠編『昭和史講義』ちくま新書、二〇一五)。北伐に伴う主要都市の治安悪化を受け、日英米らの列国は在華権益保護のためにも何らかの措置を講じなければならなくなった。ところがこの場面でも列国の足並みは揃わず、それぞれが異なる政策を志向していく。

米国は九ヵ国条約の枠組みに基づく解決を目指し、ジョン・マクマリー駐華公使から日英らに対し、列国共同による国民政府への宥和政策を提案した。これに対して幣原外相は、排外運動の主体に対して安易に譲歩することは、かえってさらなる混乱を助長しかねないとして、英米両政府へ慎重な態度を維持するように説得した。

ところが英国のオースティン・チェンバレン外相は一九二六年一二月、日米への事前通知をしないまま、対中新政策の採用を盛り込んだ一二月メモランダムを発表した。その主旨は、中国に交渉可能な中央政府が消滅したため、英国としては中国民衆のナショナリズムに配慮して、二・五パーセント付加税の即時無条件実施などを承認し、各地方の政権とも条約改正交渉を行う意思があるというものだった。このメモランダム発表の背景には、五・三〇事件以来、中国国内で高まる反英運動を鎮静化すると同時に、揚子江流域の在華権益を北伐軍から保護する必要性があった。だがこの単独での対中宥和路線への転換は、英国が日米に先駆けて九ヵ国条約の枠組みから実質的に離脱したことを意味した。

後藤春美が指摘するように、英国がこうした単独行動をとったのは、東アジアにおける自国プレゼンスの相対的低下が影響していた。第一次大戦による疲弊で世界規模の政治的・軍事的プレゼンスを低下させていた英国は、九カ国条約締結後は日本との共同で中国の国権回収運動に対応しようとしていた。ところが幣原外相の登場とその徹底した内政不干渉主義は、英国の日英共同出兵という政策オプションを不可能にした。あくまで九カ国条約に基づき、内政干渉を行わずして事態の穏健な解決を目指した幣原の姿勢は、英国からはむしろ反英的とさえ見られたのである（後藤二〇〇六）。

こうして英国は、日本との共同歩調を諦め、単独で対中宥和路線へと転換しなければならなかった。実際、一九二七（昭和二）年一月に武漢の中国人民衆が英国租界に雪崩れ込むと、英国は租界の管理権を国民政府へ移管させた。また直後に九江の英国租界で英国兵と中国人民衆との衝突事件が発生すると、租界の権利を国民政府へ返還したのである（栃木利夫ほか『中国国民革命』法政大学出版局、一九九七）。

こうした英国の宥和政策に際して、米国も新たな対中政策方針を打ち出した。一九二七年一月二七日にフランク・ケロッグ国務長官が発した声明は、関税自主権回復や治外法権の撤廃など中国の不平等条約改正をめぐり、米国が単独ででも交渉に応じるというものだった。一方で幣原が杞憂した二・五パーセントの付加税無条件承認は、ケロッグ声明には盛り込まれなかった。そのため直後の三〇日、幣原は松平恒雄駐米大使に命じ、ケロッグ声明への賛意を表明させたのだった（西田二〇〇一）。こうして、九カ国条約に基づく日英米三カ国の協調は実態を失い、東アジア国際政治は新たな段階に入ろうとしていた。

第二次南京事件

一九二七年に入ると、蔣介石の率いる革命軍は、列国の権益や多くの外国人居留民が居住する上海や南京へ向かっていった。この報に接した英国は、上海にある共同租界の防衛のため、日本へ共同での出兵を提案した。だが幣原は内政不干渉の態度を堅持し、英国提案に応じることはなかった。このとき幣原は、①中国へ軍事介入すれば、中国国民からの一層激しい反発を招く、②国民政府内の穏健分子への支援は、むしろ国内における彼らの立場を危うくする、③たとえ中国が共産化したとしても、ソ連と同様、数年も経てば居留地貿易が可能となる、といった理由から英国の出兵提案に応じなかったのだった。この幣原の姿勢を、英国は臆病であるとして批判した。

三月に革命軍が南京へ入城すると、その一部が外国の領事館や居留民たちを襲撃するという第二次南京事件が発生する。革命軍による暴行と掠奪により、外国の領事や神父らが死傷した。日本も避難民を乗せた日清汽船の船舶にいた機関兵一名が殺害されるなどした。この事件による死者は各国合わせて七名、負傷者等を含め、総計一五名の被害者を出した（佐藤公彦『中国の

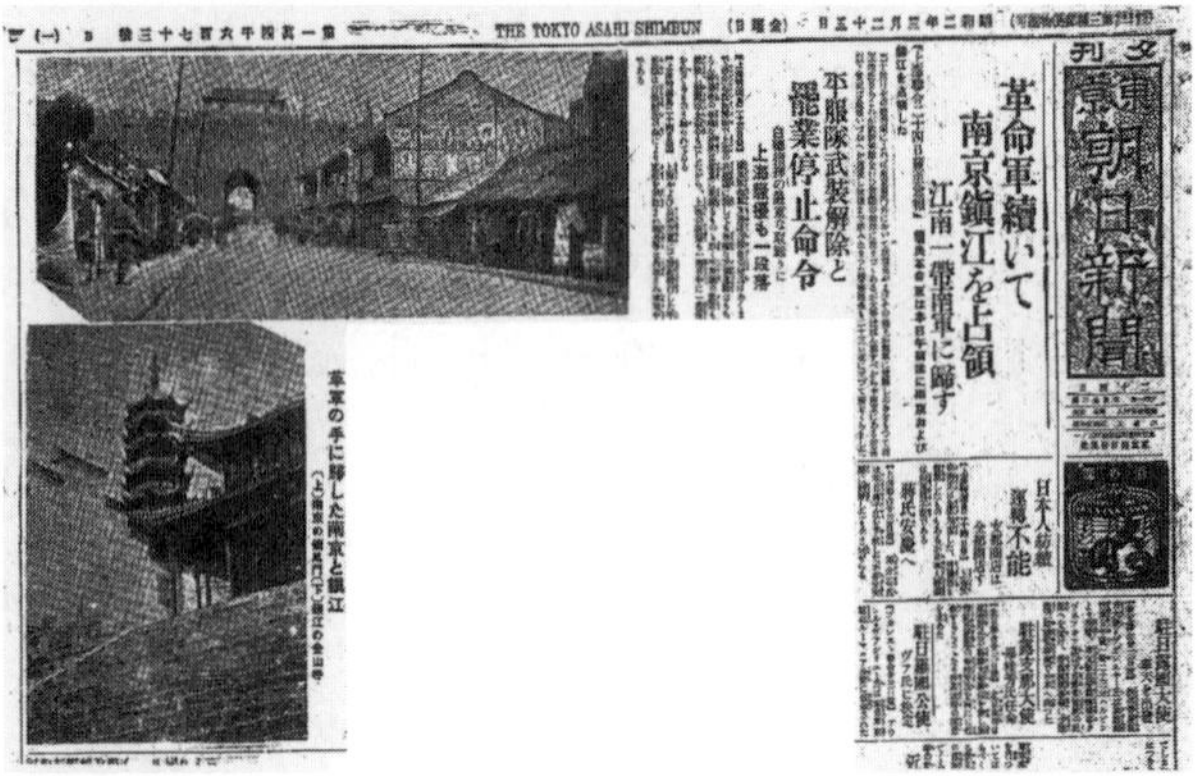
夕刊
東京朝日新聞
THE TOKYO ASAHI SHIMBUN
革命軍續いて南京鎭江を占領
江南一帶南軍に歸す
平服隊武装解除と罷業停止命令
上海形勢も一段落
日本人紡績
運轉不能
革軍の手に歸した南京と鎭江

第2次南京事件を報じた当時の新聞記事（『東京朝日新聞』1927年3月25日夕刊）

反外国主義とナショナリズム』集広舎、二〇一五）。市街地での外国人を対象とした暴行・掠奪事件であったことから、在北京ジャーナリストの藤原鎌兄《かまえ》のように、「第二の義和団」と見る識者もいた（栃木ほか、前掲書）。

こうした事態に際し、英米は早々に制裁に乗り出し、長江にある軍艦から革命軍へ砲撃を加えた。一方、幣原外相はこの事件の背後に共産党や国民政府内の反・蔣介石派の動きがあるとの情報を得たため、軍事的手段をとればこうした反・蔣勢力を増長させかねないと考えた。そこで幣原は非軍事的手段での解決を目指すべく、蔣介石と密接に連絡をとりつつ、英米ら列国による強硬な政策を止めさせるべく働きかけた。

四月一一日、日英米仏伊の五ヵ国の総領事および領事は、第二次南京事件への賠償などを求める共同の抗議文を蔣介石と陳友仁《ちんゆうじん》外交部長へ手交した。ところがこれに対する陳外交部長の回答は、賠償は過去の五・三〇事件や沙基事件などと併せて調査をした後に実施するとし、さらに将来的な在華居留民の生命・財産の保護は結局のところ不平等条約の改正が最上の保証となるというものだった。これに在北京の五ヵ国公使会議は、中国側の誠意が見られないとして、ただちに無条件の賠償を求めると同時に、それが叶わない場合には必要な措置を講じると通告しようとした。

しかし、蔣介石ら国民政府内の穏健分子の地位を危うくするような事態を回避したいケロッグ国務長官は、この二回目の共同通知に米国は加わるべきではないと考えた。ケロッグの命を受けたマクマリー駐華公使は、ワシントン会議以来の列国協調と米国の指導力を失いかねないとして反対したが、最終的に列国の足並みは揃わず、二回目の共同通知は実行に移されることがなかった（臼井一九七一）。

日本国内ではこの第二次南京事件、そして同時期に漢口で発生した中国人民衆による日本租界への襲撃事件をめぐり、幣原外相の姿勢に対する批判が強まっていた。連日にわたってジャーナリズムを通じて中国の無法ぶりが伝えられたことにより、日本国内では激しい対中批判と幣原外交批判が繰り広げられるようになったのである。四月二日に野党政友会が発表した声明は、「政府は事態の重大に適応の考慮を払はざるものの如く……遂に南京事件の発生に依り国辱に逢着したるは国民の痛恨措く能はざる所なり」「対支那外交五十余年の久しき、帝国の未だ曾て遭遇せざる所にして、実に現内閣の一大失態に属す」として、若槻内閣の対応を厳しく批判した（臼井一九七一）。また朝日新聞は五日の社説にて、「日本政府が何故にかゝる予知し得たる事件に対して事前に相当なる処置を講ぜざりしかを問はんとする」「支那に対して反省を警告すると共に、なすべきをなさず、尽《つく》すべきを尽さずして、尚かつ「時局を慎重に注視する」幣原外相に対してもその反省を警告せんとする」という厳しい政府批判を展開した（『東京朝日新聞』一九二七年四月五日付朝刊）。

この直後の四月二〇日に政権交代が起こり、幣原は外相の座を降りることになった。結局、幣原は「軟弱外交」との汚名を着せられたまま、続く田中外交へとバトンが渡された。

†反共クーデターとその余波

北伐の時期の中国国民政府内部では、激しい権力闘争が繰り広げられていた。それは前述した第一次国共合作以来の国民政府が抱えていた問題でもあった。つまり、国民政府と共産党との関係や、新たな国民国家建設の手法をめぐる対立が、北伐期にいっそう深刻化していたのである。

一九二六年一二月、国民政府は広州から武漢へ移り、共産党と提携した汪精衛《おうせいえい》（兆銘《ちょうめい》）を中心とする武漢国民政府を樹立した。その一方、革命軍を率いる蔣介石は、共産党が煽動する排外運動を憂慮していた。共産党による反帝国主義を掲げた排外運動は、当然ながら列国から強い反発を呼んでいた。列国との協調を重んじる蔣は、次第に共産党との訣別の意思を固め、その機会を窺っていた。それは共産党に近い国民政府内の左派分子をも排除し、蔣自身が国民政府の指導的地位を確立することを意味した。

前述した第二次南京事件発生直後の四月一二日、上海の地で蔣は秘密結社青幇《ちんぱん》と協力し、共産党に対する大規模な取締りを開始した。その弾圧は上海にとどまらず、広州や南京などの諸都市でも行われ、多数の共産党員が逮捕・処罰されることになった。いわゆる四・一二反共クーデターである。

これによって共産党との全面対決の姿勢を表明した蔣は、一五日に国民党中央委員・監察委員の参集した南京会議を開催、一八日に南京国民政府を樹立した。ここに蔣は共産党との提携を完全に断ち切った。一方の武漢国民政府は共産党との提携を継続していたものの、その過激な活動についていけなくなった汪精衛は、同年七月に共産党と袂を分かった。これにより、孫文の時代から続く第一次国共合作は終焉を迎えた。さらに共産党を排した南京と武漢の国民政府は南京側に統一されることとなり、一九二八(昭和三)年に北伐が完成すると、南京国民政府が中国唯一の中央政府となるのである。

この四・一二反共クーデターは、南京国民政府と列国との関係にも影響を及ぼした。第一次大戦後の共産党勢力が煽動する過激な排外運動に悩まされていた列国にとって、これを排除した南京国民政府の対応は大いに歓迎すべきものだった。そのため、英米は北京政府が完全に倒れた後、南京国民政府を正式に中国唯一の中央政府として承認し、関税自主権回復などの不平等条約改正にもより積極的となっていった。そして一九二八年七月、国民政府と米国の間に中米関税条約が締結されると、同年末までに英仏ら各国との間にも関税自主権承認を含んだ新条約を交わしていった（久保亨『戦間期中国〈自立への模索〉』東京大学出版会、一九九九）。こうして欧米列国からの承認を受けた南京国民政府は、本格的に国際社会の舞台に登場することになったのである。

一方で日本との関係においては、国民政府は依然として多くの課題を残していた。そして田中内閣期に入り、満州地域において、奉海線（奉天と海龍を接続する鉄道）・京奉線（北京と奉天を接続する鉄道）をめぐり中国側は「満州五案件に関する日清協約」（一九〇九（明治四二）年）など既存の国際協定に違反する実力行使を連続して行い始めた。日本側の数次にわたる激しい抗議も無視した「違法行為」であり、日本の経営する満鉄を包囲する鉄道網を形成し満鉄経営を破綻に追い込もうとしていることは明白であった。「満鉄に死活の脅威を与うるものは、いわゆる支那側の満蒙鉄道統一計画の実現」であり「東西両側面よりする満鉄併行線の圧迫で、満鉄の（中略）現在の状態にまでも多大の脅威を与えんとするものである」（『大阪朝日新聞』一九二八年四月一四〜一六日）。こうして実力行使に対しては実力行使をという声が日本側の急進派の中に高まってしまう困難な状態となっていくのである。

さらに詳しく知るための参考文献

臼井勝美『日中外交史――北伐の時代』（塙書房、一九七一）……幣原喜重郎と田中義一による対中政策を比較しつつ、同時期の東アジア国際政治を子細に論じた古典的研究。

北岡伸一『日本の近代5　政党から軍部へ　一九二四―一九四一』（中公文庫、二〇一三）……通史ではあるが、戦間期日本の大陸政策についても詳しく論じた基本書。

熊本史雄『幣原喜重郎――国際協調の外政家から占領期の首相へ』（中公新書、二〇二一）／種稲秀司『幣原喜重郎』（吉川弘文館、二〇二一）……最新の幣原評伝。それぞれで異なる幣原像を読み比べてほしい。

後藤春美『上海をめぐる日英関係　一九二五―一九三二年――日英同盟後の協調と対抗』（東京大学出版会、二〇〇六）……日英関係の視点から、幣原外交と田中外交に関する新たな解釈を打ち出す。

関静雄『大正外交――人物に見る外交戦略論』（ミネルヴァ書房、二〇〇一）……原敬と幣原の外交政策論を比較しつつ、幣原の「非・国際協調」の側面を強調している。

筒井清忠『満州事変はなぜ起きたのか』（中公選書、二〇一五）……コンパクトながら多様な論点を独自の視点で論じた信頼できる一書。

西田敏宏「東アジアの国際秩序と幣原外交　一九二四―一九二七年（Ⅰ・Ⅱ）」（『法学論叢』一四七巻二

号・一四九巻一号、二〇〇〇～二〇〇一）……経済外交に注目が集まりがちであった幣原外交の国際政治認識を再評価する研究。

服部龍二『増補版　幣原喜重郎――外交と民主主義』（吉田書店、二〇一七）……研究者の手による初の幣原評伝。外務省内の人脈や派閥にも注目している。

古瀬啓之「オースティン・チェンバレンと「12月覚書」（Ⅰ・Ⅱ）」（『政治経済史学』四八三号・四八四号、二〇〇六）……一二月メモランダムを発したチェンバレン外相を中心として、英国の東アジア政策を詳しく論じる。

宮田昌明『英米世界秩序と東アジアにおける日本――中国をめぐる協調と相克　一九〇六～一九三六』（錦正社、二〇一四）……東アジア国際関係史を独自の視点から論じた大著。

第26講

大正天皇論

梶田明宏

†幼少時代の病気と教育

大正天皇は、一八七九（明治一二）年八月三一日、明治天皇の第三男子として誕生し、嘉仁《よしひと》と命名され、明宮《はるのみや》の称号を賜った。生母は権典侍（当時）柳原愛子《やなぎわらなるこ》。明治天皇には、皇后（一条美子《はるこ》、昭憲皇太后）との間に子はなく、柳原愛子はじめ複数の女官との間に五男一〇女が誕生した。しかし、成人したのは、男子では大正天皇ただ一人、女子では妹となる内親王四人のみで、このほかは、誕生直後、あるいは一年前後で夭逝した。

大正天皇も、誕生したときには全身に発疹が見られ、三週間後には腹部に痙攣を発し、胸部に東洋医学で言うところの「衝逆《しょうぎゃく》」という発作が数カ月続き、危険な状態にあった（『大正天皇実録』）。翌年には、しばしば吐乳し、胸骨が妨満、顖門《ひよめき》（乳幼児の頭骨の完全に接合せず柔らかい部分）が隆起して赤く腫れ上がる病気にも罹り（『浅田宗伯翁伝』）、その後も病弱な状態は改善せず、成人するまでに、しばしば深刻な病気に罹り、健康問題が養育の大きな課題であった。健康とともに課題となったのは教育である。近代国家建設途上のこの時期、次期皇位継承予定者に何を、どのような体制で教育すべきか、新しい時代の天皇として必要な、あるいは求められる人格と知識とはどのようなものか、手探りの状態であった。

本格的な教育は、明治一八年三月より、御殿内の御学問所において始められた。明治天皇の命により、侍講元田《もとだ》永孚《ながざね》が日課・学則を定め、読方・数・習字・修身談・運動・唱歌の日課が始められた。各学科の担当は堂上華族で固められていた。修身談は、明治天皇より拝領した『幼学綱要』を、担当者が朗読して聞かせた。『幼学綱要』は明治天皇の命により元田が編纂したもので、儒教的徳目が歴史的例話と挿図によって、児童向けに解説されている。

しかし、国を挙げて近代教育制度へと変革が行われている中、皇子教育がこのように旧態のままであることは問題視され、翌年、宮内大臣伊藤博文は正則の小学教育を授けるべきとし、文部大臣森有礼《ありのり》に適任者の推薦を求めた。その結果、東京師範学校卒で文部省五等属の湯本武《たけ》比古《ひこ》が御教育掛に任命され、大正天皇の教育が一任された。湯本の教育は当時の学校教育論に沿ったものであり、さらに明治二〇年よりは、学習院初等学科への通学が始まった。

こうして、大正天皇の初等教育が近代教育制度のもとで行われることとなったが、たび重なる病気のため進級できない年もあるなど、順調ではなかった。しかも、皇太子となってからは、乗馬の練習も課せられ、軍関係の学校、部隊、施設の見学もしばしば行われ、負担となっていたようである。学習院初等学科修了後、中等学科に進学したが、一年にして退学し、以後は健康に留意しつつ、御所内で適宜必要な学科を研修し、知徳の養成に努めることとなった。しかし、明治二八年に罹った肺炎は相当深刻で、一時は危険な状態となった。その後も病気でしばしば学業を中断し、葉山や沼津、日光などへ転地をすることが常例となった。明治三〇年には、成年（皇太子、皇太孫は満一八歳）に達し、成年皇族として諸儀式への参列が期待される年齢となったにもかかわらず、健康問題と教育の遅れに対する明治天皇や関係者の危惧は深かった。翌年二月、伊藤博文首相が天皇に奉呈した皇族に関する意見書の中で、皇太子に関し「今日の急務は衛生に注意し、健康の増進を図るとともに、智徳の開発を図るにあり」として政治・軍事に熟通すべきであるとした（『明治天皇紀』）。問題はもはや個々の学課の遅れではなく、君主たるべき人格の修養であり、政治・軍事に関する理解・判断力であった。

おそらく、成長した大正天皇は、病弱のため厳しく育てられなかっただけではなく、周りの者は皆臣下であるという意識から、人の意見を聞かないことが多かったのだろう。そこで明治天皇から期待されたのが、皇族である有栖川《ありすがわ》宮威仁《たけひと》親王であった。東宮賓友を命じられた親王は、関係者と会議を重ねた上で、意見書を天皇に奉呈し、一人の輔導者を任命して皇太子に関する全権を与え、皇太子はこの輔導者の輔翼《ほよく》指導に従うようにすべきことを訴えた（『威仁親王行実』）。明治三一年、威仁親王は東宮輔導に任命され、常時輔導にあたるとともに、東宮職員に対する強い権限が与えられた。

†皇室制度からみた近代最初の皇太子

このように大正天皇は誕生の時より病弱で、しばしば大病にも罹り、教育も順調とはいえなかったが、ただ一人残った明治天皇の男子であり、皇位継承予定者として期待されつつ成長し、近代における最初の皇太子となった。

嘉永五（一八五二）年に誕生した明治天皇は、誕生から践祚《せんそ》に到るまで、前近代の通過儀礼を経たが、大正天皇の場合、皇室典範制定以前は、前近代と近代の過渡的な状態で成長した。例えば、明治天皇は、誕生の際に命名されたのは「祐宮《さちのみや》」という称号のみで、「睦仁《むつひと》」と命名されるのは、九歳の時の親王宣下の儀においてであった。大正天皇は誕生後七日目に、すでに「嘉仁《よしひと》」と命名されている。これは、明治八年、嫡出の皇子・皇女（皇后の子だけでなく、天皇と配偶関係にある女官の子も嫡出とされた）の誕生の際に、命名の儀を行うことが定められたからである。

一方で大正天皇は、誕生の際には、次期皇位継承者として正式には認められておらず、それが公式に認められたのは、満八歳の誕生日に「儲君《ちょくん》」と定められ、皇后の「実子」とされたときである。これは、まったく先例に倣ったもので、病弱であったこととは関係ない。「儲君」とは、前近代において「次期皇位継承者の立太子以前の公的な呼称」であった（『皇室制度史料 儀制 立太子一』）。

そして、明治二二年二月一一日に制定された皇室典範により、名実ともに近代の制度のもとでの皇太子となり、同年一一月三日、立太子《りったいし》の礼が行われ、陸軍歩兵少尉に任じられ、大勲位に叙せられ、菊花大綬章を授けられた。当日付の『官報号外』では、「嘉仁親王を立てゝ皇太子と為す茲《ここ》に之を公布して周く知悉《ちしつ》せしむ」という勅語が大きく掲載され、全国の学校などでは祝典が催され、当日の宮中での儀式や各地での奉祝の様子などが、盛んに新聞で報じられた。

唯一成長していた明治天皇の男子である大正天皇が、誕生時より非常に病弱で、成長が危ぶまれていたことは、その他の皇族の身分にも大きな影響を与えた。

当時の男子皇族の状況を概観すると、明治天皇には成人した兄弟はおらず、父孝明天皇、祖父仁孝天皇も同様で、血縁の近い男子皇族は絶無であった。他には、有栖川宮熾仁《たるひと》親王・威仁親王の兄弟と伏見宮系の多数の皇族がいた。幕末の伏見宮邦家《くにいえ》親王には多数の男子があり、ほとんどが仏門には入っていたが、王政復古の機運の中で、彼らは明治初年までにほとんどが還俗して、新たな親王家を建てるなどしたため、明治政府は数多くの皇族をかかえることになった。しかも、有栖川宮熾仁親王は一一二代霊元天皇の皇子から数えて五世、伏見宮邦家親王に至っては、北朝の崇光天皇から一〇世以上と、男系の血脈上、大きな隔たりがあった。一方で、若き明治天皇には、この後、皇子が誕生することが期待されていたため、明治三年には、新立の親王家は一代に限り、二代からは姓を賜り華族に列せられることとされ、皇族の数を抑制する方針が示されていた。

ところが、明治六年以降、明治天皇の皇子女が次々に誕生したものの、ほとんどが夭逝し、明治天皇の皇統が、成長が危ぶまれる大正天皇という一本の細い線だけであったため、皇族抑制方針は変更を余儀なくされた。明治一四年には、東伏見宮（この後小松宮と改称）彰仁《あきひと》親王は世襲皇族とされ、一六年には、久邇宮朝彦《あさひこ》親王が二代皇族とされるなど、これまで一代限りとされていた皇族の継承が認められていったのである。さらに明治二二年に制定された皇室典範では、その時点で皇族であったものはすべて皇族とされ、男子皇族の臣籍降下規定が設けられなかったため、事実上永世皇族の制度となった。それは明治天皇の皇嗣が病弱な大正天皇ただ一人であることと、密接な関連があった。

†結婚と全国行啓

威仁親王の東宮輔導就任以降、その成果が上ったためか、この頃より大きな病気は少なく、明治末までが、生涯を通じて健康が最も落ち着いていた時期であった。

明治三三年五月一〇日、公爵九条道孝の四女節子（貞明《ていめい》皇后）との婚儀が行われた。式は直前に公布された皇室婚嫁令に基づき、賢所大前において行われ、その後宮中で参内朝見の儀が行われた。当日、東京市内では各家に国旗提灯を掲げ、通過の途上には緑門が設けられ、沿道には拝観の群衆が殺到するなど、「挙国奉祝」の有様であったという（『大正天皇実録』）。賢所には天照大御神が祀られ、三種の神器の一つである鏡を御神体としていることから、日本で初めての神前結婚式といわれ、これを機に全国に神前結婚が広まったことは、よく知られている。

この年の秋には、見学と民情視察の目的で中国・四国・九州地方へ行啓し、これを皮切りに、毎年のように、地方視察または軍事演習・軍事施設見学の目的で長期の地方行啓を行い、沖縄と植民地を除くほぼ全国を回った。また、明治四〇年には、併合前の韓国を訪れており、これは日本の皇太子の初めての外国訪問であった。

行啓先では、地方の軍事・行政・産業・教育・生活・文化・歴史などの実際を見学したほか、関係者・有資格者の奉迎送、拝謁、奏上や説明があり、沿道では一般の奉迎もあった。単に智識を拡げるだけでなく、公の場で、自身の立場にふさわしい言動を身につけるための訓練の機会でもあった。

原武史は、地方紙に載せられた記事などから、各地での大正天皇の言動を紹介した。それは、病弱さを感じさせない生き生きとした姿で、誰彼となく気さくに声をかけ質問をするなど、飾らない平民的な性格であった。一方で、思ったことをすぐに行動に移したり、口に出したりする性格も現われていた。次々と関係者に発する鋭い質問は、一面では頭脳の良さを示していたが、突飛な内容で相手を困惑させることもしばしばであった。儀式張った束縛を嫌い、予定外の行動をとろうとすることも多く、関係者は苦労した。

原武史はこうした面も好意的にとらえているが、やはり、古川隆久が「皇太子という特別な立場にあるものとしては、あまりにも自分の発言や行動に対する責任感や、待ち受ける人々の心情や立場への配慮が不足して」いると指摘しているように（古川二〇〇七）、必ずしも完璧な成果ではなかったかもしれない。とはいえ、地方行啓は皇太子教育に相当効果があると認められたのであろう、昭和天皇の教育にも引き継がれた。昭和天皇の場合、その最初は、早くも皇孫時代、学習院初等学科五年級に進学を控えた、明治四五年三月二五日の静岡市御成りであった（『昭和天皇実録』）。

明治天皇は、明治五年から一八年にかけて、いわゆる六大巡幸と呼ばれる大規模行幸で全国を回ったが、この頃には陸軍特別大演習などの一部の行幸を除いて地方行幸を行わなくなっていた。それは写真に写ることを嫌ったように、一般国民への露出を好まなかったためであろう。とはいえ時代は、天皇や皇太子が目に見える形での登場を求めていた。明治天皇が地方を回ったときとは違い、全国の鉄道網も発達し、道路や港湾の整備も進み、そうした近代インフラを活用して、大正天皇は全国を行啓した。逆に、行啓が地方のインフラ整備を加速化させた部分もあった。

この時期、私生活では、結婚の翌年には裕仁《ひろひと》親王（昭和天皇）が誕生し、さらにその翌年には雍仁《やすひと》親王（秩父宮）、明治三八年には宣仁《のぶひと》親王（高松宮）と三人の男子が次々と誕生し、大正天皇が健康を取り戻したこともあって、明治天皇の皇統は安泰と見られるようになった。そうなると問題となるのが、皇室典範の永世皇族制度である。このままでは、天皇の直系からは遥かに離れた皇族が、代を重ねるごとに増加し、国庫の負担になるだけではなく、皇室の尊厳に関わる可能性も危惧された。明治四一年に皇室典範増補が制定され、皇族が臣籍降下して、新たに家名を賜い華族となるか、あるいは既存の華族を相続する道が開かれたのは、こうした背景があった。

†天皇として

大正天皇は、一九一二（明治四五／大正元）年七月三〇日、明治天皇の崩御により践祚《せんそ》し、第一二三代天皇となった。明治憲法下において、初めての皇位継承である。

皇位継承について、皇室典範には第一〇条「天皇崩するときは皇嗣即ち践祚し祖宗の神器を承く」、第一一条「即位の礼及大嘗祭は京都に於て之を行ふ」、及び第一二条「践祚の後元号を建て一世の間に再び改めさること明治元年の定制に従ふ」とあるのみだが、明治末には、近代皇室諸制度の法整備が進み、皇位継承についても、登極令《とうきょくれい》(明治四二年皇室令第一号)が公布されていた。

大正天皇は登極令及びその附式に基づき、明治天皇が崩御後、ただちに剣璽《けんじ》渡御《とぎょ》の儀を行い、枢密顧問の諮詢を経て改元を行い、翌日には践祚後朝見の儀を行った。即位礼・大嘗祭は、昭《しょう》憲《けん》皇太后の崩御により一年延期され、大正四年一一月、懐妊中で臨月であった皇后の参列はなかったものの(大正四年一二月二日、三笠宮崇仁親王誕生)、それ以外は滞りなく行われた。

このように、皇位の継承はスムーズに行われ、大正天皇は職務を無事にこなしているように見えたが、健康問題と、政治的経験の未熟さは不安材料であった。

健康問題では、明治天皇が発病したとき、大正天皇は発熱と発疹で病臥しており、はじめて見舞うことができたのは崩御の五日前であった。大正二年には、一月に体調を崩し一〇日以上病臥し、五月にも肺炎に罹り、これはかなりの重症であった。

大正二年の大正政変に際しては、桂太郎首相の求めによって出された詔勅や御沙汰は事態解決に役立つどころかますます紛糾させた。これは勅語といえども無条件に権威を持つのではなく、それにはカリスマ、すなわち人格や経歴に伴う権威が必要な場合があることを示している。明治天皇を知る重臣にとって、大正天皇の性行は不安材料で、山本権兵衛のように「陛下の思召とは云へ、夫は先帝陛下の場合とは恐ながら異るところあり。自分の所信にては仮令御沙汰なりとも出盧《しゆつろ》国家の為に不得策なりと信ずれば御沙汰に随はざる方却て忠誠なりと信ずる」（『財部彪日記』）と公言する者もいた。大正天皇は、しばしば諫言する山県有朋を嫌っていたといわれ、関係が良好であった大隈首相の辞表を安易に却下し、山県有朋の諫言を受けたこともあった。

原敬の日記には、大正天皇が天皇としての政治的意思を示していたことが記されており、天皇としての自覚に欠けていたということでは決してないが、後述する病気の問題のために、天皇としての職務に習熟し、臣下との良好な信頼関係を構築するための時間はあまりにも短かったのである。

なお、大正天皇は天皇になってから、皇太子時代のような視察・見学のための行幸を行わなかったが、それは明治天皇が晩年に大演習以外の行幸を行わなかった先例を踏襲したのではなく、健康問題でできなかったとみるべきであろう。大正天皇の皇太子行啓を踏襲した昭和天皇は、即位後も民情視察の行幸を行い、それは戦後の行幸にもつながるのである。

†病気の進行と摂政設置

明確な時期はわからないが、大正天皇は、すでに大正三（一九一四）年頃より、発語障害、

ガーター勲章を装着した大正天皇

姿勢の傾き、歩行困難などの症状が時折見られるようになり、それが次第に進行し、さらに大正七年頃には記憶力、判断力にも障害が現われるようになった。当初は、落ち着きのない性格の問題ともとらえられていたようであるが、病状が進むと、脳か神経に問題があるのは明らかとなってきた。しかも病名も原因もわからず周囲は困惑した。

病気の進行は、天皇としての行為を次第に困難にしていった。大正八年末には勅語の朗読もできない状態となり、翌年四月からは御座所での御署名等以外、一切の公式政務はとりやめ、静養生活に入ったが、記憶力・判断力の低下はますます深刻化した。そして、大正一〇年一一月二五日、皇室典範第一九条により、皇太子裕仁親王が摂政となり、以後、大正天皇は大正一五年一二月二五日に崩御するまで、表の舞台に姿を現すことはなかった。

ただし、摂政設置によって、大正天皇の存在がまったく表に現れなくなったわけではない。

詔書、勅語は大正天皇の名で出され、法令など天皇の親書を要するものは、摂政令の規定に基づき、摂政が天皇の「御名」、すなわち「嘉仁」と書し、その脇に自身の名「裕仁」を書いた。皇族の結婚や外国旅行などの勅許、外国君主・元首との親電交換、国家功労者死去の際の弔問の勅使差遣・祭資料下賜、災害地への侍従差遣や救恤金下賜、陸海軍への侍従武官差遣も摂政ではなく、天皇の名で行われ、これらは原則として摂政である昭和天皇の実録には書かれず、大正天皇の実録に記録されている事項である。また、健康が許す限り、官吏・軍人等の拝謁も行われていた。

一九二五年には、銀婚式にあたる結婚二五年の奉祝式典が盛大に行われ、記念切手・絵葉書も発行されて、全国的に奉祝された。

†忘れ去られていった天皇

摂政設置に際しては、病気の事実をどのように国民に発表するかが問題となった。本当の病名も原因もはっきりわからないからである。結局、できるだけ病状をありのまま発表し、摂政設置のやむないことを国民に理解を求める方針がとられ、新聞には、ほぼ実際の診断書に近い内容が宮内省から発表された。それは、誕生後間もなく「脳膜炎様の御大患に罹」ったことからはじまり、その後の病気や健康状態を時系列で解説した上で、発語障害や記憶力・判断力の低下、姿勢の傾き、歩行困難など運動面での障害も「総て御脳力の衰退に原因し」、それは幼少時の「御脳病に原因するもの」であることは「拝診医の意見の一致する所」と結論づけるものであった（大正一〇年一一月二六日『東京日日新聞』）。

たしかに、事実を述べて摂政設置に理解は得られたものの、「脳病」が原因であることを公式に認めたことは、国民の間に広がっていたさまざまな憶説に根拠を与えることとなった。すでに、公の場での言動から「遠眼鏡《とおめがね》事件」（議会開院式において、詔書を丸めて望遠鏡のようにして議員たちを見回したという話）に代表されるさまざまな噂が流布していた。精神の病について、今よりも偏見が強かった時代である。

大正天皇について残されたエピソードは驚くほど少ない。脳の病気と結びつくような事蹟は、表だって語ることはタブーのようなイメージが広まっていたからであろう。昭和戦前期は、天皇の存在が神格化されていったため、ますます語りにくくなっていった。戦後、言論は自由となったものの、近代の天皇を客観的・実証的に論じようという機運はなかなか生まれなかったが、昭和の終盤から平成にかけて、明治天皇、昭和天皇に関する研究が進んだのに対し、大正天皇については、相変わらず語られることは少なかった。その意味で、二〇〇〇（平成一二）年にはじめて大正天皇の本格的な評伝を出した原武史の功績は大きいといえよう。その後、原を批判した古川隆久、新しい視点を提示したフレドリック・R・ディキンソンの評伝も出版された。

†あらためて「大正天皇」を考える

大正天皇は、一個の人格として、どのような思想を持ち、直面した問題に対してどのように考え、判断したか、ということについては、明治天皇・昭和天皇にくらべて、ほとんどわからない。記録された具体的な事蹟は少なく、しかも、病名がよくわからない脳の病気のため、関係者の証言の記録も少なく、実際にどのような人物であったかとらえることがむずかしい。本講ではこれまで、病気の問題とそれに伴う教育の遅ればかりを強調していた感があるが、一方では頭脳の優れた面、観察の鋭さ、記憶力のよさなどの証言も残されている。実際に、多数の漢詩を残しており、現代でも評価されている。したがって、教育の遅れなどの問題について、脳の病気と安易に結びつけるべきではないと考える。

一方で、公的人格としては、近代皇室制度における初めての皇太子となり、初めての践祚・即位礼・大嘗祭を執り行った。さらには、自らの病気は、摂政設置という緊急措置をもたらし、明治憲法下で最低限求められる天皇の役割とは何かを浮かび上がらせることとなった。

先の天皇が退位されたことについても、摂政設置の実例がいかなるものであったか先例がなかったとすれば、違った結果になったかもしれない。

そのほか、本講で述べたように、明治天皇の唯一の成人男子で病弱であったことが、皇室制度にも大きな影響を与えた。その意味で、大正天皇は、具体的事蹟は少ないけれども、近代皇室制度に与えた影響という意味では、無視はできない、大きな存在であるといえよう。

（本講では、天皇に関する叙述のため、一部を除き元号で年を表記した）

さらに詳しく知るための参考文献

基本史料・評伝

『大正天皇実録 補訂版』第一～第六（ゆまに書房、二〇一六～二一）……戦前に宮内省において編修された大正天皇の公式記録。長らく非公開であったが、情報公開法が施行された際に、メディアより宮内庁への開示請求がなされ、その結果、一部マスキングの上、二〇〇二年以降、順次公開された。本書は、マスキング個所など一部補訂を加えた形で活字化したもの。

原武史『大正天皇』（朝日新聞社、二〇〇〇／朝日文庫、二〇一五）……大正天皇に関する初の本格的評伝。生涯を通じて病弱であったかの印象が強かった大正天皇について、皇太子時代の地方行啓での溌剌とした言動を紹介し、謹厳な明治天皇とは異なる気さくな人間性を明らかにした。晩年に摂政が設置されたことについて、自らの意思に反して、強制的に「押し込め」られたとする解釈を提示し、話題となった。

古川隆久『大正天皇』（吉川弘文館、二〇〇七）……原が大正天皇の性格や行動を肯定的に評価しようとしたのに対し、それは必ずしも天皇として期待されたものではなかったとした。病気により健康に活動できた期間が短かったため、君主として成熟する時間が足りなかったとする。

フレドリック・R・ディキンソン『大正天皇――一躍五大洲を雄飛す』（ミネルヴァ書房、二〇〇九）……国家の象徴である天皇の研究においては個人的性格ではなく、国家における天皇の位置に最も歴史的な意味があるとして、日本の近代化の象徴としての大正天皇像を提示した。

安田浩『天皇の政治史――睦仁・嘉仁・裕仁の時代』（青木書店、一九九八）……本文では紹介しなかったが、原武史の著作以前の数少ない大正天皇研究のひとつ。

大正天皇の和歌・漢詩に関する著作

木下彪注釈『大正天皇御製詩集』（明徳出版社、一九六〇）

石川忠久編著『大正天皇漢詩集』（大修館書店、二〇一四）

石川忠久『漢詩人大正天皇 その風雅の心』（大修館書店、二〇〇九）

『おほみやびうた 大正天皇御集』（邑心文庫、二〇〇二）

古田島洋介『大正天皇御製詩の基礎的研究』（明徳出版社、二〇〇五）

大正天皇の動静が比較的多く記される資料

宮内庁編『明治天皇紀』全一二巻・索引一巻（吉川弘文館、一九六八〜七七）……宮内省臨時帝室編修局において昭和八年に完成された。当時は非公開であったが、戦後、明治一〇〇年記念事業の一環として公刊された。

宮内庁編『昭和天皇実録』全一八巻・索引一巻（東京書籍、二〇一五〜一九）……明治・大正期である第一〜第四には、子である昭和天皇の立場から見た大正天皇の動静が記録されている。

『原敬日記』全六巻（福村出版、一九六五〜六七）／『影印 原敬日記』全一七巻（北泉社、一九九八）……

原敬は、閣僚として、そして首相として、大正天皇にしばしば拝謁する機会があり、その時のことなどを日記に記録している。

四竈孝輔『侍従武官日記』(芙蓉書房、一九八〇)……四竈は、大正天皇の病状が悪化しつつあった大正六年より侍従武官をつとめた。

『牧野伸顕日記』(中央公論社、一九九〇)……牧野は大正一〇年、宮内大臣に就任し、皇太子裕仁親王の摂政就任に主導的役割を担った。

『侍従武官長 奈良武次 日記・回顧録』(柏書房、二〇〇〇)……奈良は大正九年、東宮武官長として皇太子裕仁親王に奉仕し、親王が摂政就任後は、侍従武官長兼東宮武官長として大正天皇にも奉仕した。日記には、晩年の大正天皇の動静もしばしば記載される。

編・執筆者紹介

筒井清忠（つつい・きよただ）【はじめに・第19講・第23講】
一九四八年生まれ。帝京大学文学部長・大学院文学研究科長。東京財団政策研究所主席研究員。専門は日本近現代史、歴史社会学。著書『昭和戦前期の政党政治』（ちくま新書）、『昭和史講義』『昭和史講義2』『昭和史講義3』『昭和史講義【軍人篇】』『昭和史講義【戦前文化人篇】』『昭和史講義【戦後篇】上・下』『明治史講義【人物篇】』（編著、ちくま新書）、『戦前日本のポピュリズム』（中公新書）、『近衛文麿』（岩波現代文庫）、『満州事変はなぜ起きたのか』（中公選書）、『帝都復興の時代』（中公文庫）、『石橋湛山』（中公叢書）など。

＊

村瀬信一（むらせ・しんいち）【第1講】
一九五四年生まれ。元文部科学省主任教科書調査官。東京大学大学院博士課程単位取得退学。博士（文学）。専門は日本近現代政治史。著書『帝国議会改革論』（吉川弘文館）、『明治立憲制と内閣』（吉川弘文館）、『首相になれなかった男たち』（吉川弘文館）、『帝国議会――〈戦前民主主義〉の五七年』（講談社選書メチエ）など。

真辺将之（まなべ・まさゆき）【第2講】
一九七三年生まれ。早稲田大学文学学術院教授。ルーヴェン・カトリック大学客員教授。早稲田大学大学院博士後期課程満期退学。博士（文学）。専門は日本近現代史。著書『西村茂樹研究――明治啓蒙思想と国民道徳論』（思文閣出版）、『東京専門学校の研究』（早稲田大学出版部）、『大隈重信――民意と統治の相克』（中公叢書）、『猫が歩いた近現代――化け猫が家族になるまで』（吉川弘文館）など。

武田知己（たけだ・ともき）【第3講】
一九七〇年生まれ。大東文化大学法学部教授。東京都立大学大学院社会科学研究科博士課程中途退学。博士（政治学）。専門は日本政治外交史。著書『重光葵と戦後政治』（吉川弘文館）、『日本政党史』（共編著、吉川弘文館）など。

奈良岡聰智（ならおか・そうち）【第4講】
一九七五年生まれ。京都大学公共政策大学院教授。京都大学大学院法学研究科博士後期課程修了。博士（法学）。専門は日本政治外交史。著書『加藤高明と政党政治』（山川出版社）、『「八月の砲声」を聞いた日本人』（千倉書房）、『対華二十一ヵ条要求とは何だったのか』（名古屋大学出版会）など。

牧野邦昭（まきの・くにあき）【第5講】
一九七七年生まれ。慶應義塾大学経済学部教授。京都大学大学院経済学研究科博士後期課程修了。博士（経済学）。専門は近代日本経済思想史。著書『経済学者たちの日米開戦』（新潮選書）、『新版　戦時下の経済学者』（中公選書）、『柴田敬』（日本経済評論社）など。

渡辺　滋（わたなべ・しげる）【第6講】
一九七三年生まれ。山口県立大学国際文化学部准教授。明治大学大学院文学研究科史学専攻（博士後期課程）単位取得退学。博士（史学）。専門は日本古代史・近代史、史料学。著書『古代・中世の情報伝達』（八木書店）、『日本古代文書研究』（思文閣出版）など。論文「昭和初年における海軍条約派の退潮――堀悌吉中将の失脚過程を中心として」（『山口県立大学国際文化学部紀要』二五）など。

季武嘉也（すえたけ・よしや）【第7講】
一九五四年生まれ。創価大学文学部教授。東京大学大学院人文科学研究科博士課程単位取得退学。博士（文学）。専門は日本近代政治史。著書『大正期の政治構造』『選挙違反の歴史――ウラからみた日本の一〇〇年』（以上、吉川弘文館）、『原敬――日本政党政治の原点』（山川出版社日本史リブレット人）など。

篠原初枝（しのはら・はつえ）【第8講】
一九五九年生まれ。早稲田大学大学院アジア太平洋研究科教授。University of Chicago にてPh. D. 取得。専門は国際法・国際組織の史的研究。著書 *US International Lawyers in the Interwar Years*（CUP）、『国際連盟』（中公新書）。編著『安達峰一郎』（東京大学出版会）など。

廣部　泉（ひろべ・いずみ）【第9講】
一九六五年生まれ。明治大学政治経済学部教授。ハーバード大学大学院博士課程修了。博士（歴史学）。専門は日米関係とアメリカ政治外交史。著書『黄禍論――百年の系譜』（講談社選書メチエ）、『人種戦争という寓話』（名古屋大学出版会）、『グルー』（ミネルヴァ日本評伝選）など。

永島広紀（ながしま・ひろき）【第10講】
一九六九年生まれ。九州大学韓国研究センター教授・共創学部教授。九州大学大学院人文科学府博士後期課程単位修得満期退学。博士（文学）。専門は朝鮮近現代史、日韓関係史。著書『戦時期朝鮮における「新体制」と京城帝国大学』（ゆまに書房）、『寺内正毅と帝国日本――桜圃寺内文庫が語る新たな歴史像』（共編、勉誠出版）など。

麻田雅文（あさだ・まさふみ）【第11講】
一九八〇年生まれ。岩手大学人文社会科学部准教授。北海道大学大学院文学研究科博士課程単位取得後退学。博士（学術）。専門はロシアと東アジアの近代史。著書『中東鉄道経営史――ロシアと「満洲」1896-1935』（名古屋大学出版会）、『満蒙　日露中の「最前線」』（講談社選書メチエ）、『シベリア出兵――近代日本の忘れられた七年戦争』（中公新書）、『蒋介石の書簡外交』上・下（人文書院）など。

高原秀介（たかはら・しゅうすけ）【第12講】
一九六八年生まれ。京都産業大学国際関係学部教授。神戸大学大学院法学研究科博士後期課程修了。博士（政治学）。専門はアメリカ外交史、日米関係史、アメリカ=東アジア関係史。著書『ウィルソン外交と日本――理想と現実の間 1913-1921』（創文社）、『もうひとつの戦後史――第一次世界大戦後の日本・アジア・太平洋』（共著、千倉書房）など。

中谷直司（なかたに・ただし）【第13講】
一九七八年生まれ。帝京大学文学部社会学科准教授。同志社大学大学院法学研究科博士後期課程修了。博士（政治学）。専門は日本外交史、国際関係史。著書『強いアメリカと弱いアメリカの狭間で』（千倉書房）。論文「日本外交による満洲事変正当化の論理」（片山慶隆編『アジア・太平洋戦争と日本の対外危機』ミネルヴァ書房）、「満洲事変とワシントン体制」（瀧口剛編『近現代東アジアの地域秩序と日本』大阪大学出版会）など。

古川江里子（ふるかわ・えりこ）【第14講】
一九六八年生まれ。青山学院大学非常勤講師。青山学院大学大学院文学研究科博士後期課程満期修了退学。博士（歴史学）。専門は日本近現代史、政治思想史。著書『大衆社会化と知識人』（芙蓉書房出版）、『美濃部達吉と吉野作造』（山川日本史リブレット人）、『近代日本 選択の瞬間』（共著、有志舎）など。

福家崇洋（ふけ・たかひろ）【第15講・第17講】
一九七七年生まれ。京都大学人文科学研究所准教授。京都大学大学院人間・環境学研究科博士後期課程研究指導認定退学。博士（人間・環境学）。専門は近現代日本の社会運動史、思想史。著書『戦間期日本の社会思想――「超国家」へのフロンティア』（人文書院）、『日本ファシズム論争――大戦前夜の思想家たち』（河出書房新社）、『満川亀太郎――慷慨の志猶存す』（ミネルヴァ書房）など。

進藤久美子（しんどう・くみこ）【第16講】
一九四五年生まれ。東洋英和女学院大学名誉教授。ペンシルバニア州立大学大学院（ＭＡ）、立教大学大学院博士課程単位取得退学。博士（法学、九州大学）。専門はアメリカ社会論、ジェンダー学。著書『ジェンダー・ポリティックス』（新評論）、『ジェンダーで読む日本政治』（有斐閣）、『市川房枝と「大東亜戦争」』（法政大学出版局）、『闘うフェミニスト政治家 市川房枝』（岩波書店）など。

黒沢文貴（くろさわ・ふみたか）【第18講】
一九五三年生まれ。東京女子大学国際関係専攻教授。上智大学大学院文学研究科博士後期課程単位取得満期退学。博士（法学）。専門は日本近現代史。著書『大戦間期の日本陸軍』『大戦間期の宮中と政治家』（以上、みすず書房）、『二つの「開国」と日本』『歴史に向きあう』（以上、東京大学出版会）、『日本赤十字社と人道援助』『歴史と和解』（以上編著、東京大学出版会）など。

渡邉公太（わたなべ・こうた）【第20講・第25講】
一九八四年生まれ。帝京大学文学部日本文化学科専任講師。神戸大学大学院法学研究科博士後期課程修了。博士（政治学）。専門は日本政治外交史。著書『昭和史講義』『昭和史講義2』『昭和史講義3』（以上共著、ちくま新書）、『第一次世界大戦期日本の戦時外交――石井菊次郎とその周辺』（現代図書）など。

髙杉洋平（たかすぎ・ようへい）【第21講】
一九七九年生まれ。帝京大学文学部史学科専任講師。国学院大学大学院法学研究科博士後期課程修了。博士（法学）。専門は日本政治外交史。著書『昭和陸軍と政治――「統帥権」というジレンマ』（吉川弘文館）、『宇垣一成と戦間期の日本政治』（吉田書店）など。

小山俊樹（こやま・としき）【第22講】
一九七六年生まれ。帝京大学文学部史学科教授。京都大学大学院人間・環境学研究科博士後期課程修了。博士（人間・環境学）。専門は日本近現代政治史。著書『五・一五事件――海軍青年将校たちの「昭和維新」』（中公新書）、『評伝森恪――日中対立の焦点』（ウェッジ）、『憲政常道と政党政治――近代日本二大政党制の構想と挫折』（思文閣出版）など。

岩谷　將（いわたに・のぶ）【第24講】
一九七六年生まれ。北海道大学公共政策大学院教授。慶應義塾大学大学院法学研究科博士課程単位取得退学。博士（法学）。専門は日中関係史、中国近現代史。著書『日中戦争と中ソ関係』（共著、東京大学出版会）、『昭和史講義』（共著、ちくま新書）、『蔣介石研究』（共著、東方書店）など。

梶田明宏（かじた・あきひろ）【第26講】
一九五八年生まれ。昭和天皇記念館副館長（元宮内庁書陵部編修課長）。東京大学大学院人文科学研究科博士課程単位取得満期退学。専門は近代日本史、皇室史。著書『昭和天皇の横顔』（編著、文春学藝ライブラリー）。論文「酒巻芳男と大正昭和期の宮内省」（『年報・近代日本研究』20）、「大正十年皇太子海外御巡遊とメディア」（『メディア史研究』23）など。

ちくま新書
1589

大正史講義《たいしょうしこうぎ》

二〇二一年七月一〇日　第一刷発行

編　者　筒井清忠（つつい・きよただ）

発行者　喜入冬子

発行所　株式会社 筑摩書房
東京都台東区蔵前二-五-三　郵便番号一一一-八七五五
電話番号〇三-五六八七-二六〇一（代表）

装幀者　間村俊一

印刷・製本　株式会社 精興社

本書をコピー、スキャニング等の方法により無許諾で複製することは、法令に規定された場合を除いて禁止されています。請負業者等の第三者によるデジタル化は一切認められていませんので、ご注意ください。
乱丁・落丁本の場合は、送料小社負担でお取り替えいたします。
© TSUTSUI Kiyotada 2021　Printed in Japan
ISBN978-4-480-07416-4 C0221

ちくま新書

1406 考古学講義 北條芳隆編
科学的手法の進展により新発見の続く考古学。その最先端をわかりやすく伝えるとともに、通説をそのままなぞるような水準にとどまらない挑戦的な研究を紹介する。

1300 古代史講義 ――邪馬台国から平安時代まで 佐藤信編
古代史研究の最新成果と動向を一般読者にわかりやすく伝えるべく15人の専門家の知を結集。列島史の全体像が1冊でつかめる最良の入門書。参考文献ガイドも充実。

1391 古代史講義【戦乱篇】 佐藤信編
日本の古代を大きく動かした15の戦い・政争を最新研究に基づき正確に叙述。通時的に歴史展開を見通すとともに、時代背景となる古代社会のあり方を明らかにする。

1480 古代史講義【宮都篇】 佐藤信編
飛鳥の宮から平城京・平安京などの都、太宰府、平泉まで古代の代表的宮都を紹介。最新の発掘・調査成果をもとに都市の実像を明らかにし、古代史像の刷新を図る。

1579 古代史講義【氏族篇】 佐藤信編
大伴氏、物部氏、蘇我氏、藤原氏から源氏、平氏、奥州藤原氏まで――各時期に活躍した代表的氏族の展開を、最新研究から見通し、古代社会の実情を明らかにする。

1378 中世史講義 ――院政期から戦国時代まで 高橋典幸編 五味文彦編
日本史の先端研究者の知を結集。政治・経済・外交・社会・文化など十五の重要ポイントを押さえるかたちで中世史を俯瞰する。最新の論点が理解できる、待望の通史。

1485 中世史講義【戦乱篇】 高橋典幸編
『承久の乱』『応仁の乱』など重要な戦乱をめぐる最新研究成果を紹介。保元の乱から慶長の役まで、武士による戦乱の時代であった中世の歴史を一望に収める入門書。

ちくま新書

1469
近世史講義
――女性の力を問いなおす
高埜利彦編
第一線の実証史学研究者が最新研究に基づき江戸時代の実像に迫る。特に女性が持った力と果たした役割を多角的に検証。通史としても読める全く新しい形の入門書。

1318
明治史講義【テーマ篇】
小林和幸編
信頼できる研究を積み重ねる実証史家の知を結集。20のテーマで明治史研究の論点を整理し、変革と跳躍の時代を最新の観点から描き直す。まったく新しい近代史入門。

1319
明治史講義【人物篇】
筒井清忠編
西郷・大久保から乃木希典まで明治史のキーパーソン22人を、気鋭の専門研究者が最新の知見をもとに徹底分析。確かな実証に基づく、信頼できる人物評伝集の決定版。

1136
昭和史講義
――最新研究で見る戦争への道
筒井清忠編
なぜ昭和の日本は戦争へと向かったのか。複雑きわまる戦前期を正確に理解すべく、俗説を排して信頼できる史料に依拠。第一線の歴史家たちによる最新の研究成果。

1194
昭和史講義2
――専門研究者が見る戦争への道
筒井清忠編
なぜ戦前の日本は破綻への道を歩んだのか。その原因をより深く究明すべく、二十名の研究者が最新研究の成果を結集する。好評を博した昭和史講義シリーズ第二弾。

1266
昭和史講義3
――リーダーを通して見る戦争への道
筒井清忠編
昭和のリーダーたちの決断はなぜ戦争へと結びついたのか。近衛文麿、東条英機ら政治家・軍人のキーパーソン15名の生い立ちと行動を、最新研究によって跡づける。

1341
昭和史講義【軍人篇】
筒井清忠編
戦争の責任は誰にあるのか。東条英機、石原莞爾、山本五十六ら、戦争を指導した帝国陸海軍の軍人たちの実像を最新研究をもとに描きなおし、その功罪を検証する。

ちくま新書

1421
昭和史講義【戦前文化人篇】
筒井清忠編
柳田、大拙、和辻ら近代日本の代表的知性から谷崎、乱歩、保田與重郎ら文人まで、文化人たちは昭和戦前期をいかに生きたか。最新の知見でその人物像を描き出す。

1508
昭和史講義【戦後篇】上
筒井清忠編
実証研究に基づき最先端の研究者が執筆する『昭和史講義』シリーズがいよいよ戦後に挑む。上巻は占領期から55年体制の成立まで、全20講で幅広いテーマを扱う。

1509
昭和史講義【戦後篇】下
筒井清忠編
最先端の実証研究者による『昭和史講義』シリーズ戦後篇。下巻は55年体制成立以降、主に一九五〇年代後半から高度成長期を経て昭和の終わりまでを扱う全21講。

1385
平成史講義
吉見俊哉編
平成とは、戦後日本的なものが崩れ落ち、革新の試みが挫折した30年間だった。政治、経済、雇用、メディア。第一線の研究者がその隘路と活路を描く決定版通史。

1224
皇族と天皇
浅見雅男
日本の歴史の中でも特異な存在だった明治以降の皇族。彼らはいかなる事件を引き起こし、天皇を悩ませてきたか。近現代の皇族と天皇の歩みを解明する通史決定版。

1499
避けられた戦争
――一九二〇年代・日本の選択
油井大三郎
なぜ日本は国際協調を捨てて戦争へと向かったのか。国際関係史の知見から、一九二〇年代の日本に本当は存在していた「戦争を避ける道」の可能性を掘り起こす。

1299
平成デモクラシー史
清水真人
90年代の統治改革が政治の風景をがらりと変えた。「小泉劇場」から民主党政権を経て「安倍一強」へ。激動の30年を俯瞰し、「平成デモクラシー」の航跡を描く。